AF890024

ACTA DIURNA

Michael Klonovsky

Im Abgang ein Hauch von Schwefel

Reaktionäres vom Tage

Acta diurna 2020 – 2021

EDITION SONDERWEGE
MANUSCRIPTUM

Für Arturtchik
und Gašpartchik

»Die Wirklichkeit ist zu banal,
um falsch zu sein.«
Arne Kolb

»Beratschlagt euch mit den Frauen
und tut das Gegenteil.«
Mohammed

»Ich bin ein Sinti von Kopf bis Fuß,
immer wenn ich diese Trommeln höre, kocht mein Blut.
Ich bin ein Zigeuner, ich bin ein Zigeuner.
Ich verlange nicht, dass ihr das versteht,
Aber mein Blut ist meine Identität.«
Sido

»Die Aussichten auf eine Dozentenstelle lösen
ganz ähnliche Verhaltensmechanismen aus wie
die Androhung des Scheiterhaufens.«
Frank Lisson

INHALT

VORBEMERKUNG

Beim sechsten und offiziell letzten *Acta*-Band des Jahres 2019 ließen sich Verlag und Verfasser das Hintertürchen einer Best-of-Auswahl der Folgejahre offen, und nun ist es tatsächlich passiert. Wieder mussten Bäume für Papier statt für Windradfundamente sterben, aber der Ergänzungsband, das sei hiermit zugleich auf »Kapital« und Koran geschworen, wird wirklich der allerletzte sein. Und das Allerletzte sowieso.

Die vorliegende Auswahl umfasst im Gegensatz zu ihren jeweils auf einen Umlauf beschränkten Vorgänger_*:Innen zwei Jahre, wobei die Überführung der Online-Version in eine drucklegungstaugliche die schon beim letzten Band thematisierten Schwierigkeiten nochmals übertraf. Die originalen Einträge bestehen ja zu wesentlichen Teilen aus kommentierten Screenshots, Tweets, Fotos, Grafiken, Montagen, Links und Leserzuschriften mit wiederum darauf folgenden Reaktionen anderer Leser; das lässt sich in einem Buch nicht abbilden und soll hier auch nicht reproduziert werden.

Ich habe freilich auf eine Verzerrung hinzuweisen, die sich daraus ergibt, dass hier nur Texte übernommen wurden. Das zentrale Thema der vergangenen beiden Jahre war fraglos die Corona-Pandemie oder -Krise, aber die kommt auf den folgenden Seiten eher am Rande vor. Das ist mir zwar durchaus recht, weil ich andere Themen für bedeutender, andere Bedrohungen für gefährlicher halte (und die Performance des Virus, als es bei mir selbst vorstellig wurde, nicht besonders eindrucksvoll war), doch da es sich bei den *Acta diurna* immer noch um eine Chronik handelt, muss ich dafür wenigstens im Vorwort eine Erklärung beisteuern. Und die ergibt sich aus dem

Modus der täglichen Notate im Original. Als Laie konnte ich mich zu Corona in irgendeinem medizinischen oder epidemiologischen Sinne selbstredend nicht äußern – ich verschieße mein ganzes Pulver gegen die politische Instrumentalisierung des Virus –, weshalb die zahlreichen Einträge, die in den vergangenen beiden Jahren zum Thema in den *Acta* erschienen sind, überwiegend fremde Stimmen oder Statistiken abbilden. Nichts davon erscheint in der Buchversion, auf deren Umschlag ja der Name eines Autors steht, den der Leser auch im Inneren zu finden wünscht. Daraus resultiert die erwähnte Verzerrung.

Statt von Corona ist hier beispielsweise ständig von »Globalisten« und »Anywheres« die Rede – wahrscheinlich immer noch viel zu selten –, was mich zum nächsten Problem führt: den Wiederholungen. Auf diesen nahezu unvermeidlichen Makel eines in den Tälern und Schluchten des Zeitgeistes herumirrenden Diaristen bin ich im Vorwort des Vorgängerbandes ebenfalls kurz eingegangen. (In der Online-Version mag er weniger auffallen als im Buch – wer blättert online schon zurück?) Ein Tagebuch folgt eben nicht einer autonomen inneren Logik wie ein Essay, sondern kreist um die immer gleichen Themen, die dem Chronisten von seiner Um-, Mit- und Gegenwelt vorgegeben, aufgezwungen, ja ins Gesicht geschlagen werden. Dieser vielstimmigen, wenn auch nicht besonders vielfältigen Gegenwelt macht es überhaupt nichts aus, sich ständig zu wiederholen. Ich reagiere lediglich darauf und bitte, das zu meinen Gunsten in die Gesamtbilanz einzubeziehen. Vergelt's Gott!

Zu den autobiografisch relevanten Besonderheiten der Jahre 2020/21 gehört die Kandidatur des Verfassers für ein Bundestagsdirektmandat in Chemnitz. Auch in diesem Punkt waltet in der vorliegenden Version eine stärkere Zurückhaltung als online, es gibt hier naturgemäß weder Fotos von Wahlplakaten oder -veranstaltungen noch Verlinkungen zu Interviews oder zu meinen Wahlvideos und -reden, das Gros der eingestreuten Straßenwahlkampfbeschreibungen ist weggelassen, und die internen Widerstände gegen meine Kandidatur – ich führte ja einen »Zweifrontenwahlkampf« – sind im Buch kein Thema. Es dürfte dennoch genug von der Atmosphäre dieser Monate zu spüren sein. Dass es am Ende nicht gereicht hat, ist zwar jammerschade, was den Amüsementwert der Bundestagsdebatten betrifft, aber für den Autor befreiend: Er kann sich wieder seinem Metier zuwenden und vor allem jene schöntuerische Heuchelei einstellen, die sich während der Kandidatur als Wetterleuchten einer Déformation professionnelle beinahe automatisch in seine Rede mischte.

München, in den Tagen zwischen Omikron und Omega

Michael Klonovsky

ACTA DIURNA 2020

5. Januar

Wohin gehen Sie normalerweise, geschätzte Damen und Herrinnen, um *gepflegt abzuschalten*? Klar, zu Beethovens »Fidelio«. Speziell die beiden Solonummern des Liebespaares sind ohne ein gepflegtes Abschalten gemeinhin nicht aushaltbar, sofern nicht allererstklassiges Personal engagiert wurde. Mit der menschlichen Stimme hatte es *Ludwig van* eben nicht so.

Eine Kulturredakteurin von *Focus online* meint aber etwas anderes. Zum Auftakt des Beethoven-Jubiläumsjahrs an der Bonner Oper mit des Jubilars einziger Nummer dieses Genres schreibt die kundige Maid: »Wer aber glaubte, auf einem der rund 1000 Plätze zu Beethovens großer Musik gepflegt abschalten zu können, hatte sich gründlich geschnitten.« Weil Waltraud Meier und Jonas Kaufmann ... ? Nein, weil die Regie die Kerker-Oper des Bonners gegen die »kommode Diktatur« (so in ähnlichem Kontext bekanntlich G. Grass) von Recep dem Prächtigen in Szene setzte.

»Auch Beethovens ›Fidelio‹ war bei der Uraufführung 1814 ein Stück Zeitkritik«, belehrt uns das nämliche Portal für die gebildeten Stände: »Im Hochsicherheitsgefängnis eines autokratischen Staates erschleicht sich die als Fidelio verkleidete Leonore das Vertrauen des Kerkermeisters Rocco, um ihren Mann Florestan zu befreien. Dafür wäre sie bereit, sich gegen das Unrechtsregime zu wenden.« Zumindest ein kritisches Stück weit.

Damit wären wir für heute auch schon am Ende mit den Künsten und wenden uns, auf den Pfaden der Bonner Inszenierung wandelnd, stattdessen ihrer Politisierung zu. Das Vorbild von Beethovens Leonore war eine Madame de

Tourraine, die auf diese Weise ihren Gatten, einen Royalisten, aus den Fängen der Jakobiner befreit hat (oder es versuchte). Der Komponist nahm also eine reale, aber irgendwie »rechte« Befreiungstat zum Vorbild, um sie in eine fiktionale »linke« umzufälschen und sodann oratorisch-menschheitsmeinend aufzupeppen. Ähnlich verfuhr beispielsweise auch der Pariser Theaterautor Victorien Sardou, der sein Stück »La Tosca«, die Vorlage für Puccinis Oper, nicht etwa in der Schreckenszeit seiner Heimatstadt handeln ließ, sondern eine kurze Periode des weißen Terrors mit Rom als Austragungsort wählte. Und so läuft es immerdar, bis zum heutigen Regietheater: Immer stehen die Rechten, die Nazis, die Reaktionäre am Pranger. Alle kennen Franco und Himmler, niemand Jeschow und Jagoda. Und die Französische Revolution nennt sich heute »die Große«, aber nicht wegen des größten jemals in Europa vor speisendem Publikum zelebrierten Massenmords vermittels der sinnreichen Erfindung des Herrn Guillotin – und des noch weit größeren Völkermords in der Vendée –, sondern weil damals jene Ideen mit mörderischer Entschlossenheit die Bühne betraten, die man die *modernen* nennt und die bis heute herrschen. Und was herrscht, feiert sich und schmäht die Überwundenen. Damals begann die große linke Weltanbrennung, zu deren Folgen eine Geschichtsfälschung gehört, die bis heute die Gehirne und Seelen beherrscht und deren Fundamente die niedrigsten Triebe und Beweggründe sind, die sich denken lassen.

Blicken wir also zurück auf jenes Ereignis, das der Geschichte des Westens eine neue Richtung wies. Am Beginn stand die Hinrichtung des Königs als Repräsentant des Alten, Hinfälligen, zu Überwindenden. Wie sahen sie aus, die führenden Vertreter der beiden Seiten?

Ludwig XVI. war ein kultivierter Mensch, er las viel, vor allem die Philosophen, interessierte sich für Geografie, Geschichte und Seefahrt, wies seine Kapitäne an, in der Neuen Welt kein Blut zu vergießen, sprach oder verstand Englisch, Spanisch und (wohl seiner Gemahlin wegen) Deutsch. Er verabscheute Gewalt und schaffte die Folter ab. Unter seiner Herrschaft gab es kein politisches Todesurteil. Gegen ihn gerichtete politische Schriften ließ er aufkaufen; keinem ihrer Verbreiter wurde ein Haar gekrümmt. Ludwig schuf öffentlich finanzierte Arbeitsplätze für Notleidende. Von allen Bourbonenkönigen war er der friedfertigste und umgänglichste. Im Gegensatz zu seinen beiden berühmten Vorgängern unterhielt Ludwig XVI. keine Mätressen, weil sein Geschlechtstrieb wenig ausgeprägt war (er litt an einer Phimose; seine Frau, Marie-Antoinette, war weniger zurückhaltend, was man einer jungen Maid auch nicht verdenken kann).

Man muss sich die Biografien der Revolutionäre anschauen und sie mit jener des Königs vergleichen, eingerechnet die Tatsache, dass diese Figuren zuletzt politische Massenmörder bzw. Wegbereiter zum Mord wurden. Marat: erfolgloser Schriftsteller, körperlich entstellt, kleinwüchsig, ein notorischer Lügner, Dieb, Einbrecher, pathologischer Hetzer. Saint-Just: erfolgloser Schriftsteller, Plagiator, Betrüger, Hochstapler, rhetorischer Todesengel (aber immerhin genial). Robespierre: erfolgloser Schriftsteller von monströser Blasiertheit (er verglich sich mit Homer und Vergil), mittelmäßiger Anwalt, Monarchielobredner, solange er sich Vorteile davon erhoffte, frigide, erotisch jungfräulich, ein aristokratiehassender Puderperückenträger und Zwangscharakter von Eiseskälte. Desmoulins: erfolgloser Anwalt, Tagedieb, Bordellgänger, Heiratsschwindler. Hébert: erfolgloser Autor, Betrüger, Dieb.

Mirabeau: Spieler, Plagiator, Lustmolch bis zum Inzest mit der Schwester, wegen Entführung in Abwesenheit zum Tode verurteilt etc. pp. Wer in linken Biografien weiterforscht, von Marx über Stalin und Goebbels bis hinunter zu Maas und Ströbele, stößt immer wieder auf den Typus Nichtsnutz (nichts gegen Nichtsnutze übrigens, solange sie andere in Ruhe lassen!), den Typus Schmarotzer, Absahner, Schwätzer, Theorienaufsteller, im bürgerlichen Leben erfolglos, zu keiner nutzbringenden Tätigkeit fähig, in die Politik oder in die Agitprop-Industrie desertierend, das Geld der anderen fordernd, vergeudend und verteilend, zu jeder Denunziation und Anmaßung bereit. Und dieser Menschenschlag beherrscht seit den Jakobinern und mit heute etwas sublimierten Jakobiner-Methoden (sie würden gern anders!) die öffentliche Meinung und einen Großteil der öffentlichen Geldströme in den westlichen Gesellschaften. Marat heißt heute Restle oder Prantl, Saint-Just ist vergartenzwergt zu Stegner oder Kahrs, die Robespierre-Planstelle ist derzeit unbesetzt (zumindest hierzulande, könnte sein, dass Alexandria Ocasio-Cortez sie eines Tages zu besetzen hofft).

Zurück zu Ludwig XVI., der nach der Verhaftung niemals über sein Schicksal klagte und mit bewundernswerter Souveränität in den Tod ging (und auch in gewissem Sinne ein Nichtsnutz war, wenngleich kein so widerwärtiger wie seine Mörder; nein, ich wünsche das Ancien Régime nicht zurück). Der Monarch war das wahrscheinlich erste prominente Opfer des modernen Journalismus. Die von Kreaturen wie Marat und Hébert repräsentierte »kritische« Presse verteufelte den König und seine Frau auf eine Weise, die zartere Gemüter heute noch sprachlos macht. Da Ludwig nicht der Schlankeste war, karikierte man ihn bevorzugt als Schwein, und da Marie-Antoinette ihn betrog, erhielt das Schwein obendrein Hörner. Der *Courrier français* zitierte im August 1792 genüsslich aus einem Pamphlet namens »Le Royal Veto«, in dem der König folgendermaßen beschrieben wurde: »Dieses Tier (…) läuft auf den Hinterbeinen wie ein Mensch. (…) Es hat sehr wenig Haupthaar, und sein Schrei ähnelt dem Grunzen eines Schweines. Es hat keinen Schwanz. Es ist von Natur aus gefräßig. Es leidet an Trunksucht und trinkt von morgens bis abends. Es ist zwischen 34 und 36 Jahre alt, in Versailles geboren und hört auf den Namen Ludwig XVI.«

Die Königin, die verhasste »Österreicherin«, wurde wiederum als lüsterne Wölfin, Hyäne oder Tigerin dargestellt, die ihren Gatten betrog und der man zuletzt sogar ein inzestuöses Verhältnis zu ihrem (weiland achtjährigen) Sohn unterstellte (den die Jakobiner nach der Enthauptung der Mutter im Gefängnis krepieren ließen). Marie-Antoinettes berühmtes Fake-Zitat, wenn das Volk kein Brot habe, möge es eben Kuchen essen, geht übrigens auf Jean-Jacques Rousseau zurück, auch er ein linker Charaktermülleimer par excellence. In Paris zirkulierende Pasquille trugen Titel wie »Der königliche Dildo«, »Das königliche Bordell«, »Die Liebschaften von Karlchen und Toinette« und dergleichen lüsterne Schmähungen mehr. An der Spitze des Landes stand also eine Familie geiler Schweine.

»Die Presse verteufelte den König, den man später leicht unter dem Vorwand enthaupten konnte, er sei der Teufel«, notiert der Historiker Michel Onfray (ein spätes Wetterleuchten solcher publizistischen Lynchlust war in der Verteufelung Donald Trumps durch die deutsche Gesinnungspresse zu beobachten). »Die Journalisten töteten die Königsfamilie, indem sie die Arbeit der Henker vorbereiteten.« Als der Monarch tatsächlich enthauptet worden war, schlug ein »Bürger« vor – malen Sie sich eine Art Böhmermann aus –, den 21. Januar zum republikanischen Feiertag zu erheben, an welchem jeder Familienvater einen Schweinskopf auf den Tisch bringen möge, »in Erinnerung an den glücklichen Tag«, an dem der Kopf des königlichen Schweines rollte.

Den introspektiven Kennern der Niedertracht bereitete es wenig Mühe, sie anderen zu unterstellen. Deren einer war auch Choderlos de Laclos, dessen Briefroman »Les Liaisons dangereuses« zu einem Bestseller mit Folgen avancierte. Im Zentrum steht die intrigante Marquise de Merteuil, eines der großen Scheusale der Literatur. Davon abgesehen, dass die »Gefährlichen Liebschaften«, wie der Titel auf Deutsch heißt, große Literatur sind, waren sie auch Manipulation in höchster Vollendung. Laclos, der vor der Revolution dem Herzog von Orléans als Privatsekretär diente, war ein Kenner des Milieus, in dem sein – gleichwohl erfundener – Roman spielte, und er lieferte sozusagen als ein verfrühter (und literarisch begabter) Claas Relotius fiktives Belastungsmaterial für den Prozess, den die Jakobiner später dem Ancien Régime bereiten sollten. Dass er als Redenschreiber Robespierres und Offizier in deren Dienst trat, war folgerichtig. Laclos eröffnete den Weg des literarischen Klassenkampfes vermittels moralischer Denunziation der Gegenseite unter Zuhilfenahme negativ überzeichneter Charaktere, die er als zutiefst verderbt, niederträchtig und beseitigenswert vorführte, und viele folgten ihm nach; ich nenne als Zeiten und Kontinente überspannende Partes pro Toto nur Heinrich Mann und Ta-Nehisi Coates.

All das harrt einer gründlichen Dekonstruktion von rechts. Aber wer steigt schon gern in eine solche Kloake?

10. Januar

Gestern begab ich mich in Berlin mit jenem Herren zu Tische, dessen sichtbare Gegenwart bereits dem Chef der Hessischen Filmförderung zum Verhängnis wurde. Die Handlung spielt im Ristorante »Cinque« in der Reinhardtstraße 27. Wir waren zu fünft, der AfD-Vorsitzende – er kam direkt von seiner Gerichtsverhandlung – brachte Anwalt und Personenschützer mit, überdies war Freund *** mit von der Partie. Da ich im »Cinque« seit zwei Jahren regelmäßig verkehre, bekamen wir den von mir bevorzugten Tisch, woselbst der Lunch diskret und gesittet über die Kleinkunstbühne ging. Beim Gehen trat der Geschäftsführer auf uns zu und erklärte, er habe diesmal noch aus Freundlichkeit eine Ausnahme gemacht, aber in Zukunft wünsche er keine Besuche mehr von Leuten wie uns. Er verwies auf einen angeblichen oder tatsächlichen New Yorker Gesellschafter, der Gäste wie Jörg Meuthen in seinem Lokal nicht dulde. Das hätte er doch gerne vor dem Trinkgeld erfahren, juxte Freund ***. Die Frage, wie der edle Herr in Übersee denn so schnell erfahren habe, wer gerade in seinem Etablissement weile, blieb in der Eyle des Aufbruchs unerörtert. Ich habe in diesem Laden seit meiner temporären Verlegung in die DDR-Hauptstadt Tausende Euronen gelassen (einer der Kellner hatte mir übrigens, nachdem ich vor ca. anderthalb Jahren schon einmal mit Meuthen dort saß, zugeraunt: »Ich wähle Sie!«), aber in diesen Nazimentalitätsdurchsetzungsschuppen setze ich meine meist gutbeschuhten Füße nie wieder.

Man versteht immer mehr, wie geölt das weiland mit den Judenboykotten oder der Rassentrennung in den USA lief; es ist ja dieselbe Mentalität, dasselbe trendbefolgungsgeile Meutenbehagen beim Ausschließen, dasselbe restlos gute Gewissen beim Stigmatisieren, dasselbe lobesbegierige Petzerwesen.

(»Und dabei haben wir doch diesmal gar nicht so viele Hitlergrüße gezeigt!« – Freund ***, im Abgehen)

12. Januar

»Desmond war nach dem Krieg mit den Resten eines vergeudeten Vermögens und einem hemmungslosen sexuellen Begehren nach Paris gekommen, um sein Erbe zu verschleudern und sich dem eigenen Leben zu stellen. Aber weil er bei aller Lasterhaftigkeit ein goldenes Herz hatte, wurde er von einer Frau gerettet, die es gut mit ihm meinte, die ihn nach Fontainebleau brachte und dort eine Bleibe für ihn und die Kinder aus seinen gescheiterten Ehen einrichtete – und auch für mich, der ich mich in eines dieser Kinder verliebt hatte, nur um dann von ihr fallen gelassen zu werden.«

Wer hat's geschrieben?

Der Autor ist Roger Scruton, und ich las genau diesen Passus, als mich die Nachricht von seinem Tode am 12. Januar erreichte. Sie versetzte mich in eine seltsam tiefe Betrübnis; ich kannte Sir Roger ja nicht persönlich, und doch war mir, als sei ein entfernter Angehöriger, ein eigenwilliger, auf einer Insel lebender Großonkel von mir gegangen. Dieses *eigenwillig* ist höchst wörtlich zu nehmen: *nach eigenem Willen lebend.* Scruton war ein polyglotter Polyhistor, in vielen Genres, Kulturen und Sprachen zu Hause; er schrieb über Philosophie und Philosophen, über Religion, Musik (etwa die Opern Wagners; er spielte selbst Klavier), über Schönheit, Architektur, erotisches Begehren, Tierrechte, die Jagd (er war ein leidenschaftlicher Verteidiger der Fuchsjagd), über Umweltschutz und Wein.

Sir Roger, knighted by the Queen in 2016 »for services to philosophy, teaching and public education«, lehrte 21 Jahre am Birkbeck College der University of London, danach in Boston und Arlington, Virginia, wo er eine Farm besaß, auf welcher er des Abends auf der Veranda saß, Wein trank und »über die alte Weide zu dem Pferd namens Sam blickte, dem einzigen Wesen, dessen Ansichten mit großer Zuverlässigkeit immer noch konservativer waren als meine eigenen«.

Die Passagen stammen aus Scrutons Buch »Ich trinke, also bin ich« (Original: »I Drink, Therefore I Am«), der post- oder besser: anticartesianischen Wende der Philosophie, auf Papier gezogen anno 2009 und genussreif bis in alle Ewigkeit. Zur Gabe, literarisch zu schreiben, gesellte sich bei Sir Roger noch glückhaft jene, Literarisches zu erleben. Seinen Tutor in Eton beschrieb er etwa so: »Wenn man ihn mit der zurückhaltenden Höflichkeit ansprach, die er selbst an den Tag legte, konnte man sich bei ihm über so ziemlich jedes Thema kundig machen – angefangen bei der Wellenstruktur des Benzenrings oder den Übersetzungen von Dante, von Frazers Theorie des Hexenglaubens bis zur Chronologie der Upanischaden. Die völlige praktische Bedeutungslosigkeit all dessen, worüber er Bescheid wusste, machte den Erwerb dieser Art von Wissen umso lohnender.« In der Hauptsache aber war Scruton der bedeutendste konservative Denker seiner Generation. Ein dem Engländer bereits vor Jahresfrist zu den Vielen vorausgegangener Bruder im Geiste, Robert Spaemann, eröffnete sein Buch »Moralische Grundbegriffe« mit dem Satz, er hoffe, hier nichts grundlegend Neues vorzutragen. Dieser Ausspruch wäre ganz im Sinne Sir Rogers. Scruton besaß keine Theorie, er hatte keine »Zukunftsmodelle«, er verbreitete keine neue Lehre (und hüllte sich auch nicht in den Panzer eines akademischen Slangs), sondern er kümmerte sich um schöne Selbstverständlichkeiten und unter Diskursmüllhalden verschüttete Einsichten. Dazu gehörte beispielsweise die Feststellung, dass »Gesetzgebung keine rechtliche Ordnung hervorbringen kann, sondern sie voraussetzt«. Der Kerngedanke seines Buchs »Von der Idee, konservativ zu sein« (»How to Be a Conservative«) lautet: Eine bürgerliche Gesellschaft wächst von unten. Als beispielhaft dafür preist Scruton das alte englische Common Law, das sich, im Unterschied zum kodifizierten Recht der meisten Kontinentaleuropäer, als Fall- und Richterrecht entwickelt hat und auf maßgeblichen richterlichen Urteilen der Vergangenheit fußt. »Das Common Law steht auf der Seite des Bürgers gegen jene, die ihm ihren Willen aufzwingen wollen – egal ob es sich dabei um usurpatorische Politiker oder einfache Kriminelle handelt.« Scrutons Vater war Labour-Mitglied und Gewerkschaftler, also formell ein Sozialist, aber »in Wirklichkeit«, erinnerte sich der Sohn, lebte in ihm »ein tief empfundener konservativer Instinkt«, nämlich »die Liebe zum England seiner Spaziergänge und Betrachtungen« und zur »englischen Freiheit«, das »hartnäckige ›Wir‹ der einfachen Menschen«. Konservativ zu sein bedeutete für Sir Roger, die Frage zu stellen, »wo wir hingehören, was unsere Loyalität und unsere Verpflichtungen bestimmt«. Und alles beginne mit dem Ort. »Das Erste ist das Territorium.« Der geistige Universalist Scruton war ein politischer Partikularist, ein Verteidiger des Nationalstaats. Er ist der Philosoph des Brexit.

»Menschliche Gesellschaften sind von Natur aus exklusiv, das heißt, sie gewähren nur den Insidern Privilegien und Vorteile. Diese können nicht nach Belieben an alle Ankömmlinge verschenkt werden, ohne das Vertrauen zu opfern, von dem die soziale Harmonie abhängt«, notierte er. Jede Demokratie sei »auf das Bestehen des bürgerschaftlichen Geistes angewiesen, wenn sie nicht zum Schlachtfeld von Sonderinteressen verkommen soll«. Dem bürgerschaftlichen Geist entspricht die akademische und wirtschaftliche Freiheit. »Da es zur Marktwirtschaft keine Alternative gibt, bleibt die einzige Frage, wie wir die Güter, die nicht gehandelt werden sollen, davor abschirmen.« Es sind jene Güter, die durch Kommerzialisierung zerstört werden; Scruton nennt Liebe, Sex, Schönheit und Heimat.

Während das Gros seiner akademischen Kollegen im Gefolge der Studentenunruhen Deleuze, Foucault, Derrida las, mit den Neuen Linken sympathisierte und den Gips für den akademischen Nippes der kulturmarxistischen Renaissance anrührte, las Scruton die Klassiker, studierte die französischen Weine und suchte den Kontakt zu Dissidenten des Ostblocks, vor allem in der Tschechoslowakei, wo er undercover Lehrveranstaltungen abhielt. Den Zusammenbruch des Realsozialismus erlebt zu haben war für ihn das größte politische Glück seines Lebens. Aber natürlich machte er sich keine Illusionen über eine nachlassende Fruchtbarkeit dieses Schoßes. Er selbst wurde noch vor wenigen Jahren mit einer der üblichen Denunziationskampagnen von links überzogen, aber in allen lächerlichen Anklagepunkten rehabilitiert.

Sir Roger erlag im Alter von 75 Jahren einem Krebsleiden. Ich stelle mir vor, dass er bis zuletzt auf den Rebensaft nicht verzichtet hat: »Es vergeht keine Woche, in der die Zeitungen nicht über die Schäden berichten, die der Gesundheit durch Alkohol, Kaffee oder Cola zugefügt werden. Ich denke, es ist an der Zeit, einen Schlussstrich unter diese Propaganda zu setzen. (…) Man trinke, was einem schmeckt, und zwar so viel, wie man möchte. Dann stirbt man vielleicht ein bisschen früher, aber dieser Verlust wird wettgemacht durch die gute Laune, die man seinen Mitmenschen damit schenkt.«

Wie anders soll man eines solchen Toten würdig gedenken als mit einem Glas Wein in der Hand? »Es gibt keinen besseren Wein, den man zu Dorsch, Hühnchen in Sauce Béchamel oder den Trios von Haydn servieren kann«, empfahl der philosophierende Vortänzer des Bacchus, »am besten aber harmoniert Chablis mit mehr Chablis.«

Ruhe in Frieden, Sir Roger. Cheers!

16. Januar

Noch ein Nachtrag zum Lokalverbot im »Cinque«. Solche Geschichten kommen schon als Lügen auf die Welt. Wie man in einer Berliner Gastronomiegazette lesen kann, sollen »sexistische Bemerkungen in Gegenwart einer Mitarbeiterin« der Grund für den Bann gewesen sein. Das ist, wie gesagt, eine Lüge. In dieser langweiligen Tischrunde fiel an besagtem Mittag keine einzige Bemerkung, die man in eine solche Richtung hätte missverstehen oder verdrehen können (wofür ich als Sexist reinsten Fruchtwassers, der Kellnerinnen gewohnheitsmäßig schon bei der Vorspeise im Fortissimo anharft und beim Dessert zärtlich an die Wäsche geht, um Pardon bitte, aber meine Tagesform ist auch nicht immer konstant). Solche Schutzbehauptungen haben Methode, denn peinlich ist der Vorfall für das jäh ins Unmanierliche abgeschwirrte Lokal am Ende doch. Normalerweise folgen dergleichen vom wahren Anlass ablenkende Erklärungen, nachdem Linksextreme die Lokalbetreiber unter

Druck gesetzt haben, woraufhin diese sich in angebliche Gründe flüchten, die den Gast für sie plötzlich als untragbar erscheinen lassen. Das ist in unserem Fall zwar auszuschließen, aber es mag sein, dass sich Abgeordnete oder Mitarbeiter der demokratischen, fortschrittlichen und toleranten Bundestagsfraktionen beschwert haben, weil das Restaurant es mit der Nachsicht gegen die Gesinnung mancher Gäste doch übertreibe.

Damit ist die Angelegenheit aber immer noch nicht vom Tisch, denn mir wurde von verschiedener Seite zum Vorwurf gemacht, dass ich mit dem Vergleich zum Judenboykott 1933 zu weit gegangen sei. Dazu gestatte ich mir die Frage, warum unsereins sich mit solchen Vergleichen bezähmen soll, während alle naselang ein Toleranter einen AfDler als Nazi bezeichnet. Außerdem und im Wesentlicheren habe ich keineswegs die Situation der AfD mit jener der Juden im Dritten Reich gleichgesetzt, ich bin ja nicht stumpfsinnig, sondern ich habe die *Mentalität* der jeweiligen Ausschließer, Zeitgeist-Mitläufer und Gleichschritthalter verglichen. Und erklärt, dass solche Leute mir beim Verständnis historischer Prozesse durchaus hilfreich seien. Bei den heutigen Antinazis lernt man einiges über die echten Nazis.

Sela, Psalmenende.

17. Januar

»Messergewalt immer schlimmer«, volksverhetzte *Bild*, ich glaube, es war am Mittwoch, auf der Titelseite, aber der für die Story interviewte Innenminister des Messerstecher-Vorzeigelands NRW, Herbert Reul, CDU, fand die passenden Worte: »Der typische Messerangreifer ist männlich, erwachsen und deutsch.« Nehmt das, Rechtspopulisten! Es gab insgesamt 6736 Tatverdächtige, von denen 2645 nicht die deutsche Staatsangehörigkeit haben. Knapp 40 Prozent. Eine klare Minderheit. Der Anteil der Zuwanderer – Asylbewerber, Schutz- und Asylberechtigte, Geduldete – an dieser Gruppe beträgt 39,8 Prozent (1052 wie bestellt gelieferte Stück).

In sensationsgeilen Gazetten wie der *Bild*-Zeitung lesen wir aber nur Storys wie diese: »Bis heute können weder Schüler Simon noch seine Eltern fassen, was da passiert ist. Flüchtling Abdulrahman M. (26) hatte man bereitwillig aufgenommen. Von Anfang an engagierte sich die Familie in der Flüchtlingshilfe. Der Eritreer war nicht einfach. Das stand schnell fest. Nun muss sich der Asylbewerber vor dem Landgericht Passau verantworten.

Der Täter beschuldigt Simons Mutter, ein versehentlich veröffentlichtes Nackt-Video von ihm auf Facebook gesehen zu haben: ›Es geht nicht, dass eine Frau einen Muslim nackt sieht, das muss mit dem Tod bestraft werden‹, sagte er. Mit einer 15 Zentimeter langen Klinge ging er auf den Jungen los, schnitt ihm die Kehle auf, stach auf ihn ein, verfolgte ihn nach draußen, brüllte ›Stirb, stirb, stirb!‹. Der 12-Jährige überlebt dank Flucht, gilt seither als tief traumatisiert.«

Die Meldung ist zwar schon ein halbes Jahr alt und inzwischen sind hierzulande Hunderte Messer gezückt worden und in Leiber geflutscht, aber dieses Beispiel hatte ich mir aufgehoben, wahrscheinlich aus latenter Afro- oder Eritreophobie. So etwas setzt das Boulevardblatt also seinen Lesern vor, hinter der Bezahlschranke versteckt, aber immerhin, und auch in den lokalen Medien, mitunter sogar in der Wahrheits- und Qualitätspresse, lesen wir ständig von Afghanen oder Syrern oder Schwarzafrikanern, die ihre Scheidung mit dem Messer vollzogen oder anderswo hingeschnitten haben, etwa ihrem Kind durch die Kehle, aber nie sind die Messermänner, über die berichtet wird, blond und biodeutsch.

Medienversagen auf ganzer Linie also. Vorurteilsberichterstattung. Wahrscheinlich doch Lügenpresse.

Aber wo Gefahr im Verzug ist, naht das Rettende auch. Wie die *Welt* berichtet, werden die meisten derjenigen Asylbewerber, die keinen Asylgrund haben, am Ende doch deutsche Staatsbürger. Irgendwann beträgt der Anteil der Deutschen bei sämtlichen Straftaten 100 Prozent. Und alles ohne die Verschwörungstheorie von der Umvolkung!

Wenn 40 Prozent der irgendwie mit dem Messer öffentlich tätig Gewordenen keinen deutschen Pass haben, bleiben 60 Prozent »Deutsche« übrig. Ich wette, dass von diesen Deutschen über die Hälfte auf den berühmten daseinsveredelnden Hintergrund zurückblickt. Ich wette überdies, dass bei wirklich schweren Straftaten unter Zuhilfenahme von Stichwaffen, also Tötung und schwere Körperverletzung, der Anteil sogar bei 90 Prozent liegt. Frieden, Segen, Glück und 1000 Euro Belohnung für denjenigen, der mich von diesem schlimmen Vorurteil erlöst und mir das Gegenteil beweist.

29. *Januar*

Wiederholt teilen mir Besucher des kleinen Eckladens mit tadelndem Beiklang mit, dass sie zwar gern vorbeischauten, jedoch die Ansichten des Betreibers zum Klimawandel bzw. dessen wie auch immer dosierter Menschengemachtheit nicht teilen könnten. Liebe Gäste, Kameraden und Umweltsäue! Sollen Sie auch nicht! Ich habe ohnehin keine Ahnung von der

Sache. Offen gestanden interessiert sie mich gar nicht. Ich will Ihnen erklären, warum.

Ob der Mensch einen Anteil an der momentanen Erderwärmung trägt oder nicht, ist insofern einerlei, als sich unsere Spezies so oder so auf die Veränderungen einstellen, also sich mit ihnen arrangieren muss. Aber niemals wird eine sogenannte Menschheit gemeinsam, wie es heißt, Maßnahmen gegen den Klimawandel oder sonst was ergreifen, wahrscheinlich würde sie das nicht einmal gegen aggressive Außerirdische hinbekommen. Jedes Land wird vielmehr auf sich selbst schauen und sehen, wie es am besten und mit den geringsten Einbußen durchkommt – außer den verrückten Deutschen natürlich, die werden stur Heil gen Selbstbeschränkung vorangehen, das OKW (Oberkommando Weltmoral) arbeitet schon an den Marschbefehlen, die anderen werden applaudieren und Bravo! rufen und danach ihr eigenes Ding machen. Erzählen die aktuellen Sagen noch vom deutschen Mordor, werden jene der Zukunft vielleicht vom deutschen Auenland handeln. »Oma Umweltsau, können wir dort hinfahren?« – »Nein, mein Kind, dieses Land existiert nicht mehr … « Wohlan denn!

Alexander Gauland, den ich gern zitiere, sprach neulich in Hamburg die geflügelten Worte: »Wenn die Welt untergeht, werden wir sie nicht retten. Wenn sie nicht untergeht, wäre es wünschenswert, dass auch wir noch weiter mit von der Partie sind.« Darum geht es.

Bekanntlich wandelt sich der göttliche Unfug namens Klima permanent, der Planet war schon deutlich wärmer als derzeit, aber die Dinos waren zu faul und zu schwer zum Hüpfen, mit Ausnahme vielleicht eines begeisterten Velociraptors beim Anblick eines verletzten Protoceratops. Es war niemand da, der den Klimawandel messen und beklagen konnte. Heute explodiert die humanoide Biomasse geradezu, was einerseits kurios ist für eine Population, der es angeblich an den Kragen geht, andererseits aber eben jene Vielzahl von Rezeptoren schafft, die ein sich veränderndes Klima überhaupt als Problem wahrnehmen können. Lebten auf Erden zehn Millionen Menschen, spräche niemand vom Klimawandel. Allenfalls wanderte ein Teil wie weiland beispielsweise die Cimbern aus unwirtlich gewordenen Gebieten in freundlichere. Wie die Römer darauf reagierten, ist bekannt. (Als junger Mensch war ich ein Fan der Germanen, doch je älter ich werde, desto mehr neigen sich meine Sympathien Rom zu.)

Mit einem Satz: Wenn die Erde sich weiter erwärmt (was keineswegs sicher ist, weil die Sonne ein Machtwörtchen sprechen kann) und die Bevölkerung in Afrika und Asien weiter so wächst, wird es im 21. Jahrhundert wahrscheinlich Völkerwanderungen, (Bürger-)Kriege und Hungersnöte mit so vielen Toten geben, dass das 20. Jahrhundert daneben plötzlich ganz passabel dasteht. Die Linken werden den Westen als Schuldigen zum Gepfändet- und Erobertwerden ausschreiben, bis das »Rette sich, wer kann!« vor ihrer eigenen Haustür erklingt; die Frage lautet, was dann noch an rettbarer Substanz übrig ist.

Das Problem dieses Planeten besteht darin, dass Gott Biologist ist, aber die mächtigste Spezies sich von Politikern, Managern, Sozialwissenschaftlern und jeder Art von Pfaffen an der Nase herumführen lässt. Diese Leute glauben, dass die Demokratie oder die Medizin oder der Fortschritt oder das Abgeben oder ein Diskurs schon alle Probleme lösen werden. Sie wollen nicht wahrhaben, dass der Mensch primär ein biologisches Wesen ist, erst danach ein soziales, abergläubisches, bisweilen vernunftgesteuertes. Aber im Wesentlichen eine egoistische, geile, verfressene Riesenmade, derzeit in einer Kopfzahl von mehr als sieben Milliarden.

Vernünftig wäre unter dieser Prämisse, was der Verhaltensbiologe Irenäus Eibl-Eibesfeldt schon vor über 20 Jahren vorschlug, nämlich »dass sich Europa unter Einbeziehung Osteuropas großräumig abschottet und die Armutsländer der Dritten Welt durch Hilfen allmählich im Niveau hebt. Wenn wir im Jahr 1,5 Millionen Menschen aus der Dritten Welt aufnähmen, würde das dort überhaupt nichts ändern – das gleicht der Bevölkerungsüberschuss in einer Woche wieder aus, solange es keine Geburtenkontrolle gibt. Man kann gegen eine Bevölkerungsexplosion in diesem Ausmaß sonst nichts tun, bestenfalls das Problem importieren, wenn man dumm ist.«

Wenn die Europäer unter dem Druck der linken Anywheres in EU, UNO, westeuropäischen Parlamenten und all den Gaunerstiftungen und Spitzbuben-NGOs ihre Grenzen so lange offen lassen, bis es zu spät ist, wird Europa ein ähnliches Bild bieten wie nach dem Untergang Westroms. Es gibt dann keine soziale Frage mehr, sondern nur noch eine ethnische. Wer es sich leisten kann, wird sich davonmachen. Dass der Meeresspiegel bis dahin um zehn Zentimeter gestiegen ist, wird niemanden mehr interessieren.

Das ist der Grund, warum mich der Klimawandel nicht besonders kümmert. Ich versuche lediglich, meinen kleinen Beitrag dafür zu leisten, dass die Maßnahmen, die gegen ihn bzw. als Sühne für ihn ergriffen werden, nicht unendlich größere Verheerungen anrichten als der Klimawandel selbst. Die für mich denkbar größte Katastrophe wäre eine Weltregierung aus Figuren wie Luisa, Ska, Uschi und Katrin, die zweitgrößte eine Weltregierung aus hochbegabten Zurechnungsfähigen. Merke Don Nicolás: »Die Menschheit ist gerettet, wenn ihre Retter verzweifeln.«

10. Februar

Christian Lindner gestand gegenüber der *Bild*-Zeitung: »Ich habe die Skrupellosigkeit der AfD unterschätzt.« Welche bekanntlich darin bestand, einen Kandidaten der Lindner-Partei zum thüringischen Ministerpräsidenten zu wählen. Die Duisburger FDP fordert nun ein bundesweites Verbot der AfD, weil deren Skrupellosigkeit dazu führte, dass die Anti- bzw. Neofa jetzt auch FDP-Büros angreift (statt AfD-Büros). Aus Bremen wird gemeldet, dass sich dortige FDP-Mitglieder (wegen der skrupellosen AfD) von skrupulösen Aktivisten bzw. Mitbürgern bespucken und bepöbeln lassen mussten; die Parteiführung beklagt Übergriffe auf Parteimitglieder und Vandalismus gegen Parteibüros im gesamten Bundesgebiet (wegen der AfD); wie dem thüringischen ersten und letzten, nunmehr unter Polizeischutz stehenden FDP-Ministerpräsidenten wegen der AfD von links heimgeleuchtet wurde, ist bekannt.

Um Schonung bzw. künftiges Verschontwerden bat nun der FDP-Politiker Konstantin Kuhle, Mitglied des Bundestags und innenpolitischer Sprecher der Heldendemokraten, via Twitter. Die legitimen Attackierer der Skrupellosen mögen doch bitte seine Partei in Frieden lassen, die gelben Recken kämpften doch schon geschlossen »gegen rechts« und gegen die AfD im Besonderen.

Obwohl sie – wegen der AfD – von links bis Merkel fast so dreckig wie die AfD behandelt wurde, steht die FDP kanzlerinnentreu und fest im Kampfverband der »Altparteien« (Cl. Roth), um jenem Feind zu wehren, der neuerdings dem »demokratischen Abgrund« entsteigt, wie Robert Habeck es routiniert genialisch formulierte.

Menschen vergehen wie Weizen im Winter, doch diese Namen vergehen nie. Erzählt man jemals meine Geschichte, soll man sagen, ich ging meinen Weg mit Giganten. Man soll sagen, ich lebte zu Zeiten Kuhles, des Kühnertbespeichlers. Man soll sagen, ich lebte zu Zeiten Christian Lindners.

12. Februar

Angela Merkel teilt mit: »Die AfD hat eine ganz klare Agenda – die Demokratie kaputtmachen.« Erklärt die Lady in einer Zeit landesweiten, von ihr im Sinne des »Wer schweigt, stimmt zu« gebilligten bzw. billigend in Kauf genommenen Straßenterrors gegen nicht mehr nur AfD-Mitglieder, sondern nun sind die FDP (wegen der Thüringen-Wahl) und die Werteunion an der Ringelringelreihe.

Erklärt die Lady, die für die Herrschaft des Unrechts an den Grenzen verantwortlich ist, also dafür, dass sich Hunderttausende Ausländer ohne Aufenthaltstitel im Land befinden und z. T. erhebliche Straftaten auf ihre Scheitel häufen (im August 2018 waren es nach Auskunft der Bundesregierung knapp 700 000 Asylbegehrer, deren Antrag abgelehnt wurde; wie viele Migranten sich illegal und unregistriert hier aufhalten, weiß einzig der im heutigen Eingangszitat erwähnte Weltenplaner).

Erklärt die Lady, die mehr als jeder andere Politiker dafür getan hat, dass das deutsche Parlament immer weniger zu entscheiden hat, während demokratisch durch nichts legitimierte Brüsseler Spitzen immer einschneidender über das Schicksal Deutschlands bestimmen können.

Erklärt die Lady, die dafür mitverantwortlich ist, dass nahezu jeder EU-Vertrag gebrochen wurde und seit der

Durchpeitschung des ESM in einer Nacht-und-Nebel-Aktion aus der Union eine Schuldenvergemeinschaftungs-EUdSSR geworden ist.

Erklärt die Lady, die als erster Regierungschef der Bundesrepublik die triste Traute besaß, das Ergebnis einer demokratischen Wahl für ungültig zu erklären und seine Korrektur anzuordnen (symbolhafterweise während ihres Aufenthaltes in einem Land, in welchem sich eindrucksvoll abzeichnet, welches Schicksal der weißen Ethnie in einer wahrhaft bunten Gesellschaft bestimmt sein dürfte. Könnte? Jedenfalls: sollte).

Wie demokratisch es im künftigen Merkeldeutschland zugehen wird, mögen zwei Beiträge aus der Wahrheits- und Qualitätspresse illustrieren. Was ich hier seit Jahren ankündige, nimmt allmählich Gestalt an. »Die Bundesregierung prüft Maßnahmen, um die Medienvielfalt in Deutschland zu sichern«, melden die flinken Vielfaltspinsel von *Focus* »unter Berufung auf Regierungskreise«. In Erwägung stünden »zum Beispiel direkte oder indirekte Finanzhilfen für Zeitungen und Zeitschriften. So könnte die GEZ-Gebühr für den öffentlich-rechtlichen Rundfunk um wenige Euro für eine allgemeine ›Medienabgabe‹ erhöht werden.« Wie *Focus* weiter schreibt, soll »ein unabhängiges Fachgremium die Auswahl treffen«, wer sich bei der künftigen »Lügenäther«-Produktion (Sloterdijk) staatlicher Zuwendungen erfreuen darf. Die Zeitungen sind ja längst rappelvoll mit Artikeln und Kommentaren, die kinderleicht als Bewerbungsschreiben für die staatliche Alimentierung zu erkennen sind.

Sowie: Nachdem die Fraktionschefin der thüringischen Linken bereits ein »Bekenntnis« der CDU für die Wahl Bodo Ramelows (SED) gefordert hat und neckisch hinzusetzte: »Wir müssen dokumentieren, dass er von Demokraten gewählt wurde«, also ein Ende der geheimen und freien Wahlen begehrte, fanden ein Politologe und der *Süddeutsche Beobachter* zueinander, um die geheime Abstimmung als einen »sehr alten Zopf« und ein »undemokratisches Relikt« zu denunzieren. Vor dem Hintergrund des erwähnten Gesinnungs- und Straßenterrors gegen Falschvotierer läuft das auf einen Ruf nach Gleichschaltung hinaus, welche bekanntlich ohne Einschüchterung nicht zu haben ist, und man will schon wissen – von wegen geheime Abstimmung –, wem genau man mitzuteilen hat, dass man weiß, wo er wohnt und in welche Schule seine Kinder gehen.

Beiseite gesprochen: Bei der erwähnten Linken handelt es sich um Frau Hennig-Wellsow. Das ist jene Maid, die dem undemokratisch, also frei und geheim gewählten Kurzzeit-Ministerpräsidenten Kemmerich (NSFDP) den Gratulationsblumenstrauß vor die Füße geworfen hat. Es heißt, die Deutschlandfahnenwegschafferin A. Merkel hege für diese analoge Geste solidarische Gefühle.

13. Februar

Mit seiner heutigen Bundestagsrede hat Christian Lindner eine neue Form der Proskynese etabliert: *sich krümmen gegen rechts.*

Die öffentliche Selbstkritik ist wieder auf Ostblock-Niveau angekommen.

Man wird winselnde kleine Jungs künftig anherrschen mit dem Ruf: Sei kein Christian!

15. Februar

Anja Reschke, *Panorama*-Moderatorin und Autorin eines Buchs namens »Haltung zeigen!«, hat erklärt: »Der Anteil der Menschen, die ein geschlossenes rechtes Weltbild haben, war 1933 nicht anders als heute. Die Frage ist: was macht der Rest? Und 1933 hat der Rest es zugelassen. Heute sind wir um unser Geschichtswissen reicher.« (Das Zitat stammt zwar aus dem Dezember 2018, aber erstens bekam ich es zufällig heute zugeschickt, zweitens wohnt ihm eine gewisse überzeitliche Urteilsanmaßung inne.)

Zunächst einmal müsste die *Panorama*-Frontmaid Auskunft darüber geben, woher sie ihre Kenntnis vom Anteil derer bezieht, die 1933 über ein »geschlossenes rechtes Weltbild« verfügten. Dieser Plapperterminus wurde ja erst von linken Sozio-, Polito-, Ideo- und Paläoontologen in den zivilgesellschaftlichen Rumor der späten zweiten Republik eingespeist und angeblich empirisch erforscht. Unsere Haltungs-Hore vergleicht also zwei Größen, von denen die eine unbekannt, die andere durch interessengeleitete Fragestellung bei den Erhebungen a priori manipuliert ist.

Sodann steht die Frage im Raum (ohne Volk), wie unsere Haltungssimulantin darauf kommt, dass die Nationalsozialisten von Menschen gewählt wurden, die ein geschlossenes rechtes Weltbild besaßen, woran sich als Nächstes die Frage anschließt, ob denn die Nazis selbst, Mann für Mann, über ein solches geschlossenes rechtes Weltbild verfügt und mit ihm die Macht erlangt haben.

Die Diskussion darüber, ob die Nationalsozialisten eher links oder eher rechts einzuordnen seien, wird ja seit Längerem geführt, und zumindest diese Tatsache müsste sogar einer

ARD-Journalistin mit Politologie-Studium bekannt sein. Über ein geschlossenes rechtes Weltbild verfügten 1933 z. B. weder Hermann Göring noch Joseph Goebbels, noch Albert Speer, und erst recht nicht Gregor Strasser. Aber wenigstens A. Hitler?

»Hitler ist keineswegs so leicht als extrem rechts im politischen Spektrum einzuordnen, wie viele Leute es heute zu tun gewohnt sind«, notierte Sebastian Haffner in seinen berühmten Anmerkungen zu ebenjenem (München 1977). »Er war natürlich kein Demokrat, aber er war ein Populist: ein Mann, der seine Macht auf Massen stützte, nicht auf Eliten; in gewissem Sinne ein zu absoluter Macht gelangter Volkstribun. Sein wichtigstes Herrschaftsmittel war Demagogie, und sein Herrschaftsinstrument war keine gegliederte Hierarchie, sondern ein chaotisches Bündel unkoordinierter, nur durch seine Person an der Spitze zusammengehaltener Massenorganisationen. Alles eher ›linke‹ als ›rechte‹ Züge.«

Haffner wies zudem darauf hin, dass die einzige ernsthafte Opposition gegen Hitler »rechts« von ihm stand und aus den konservativen Funktionseliten stammte (»ernsthaft« meint hier: aus Regimeperspektive oberhalb der Ebene eines Polizeiproblems angesiedelt). Sie gipfelte, wie jeder weiß, im Attentat des 20. Juli 1944, nach welchem der Führer sein Bedauern darüber kundtat, dass er zwar mit den Kommunisten aufgeräumt, aber die reaktionäre Adels- und Offiziersclique vergessen habe, »dieses Gesindel, das sich aus der einstigen Zeit herübergerettet hat«, während Stalin das Problem mit seinen Säuberungen angemessen gelöst habe. »Wir haben den Klassenkampf von links liquidiert, aber leider haben wir vergessen, den Klassenkampf von rechts zur Strecke zu bringen«, sagte Hitler nach dem Bericht seiner Sekretärin Christa Schroeder (zit. nach Kershaw, »Hitler«, Bd. II, S. 903). Auf einer Tagung der Reichs- und Gauleiter am 24. Februar 1945 nannte er es »unsere große Unterlassungssünde«, nicht auch den »Schlag gegen rechts« geführt zu haben.

Schon im Horst-Wessel-Lied hieß es bekanntlich: »Kam'raden, *die Rotfront und Reaktion* erschossen / Marschier'n im Geist in unser'n Reihen mit.« Das wäre dieselbe Äquidistanz. Am Abend der Märzwahl 1933 erklärte Hitler in kleiner Runde, verärgert darüber, dass die NSDAP die absolute Mehrheit verfehlt hatte, solange Hindenburg lebe, werde er diese deutschnational-konservative »Bande« nicht los. Was ihn an den alten Eliten abstieß, war keineswegs deren Nationalismus, sondern ihr besitzbürgerlicher Antisozialismus. Hitler nahm den Begriff Nationalsozialismus wörtlich: »Sozialismus kann nur sein im Rahmen meines Volkes«, erklärte er, denn es gebe »nur annähernd Gleiche in einem Volkskörper in größeren Rassegemeinschaften, aber nicht darüber hinaus«. Es war kein oder allenfalls ein maßvoller Etikettenschwindel, dass er seinen politischen Kampfbund »Arbeiterpartei« nannte. Als Hitler sich am 30. November 1941 in einem seiner legendärberüchtigten Monologe der »Kampfzeit« erinnerte, offenbarte er: »Meine damalige Partei war doch zu neunzig Prozent aus Links-Leuten zusammengesetzt. Ich habe nur Leute brauchen können, die geprügelt haben.« In einer Rede zum 1. Mai 1927 hatte der NSDAP-Chef verkündet: »Wir sind Sozialisten, wir sind Feinde der heutigen kapitalistischen Wirtschaftsordnung für die Ausbeutung der wirtschaftlich Schwachen.«

Betrachtet man das öffentliche Erscheinungsbild des Dritten Reichs, dann findet sich kaum ein Unterschied zu den kommunistischen Diktaturen des Ostblocks: Es gibt nur eine Partei; deren Herrschaft ist absolut, wenngleich die wirkliche Macht (bis über Leben und Tod) von einem kleinen Klüngel innerhalb der Parteiführung ausgeübt wird; das gesamte gesellschaftliche Leben ist nach militärischem Muster durchorganisiert, das Leben des Einzelnen desgleichen; bereits die Kinder stecken in Einheitskleidung; das Kollektiv ist absolut, der Einzelne demgegenüber nichts; eine Fülle von zentralistischen Organisationen saugt die Menschen auf und bestimmt über ihren Tagesablauf, die öffentliche Meinung ist gleichgeschaltet, rund um die Uhr läuft Propaganda, regelmäßig gibt es Massenkundgebungen und Aufmärsche, überall sieht man Fahnen, Parolen und Uniformen etc. pp.

Worin besteht der Kern des Sozialismus? In der Nivellierung der gesellschaftlichen Unterschiede durch Kollektivierung. »Wir sozialisieren die Menschen«, erklärte Hitler gegenüber Hermann Rauschning (dessen Erinnerungen gelten nicht als seriöse Quelle, aber dieses Zitat ist stimmig und für eine Fälschung zu unspektakulär). Die Sozialisierung der Banken und Unternehmen sei daneben zweitrangig: »Was ist das schon, wenn ich die Menschen fest in eine Disziplin eingeordnet habe, aus der sie nicht herauskönnen?« Am 8. September 1937 notierte Goebbels in sein Tagebuch, der Führer habe auf dem Parteikongress »gegen wirtschaftliche Eigenmächtigkeiten« gewettert: »Wehe der Privatindustrie, wenn sie nicht pariert. 4-Jahresplan wird durchgeführt.« Im Mai desselben Jahres hatte Hitler im Duktus einer großen Amtsnachfolgerin erklärt: »Ich sage der deutschen Industrie zum Beispiel: ›Ihr müsst das jetzt schaffen‹. (...) Wenn mir die deutsche Wirtschaft antworten würde: ›Das können wir nicht‹, dann würde ich ihr sagen: ›Gut, dann übernehme ich das selber, aber das muß geschafft werden.‹« Besaß der Führer ein geschlossenes rechtes Weltbild? Fragen über Fragen ...

Im Übrigen kam es direkt nach der Machtübernahme der Nationalsozialisten im Frühjahr 1933 zu spontanen »antikapitalistischen« Terrorakten von SA-Leuten gegen Banken und Börsenvorstände. Das geschlossen rechte Weltbild scheint sogar unter den originären braunen Schlägern löchrig gewesen zu sein. Anders formuliert und in die Gegenwart verlängert dürfte das vermeintlich geschlossene rechte Weltbild erhebliche Überschneidungen mit seinem linken Gegenstück aufweisen. Das geschlossene linke Weltbild wird in Kein-schöner-Land indes anscheinend nicht so eifrig erforscht, womöglich aus Gründen der Schamhaftigkeit.

Man fragt sich, was das für ein Geschichtswissen sein mag, um das sich die ARD-Frau heutzutage »reicher« fühlt. In Reschkes geschlossen magischem Weltbild firmieren die Nationalsozialisten nicht als Figuren aus der Geschichte, sondern als Gestalten aus der Dämonologie. Die Nazis und ihre Wähler entstammen nach dieser Vorstellung nicht einer konkreten historischen Situation, sondern sind direkt der Hölle entstiegen – und das kann dann natürlich jederzeit wieder passieren, solange dort unten noch ideologisch geheizt wird. Es gibt in diesem magischen Denken für den NS-Staat keine besonderen Entstehungsbedingungen in der Realität, sondern der böse Wille einiger Akteure genügt für ein Dacapo unter jeglichen Umständen. Da Frau Reschke offenkundig an einem geschlossen linken Weltbild laboriert, müssen diese Teufelsbündner rechts sein (was noch die freundlichere von den beiden möglichen Annahmen über die Motive der räsonierenden Magd ist; wie immer in solchen Fällen haben wir es mit den Alternativen Dummheit oder Niedertracht zu tun; es kann auch reine Perfidie sein …)

Wenn unsere *Panorama*-Moderatörin also entweder schlauer oder redlicher wäre, käme sie von selbst auf die Idee, dass ein Höcke zwar zugleich linkspopulistische und rechtspopulistische Positionen vereint, aber ein »Nazi« wohl kaum sein kann. Ein »Nazi« strebt nicht *irgendeine* Symbiose von Nationalismus und Sozialismus an, sonst gäbe es seit hundertfünfzig Jahren »Nazis« – den Ärmeren unter ihren Landsleuten wohlgesonnene, antikapitalistische Nationalisten – in nahezu aller Herren Länder, sondern ein wirklicher Nazi vertritt die spezifisch nationalsozialistische Weltanschauung, also letztlich das Weltbild des Herrn Hitler. Dessen Kern besteht – oder besser: bestand – in der Überzeugung, dass die Weltgeschichte ein ewiger Kampf sei, der allerdings nicht, wie die Marxisten behaupteten, von Klassen, sondern von Rassen geprägt werde; dass eine Rasse, die arische, den anderen himmelhoch überlegen sei und diese deshalb für alle Zeiten als Heloten-Ethnien (Slawen, Schwarze etc.) zu unterjochen habe, die Juden indes wegen ihrer doppelgesichtigen Gefährlichkeit – halb Bolschewisten, halb Plutokraten – ausrotten müsse. Die Volksgemeinschaft für diese Schlachten fit zu machen sei die eigentliche Aufgabe der Politik. Ein Nazi ist mithin ein Mensch, der dem beschriebenen aggressiven »arischen« Rassismus mit allen daraus folgenden Konsequenzen anhängt; wer einen kennt, möge vortreten.

Diejenigen, die heute mit dergleichen Kosenamen bedacht werden, unterscheiden sich von den echten Nazis zunächst einmal grundlegend durch ihre defensive Einstellung. Sie wollen niemanden unterjochen und niemandes Land erobern, sondern sie fürchten, selbst überrannt und erobert zu werden. Sie sorgen sich, ihre Heimat zu verlieren. Das kann man paranoid finden, aber weil Gott Biologist ist, liefert er die einschlägigen Anschauungs- und Beweismittel in Gestalt der globalen Demografie; da sind die Trends eindeutig. Afrika wird nach offiziellen Prognosen zum Jahrhundertende vier Milliarden Bewohner haben, die Bevölkerung Asiens wird noch zahlreicher sein, Europa bei einer Dreiviertelmilliarde stagnieren und aufgrund eines viel höheren Durchschnittsalters seiner Bevölkerung im vitalen Sinne unterlegen sein. Der Islam wird bis 2075 zur numerisch stärksten globalen Glaubensgemeinschaft aufsteigen. Zugleich fördern die westlichen Eliten die globale Völkerwanderung, die nur eine Richtung kennt, nach Kräften. Nein, paranoid sind die Rechtspopulisten offenbar nicht. Die Linken können ihnen allenfalls vorwerfen, dass sie nicht bereit sind, ihre Heimat und ihren Besitz mit ethnisch-kulturell Fremden zu teilen. Aber warum sollten sie auch?

Die Reschkes dieser Welt müssen nur begreifen, dass die meisten Menschen in ihrem Stamm, ihrer Ethnie, ihrer Kultur, eben unter ihresgleichen leben wollen, natürlich auch die Einwanderer, wie man leicht an den sich sofort etablierenden sogenannten Parallelgesellschaften erkennt, die zwar im Großen auf gesellschaftliche Desintegration hinauslaufen, aber tatsächlich ein Ausdruck von Integration (in die jeweilige Ethnie oder Kultur) sind. In den USA lässt sich dieser Prozess seit Längerem besichtigen, die Idee des Melting Pot ist passé, was heute Identity Politics heißt, hat Arthur Schlesinger schon Anfang der 1990er-Jahre als »The Disuniting of America« ahnungsvoll heraufbeschworen. Oder wie die Bundeskanzlerin es anno 2010 auszudrücken beliebte: »Multikulti ist gescheitert.« Nie hat Multikulti ohne enormen staatlichen Druck (wie in der UdSSR oder Jugoslawien) außerhalb überschaubarer einkommensstarker urbaner Milieus wirklich funktioniert, multikulturelle Gesellschaften bestehen im Idealfall aus nebeneinanderher lebenden Parallelgesellschaften, die entlang ethnisch-kultureller Bruchlinien voneinander separiert existieren, mit immer wieder aufflackernder Gewalt an den Grenzen. Wer die Menschen lassen und leben lassen will, wie sie sind, hat lediglich unter *einer* Prämisse ein geschlossenes rechtes Weltbild, welche lautet: »Die Wirklichkeit ist immer rechts« (Joachim Fest).

***

»Auf die wegfegende Verve des Propagandatumults hatten seine Gegner keine Antwort. (…) Viel nachhaltiger wirkten die symbolischen Formen, durch die sie den Gegensatz zu allem Vergangenen und das Pathos des Neubeginns herauskehrten. (…) Am 22. Februar ernannte Göring Einheiten der SA, SS und des deutschnationalen Wehrverbandes ›Stahlhelm‹ zu Hilfspolizisten und gab damit das Signal zu einem Ausbruch täglich neuer Schlägereien, Verhaftungsaktionen, Schießgefechten und Verwüstungen von Wohnungen, Parteibüros und Zeitungsredaktionen. (…) Besondere ›Fangtrupps‹ der SA spürten ›Staatsfeinde‹ auf und prügelten, quälten oder erpressten sie (…). Die in der großen Mehrheit nicht betroffene Bevölkerung nahm diese offenen Unrechtsakte mit kaum begreiflicher Gleichmut hin« (Joachim Fest, »Staatsstreich«, Berlin 1994, S. 20/21).

Wie war das mit Tragödie und Satyrspiel oder, dem legendären Marx-Zitat zufolge, Tragödie und Farce?

»Der Mutter Helmuth v. Moltkes schien es, ›als ob sie nicht mehr zu diesem Land‹ gehöre; andere sprechen vom Verlust langjähriger Freundschaften, vom Misstrauen und Spitzelwesen der Nachbarn sowie überhaupt von der Erfahrung eines sich wie auf ein Stichwort hin leerenden sozialen Raums« (Ebenda, S. 26).

20. Februar

Den Kommentar zum Amoklauf in Hanau – der ersten Meldungen zufolge von einem Rechtsextremisten begangen wurde, wobei der Amokschütze womöglich einen schweren psychischen Schaden hatte, worauf auch einiges hindeutet –, den Kommentar jedenfalls zu allen vorausgegangenen bzw. folgenden Blutbädern, die von Personen ohne psychiatrisch relevante Störungen veranstaltet werden, hat der Harvard-Politologe Yascha Mounk am 20. Februar 2018 in den *Tagesthemen* formuliert, nämlich »dass wir hier ein historisch einzigartiges Experiment wagen, und zwar eine monoethnische und monokulturelle Demokratie in eine multiethnische zu verwandeln. Das kann klappen, das wird, glaube ich, auch klappen, dabei kommt es aber natürlich auch zu vielen Verwerfungen.«

Viel mehr wäre zur aktuellen »Verwerfung« eigentlich nicht zu sagen (sofern der Täter kein »normaler« Irrer war). Außer vielleicht, dass es die Wirklichkeit nicht schert, was Gevatter Mounk, von seinem Logenplatz auf die Ebenen des sozialen Experimentierens herabschauend, hoffnungsfroh »glaubt«. Multikulturalismus kann tödlich sein. Er kitzelt aus Menschen, die diesem verantwortungslosen Experiment ausgesetzt werden, einen der elementarsten Instinkte heraus: das Revierverhalten. Multikulti in Verwerfungsbestform ist der Bürgerkrieg zwischen ethnisch-kulturell auf einem Territorium zwangsvermischten Gruppen. Das ist der Grund, warum verantwortungsvolle Politiker wie Helmut Schmidt immer wieder darauf insistiert haben, es mit der Aufnahme von Fremden nicht zu übertreiben, die Integrationskraft der Aufnahmegesellschaft nicht zu überfordern, den Menschen nicht ihre vertraute Umgebung und die damit verbundenen Sicherheiten zu nehmen.

PS: Ein *FAZ*-Herausgeber stößt sich, wie viele andere Pyromanen auch, an den Vorschlägen zum Brandschutz, während er munter ins Feuerchen bläst (»Niedertracht und zoologische Vergleiche: Was Alexander Gaulands Redenschreiber Michael Klonovsky spontan alles zum rassistischen Attentat von Hanau einfällt«). Was ist los mit Ihnen, Kaube, die letzten Jahre keine Zeitungen gelesen? Die täglichen Messerstechereien, die »Gruppen«, die in Innenstädten allabendlich ihr Mütchen kühlen, die Silvester-Kirmes zu Köln und andernorts, deren Wiederholung nur durch riesige Polizeiaufgebote verhindert werden konnte, überhaupt das raumgreifende, dräuende öffentliche Auftreten von Gruppen junger Männer mit dem existenzveredelnden Hintergrund: alles Reviermarkierungen, Revierkämpfe und vor allem Reviereroberungen, denn fast immer sind diejenigen, die noch nicht so lange hier leben, sowohl jünger als auch vitaler und natürlich in der Überzahl. (»In Hanau kann es jeden treffen«, schrieb die *Welt*. »Diese Stadt braucht dringend Hilfe: Im hessischen Hanau ist Gewalt an der Tagesordnung. Junge Männer schlagen sich und andere krankenhausreif. Opfer wird, wer den Streit suchenden Halbstarken in die Quere kommt.«)

* * *

Sofern es sich bei dem Schützen um einen rechtsextremen Täter handelte, sollte die Kanzlerin diesmal ihren Fehler nach dem Lkw-Unglück vom Breitscheidplatz, als sie in spontaner Ergriffenheit tat, als sei nichts geschehen, keinesfalls wiederholen, sondern sich an der neuseeländischen Premierministerin Jacinda Ardern ein Beispiel nehmen, die nach dem Anschlag in Christchurch mit einem Hijab die Angehörigen der Opfer besuchte. Frau Merkel sollte dann (unter dem Hijab) darauf hinweisen, dass jeder Mensch, der behauptet oder jemals behauptet hat, Multikulti sei gescheitert, ein rechter Hetzer sei und strafverfolgt gehöre, sofern der Mörder, wie gesagt, ein rechtsextremes Tatmotiv hatte; sonst eben ein andermal. Sie sollte ihre willkommenskulturell eingehegten Untertanen daran erinnern (sofern der Täter ein Rechter gewesen ist), dass sie ihnen seit den Tagen des freundlichen Gesichts ca. bis zu zwei Millionen Bereicherungsfälle zur Erlernung interkultureller Kompetenz und zur allgemeinen Erbschuldabtragung gnädig an die Hand gab. Sie sollte, zum Dritten, nicht mehr nur halbherzig auf die Rückgängigmachung falscher Wahlergebnisse drängen, aus denen potenzielle rechte Gewalttäter folgern könnten, dass sich auf politischem Wege sowieso nichts ändern lässt, sondern ein sofortiges AfD-Verbot anregen, denn das Einschlagen auf den Seismografen nach dem Erdbeben gehört zu den symbolischen Amtspflichten einer internationalsozialistischen Anführerin und Nasendreherin.

Hoffen wir also auf ein angemessenes Tatmotiv!

* * *

PS: Leser *** sendet mir einen Link zum »Manifest« des (mutmaßlichen) Täters von Hanau. Tobias Rathjen, der seine Ideen angeblich von der AfD entliehen haben soll, schreibt in seinem Bekenntnis, er werde seit seiner Geburt von Geheimdiensten überwacht. Er fantasiert von finsteren Mächten, die sich in sein Gehirn und das anderer Menschen einklicken, um sie zu steuern, und behauptet, dass Netflix-Serien, politische Ideen von Donald Trump sowie Entscheidungen von Fußballtrainern wie Jürgen Klopp direkt aus seinem Kopf gestohlen worden seien. Er fabuliert von Zeitreisen und von seiner Wiedergeburt. Er will in eine Zeitschlaufe einsteigen, um an den Ursprung der Welt

zu gelangen, denn die Welt sei am Anfang gewissermaßen auf das falsche Gleis gesetzt worden, und das müsse er korrigieren. Er will ganze Völker auslöschen und die Bevölkerung Deutschlands halbieren.
Textprobe: »Daher sagte ich, dass folgende Völker komplett vernichtet werden müssen: Marokko, Algerien, Tunesien, Libyen, Ägypten, Israel, Syrien, Jordanien, Libanon, die komplette saudische Halbinsel, die Türkei, Irak, Iran, Kasachstan, Turkmenistan, Usbekistan, Indien, Pakistan, Afghanistan, Bangladesh, Vietnam, Laos, Kambodscha bis hin zu den Philippinen. Und dies wäre erst die Grob-Säuberung. Danach muss die Fein-Säuberung kommen, diese betrifft die restlichen afrikanischen Staaten, Süd- und Mittelamerika, die Karibik und natürlich das eigene Volk. Wobei ich anmerkte, dass nicht jeder der heute einen deutschen Pass besitzt reinrassig und wertvoll ist; eine Halbierung der Bevölkerungszahl kann ich mir vorstellen. Wenn ein Knopf zur Verfügung steht, dies Wirklichkeit werden zu lassen, würde ich diesen sofort drücken, so schnell, dass man gar nicht schauen könnte. Einzige Voraussetzung für mich wäre, dass dies von einer Sekunde auf die nächste erfolgen muss, da ich nicht Schuld bzw. Interesse an einem Leid dieser Menschen habe, denn es ist denkbar, dass es in diesem Universum einen unendlichen Kreislauf des Lebens gibt, sodass ich in irgendeinem anderen Leben genau der Mensch bin, den ich heute vernichten will.«

* * *

Eine der ersten Maßnahmen der Regierung Boris Johnsons wird eine Änderung des Einwanderungsrechts nach vernünftigen, d. h. rechtsradikalen Kriterien sein, meldet die Presse. Das gibt all jenen Hetzenden recht, die den Hauptgrund des

Brexits in Merkels angeblichem Sonderweg obergrenzenloser Masseneinwanderungsgewährung sahen (wozu auch der vernagelte Betreiber des kleinen Eckladens gehörte).

***

In der Wahrheits- und Qualitätspresse wird bekanntlich stets penibel unterschieden zwischen rechts, rechtsradikal und rechtsextrem, um auch nur dem Hauch einer Generalverdächtigung beim hochdifferenzierten »Kampf gegen rechts« aus dem Wege zu gehen. Anders die AfD, in diesem Falle der nordrhein-westfälische Flügel der Flügelpartei. Die stellt »alle Heiratenden (sic!) aus der Türkei oder mit türkischen Wurzeln unter einen Generalverdacht«, enthüllt *Der Westen* – und alle Badenden mit Migrationshintergrund obendrein. Und zwar unter dem perfiden Deckmantel der satirischen Übertreibung, eines künstlerischen Genres, das aber bereits vom WDR-»Umweltsau«-Kinderchor mit dem satirischen Generalverdacht gegen alle deutschen Omas voll und ganz abgedeckt wird.

In einer Ausmalbroschüre hat die Schwefelpartei rassistische Bilder veröffentlicht. Auf einem ist, wie der *Westen* schreibt, ein »Autokorso, möglicherweise nach einer türkischen Hochzeit« zu sehen, »alle Männer tragen Waffen, schießen damit um sich«, und »die einzige Frau auf dem Bild ist verschleiert«. Damit wird der besagte Generalverdacht erweckt, denn nur ein sehr kleiner Bruchteil unserer ausländischen Mitbürger nimmt an solchen folkloristischen Korsos teil, und kaum jemand von denen schießt dabei um sich. Auf einem weiteren Bild des »Hetz-Malbuchs« fliehen Menschen vor anderen, offenbar noch nicht lange hier Badenden – »einer versucht, nach einer Frau zu greifen« – aus einem Schwimmbad. Wieder wird ein Generalverdacht vorstellig, obwohl im vergangenen Sommer nur in seltenen Ausnahmen öffentliche Schwimmbäder nach Vorfällen mit Fachbürgern, die wegen der menschengemachten Erderwärmung überhitzt waren, geräumt werden mussten. Niemals würden sich Schaffende der Qualitätsmedien zu solchen General- oder wenigstens Majorverdächtigungen etwa gegen Ossis oder Sachsen hinreißen lassen! Nicht mal satirisch!

Das schlimmste Generalverdachtsbild aber ist die Anspielung auf ein an NRW grenzendes Besiedlungsgebiet, aus dem Feldzugsvorbereitungen zur »Rückeroberung der Republik« gemeldet werden: »Frankreichs Präsident Emmanuel Macron will mit einem Aktionsplan den wachsenden Islamismus im Land bekämpfen – und geht dafür zunächst einmal an die Front. Denn in Mülhausen entsteht die größte Moschee des Landes«, schreibt die *Welt*.

Hier können wirklich nur Verbote und harte Strafen helfen. Also nicht in den Bädern und gegen die lustigen Korsos, sondern gegen solche Generalverdachtsverbreiter. Einen guten Vorschlag, wie das gelingen könnte, unterbreitet der kanzleramtsnahe *Tagesspiegel*: »In den Gegenden, wo populistische Parteien und Positionen grassieren, wird die Internetverbreitung verlangsamt oder gar gestoppt – und Peng, ist das Problem mit der AfD gelöst.« Diese sogenannte Partei ist ja ein reines Netzphänomen. In der DDR etwa gab es kein Internet, und wo war da die AfD? Eben. »Die Nutzung von Online-Medien, sagen die Forscher, kommt den populistischen Parteien entgegen, da sie dort ihren Kommunikationsstil der direkten Ansprache mit einfachen Botschaften pflegen könnten«, notiert das Qualitätsmedium. Zum Beispiel Botschaften wie »Wir schaffen das!« oder »Scheitert der Euro, dann scheitert Europa« oder »Wir wollen kein CO_2 mehr!« oder »Unser Land wird sich ändern, und zwar drastisch, und ich freu mich drauf«. Netzklappe zu, Populistenaffe to(b)t!

***

Der Täter von Hanau, wird gemeldet, sei ein Bankkaufmann gewesen. Alle Bankkaufleute sind jetzt aufgerufen, einem Generalverdacht entgegenzutreten.

***

Katrin Göring-Eckardt, MdB, twittert: »Der Täter von Hanau handelte offenbar aus rassistischen Motiven und wollte durch diese furchtbaren Morde gezielt Angst und Schrecken verbreiten. In meine Trauer mischen sich Entsetzen und Wut. Meine Solidarität gilt den Betroffenen.«

Nach dem Anschlag auf dem Breitscheidplatz hatte sie getwittert: »Das ist eine furchtbare Nachricht. Trauer und Mitgefühl. Nichts sonst jetzt!«

Ich las gerade von einem neuen Gesetz, das die Verunglimpfung von Politikern mit hohen Gefängnisstrafen sanktioniert. Sie tun gut daran.

21. Februar

Noch ein Wort zum *FAZ*-Herausgeber Kaube, dem nun sein Pollux Kohler beigesprungen ist (»Die Gaulands, Höckes und Klonovskys kann man nicht bekehren. Die haben Blut geleckt, die wollen mehr. Ihr Geschäftsmodell ist eines der Aufwiegelung, der Untergrabung der liberalen Demokratie und der Selbstzerfleischung ihrer Bürgergesellschaft«). Man muss, wie gesagt, solche Kommentare als Bewerbung für die Aufnahme ins öffentlich-rechtliche Alimentierungssystem lesen; auch die »Zeitung für Deutschland«, die sich inzwischen passagenweise so uniform, vernagelt und kremlfromm wie das alte *Neue Deutschland* liest, verliert Leser en gros; also verdient dieses Gekeife in gewissem Sinne Mitleid. Zugleich ist es natürlich von wirklicher Hochkomik, dass ein Herausgeber der regierungsnahesten deutschen Gazette in derselben Woche, in der Emmanuel Macron erklärt hat, er wolle Teile Frankreichs von den Islamisten »zurückerobern«, meine Bemerkung, in multikulturellen Gesellschaften fänden mit einer gewissen Zwangsläufigkeit Kämpfe um die Revierverteilung statt, zur »Zoologie des Fremdenhasses« nobilitiert. Dann ist ja Merkels letzter Verbündeter vollrohr Nazi, oder?

Es scheint übrigens ein Weltgesetz zu sein, dass sich über die biologische Erklärung gesellschaftlicher Phänomene vor allem Leute echauffieren, an denen die Biologie etwas kargte.

* * *

Aus Christians Heldenpartei begehrt eine weitere Charakternatur, der die Instrumente gezeigt wurden, einen Platz in der Hetzmeute. »Das Pamphlet des Täters von Hanau liest sich wie eine Rede von Gottfried Curio (AfD) im Deutschen Bundestag. Natürlich rückt die Gesamtpartei immer näher an eine Beobachtung durch den Verfassungsschutz. Alles andere wäre grob fahrlässig.«

Richtig pfiffig ist der Bub aber nicht, denn seine Forderung lautet ja bei Lichte besehen: Der Inlandsgeheimdienst soll erkennungsdienstlich behandeln, was im Bundestag vor aller Augen und Ohren vorgetragen wird. Deutlicher kann jemand kaum bekunden, dass er sich den Verfassungsschutz nicht als Ermittlungsorgan, sondern als Organ zur Stigmatisierung der Opposition wünscht.

22. Februar

Penetrant wie ich zuweilen sein kann, will ich die *FAZ*-Leitartikler Kaube und Kohler sowie alle anderen interessierten Vertreter der journalistischen Darmflora der Kanzlerin auf eine weitere Zielperson für ihre Denunziatiönchen aufmerksam machen: Rachida Dati, Kandidatin der Republikaner (Les Républicains/LR), also der Partei von Chirac und Sarkozy, für das Bürgermeisteramt von Paris. Madame Dati meint nämlich, dass der Hanauer Amoklauf auf die massenhafte Aufnahme von Migranten zurückzuführen sei, »von denen die meisten nicht die gleiche Vorstellung vom Zusammenleben haben wie wir«.

»Attentat de Hanau: Rachida Dati met en cause l'ouverture des frontières par Merkel«, meldet *Le Parisien.* Die Bundeskanzlerin habe Deutschland im Jahr 2015 »zu einem hohen Preis« für die Massenmigration geöffnet, sagte die frühere Justizministerin der Regierung Fillon. Merkel habe »die Konsequenzen nicht berechnet« und sich »ohne die Folgen zu antizipieren« für die Öffnung der Grenzen entschieden. Unter den Migranten besitze »eine Mehrheit nicht die gleiche Vorstellung vom Zusammenleben wie wir«, und »heute gibt es Zusammenstöße« (*Nun sind se halt da.*) Anno 2015 habe sich die Pariser Bürgermeisterin Anne Hidalgo von Frau Merkel inspirieren lassen und erklärt, sie heiße Migranten und Flüchtlinge in Paris willkommen. »Wozu hat es geführt? Zur Enteignung des öffentlichen und privaten Raums im Norden und Osten von Paris und zu einer Explosion der Kriminalität.«

In Kaubes so weidlichen wie niederträchtigen Worten: »Jetzt soll also der Multikulturalismus schuld sein.«

Rachida Dati ist das zweitälteste von elf Kindern eines marokkanischen Maurers und einer algerischen Reinigungskraft. Sie wuchs auf in einer Sozialbausiedlung von Chalon-sur-Saône, der zweitgrößten Stadt im Burgund. Dort ging sie auf eine katholische Schule. Um ihre Familie zu unterstützen, jobbte sie als Reinigungskraft und nachts als Hilfsschwester, während sie ihr Abitur machte. Später studierte sie Wirtschaftswissenschaften und Jura, arbeitete danach in der Wirtschaft und bei der Staatsanwaltschaft, bevor der damalige Innenminister Nicolas Sarkozy sie als Beraterin für Einwanderungsfragen engagierte. Im Gegensatz zu den Vertretern des rechtsrheinischen Wahrheits- und Qualitätskommentariats hat die Frau keine Ahnung, wovon sie redet.

24. Februar

Die Frau, die mit ihrer Politik die Gesellschaft spaltet, wirft der Opposition vor, die Gesellschaft zu spalten.

Die Frau, die mit ihrer Politik die Briten aus der EU getrieben hat, ruft zum Zusammenhalt der EU auf.

Die Frau, die man insofern zu Recht »Mutti« nennt, als die AfD ihr (einziges) Kind ist, ruft zur Bekämpfung des Rechtspopulismus auf.

Die Frau, die im großen Stil Antisemiten importiert, erklärt die Bekämpfung des Antisemitismus zur Gesellschaftspflicht und die Verteidigung Israels zur Staatsräson.

Die Frau, die feindliche Fremde in Divisionsstärke ins Land holt, ruft zur Bekämpfung der Fremdenfeindlichkeit auf.

Die Frau, die nach der Thüringen-Wahl demonstriert hat, dass ihr demokratische Entscheidungen schnuppe sind, ruft zum Kampf gegen Feinde der Demokratie auf.

Köstlich! Was für eine Tartüfferie! Was für eine grandiose Gesellschaftssatire! (Schade nur, dass unsereins nolens volens im Bühnenhintergrund herumsteht und sich nicht unbehelligt im Parkett auf die Schenkel schlagen kann.)

* * *

Jetzt melden sich die Zoologen des Fremdenhasses aus dem Ausland zu Wort: »Es gibt einen versteckten Bürgerkrieg in Deutschland, weil die Deutschen auf Anschläge der Dschihadisten mit Selbstschutz reagieren«, sagt László Földi, ungarischer Oberst und ehemaliger Nachrichtendienstoffizier des ungarischen Innenministeriums. »Der ehemalige operative Direktor des ungarischen Innenministeriums erläutert: ›der Reflex zum Selbstschutz‹ sei entstanden, weil die Migration die normale Welt der Deutschen zerstört hätte.«

Aber doch nicht in Prenzlauer Berg und Hamburg-Eppendorf!

25. Februar

Wie umgehen mit Taten wie in Hanau? Nach dem Lkw-Vorfall zu Nizza anno 2016 (86 Tote, mehr als 400 Verletzte) empfahl der Berliner Politikprofessor Herfried Münkler bekanntlich eine fatalistische Haltung, näherhin eine »mürrische Indifferenz«.

So what? Im normalen Straßenverkehr sterben viel mehr Leute. Außerdem handelt es sich ohnehin um eine Art Roulette, bei dem bloß niemand die Wahl hat, ob er überhaupt mitspielen mag, nicht mal die Amoklaufenden bzw. -fahrenden oder -schießenden: »In Nizza und Würzburg ist eine neue Form des Terrors sichtbar geworden: Jeder kann Opfer werden. Und jeder

Täter«, überschrieb die *Zeit* am 21. Juli 2016 einen Kommentar von Herfried Münkler.

Jeder kann Tobias R. werden! Rührt euch! Und nun danket alle Gott!

(Also nicht dass jemand glaubt, ich plädierte gegen Münklers mürrische Indifferenz, im Gegentum, ich bin ihr hold, nehme sie freilich nicht selektiv, sondern generell in Anspruch.)

28. Februar

»Sie schreiben zurzeit ein Buch, in dem Sie auch auf die politische Situation in Deutschland eingehen. Was ist die These?« – »Darwin schlägt Kant.«

Frank Urbaniok, deutsch-schweizerischer forensischer Psychiater und langjähriger Chefarzt des Psychiatrisch-Psychologischen Dienstes Zürich, im Interview in der aktuellen *Weltwoche*.

* * *

Wie jeder treue Kunde der Wahrheits- und Qualitätsmedien weiß, ist Neufünfland fest in den Händen von gewalttätigen Dunkeldeutschen, gerade auch der Wilde Norden. In Schwerin ist nun der aus Berlin stammende Boxer Abud Abu Lubdeh von dreien dieser Kerle beschimpft und in eine Schlägerei verwickelt worden. Der Halbschwergewichtler palästinensischer Abkunft weilte dort im Rahmen eines Trainingsaufenthaltes.

Berlins Boxpräsident Hans-Peter Miesner sagte: »Abud wollte sich in einer Trainingspause auf dem Marienplatz etwas kaufen und trug seine Nationalmannschaftsjacke mit der Aufschrift ›Deutschland‹. Er wurde von drei Syrern als ›Scheißdeutscher‹ beleidigt. Es kam zur Prügelei.«

Das muss man sich mindestens zweimal verabreichen: In einer Weltgegend, in die sich Ausländer angeblich aus Angst vor eingeborenen Fremdenfeinden nicht hineintrauen, wird ein Boxer – Halbschwergewicht reicht von 75 bis 81 Kilo, die können richtig zuhauen – von drei Schutzflehenden angegriffen, weil er eine Trainingsjacke mit der Aufschrift »Deutschland« trägt, und als »Scheißdeutscher« beschimpft. Was mag für eine Mentalität dahinterstecken? Ich habe es hier schon mehrfach beschrieben: Es ist die schiere Verachtung. Das Land, das sie aufnimmt und alimentiert, ist für solche Buben ein Beutegebiet, die Bewohner sind Idioten, die sie finanzieren und ihnen alles nachsehen, und Schwächlinge, die sich als Aggressionsobjekte anbieten.

Zwei der Syrer flüchteten, der dritte wurde vorläufig festgenommen. »Der 20-jährige Mann ist einschlägig vorbestraft. Gegen ihn wurde bereits in mehr als 20 Sachverhalten ermittelt.«

Man muss sich wie immer den umgekehrten Fall vorstellen: Drei Deutsche gehen in irgendeinem arabischen Land auf einen Sportler los, weil der das Nationaltrikot trägt, beschimpfen ihn als Scheißsyrer, Scheißmarokkaner oder was auch immer, und einer der drei ist vorher schon 20-mal straffällig geworden, befindet sich aber dennoch auf freiem Fuß.

Geht nicht? Eben.

3. *März*

»The BBC has a duty to be ›woke‹ in the way it tells stories, the broadcaster's head of drama has said – if the term means representing the diversity of contemporary Britain. Piers Wenger, Controller of BBC Drama, said it would be a ›dereliction of duty‹ not to insert prominent black and female characters into adaptations of literary classics.«

Ich bitte die Besucher des kleinen Eckladens darum, sich diese Praline von Statement am Gaumen zergehen zu lassen: Es wäre eine *Pflichtverletzung*, wenn der Sender nicht nachträglich schwarze und weibliche Charaktere in literarische Klassiker einfügte. Also beispielsweise Jago als Frau auftreten lässt, Desdemona als female person of colour und Othello fairerweise als alten weißen Mann. Beziehungsweise Zeus, Achilles, Patroklos und Nestor als Schwarze, wie es die BBC ja schon längst vorexerziert hat. Natürlich können umgekehrt auch weiße Schauspieler bei der Verfilmung der großen Werke der afrikanischen Klassik Rollen spielen, die dort traditionell mit Schwarzen besetzt werden, wie zum Beispiel: …

Denn, so der BBC-Dramenkontrolleur: »›If it means quality being important and fair representation being important then yes, absolutely that's important to me.‹ (…) The BBC will continue its policy of ›repurposing for a contemporary audience‹ books written ›a long time ago‹ because they ›need to speak to a contemporary world as well as being stories about our past.‹«

Sie wollen Werke der europäischen Literatur nachträglich umschreiben, indem sie Geschlecht und Ethnie der Handelnden nach den Maßgaben des gerade geltenden Zeitgeistes ändern. Das heißt, das Umschreiben wird auf Permanenz gestellt, denn immer neue Gruppen werden ihr Recht aufs Mitgemeintsein anmelden. Wir haben es sozusagen mit der humanitären Version einer Bücherverbrennung zu tun; Story und Text bleiben halbwegs übrig, das Personal wird ausgetauscht. Die so etwas vorschlagen oder schon tun, gehören zu demselben Menschenschlag, der »Blackfacing« moniert, etwa wenn weiße Tenöre als Verdi-Otello leicht geschminkt werden, oder der Kindern verbieten will, sich beim Fasching als Indianer zu verkleiden. Replacement Migration nun auch im TV und auf der Bühne, am besten möglichst weit rückwirkend, bis zur Umcodierung des kulturellen Gedächtnisses. Ozeanien war nie im Krieg mit Eurasien.

9. März

Gestern war der 8. März, und die Frage aller Fragen lautete für das Nachwuchsportal des *Süddeutschen Beobachters*: »Sollte ich als Frau Rosen am Weltfrauentag ablehnen?« Eine teils forsche, teils sogar forschende Sozialpsychologin erteilte dem Magazin *jetzt* darüber Auskunft:

»Das liegt ganz an der jeweiligen Frau.«

Stimmt. Gerade aus Sicht des Rosenkavaliers.

»Wenn sie die Blumen in diesem Moment als sexistisches Symbol versteht, sollten sie auf jeden Fall abgelehnt werden. Ist es jedoch eine starke, selbstbewusste Frau, die einen Strauß als Auszeichnung für ihre Tätigkeiten auffasst, dann sollte dieser angenommen werden.«

Die Blumen gibt es immer als Auszeichnung für ihre Tätigkeiten. Wofür denn sonst?

»Würde meine Chefin mir beispielsweise Blumen als Zeichen ihrer Anerkennung geben, würde ich diese annehmen.«

Die Chefin, die der Untergebenen Blumen schenkt, hätte sogar selbst welche verdient. Aber den Blumenhandel würden die Wartezeiten in den Ruin treiben.

»Jedoch werden Geschenke am Weltfrauentag von den Sender*innen noch allzu oft mit den weiblichen Stereotype wie weich, zart und schutzbedürftig verbunden.«

Nun geht aber alles durcheinander. Sender*innen? Also es gibt Frauen, die am Weltfrauentag andere Maiden mit ihren Geschenken auf weibliche Stereotype reduzieren? Ist diese Behauptung nicht mindestens lesbophob, also praktisch kreuzweise frauenfeindlich?

»Ganz klar gilt, wenn ich die Geste als negativ empfinde, sollte sie abgelehnt werden!«

Das gilt immer, galt immer und wird immer gelten.

»Ich frage mich eher, ob Blumen die richtige Wahl sind? Warum bekommen Männer immer Bier geschenkt und Frauen Rosen? Hier zeigt sich eine enorme geschlechtsspezifische Prägung.«

Und deshalb schenkt der moderne sensible Mann seiner Frau am 8. März eine Kiste Bier.

14. März

Geneigte Besucher des kleinen Eckladens, ich weiß nicht, was ich von der momentanen Situation halten soll, insofern sie jenes Virus betrifft, von welchem Leser *** meint – und er untermauert diese seine Meinung mit der Offerte eines vergleichsweise alten Bordeaux bei Beweis des Gegenteils –, dass es im Maskulinum zu stehen habe wie »alles, was im Deutschen mit ›-us‹ endet, also Orgasmus, Antisemitismus, Altruismus, Parlamentarismus« etc. Oder unser kleiner Gast müsste eben *Virum* heißen.*

Geehrter Herr ***, instinktiv schrieb ich früher *der* Virus, allein der Toxizität wegen, welche diese Kleinchen wie bekanntlich alles Männliche auszeichnet, aber andere Leser belehrten mich daraufhin, dass der Duden das Neutrum vorschreibe, und ich schickte mich aus Konformismus darein. Aber eine Bemerkung zu Ihrem Angebot muss ich leider machen: Parker gab dem 1981er Château Montrose nur 84 Punkte, fand ihn »übertrieben karg« und prophezeite dessen Eintritt ins Greisenalter für ca. anno 2000; womöglich agoniert der Tropfen längst. Auch wenn ich Parkers Verdienste um den Weinbau nur knapp oberhalb jener der Reblaus verorten würde, kann der Mann nicht ganz danebenliegen; also machen Sie der Bouteille rasch den Garaus und leeren Sie sie z. B. auf die Maskulinität!

Das oder der Virus trägt den Namen Corona, was den Monarchisten in mir anspricht. Sein Ausbruch oder Übertritt in bzw. nach Kein-schöner-'schland hat für meine Begriffe eine gewisse Ähnlichkeit mit der sogenannten Flüchtlingskrise: Die Vorsorge war mangelhaft, obwohl das Nahen des Problems auf der Hand lag, das Krisenmanagement begann vergleichsweise spät, die Kanzlerin schwieg erst lange und verkündete danach die gewohnten Plattitüden, mangels Umfrageergebnissen erst einmal die Reaktionen der anderen Länder abwartend; die Regierung hat umfangreiche Hilfen angekündigt, die aus den Steuerkeltern fließen sollen. Wie bei der Massenmigration verlässt man sich darauf, dass die zwar nicht mehr stabile, aber belastbare Restsubstanz des deutschen Wirtschafts- und Gesellschaftsbaus alles schon irgendwie tragen werde, wovon die fröhlichen Worte von Herrn Scholz zeugen, dass reichlich Geld vorhanden sei, und irgendwie wird der deutsche Michel die Sache mit seinem üblichen Fleiß und seinem organisatorischen Talent meistern; eine Generation später, wenn all die Quotenfrauen, Quotenmigrant*innen, Postkonstruktivisten und Gegen-rechts-Kämpfer noch mehr Stellen besetzt halten und noch mehr alte weiße Männer das Zeitliche gesegnet haben werden, würde ich nicht mehr darauf wetten.

Nachdem die Kanzlerin wie gewohnt in ihrer bräsigen Weise nichts gesagt hatte, hub unter den Genoss*innen Medienschaffenden ein Wettstreit darum an, dieses Nichts mit Bedeutung und Führungsqualitäten aufzuladen. Mit der Schlagzeile »Merkel sagt einen wichtigen Satz« stieg n-tv in den Panegyrici-Slam ein. Der in Rede stehende Satz lautete übrigens: »Wir werden das Notwendige tun.« Dass ein Regierungschef beim Ausbruch einer Seuche (oder eines Seuchleins, wer weiß das schon?) erklärt, die Regierung werde das Notwendige tun, ist immer eine Headline wert. Streng genommen sagte Merkel übrigens: »Wir sind gewillt, alles zu tun, was notwendig ist.«

Etwas mehr Zeit, seinen Kommentar auszubrüten, hatte ein Witzbold bei der *Welt*. Ihm rauschte Folgendes durch die Rübe: »Die Kanzlerin hatte mit dem Ende der DDR schon einmal erlebt, dass sich Gewissheiten innerhalb kürzester Zeit auflösen können. Ihre ostdeutsche Mentalität und ihre Erfahrungen können bei der Bewältigung der Corona-Krise sehr hilfreich sein.« Aber nicht dass jetzt jemand auf den Trichter kommt, die ostdeutsche Mentalität und ihre Erfahrungen gestatteten auch eine hilfreiche Bewertung anderer Krisen!

Ich überspringe weitere Exempel, um rascher beim Besten anzukommen, was die momentane Merkel-Minne anzubieten hat. Dirk Kurbjuweit vom *Spiegel* griff dafür elanvoll in die Tasten.

»Wer jetzt auf schnelle, kraftvolle Entscheidungen hofft, der lebt mit der falschen Bundeskanzlerin«, beginnt dessen Beitrag mit einer raffinierten Antiklimax, und ich will nicht pingelig sein, aber unsereiner, der niemals auf schnelle, kraftvolle Entscheidungen dieser Person hoffte, hofft und hoffen wird (von einem kraftvollen Rücktritt einmal abgesehen), lebt ebenfalls mit der falschen Kanzlerin.

»Sie hat, wie es ihre Art ist, lange gewartet, lange geschwiegen«, slammt Kurbjuweit. »Erst am Mittwoch dieser Woche stellte sie sich den Fragen der Journalisten zum Thema Corona. Sie sprach vage, vorsichtig, blieb äußerlich ungerührt. Sie empfahl den Bürgern, sich zur Begrüßung statt eines Handschlags eine Sekunde länger als sonst in die Augen zu sehen und dabei zu lächeln. Vielleicht wird das als Merkel-Gruß in die Geschichte eingehen.«

Dann hätten wir endlich die Gegengeste zum Hitler-Gruß, zu der sich leider weder Schmidt noch Kohl, noch Schröder entschließen wollten. (Geben Sie aber acht, dass Sie auf der Straße nicht versehentlich den Falschen oder deren züchtig verhüllten weiblichen Besitztümern eine Sekunde zu lang in die Augen schauen, womöglich brauchen Sie dann doch den Hitlergruß, um ungeschoren davonzukommen!) Dass Merkel äußerlich ungerührt bleibt, hat wahrscheinlich damit zu tun, dass sie es auch innerlich ist.

»Am Donnerstagabend hörte man von ihr bei einer Pressekonferenz zum ersten Mal Worte, die als kleine Ansprache an die Bevölkerung durchgehen könnten«, fährt Kurbjuweit gerührt fort. »Sie sprach von einem ›dynamischen Ausbruchsgeschehen‹. Das klang mehr nach Wissenschaftlerin als nach einer sorgenden Bundeskanzlerin.«

Nein, tat es nicht. Seitdem sie als Bundesumweltministerin erklärt hatte, sie halte es »nicht für sinnvoll, dass ausgerechnet das Land mit den sichersten Atomkraftwerken die friedliche Nutzung der Atomenergie einstellt« – das war 2008 –, kam von Merkel nichts mehr, was nach Wissenschaftlerin klang. Und um Sorge für diejenigen zu empfinden, denen sie ihren Job verdankt, ist diese Frau nicht sentimental oder schizophren genug.

»Wohin schnelle, kraftvolle Entscheidungen führen können, hat einmal mehr Donald Trump gezeigt, als er die Grenzen für die meisten Europäer schloss, mit der falschen Ankündigung eines Einfuhrverbots für Waren aus Europa Verwirrung stiftete und damit einen üblen Kurssturz an den Börsen auslöste. (...) In der Krise schlägt eher die Stunde der Berufspolitiker wie Angela Merkel, die Stunde des von den Rechtspopulisten so verachteten und bekämpften ›Establishments‹. Dort ist dann doch mehr Substanz zu erwarten als unter den geifernden Freunden der einfachen Lösungen. Die gibt es jetzt nicht, auch die AfD hat für Situationen wie diese nichts zu bieten.«

Wussten Sie, dass es beim *Spiegel* einen Wettbewerb gibt, welcher Autor – unabhängig vom behandelten Thema – am schnellsten Invektiven gegen Trump, die Rechtspopulisten und die AfD in seinem Artikel untergebracht hat? Wer den geifernden Freunden von einfachen Lösungen wie *Wir schaffen das, Scheitert der Euro, dann scheitert Europa, Nun sind se halt da* oder *Multikulti ist gescheitert* vor Augen führt, dass sie nichts zu bieten haben? Am Rande: Die Regierung hat »auch« (Kurbjuweit) nichts zu bieten, sie verfügt nur über die Mittel, und wir werden, da es in dieser Sphäre keine Konkurrenz gibt, nie erfahren, was andere mit diesen Mitteln bewirkt hätten.

»Merkel setzt auf die Wissenschaften, und auch das ist eine gute Grundlage für diese Krisenzeiten. Fakten sammeln, um eine Basis für Entscheidungen zu haben, manchmal auch Versuch und Irrtum. Das ist ein Weg, um aus dieser Krise zu kommen. Mit Merkel kann man ihn gehen.«

Muss man sogar.

»Zumal sie manchmal doch in der Lage ist, schnell über große Fragen zu entscheiden. Spontan beschleunigte sie 2011 den

Atomausstieg. Spontan entschied sie 2015, dass Deutschland Flüchtlinge aus Ungarn aufnimmt. Beides war richtig.«

Flüchtlinge »aus Ungarn«, insgesamt anderthalb bis zwei Millionen. Es war richtig, sie aufzunehmen. Wie der Atomausstieg auch. Mit Merkel kann man gehen. Gott, wäre es schön, wenn diese Fatzkes mit ihr gingen!

* Die wirklich wichtigen Themen finden sofort Resonanz. Leser ***, »Ex–Lateinlehrer«, schreibt: »Es ist doch eines Gedankens wert, dass, wiewohl lateinische Substantive, die auf -us enden, in der Regel maskulin sind, es zwei Ausnahmen gibt: *virus* und *vulgus,* die Neutra sind. Wiewohl *cunnus* – die weibliche Scham – grammatikalisch männlich bleibt. Da muss sich doch Jupiter, der die Sprache erschuf (dagegen gibt es keinen Widerspruch), etwas dabei gedacht haben.«

PS: Sogleich wuchtet Leser *** noch weitere Exempel für die nichtmaskuline u-Deklination auf den Eckladentisch: »Domus, manus, tempus, foedus – alles kein Maskulinum. Wo die herkommen, da gibt es noch mehr. Auch ganz ohne sexuellen Bezug. Aber nun zur wichtigen Frage: Warum sollte Latein den Schiedsrichter spielen? Haben wir keinen Mut zur eigenen Sprache?«

PPS: »Als Deutschlehrerin in Finnland muss (darf) ich widersprechen: Alle Nomen auf die Endung -mus sind maskulin, die mit der Endung -us haben damit nichts zu tun.«

20. März

Ein recht aufschlussreiches Doppel- oder Parallelinterview ereignete sich und trug sich zu im Foyer des Bundestages vor einer Woche. Ein Phoenix-Reporter befragte die Abgeordneten

Roman Reusch (Schwefelpartei) und Helge Lindh (Schwundpartei) am Rande der Bundestagsdebatte über »Rechtsterrorismus und Hasskriminalität«.

Aufschlussreich war das Gespräch allein insofern, als hier ein Mensch mit jahrzehntelanger themenrelevanter Berufspraxis auf einen reinen Parteifunktionär traf. Reusch, 66, arbeitete bis zu seiner Wahl in den Bundestag als leitender Oberstaatsanwalt in Berlin und wurde, wie die Zeitgeistschrottsammelstelle bereits in der Kopfleiste ihres Eintrags mitteilt, als »Hardliner« bezeichnet (er thematisierte als einer der ersten Juristen den exorbitant hohen Anteil von Migranten bei der Jugendgewalt). Lindh, 43, auch hier folge ich der Sammelstelle, studierte »Angewandte Kulturwissenschaften« und danach Soziologie, Germanistik und Geschichte; es folgte ein Studium der Neueren Deutschen Philologie, Germanistischen Sprachwissenschaft, Neueren und Neuesten Geschichte einschließlich Landesgeschichte und Soziologie – wir haben es entweder mit einem veritablen Neueren und Neuesten Polyhistor zu tun oder mit jemandem, der vieles, aber nichts richtig studiert hat. Nach dem Studium begann Lindh seine Parteikarriere, außerhalb des Politikbetriebs gearbeitet hat er nie. So viel vorab.

Das Gespräch beginnt mit der Frage, ob die Herren persönlich von verbalen oder körperlichen Angriffen auf Mandatsträger betroffen seien, von denen derzeit viel die Rede sei. Als Erster ist der Sozi an der Reihe. Er berichtet von Drohungen, Hassbriefen und Beschimpfungen (»Ausgeburt von Inzest«). Wie er darauf reagiere? Es sei für ihn ein »Ansporn, gegen Demokratiefeindlichkeit und Rassismus anzugehen«, versetzt Lindh. Er ist also offenkundig der Ansicht, ihn zu beschimpfen sei rassistisch, woraus eine künstlichere Intelligenz als meine folgern würde, dass er von Schwarzen, Chinesen oder Indianern gezaust wird. Aber natürlich hat er nur brav seine verbalen Platzpatronen abgefeuert.

Nun also Kamera auf Reusch. Wird er etwa auch angefeindet? »Selbstverständlich«, lautet die Antwort. Bereits als Staatsanwalt sei er häufig bedroht worden, »und zwar von Leuten, die man ernst nehmen muss«. Diesen feinen Unterschied übergehen wir mal rasch, damit unser sozialdemokratisches Sensibelchen keinen Anspornsverlust erleidet. Angefeindet und bisweilen auch bedroht zu werden gehört heutzutage ja für jeden viertelwegs Exponierten zum Alltag, aber Hunde, die bellen, beißen bekanntlich selten bis nie. Sogar im kleinen Eckladen gehen gelegentlich Hassbotschaften ein, sie werden gelesen, korrigiert, meistens befürwortet und schließlich sorgfältig gelöscht. Das ist alles eher belanglos und im Honorar mit enthalten. Den Rubikon oder die rote Linie markiert der nichtverbale Angriff. Und da kann Reusch mit Gründen darauf hinweisen, dass sich die Mehrzahl aller handfesten Attacken gegen AfD-Politiker richtet. Es werden nicht die Häuser von linken Politikern angegriffen, nicht die Autos von Linken »abgefackelt«, nicht Gastwirte bedroht, die Linke bei sich tagen lassen. Dergleichen Angriffe richten sich immer gegen AfD-Mitglieder oder Sympathisanten.

Dazu sagt Lindh kein Wort. Er nimmt im gesamten Gespräch keinerlei Bezug darauf. Weil er es nicht wahrhaben will – oder weil er es im sogenannten Tiefsten seines Inneren irgendwie okay findet? Jedenfalls wird im Weltbild solcher Leute jeder Angriff auf einen AfDler mit einem »Selber schuld« etikettiert und abgetan. Für sie gibt es nur Rechtsextremisten, die strafverfolgt werden müssen und deren »politischer Arm« (so Lindhs Genosse Michael Roth, Bundestagsabgeordneter und Staatsminister für Europa) bis in die Parlamente reicht.

Der Interviewer mag ebenfalls nicht recht glauben, dass auch Reusch böse Post oder Schlimmeres von den eigentlich Guten bekommt. Sei er wirklich bedroht? Oh ja, das LKA sei gerade vor Kurzem wieder mit einer »Gefährdetenansprache« bei ihm vorstellig geworden. Solche Ansprachen richten sich, wie der Name andeutet, an Gefährdete.

Der Interviewer verlangt sodann nach einer Erklärung, woher diese neue Aggressivität in der Gesellschaft rühre. Es naht der große Moment des sog. Geisteswissenschaftlers: Das sei, führt Lindh aus, ein »Ergebnis aus ganz vielen Debatten: Islamdebatte, Debatte über Flüchtlinge«, beispielsweise der »Verhetzung«, die sein Parteigenosse Thilo Sarrazin im Lande angerichtet habe. Und alles werde verstärkt durch »die Plattformen«, die im Netz den »Hass antreiben«. Debatten und Plattformen scheinen für den Sozi ein Problem zu sein.

Halten wir hier einen Moment inne. Diese Leute – ich spreche in der Mehrzahl, weil die Lindhs ausschließlich im Plural existieren, einzeln sind sie nichts –, diese Leute meinen oder fingieren es zumindest, dass »Hass« und »Hetze« ihre Ursachen gewissermaßen in sich selbst haben, jedenfalls nicht in der Realität und schon gar nicht im Handeln der »Altparteien« (wie Claudi Roth sie liebevoll nannte, bevor ihr eigener Verein selber eine wurde), und dass man die schlimmen Rechtspopulisten nur aus den Foren und Parlamenten vertreiben müsse, damit der behagliche Burgfrieden der Bundesrepublik der 1990er-Jahre zurückkehre.

»Das sind aber nur Medien, die das transportieren«, wendet der Interviewer weise ein, verfolgt den Gedanken aber nicht weiter, sondern will von Reusch wissen, wie er denn die Attacken außerhalb des Netzes erkläre, zum Beispiel die Angriffe auf Rettungskräfte.

Nach seiner beruflichen Kenntnis sei dafür eine Klientel verantwortlich, »die nicht in erster Linie Müller, Meier, Schulze heißt«, versichert der Strafverfolger mit der empirisch fundierten Tollkühnheit eines Beamten, der seine Karriere hinter sich weiß. Das habe vor etwa 15 Jahren begonnen; Feuerwehrleute, Rettungskräfte und Polizeibeamte würden in bestimmten Gegenden als Repräsentanten des Staates betrachtet, und in ihnen werde quasi jener Staat angegriffen, den man ablehne.

Jetzt wird es wohl höchste Zeit für den Wechsel vom allgemeinen zum persönlichen Rassismusvorwurf, aber Lindh hat entweder nichts geschnallt oder er tut so, jedenfalls erklärt er, Reuschs Gruppenbeschreibung sei »kryptisch«, es gehe ihm wohl um »linke Kräfte, die staatsfeindlich sind«, er aber, Lindh, lasse sich »nicht auf das Spiel ein, links mit rechts zu verrechnen, weil jede Form von Angriffen auf den Staat inakzeptabel ist«. Will er deshalb über die Angriffe von links so wenig sprechen wie über die Attacken derjenigen, die noch nicht so lange hier leben? Na was denn sonst! Stracks verlässt der Rote den wankenden Grund der empirischen Realität, um auf die Parlamentsreden der AfD als »Grund der Enthemmung« zu insistieren, wie ja auch der Seismograf am Erdbeben nicht ganz unbeteiligt und wahrscheinlich sogar mitschuldig ist. Erwähnte ich, dass der Bub »Angewandte Kulturwissenschaften« studierte, bevor er sich kühn einer noch härteren Wissenschaft namens Soziologie zukehrte?

Reusch entgegnet in seiner konstruktivismusallergischen Einfalt, dass es zum Geschäft gehöre, »den politischen Gegner so schwarz wie möglich anzumalen« (Blackfacing!), weshalb er nachdrücklich empfehle, »sich unsere Reden anzuhören«; dann könne jeder selbst entscheiden, ob es sich um Hetze handele. Im Übrigen sei das ein »alter stalinistischer Kampfbegriff«, der im Artikel 6 Absatz 2 der DDR-Verfassung von 1949 niedergelegt wurde (als »Boykotthetze«). Reusch räumt ein, dass seine Partei durchaus »mit Leuten zu kämpfen« habe, »denen es gelungen ist, in der AfD unterzukommen«, obwohl sie mit ihren Ansichten dort nicht hingehörten; man sei dabei, diese Leute rauszuschmeißen, aber »das dauert eben, weil es rechtsstaatlich zugeht«. Gerade ereilte der Parteiausschluss den Abgeordneten W. Gedeon aus Stuttgart, aber Lindh und Genossen werden wohl nicht eher ruhen, bis das letzte Mitglied aus der AfD ausgeschlossen worden ist.

Dem Phoenix-Journalisten fällt nun selbstverständlich die übelste Hetze der letzten Wochen ein; er erinnert daran, dass die rechte Opposition wahlweise als »Gesindel« (Friedrich Merz), »giftiger Abschaum« (Marco Wanderwitz) oder »Krebsgeschwür« (Elmar Brok) verunglimpft wurde … – ich scherze. Was ihm tatsächlich einfällt, ist Alice Weidels Rede von »Kopftuchmädchen, alimentierten Messermännern und sonstigen Taugenichtsen«. Damit sei ja wohl auch die Parteispitze des verbalen Hooliganismus überführt.

»Ein von Steuergeldern alimentierter Messermann ist aus meiner Sicht tatsächlich ein Taugenichts«, versetzt Reusch ungerührt. Werde damit nicht die gesamte Gruppe der Einwanderer diskriminiert?, hält der Frager dagegen. Nein, lautet die Antwort, natürlich nicht, aber man könne ohnehin »nicht so sorgfältig formulieren, dass einem das Wort nicht im Mund umgedreht« werde.

Der Sozi war lange nicht an der Reihe und kommt jetzt endlich wieder dran. Das sei ja wohl »der Gipfel des Zynismus und der Verhöhnung«, schnalzt er zynismusgipfelkennerisch mit der Zunge, sowohl in solchen Reden als auch in ihrem Antrag zur Grenzsicherung platziere die AfD »bewusst bestimmte

Topoi, die Bilder erzeugen, und diese Bilder sind blank rassistisch«. Na endlich! Nicht nur vom Propheten Mohammed sollst du dir kein Bild machen, auch vom Messermann nicht! Wer diesen Rassismus nicht erkenne, so unser sozialdemokratischer Diederich Heßling, »der ist nicht mit der Fähigkeit der Auffassungsgabe gesegnet«. So wie er selbst obendrein noch mit der Fähigkeit der Gabe der eleganten Formulierung! Ein paar geniale Auffassungen später widerspricht Lindh seinem Kontrahenten nicht nur überhaupt, sondern »aus voller Überzeugung und Souveränität«. Unser vielfach Studierter hat ersichtlich kaum Schwierigkeiten, sich sogar jenseits der Rassismus-Leuchtstreifen mit beinahe Merkel'scher Eleganz durch das semantische Minenfeld der Sprache zu bewegen.

Bis zum letzten Satz tangiert den Sozi der Unterschied zwischen Worten und Taten nicht, er redet von Strafen für »Drohungen«, also für Internet-Einträge oder Hassmails, weil er genau weiß, dass Strafen für *Taten* plötzlich die eigenen Anti- oder Neofa-Bodentruppen ins Spiel brächten. Gut spätsozialdemokratisch ist auch seine Entgegnung auf eine vom Interviewer zitierte Kritik des Deutschen Anwaltsvereins, der neue Gesetzesentwurf der Regierung zur Verfolgung von Hasskriminalität laufe auf 150 000 zusätzliche Verfahren im Jahr hinaus, dafür bräuchte man erheblich mehr Personal: »Es kann ja nicht sein, den Grund, dass wir nicht genug Personal haben, dafür zu nehmen, es nicht zu tun« (also das Gesetz nicht durchzudrücken). »Wir können ja nicht sagen, weil wir Personalmangel in den Ländern haben, bekämpfen wir nicht den Rechtsextremismus.« Das ist linke Weltsicht par excellence: Ob die Voraussetzungen existieren, interessiert nicht, die Ideologie muss durchgesetzt werden. Und es geht selbstredend ausschließlich gegen rechts. Angriffe auf die AfD sind letztlich legitim.

Die große Stunde der Lindhs wird erst noch kommen, lange nach der Corona-Krise, wenn der Euroraum implodiert ist, die deutsche Industrie am Boden liegt, die Energieversorgung im Modus Russisches Roulette läuft, die Arbeitslosigkeit die 20 Prozent erreicht und kaum mehr Mittel vorhanden sind, um die Migranten im Lande ruhig zu halten; dann wird das feine begriffliche, heuristische und logistische Instrumentarium der Neueren und Neuesten Soziologen, Genderkundler und Quotenfrauen gefragt sein, »und ich freu mich drauf« (KGE).

26. März

Es wird gemeldet, dass der amerikanische *Playboy* seine Printausgabe einstellt. Die deutsche Ausgabe erschien bis 2019 im Burda-Verlag – inzwischen haben die verbliebenen Hanseln aus dem Laden eine eigene GmbH gemacht –, wir saßen vor ein paar Jahren Etage an Etage, und schon damals hatte der Laden etwas Anachronistisches. Wer kaufte noch den *Playboy*? Das alte Lustblatt wirkte in Zeiten der Online-Pornografie wie ein Fischerkahn zwischen Kreuzfahrtschiffen. Die einst mehr oder weniger zu Recht berühmten Interviews wurden in Zeiten der politischen Korrektheit immer langweiliger. Du wirst ja inzwischen für einen falschen Satz schneller sozial geächtet, als je ein Playmate ihr Höschen ausgezogen hat.

Apropos: Ich habe mich bei den (neueren) *Playboy*-Bildern immer gefragt, wie die Fotografen es hinkriegen, Speisen so abzubilden, dass man keinerlei Appetit auf sie bekommt. Diese Mädels waren, zumindest körperlich, immer veritable Hingucker, und doch wirkten die Bilder steril, unsexy und prüde. Diesem Befund entsprach, dass jede zweite Promi-Maus, die sich hatte ablichten lassen, danach kundtat, sie habe große Vorbehalte gehabt, ob sie das tun solle, aber die Fotos seien ja soo ästhetisch. Also kein bisschen animierend. Das Make-him-drool fand woanders statt.

Schlagen wir auf der Suche nach dem Grund im Lexikon des Weltwissens nach. »Während Kritiker insbesondere feministischer Couleur betonten, dass der *Playboy* Frauen zu reinen Sexualobjekten degradiere und die Playmates als glatte, seelenlose und willige Wesen darstelle, kommen jüngere Bewertungen zu durchaus positiven Schlüssen«, heißt es in der Wikipedia. »So betonen etwa die Psychologen James Began und Scott Allison in ihrer Untersuchung der amerikanischen Playmates von 1985 bis 2001, dass gerade die Begleittexte – ob nun frei erfunden oder wahrheitsgetreu – das Ideal einer starken, selbstbestimmten und ehrgeizigen Frau vermittelten.«

Tatsächlich verkörperten die Playmates den Wandel von den sexuell entspannten Hippietagen in das, was Michel Houellebecq die »Ausweitung der Kampfzone« nannte: die Ausweitung des Marktliberalismus auf die Sphäre des Erotischen. Die Sexobjekte verwandelten sich in Luxuswaren. Die Playmates wurden abgelichtet wie Sportwagen, schnittig, kalt und blank geputzt mussten sie aussehen, nichts sollte daran erinnern, dass sie eigentlich zur Benutzung bestimmt waren, kein Detail durfte unvorteilhaft sein, kein Schmutzspritzer den Kotflügel verunzieren. Ihre Miene hatte auszudrücken: Du darfst mich nicht anfassen, Mann von der Straße, es sei denn, der unwahrscheinliche Fall liegt vor, dass du meinen Preis bezahlen kannst. Zugleich zeugten die Models von der Versportlichung und Medikalisierung des Sexuellen; speziell im amerikanischen *Playboy* kam keine Maid mehr aufs Centerfold, die nicht vorher auf dem OP-Tisch eines Schönheitschirurgen gelegen hatte.

Ich habe einmal einen Bildband durchgeblättert (ich glaube, vom Taschen-Verlag), der sämtliche Playmates von den Anfängen bis in die späten 1990er zeigte, da ließ sich diese Entwicklung gut verfolgen. Die Leiber wurden immer perfekter und trainierter (und künstlicher), aber am gravierendsten war der Wandel der Blicke und der Mimik vom Einladenden zum Abweisenden, vom Naiven zum Coolen, kurz: das Auftauchen der Preisschilder. Die romantische Idee der 68er, der Mensch werde durch freie Liebe und das Aufbrechen partnerschaftlicher Besitzverhältnisse auf sexuellem Wege emanzipiert, mündete in die »erotische Neidklassengesellschaft« (Peter Sloterdijk). Aus der Gespielin wurde die Trophäe. Die schauten sich zuletzt freilich nur noch ein paar Dorftrottel und Hillbillies an, deren WLAN nicht funktionierte.

31. März

»Migrationsforscher fordern mehr Umsiedlung nach Europa«, meldet die *Welt*. Forscher fordern, hum, hum. Es handelt sich übrigens um »Forscher«, die im Auftrage des Sachverständigenrats deutscher Stiftungen für Integration und Migration fordern, mit anderen Worten: Ihre Forschungsergebnisse sind von höchster Neutralität, ungefähr so, als wenn Bedürfnisforscher im Auftrage der Dealer im Görlitzer Park die Öffnung der umliegenden Bezirke für den Drogenhandel forderten. Aber halt, was noch einmal fordern sie? »Umsiedlung«? Klingt das nicht ein bisschen wie: …?

»Die für dieses Jahr geplante große Reform des Gemeinsamen Europäischen Asylsystems soll erstens weiterhin irreguläre Einreisen von Schutzsuchenden ermöglichen«, plaudert die *Welt* aus dem Migrationsforschernähkästchen.

Die Reform soll weiterhin (!) irreguläre (!) Einreisen ermöglichen. Denn wozu sonst auch Reformen?

»Drittens« – zweitens schenken wir uns – »fordern die Migrationsforscher, ›reguläre Zuwanderungswege‹ auszubauen«; hierfür soll »das Umsiedlungsprogramm der Vereinten Nationen vorangebracht« werden.

Wahrscheinlich sitzt auch bei der *Welt* ein dissidenter Schelm, der mit Informationen blankzieht. Denn was hier geschrieben steht, bedeutet erstens: Irreguläre Einwanderung fand statt, findet statt und soll weiterhin stattfinden; alle, die von »illegaler Masseneinwanderung« sprachen, lagen und liegen goldstückrichtig.

Zweitens: Irreguläre Einwanderer sollen künftig auf regulären Wegen zu uns strömen und den Willkommensdank abstatten dürfen.

Drittens: Der Prozess nennt sich offiziell Umsiedlung oder Neuansiedlung (resettlement).

Viertens: So etwas wie ein Bevölkerungsaustausch findet nicht statt. Der Souverän des Grundgesetzes bleibt durch rasche und vereinfachte Einbürgerung erhalten.

Fünftens: Eine Bevölkerungsmehrheit bleibt den Buchreligionen treu; möglicherweise findet hier ein gewisser Austausch mit – rein theologischen – »Verwerfungen« (Yascha Mounk) statt.

Sechstens: Für diejenigen, die etwas dagegen haben, dass die Bundesregierung im Namen der Weltgemeinschaft fremde Völkerschaften auf ihre Kosten vor ihrer Haustür ansiedelt, werden Visa zur ständigen Ausreise unverzüglich erteilt, ohne dass dafür noch geltende Voraussetzungen für eine ständige Ausreise vorliegen müssen. Ständige Ausreisen können über alle Grenzübergangsstellen nach Polen und Österreich-Ungarn erfolgen. Das tritt nach meiner Kenntnis sofort ein, unverzüglich.

9. April

Zwei ARD-Journalistinnen haben entweder die Meldung des Jahres, oder sie teilen sich einen Aluhut. Auf der Webseite der *Tagesschau* steht geschrieben:

»Taten mit rechtsextremem Hintergrund (finden) mitunter gar nicht den Weg in offizielle Statistiken. 2017 befragte das Bundeskriminalamt 30 000 Bürger über ihre Kriminalitätserfahrungen. Betrachtet man nur das Merkmal Hautfarbe, kommt man, hochgerechnet auf die Gesamtbevölkerung ab 16 Jahren, zu einem erschütternden Ergebnis von 248 000 rassistisch motivierten Körperverletzungen. Das Bundesinnenministerium meldet dagegen nur 158 rassistische Gewalttaten.«

Das heißt, das Bundesinnenministerium verschweigt eine Viertelmillion »rassistisch motivierte« Körperverletzungen in 'schland! Das ist ungeheuerlich! Die Dunkelfeldforschung ging bislang bei Straftaten von einer ca. vierfach höheren Zahl als gemeldet bzw. ermittelt aus, aber eine anderthalbtausendfach höhere, das ist schon eine andere Hausnummer. Es wird freilich nicht ganz klar, was mit dem Kriterium »Hautfarbe« gemeint sein mag; hat ein Syrer, Afghane oder Türke eine andere *Hautfarbe* als die beiden öffentlich-rechtlich schaffenden Blitzmädels? Ebenfalls unklar ist, auf welchen Zeitraum sich diese Bilanz beziehen soll; die 158 als Vergleichszahl führt uns wohl ins Jahr des Herrn 2017. Weiland registrierte die Polizeiliche Kriminalstatistik 145 658 Tatverdächtige bei »gefährlichen und schweren Körperverletzungen« (inclusive »Verstümmelung weiblicher Genitalien«, was meistens nix mit Rassismus zu tun hat, sondern ihn höchstens auslöst). Aber selbst wenn jede einzelne Körperverletzung rassistisch motiviert gewesen wäre – die mit deutschen Opfern und ausländischen Tätern selbstredend ausgenommen –: wo mögen diese 248 000 Opfer geblieben sein? Denn über sie Bescheid wissen sollten die Beamten ja, weil die Kliniken normalerweise jeden Patienten, der als Opfer einer Körperverletzung bei ihnen vorspricht, der Polizei melden (müssen). Es werden ja wohl nicht nur Ohrfeigen und laxe Tritte in den Po gewesen sein, oder? Die Journalistinnen schreiben schließlich von *Körperverletzungen*. Gut, bei einem so enormen Andrang kann schon mal der eine oder andere von Rassisten ausgeschlagene Zahn unter den Statistiktisch fallen, doch eine Viertelmillion Fälle?

Ein Experte, kein Kriminologe, kein Statistiker, kein Notfallchirurg, sondern einer aus der harten Wissenschaft, ein »Rechtsextremismusforscher« namens Matthias Quent, wird nun als Sekundant herbeizitiert. »Betroffene gehen häufig nicht zur Polizei, sie haben kein Vertrauen. Sie sehen darin vielleicht auch kein Sinn«, staunt der Fachmann, und der Laie wundert sich: Zum Arzt gehen sie auch nicht? Stattdessen rufen sie alle bei Quent an, sonst wüsste der doch nicht genau Bescheid darüber, dass und warum sie nicht zu Polizei gehen. Anders jedenfalls ist der empirische Quentensprung kaum erklärbar.

Fehlt noch was? Ja, das Klima, in diesem eher konventionellen Sachverhalt aber lediglich das gesellschaftliche. »Es gibt auch keine Kultur in Deutschland, die dazu ermuntert, solche Vorfälle zu berichten, um sie gesellschaftlich zu problematisieren und damit auch ein Zeichen zu setzen«, erklärt Herr Quent.

Das ist fast noch bizarrer als die herbeigewuchtete Opferzahl. Es gibt in Deutschland also keine Kultur, die dazu ermuntert, Rassismus zu beklagen, anzuprangern, in feinstaubminimalen Mikrodosen zu messen, ja sogar zu »konstruieren« bzw. zu erfinden? In einem Land, dessen politisch-mediales Establishment und gesamte Kulturschickeria täglich den Rassismus (der

Einheimischen) beschwört, wo »Wochen gegen Rassismus« ausgerufen werden, Initiativen gegen Rassismus so dicht wachsen wie Zwergkiefern in der Baumschule, wo sich »Schulen ohne Rassismus« ernennen, Fußballvereine, Kirchen, Theater gegen Rassismus »kämpfen«, Unis, Kindergärten und Omas gegen Rassismus »aufstehen« und antirassistische Stiftungen, bei denen es sich nicht selten um Linksextremistensüppchenkochklubs handelt, mit Steuergeld gefördert werden? Das ist ungefähr so, als hätte der Inquisitor Bernard Gui um 1310 herum behauptet, es gebe in Frankreich keine Kultur, die dazu ermuntere, Katharer und andere Häretiker zu verfolgen.

13. April

Entsteht der globale Überwachungsstaat als Kollateralnutzen der Gesundheitsfürsorge? Werden unsere Nachkommen in einer Welt leben, in der sie morgens der Computer über ihren Gesundheitszustand aufklärt und ihnen verbietet, Kaffee oder Alkohol zu trinken, um nicht der Gesellschaft eines Tages unnötige Kosten aufzubürden, und sie darüber informiert, dass ihr CO_2-Mobilitätskontingent für den laufenden Monat aufgebraucht ist, während das Wahrheitsministerium weiß, dass sie auf doppelplusunguten Webseiten unterwegs waren, und für den Wiederholungsfall eine dreitägige pädagogische Sperrung der – natürlich längst unter der Haut implantierten – Kreditkarte androht? Solche Fragen mögen überdreht anmuten, doch wenn man sich anschaut, wie durchorganisiert die elektronische Kontrolle der Einwohner – von Bürgern wird man ja wohl nicht mehr sprechen – in einem Riesenland wie China mit seinen Sozialpunkten heute schon ist, wirken sie nicht unplausibel.

Gottlob muss ich diesen fröhlichen Ameisenstaat, diese Brave New World nicht mehr erleben.

Was es bedeutet, dass die westliche Welt den Weg in Richtung Postdemokratie bewegt, können wir derzeit gut studieren. Die schleichende, aber präzise ins Werk gesetzte Strangulierung der Opposition mit Instrumenten, die den Rechtsstaat und die Demokratie eigentlich schützen sollten, ist ein Beispiel. Dass die Kanzlerin eine demokratische Wahl en passant für ungültig erklärt und diese Wahl mit dem gewünschten Resultat wiederholt wird, ist ein weiteres. Der ebenfalls mähliche Übergang vom nationalen Recht, das insonderheit die Abwehrrechte des Einzelnen gegenüber dem Staat sichert, zum Europarecht, das den Grundsatz der Privatautonomie als Basis einer freiheitlichen Ordnung nicht akzeptiert, sondern Ziele vorgibt und als Werkzeug der Gesellschaftsveränderung eingesetzt wird, ein drittes. Aber das sind Petitessen, verglichen mit der jeden Tag ein bisschen endgültigeren Demontage der nationalen Souveränität der EU-Mitgliedstaaten und der damit einhergehenden Entmachtung ihrer demokratisch gewählten Parlamente. Demokratie, man halte von ihr, was man will, ist gebunden an eine Nation. Die EU ist nicht demokratisch, und wer Ihnen heute einredet, das werde später schon irgendwie korrigiert, hat die gesamte Weltgeschichte gegen sich: Nie hat ein etablierter Machtapparat seine Macht freiwillig wieder hergegeben; man wird die guten, wenn auch nicht wahren Gründe dafür schon liefern.

Nehmen wir Peter Sutherland, Generaldirektor der Welthandelsorganisation und UN-Sonderbeauftragter für internationale Migration, der 2015 in einem Interview erklärte: »Souveränität ist eine absolute Illusion, die man hinter sich lassen muss.« Die Bindung an das eigene Land müssten wir preisgeben und uns als »Menschheit« begreifen. – Dass, wer Menschheit sagt, betrügen will, sollte bekannt sein. – Schon ein paar Sündenjährchen früher hatte Sutherland vor einem Ausschuss des britischen Oberhauses erklärt, die EU müsse – wer ständig weiß, wer etwas muss, verdient eher Backenstreiche als Gehör – den »Sinn für Homogenität und für die Verschiedenheit von anderen« aus der Welt schaffen. Das Resultat nennt sich dann wohl Vielfalt.

Oder nehmen wir José Manuel Durão Barroso, der von 2004 bis 2014 als Präsident der Europäischen Kommission amtierte und 2015 in einer Rede forderte, man möge den Nationalstaaten die Einwanderungspolitik aus den Händen nehmen und die globale Migration nach denselben grenzübergreifenden Regeln behandeln »wie zum Beispiel Luftverschmutzung«. Auch wenn das Gleichnis mit der Verschmutzung nicht übel ist, bleibt die Frage: Wer ist *man*?

Barroso ist ein prachtvolles Exempel für die absonderliche antinationale und antidemokratische Allianz von globalem Kapital und globalistischer Linker. Als Student war er der Vorsitzende der maoistischen Partei MRPP, später wurde er Sozialdemokrat, als portugiesischer Premier unterstützte er den Zweiten Irakkrieg, eines der größten Ganovenstücke der neueren Geschichte und wahrscheinlich der Auslöser für den schlussendlichen Abstieg Europas zu einer instabilen, politisch und wirtschaftlich unbedeutenden Weltregion mit explosiver ethnischer Bevölkerungsstruktur. Natürlich gehört er zu den Bilderbergern, natürlich unterstützte er mit der gebotenen Vehemenz eines Aspiranten für den transatlantischen Katzentisch das TTIP-Abkommen, und nun streicht er den Lohn dafür bei Goldman Sachs ein, wo er nach seiner EU-Präsidentschaft als Berater anheuerte.

Oder nehmen wir den Schriftsteller Robert Menasse, der in seinem 2012 erschienenen Buch »Der Europäische Landbote« dazu aufrief, »die Demokratie erst einmal zu vergessen, ihre Institutionen abzuschaffen, soweit sie nationale Institutionen sind, und dieses Modell einer Demokratie, das uns so heilig und wertvoll erscheint, weil es uns vertraut ist, dem Untergang zu weihen. Wir müssen stoßen, was ohnehin fallen wird, wenn das europäische Projekt gelingt. Wir müssen dieses letzte Tabu der aufgeklärten Gesellschaften brechen, dass unsere Demokratie ein heiliges Gut ist.«

Man muss sich, beiseite gesprochen, einmal vorstellen, was los wäre, wenn ein AfDler so etwas öffentlich vortrüge. Aber die Schwefelbuben wollen ja gerade die europäischen Demokratien bewahren, und deshalb hetzt man die Medien, den Verfassungsschutz und die Zivilgesellschaft auf sie.

Ulrike Guérot, Professorin für Europapolitik sowie Gründerin des »European Democracy Lab« mit Sitz in Berlin, weiß sogar schon den Termin, an welchem die »Dekonstruktion der Nationalstaaten«, wie sie es nennt, beendet sein soll: Anno 2045, wenn sich das Ende des Zweiten Weltkriegs zum 100. Mal jährt, will sie die »Europäische Republik« etabliert haben. Dann kann ein machtloses Scheinparlament tagen, und eine Handvoll namenloser, nicht gewählter Bürokraten darf über das Schicksal von 500 Millionen Menschen bestimmen.

Je mehr ich darüber lese, desto grusliger steht es mir vor Augen: Die globalistische Ideologie will auf dem Wege zur One World sukzessive alles abschaffen, was bisher als verbindlicher Bezugsrahmen galt: die Völker resp. Nationen und ihre Staaten, die Ethnien und die spezifische kulturelle Determiniertheit des Menschen, wozu auch dessen Familiarität gehört. Dem Furor der Planeten-Planierer zum Opfer fallen sollen und »müssen«

deshalb auch die Demokratie, der Republikanismus und das autonome Individuum. Das sind beachtliche Ziele, an denen mit beachtlichem Eifer und einer gespenstischen Gründlichkeit gearbeitet wird. In alle Poren zumindest der westlichen Gesellschaften sind diese Ideologie und ihre Agenten eingedrungen, in die Universitäten, Kirchen, Medien, die gesamte Kulturszene, aber auch in die Unternehmen – man mache sich keine Illusionen darüber, dass aus der regierungshörigen und global mobilen Wirtschaft Opposition wüchse, nur von den sesshaften Mittelständlern ist etwas Widerstand zu erwarten. In der gesamten westlichen Welt entrichten Menschen ihre Steuern an ein Establishment, das ihre Heimat, ihre Kultur, ihre Sprache, ihre Traditionen abschleifen, vereinheitlichen und damit letztlich zerstören will. Einzig die Populisten stehen diesem diabolischen Transformationsprozess im Wege.

Die globalistische Ideologie »argumentiert gegen die natürlichen Instinkte der Menschen«, schreibt Douglas Murray und meint damit genau das Festhalten an der Familie, Loyalität zur Nation, Bindung an ihre Kultur. »Dieses Denken lässt den Menschen allein in der Welt zurück. Sie haben keinen Anker mehr und keine Beziehung zu einem Ort, und sie werden zum Opfer von jeder Schwärmerei und jeder vorübergehenden Mode, egal wie krank oder wie gutartig diese auch sein mögen. Unter diesen Umständen ist es nicht weiter überraschend, wenn Menschen infolge solcher Schwärmereien in den wütenden Tonfall verfallen.«

Aber dafür gibt es ja Gesetze gegen Hatespeech und Hausbesuche von der Polizei oder der Antifa.

Écrasez l'infâme!

27. April

Ab heute gilt in Bayern, so viel Nabelschau darf sein, aber auch andernorts in Geschäften und öffentlichen Verkehrsmitteln Maskenpflicht; bei Zuwiderhandlung drohen Geldbußen. Das haben dieselben Politiker angeordnet, die vor drei oder zwei Monaten erklärten, die Gefahr durch das Coronavirus SARS-CoV-2 werde übertrieben, Masken seien überflüssig, weil es sich nicht über die Atemwege verbreite (so Gesundheitsminister Spahn) etc. pp. Erstaunlich, dass diese Leute trotzdem das Vertrauen der schutz- und trutzdeutschen Volksgemeinschaft genießen, obwohl sie eine wirre Anordnung nach der anderen treffen: Das Oktoberfest wird abgesagt, aber für den 1. Mai sollen in Berlin Lockerungen beim Demonstrationsverbot gelten (wahrscheinlich weil die Neofa die Maskenpflicht am getreulichsten befolgt); Masken sind nutzlos, aber Sie müssen eine tragen; alle Geschäfte über 800 Quadratmeter sind geschlossen, denn das Virus überträgt sich offenbar in größeren Räumen besser als in engen; dieses Virus ist tödlicher als jedes zuvor, aber dennoch nicht allzu beängstigend, weil es nicht mehr Menschen tötet als jede normale Grippe, es könnte gleichwohl eventuell zu einer globalen Katastrophe führen; deshalb empfiehlt es sich, daheimzubleiben, aber man soll auch hinausgehen, weil Daheimbleiben ungesund ist; wir müssen so lange eingesperrt bleiben, bis das Virus verschwindet, aber es wird womöglich nur verschwinden, wenn wir eine kollektive Immunität erreichen etc. pp.

Diese Bundesregierung ist eine »auf Sicht fahrende« Improvisateur- und Kurpfuschertruppe wie andere Regierungen auch, was ich gar nicht böse meine, »nicht der Mensch ist zu klein, das Amt ist zu groß« (Montesquieu); ich hätte es sicherlich auch nicht besser gemacht; das Problem ist nur, dass diese Riege mit der Staatsratsvorsitzenden vorneweg einerseits völlig selbstkritiklos agiert – Merkel verkündet seit je zunächst die eine politische Maßnahme und später dann deren exaktes Gegenteil als gleichwertig *alternativlos* –, und dass fast alle Medien die Kanzlerin, deren einzige Cleverness im Fall der Pandemie darin bestand, lange genug abzuwarten, was die anderen tun, und Spahn mit seinen Dumpfbeuteleien vorzuschicken, die sie dann wieder einkassieren konnte, dass die Medien diese so raffinierte wie schlichte Person mit Lobpreisungen überschütten, als stünde die wonnig-späte Maid im Begriffe, den letzten großen Krieg vor dem Ewigen Frieden zu gewinnen – »Warum jeder von uns heilfroh sein sollte, dass Angela Merkel noch Kanzlerin ist«, schleimte getreulich der *Stern*.

Und der brave Michel lässt sich klaglos wieder und wieder von Laienspielern ausnehmen, bevormunden und an der Nase herumführen, ohne wenigstens auf dem Wege sinkender Umfragewerte eine gewisse Verärgerung zu artikulieren. Das scheint auch der eigentliche Zweck der neuen Maskenpflicht zu sein: die Angst immer weiter schüren, die Leute unter Panikstress halten und sich dann selbst als Rettungsteam anbieten.

Sie kann einen gruseln, die Autoritätshörigkeit und ungebrochene Diktaturtauglichkeit der meisten Deutschen. »Wir beklagen zurzeit Grundrechtseingriffe ungeahnten Ausmaßes. Wir müssen aber noch etwas beklagen, nämlich einen ziemlich flächendeckenden Ausfall rechtsstaatlicher Argumentationsstandards«, kommentiert Oliver Lepsius, Professor für Öffentliches Recht an der Universität Münster. »Grundrechte können nur unter Beachtung der Verhältnismäßigkeit eingeschränkt werden.« Aber Verhältnismäßigkeit ist kein deutscher Gedanke. Meine lieben Landsleute würden als Nächstes wohl auch geschlossen vor die Tür/auf den Balkon treten, um sich von Drohnen die Temperatur messen und einen Impfstoff verabfolgen zu lassen. Und sie würden diejenigen Nachbarn denunzieren, die es nicht tun. Malen Sie sich einfach aus, wie Ihr privates und berufliches Umfeld reagierte, wenn die staatlichen Zwangsmaßnahmen unbefristet verlängert und Querulanten von der Polizei verfolgt würden. Der demokratische Firnis ist ebenso dünn wie der zivilisatorische.

Was mich betrifft, so hätte ich es in das freie Ermessen der Bürger, oder besser: der Leute gestellt, ob sie Masken tragen. Die meisten Zeitgenossen sind sowieso dermaßen hysterisiert oder eben sensibilisiert, dass sie erheblich größere Abstände von ihren Nächsten halten, als nötig wäre. Und was die angebliche Wirkungslosigkeit dieser Dinger betrifft, gilt wohl dasselbe wie an den Grenzen: Eine Maske hält gewisslich mehr Viren auf als keine Maske. Ähnlich sehe ich es übrigens mit einer Impfung: Wenn sie freiwillig bleibt, würde ich darüber nachdenken.

28. April

Dieser Tage machte die Meldung die Runde, Götz Kubitschek werde mitsamt seinem Institut für Staatspolitik (IfS) vom Verfassungsschutz künftig als »Verdachtsfall« und also mit erkennungsdienstlichen Mitteln behandelt. Verfassungsschutz-Präsident Thomas Haldenwang begründete die Maßnahme, erstens, mit Kubitscheks Versuch, »in den politischen Raum einzuwirken und seine ideologischen Ziele auf diese Weise durchzusetzen«, wozu der politische Raum einer quasisozialistischen Erziehungsdemokratur bekanntlich nicht geschaffen wurde, zum Zweiten mit dem Kontakt des nunmehrigen

Beschattungskandidaten zum AfD-Flügel und zur Identitären Bewegung, die beide bereits Beobachtungsfälle sind; soll heißen: die Kontaktschuld gilt der Haldenwang'schen Neo-Stasi als ausreichend.

Ich möchte in Erinnerung rufen, dass sich der Wert einer Gesinnung und Gesittung auch oder vor allem in der Haltung der für sie eintretenden Person ausdrückt. Merke immer wieder Brechts Herrn Keuner: Deine Haltung sehend, interessiert mich dein Ziel nicht. Ich mag an Kubitschek, dass er ein *Mann* ist, der relativ unbeeindruckt von all den Denunziationen und Schikanen, die seit Jahren über ihn verhängt werden, das erledigt, was er meint tun zu müssen, in selbstbestimmter Entscheidung – man vergleiche ihn mit den Pudeln, die aus der sicheren Distanz der Redaktionsgehege und Institutsgatter ihre Dressurnummern gegen ihn aufführen –, während mir, als ich erstmals das Konterfei von Gevatter Haldenwang studierte, spontan – Allah weiß, dass es wirklich spontan und unbewusst geschah – eine Bemerkung des linken bayerischen Zupfgeigenhansels und CSU-Beschimpfers Hans Söllner durch den Kopf ging, der einmal über einen CSU-Politiker gesagt hat, immer wenn er den sehe, denke er, wir hätten die Reichskristallnacht noch vor uns.

PS: Der FDP-Innenpolitiker Benjamin Strasser begrüßte die Entscheidung. Er nannte das Institut den »Wallfahrtsort, an dem der Kampf der Neuen Rechten gegen den demokratischen Staat gedacht, geplant und organisiert wird«. Kann sein, kann auch nicht sein; ich weiß aber, wo ganz sicher der Kampf gegen den demokratischen Nationalstaat und gegen den Demos des Grundgesetzes organisiert wird: im Berliner Kanzleramt und in Brüssel, bei den Agenten der One World, den Überwindern der Nationen und ihrer Parlamente. Wo Landesverrat Staatsräson wird, gilt Patriotismus automatisch als verfassungsfeindlich. Deswegen haben sie ja den Regierungsschutz gegen die AfD von der Leine gelassen.

***

»Eine kleine Selbstbeobachtung« zu meinem Schreibstil teilt mir »ein Leser« mit: »Anfangs fand ich Ihren Polemikanteil etwas zu hoch, jetzt muss ich feststellen, dass ich falsch lag: Es ist der einzig angemessene Stil, ich empfinde ihn mittlerweile als sachlich-nüchtern. Allein ›Schwefelpartei‹ hat fast was Behördliches.«

1. Mai

Der Berliner Migrationsforscher Herbert Brücker prophezeit, dass der Anteil von Menschen mit ausländischen Wurzeln in Deutschland bis zum Jahr 2040 auf ca. 40 Prozent steigen werde. (Eine Prognose für 2080 gab er nicht ab; wahrscheinlich würde sie auf eine rechte Verschwörungstheorie und die Ächtung des Orakleгs hinauslaufen.) Immerhin vertritt Brücker die Meinung, Deutschland möge sich beispielsweise an Portugal orientieren, wo eine Einbürgerung erst nach mehreren Jahren sozialversicherungspflichtiger Tätigkeit erteilt werde; er plädiert also für die klassische Art der Einwanderung, die bekanntlich darin besteht, dass Menschen, die ein besseres Leben suchen, in ein Land einwandern, das ihnen die Chancen dafür bietet – unter der Voraussetzung, dass sie sich ihren Unterhalt selbst verdienen und nicht kommen, um die Landessitten zu brechen.

Nun kann man als deutscher Patriot oder Nationalist ein Lamento über das Schrumpfen des autochthonen Bevölkerungsanteils anstimmen, Tatsache ist, dass die Deutschen immer weniger Kinder bekommen und diesem Trend auch mit der paläokonservativsten Politik – Abtreibungsverbot, rigide Schrumpfung des Sozialstaats (was Frauen mit Kindern zwänge, sich eine Scheidung x-mal zu überlegen), Familienförderung durch Wegfall von Steuern etc. – kaum zu wehren sein dürfte. Es handelt sich nach meiner Ansicht um Dekadenz. Salopp gesagt: Die Luft ist raus. Die Spengler'sche Uhr läuft ab. Die meisten Deutschen und auch Europäer wollen nicht mehr.

In dieser Einstellung zeigt sich zugleich eine gewisse Vernunft; die Gesamtbevölkerung des Planeten strebt gerade der achten Milliarde entgegen, was Wahnsinn ist und tendenziell zu einem entsetzlichen Massensterben führen wird – ich muss daran immer denken, wenn mir im TV hungernde Kinder in Afrika gezeigt werden, die wir unterstützen sollen. Aber mit welchen Folgen? Bislang reagierte dieser Weltteil auf Hilfen für Kinder mit immer mehr Kindern. – Es bestünde also eine gewisse Überschneidung von Kinderarmut und Vernunft, sofern man nicht den Fehler begeht – und Europa steht im Gegensatz zu Ostasien davor –, sich als Überlaufbecken für den Bevölkerungsüberschuss aus Afrika und dem Orient anzubieten und damit ebenfalls eines Tages zum Schwellenländereck oder zur Elendszone zu werden. Da sich dieser Prozess allerdings über mehr als eine Generation hinzöge, sind unsere Linken bereit, ihn im Interesse des eigenen moralischen Profits zu fördern. Auf der *Titanic* wurde es auch erst gegen Ende hektisch.

Ich stieß unlängst im *Acta*-Band von 2016 auf den Brief einer jungen Frau, die mir schrieb, nachdem ich eine typische kinderlose Akademikerin geschildert und anschließend einen Passus von Hadmut Danisch zur Massenproduktion nutzloser, in keinen adäquaten Job vermittelbarer Geisteswissenschaftlerinnen zitiert hatte. Dieser Brief beschreibt in Kürze all das, was sich für mich aktuell und mit Blick auf das Verhältnis der Geschlechter im Begriff Dekadenz zusammenfassen lässt, weshalb ich ihn noch einmal zitiere:

»Sie hätten die Frau lieber fragen sollen, ob sie einen Mann gefunden hat, der Kinder wollte. Ich bin selber Ende 20 und habe keine, aber das liegt nicht daran, dass ich nicht wollte, sondern lediglich daran, dass ich mich mit Entwicklungspsychologie auseinandergesetzt habe und deswegen zu dem Schluss gekommen bin, nicht alleinerziehend sein zu wollen. Es waren allerdings lediglich Schwarzafrikaner, die mir die Mutterschaft anboten. Alle anderen Männer wollten nicht. Man sollte sich deshalb hüten, den Schwarzen Peter nur den Frauen zuzuschieben. Und man sollte sich auch davor hüten, dann sofort davon auszugehen, dass die Frau bösartig ist und es deswegen verdient hat. Frauen in Arbeit zu bringen ist darüber hinaus kein Ärgernis, sondern notwendig, um Frauen vor der Altersarmut zu bewahren. Wenn Sie meinen, mangelnde Eheschließungen oder Scheidungen seien nur Produkte von Feminismus und Ähnlichem, dann irren Sie. Für mich sind es Produkte der Moderne. Wir haben Globalisierung, man kann in ein paar Stunden zum Sexurlaub nach Thailand fahren, wir haben Massenpornografie und Sexspielzeuge, wir haben Verhütungsmittel, wir haben Antibiotika, die eine Syphilis leicht kurieren, wir haben einen Sozialstaat, der Kinder am Leben hält, die keinen Ernährer haben, wir haben inzwischen Virtuelle-Realitäts-Pornografie, die von der neurologischen Stimulierung alles, was normale Frauen bieten können, in den Schatten stellt. Und in so einer Welt denken Sie, dass Männer ein Interesse daran haben, für eine Frau zu sorgen, bis sie 98 ist? Warum sollten sie? In dem Artikel steht doch, dass Frauen über 30 nicht mal einen Mann finden, der umsonst und ohne Verpflichtung mit ihnen schläft. Wieso denken Sie dann, dass Männer für einen aufkommen wollen, wenn man 35, 40 oder gar 55 ist?«

Wir sind ein Land, das von immer mehr – im Wortsinne – Endverbrauchern bevölkert wird, von Menschen, denen die Zukunft einerlei ist, weil es sich nicht um ihre handelt. Die Gründe dafür, diese bizarre Verbindung aus Privategoismen, kultureller Erschlaffung, transgenerationalen Erbschuldgefühlen und dem stetigen Ausgreifen der Technosphäre (der gewaltigste Trend überhaupt), sollen hier nur als Schildwache stehen; die Tatsache an sich lässt sich nicht wegwischen. Fragen wir also: Was wäre daran schlimm, wenn die Hälfte der Deutschen kein Bio-Herkunftssiegel mehr trüge? Nun, das hängt vor allem davon ab, um was für Menschen es sich handelt. Würde Deutschland es fertigbringen, ausschließlich Einwanderer aufzunehmen, die Deutsche werden, die Zivilisation verteidigen und sich aus eigenen Kräften eine Existenz aufbauen wollen – und im Umkehrschluss alle des Landes verwiese, die genau das nicht wollen –, es wäre am Ende womöglich zu retten.

Mit solchen Einwanderern könnte man nicht nur die Demografie wieder ausbalancieren und die allgemeine Stimmung heben – der Irrsinn der Merkel'schen Willkommenspolitik zeigt sich allein darin, dass kaum ein Deutscher beim Wort Migration mehr an junge Frauen und mögliche Partnerinnen denkt –, sondern auch die Grenzen kontrollieren und nationale Interessen durchsetzen. Mit dem Asylrecht hat das alles nichts zu tun. Asyl, um es zum x-ten Male zu wiederholen, genießen ausschließlich politisch Verfolgte, und es ergibt sich daraus keinerlei Bleibe- oder gar Einbürgerungsrecht.

Das deutsche Kardinalproblem sind die Deutschen selbst, präziser formuliert: jener Teil von ihnen, der sich entweder in humanitär-eskapistische Illusionen stürzt oder dieses Land bzw. Volk tatsächlich abschaffen will. Politisch haben diese Leute das Sagen und Meinen – dass ein paar globalistische deutsche Wirtschaftslenker dabei mitmischen, die im Zweifelsfall, wenn das Land kippt, einfach in ein anderes wechseln werden, ist damit verglichen sekundär; die deutschen Manager sind fast alle politikhörige Opportunisten –, und ein Politikwechsel ist nicht in Sicht. Das heißt nach momentaner Handhabe: Die 40-Prozent-Prognose von Herrn Brücker wird sich als zutreffend erweisen, nur ohne das portugiesische Vorbild.

Eine gute Freundin, keine Deutsche natürlich, fragte mich einmal: Wer sind die Leute, die dich anschwärzen, wenn du irgendwo öffentlich mit deiner Frau auftreten willst, damit man dir den Saal nicht vermietet – Deutsche oder Einwanderer? Wer sind die Leute, die AfD-Veranstaltungen blockieren, die keine Rechten bewirten wollen, die Kampagnen gegen rechts starten, die fordern, Rechten oder »Klimaleugnern« Räume und Treffpunkte zu verweigern – Deutsche oder Einwanderer? Kannst du dir einen türkischen Friseur vorstellen, der dir nicht die Haare schneidet, weil du Gauland die Reden schreibst? Wie viele nichtwestliche Ausländer siehst du unter den Irren, die hier für die Rettung des Weltklimas hüpfen? Wie viele nichtwestliche Ausländer glauben daran, dass man sich sein Geschlecht aussuchen kann? Dass Familie eine Sache von gestern ist? Dass man Zehnjährigen in der Schule erklären muss, wie Analsex funktioniert? Wer denunziert dich im Internet und hetzt bei der *FAZ* gegen dich? Mit wem hast du hier Probleme und mit wem nicht?

Tja …

19. Mai

Dass wir unter einem Sprachregime leben, ist zwar der Mehrheit der Menschen klar, wird aber von dessen Agenten und Nutznießern vehement bestritten. Sie verbreiten stattdessen auf allen offiziellen Kanälen das Gerücht, ihr Regime versuche lediglich, die Gesellschaft bzw. die Welt vor falschen, bösen und wenig hilfreichen Ansichten zu schützen. Es ist eben ein Unterschied, ob jemand öffentlichen Druck ausübt oder empfängt. Die Leugnung der Tatsache, dass überhaupt so etwas wie Druck existiere, gehört zum smarten Gesinnungsgouvernantentum, das die direkten, teils plumpen, teils brutalen Formen staatlicher Repression abgelöst hat, so wie auch keine Geheimpolizei mehr die Menschen abholt, foltert und verschwinden lässt, sondern Dissidenten heute der Ächtung und sozialen Isolation anheimgestellt werden, was sich bei Bedarf zur Existenzvernichtung samt Überantwortung an die Behandlungsmethoden der sich selbst für Anti- haltenden Neofa steigern lässt.

Die Beantwortung der Frage, wer dieses Regime ausübt, zu welchem Zweck und nach welchen Regeln es herrscht, ist vielfach versucht worden, unter anderem hier in dieser moralischen Jahrmarktsbude. Sein Personal wird wahlweise unter den Begriffen Globalisten, Universalisten oder »Anywheres« rubriziert, dessen Antipoden bzw. die von ihm Traktierten firmieren symmetrisch dazu unter Patrioten, Partikularisten oder »Somewheres«.

Es handelt sich bei den Universalisten um ein recht heterogenes Personal, was in einer sozial – zumindest außerhalb der Köpfe – immer stärker ausdifferenzierten Gesellschaft wenig erstaunlich ist, und deshalb ist auch die Opposition gegen dieses Regime sehr heterogen. Den Frontverlauf markiert eine weitgehend unsichtbare Linie zwischen dem Willen zur Behauptung von Identität und dem Willen zur Auflösung von Identität. Während die Universalisten eine Weltrepublik anstreben – wozu ihre Förderung der Identity Politics im eklatanten Widerspruch steht; zu diesem Doppeldenk gleich –, glauben die Partikularisten nicht an die Existenz einer ausschließlich mit sich selbst identischen Menschheit. Nach ihrer Ansicht wird die Erde ein Pluriversum bleiben, und der nationalstaatliche Spatz in der Hand ist ihnen lieber als die globalistische Taube auf dem Dach.

Da die nationalen Klausuren immer dünnere Wände bekommen, die immer durchlässiger werden für Informationen, Waren, Daten, Touristen, Migranten, Umwelteinflüsse etc., scheint es, als agierten die Globalisten auf der Seite der Hegel'schen Vernunft und des Fortschritts; aus dieser Perspektive beschleunigen sie bloß, was ohnehin stattfindet. Dann stünde einzig das Tempo der globalen Osmose politisch zur Disposition, gemäß dem Diktum (dessen Urheber mir entfallen ist), Konservatismus bedeute, Entwicklungen so lange hinauszuzögern, bis sie keinen Schaden mehr anrichten.

Die partikularistische Gegenthese lautet, dass die One World in alle Ewigkeit vertagt wird und das westlich-liberale System, dessen Protagonisten sich, analog zu den »Siegern der Geschichte«, für die sich zuvor die Realsozialisten hielten, am »Ende der Geschichte« (Francis Fukuyama) wähnen – ist irgendjemandem schon aufgefallen, wie sehr dieses »Das Ziel ist erreicht«-Diktum, dieses historische Basta! einem »Siegel der Propheten« ähnelt? –, dass dieses westlich-liberale System künftig nur ein Partikularismus unter anderen (China, Islam, ethnisch homogene Zonen, Clangebiete, »Kompetenzfestungen«) sein wird. Dann würden sich, in den Worten von Rolf Peter

Sieferle, die Erträumer der multikulturellen Einen Welt in einer »multitribalen Gesellschaft« wiederfinden, »in welcher der Rechtsstaat einen Stamm unter Stämmen bilden kann«. Während diejenigen »Somewheres«, die sich irrtümlich für »Anywheres« halten (weil sie das mit den Reichen, Schönen und Telegenen sowie den Guten, Smarten und Progressisten verbindet), die großen Verlierer der Zukunft sein dürften, werden die wenigen echten »Anywheres« dann die einzigen sein, die tatsächlich den temporären Ort ihrer permanenten Ortlosigkeit immer wieder neu wählen.

Bis dahin ist aber noch viel zu demolieren, aufzulösen und zu verteilen, wobei die Abräumer übersehen, »dass Heterogenität ein soziales Zerfallsprodukt ist, das auch ganz ohne ihr Zutun im Übermaß entsteht. Sozialer Sinn und Zusammenhalt hingegen sind knappe Ressourcen.« Also schreibt der Literaturwissenschaftler Michael Esders in seiner Betrachtung »Sprachregime. Die Macht der politischen Wahrheitssysteme«, die das Terrain aus diskursiven Laufgräben, semantischen Stacheldrahtverhauen und begrifflichen Minenfeldern wie eine Leuchtkugel erhellt. Das Buch ist als nunmehr zehnter Band der *Tumult*-Werkreihe erschienen, die zum Besten gehört, was zeitgenössische gesellschaftsanalytische Publizistik zu bieten hat.

»Mit der Entfesselung der Differenz«, konstatiert Esders, »lässt sich kein Staat machen. Diversity ist keine Quelle gesellschaftlichen Zusammenhalts.« Gleichwohl wird uns täglich das Gegenteil suggeriert. Aus welchen Gründen?

Nach der Agenda der Diversifizierer handelt es sich um einen Akt der konstruktiven Zerstörung: Altes und Überkommenes wird geschleift, damit das Neue an seine Stelle treten kann. Dieses Neue benötige auch neue, transnationale, tendenziell weltstaatliche Strukturen, wie sie in der EU und der UN, aber auch in metapolitischen globalistischen Organisationen wie der Open Society, Greenpeace oder der Bill & Melinda Gates Foundation längst entstanden sind. Der bislang gewissermaßen nach innen gekehrte, in seine jeweiligen Gemeinschaften eingebundene Igelmensch soll, zumindest sofern er weiß und westlich ist, sein nationales, kulturelles, ethnisches, ja sogar sein familiäres und geschlechtliches Stachelkleid abwerfen, auf diese ganze verstockte Identität verzichten und nach außen überallhin offen – eben »divers« – werden. Da aber die meisten Menschen störrisch und verwurzelt sind, muss dieser Metamorphose auf die Sprünge geholfen werden.

»Destabilisierung und Subversion der Identität« seien »zum obersten politischen und gesellschaftlichen Gebot« erhoben worden, notiert Esders. »Was über Jahrhunderte Loyalität verdient und begründete, gilt nichts mehr und muss überwunden werden.« Im Namen der Diversivität – und das ist immer die Maske des Globalismus – »soll nicht nur die toxische Homogenität der Nationen unterminiert werden; getilgt werden soll auch ihr Bewusstsein der Verschiedenheit und Unverwechselbarkeit. Wenn dies gelingt, kann sich ein Wir nicht einmal mehr in einer gemeinsamen Verlusterfahrung herausbilden.« Dann wäre vollzogen, was Esders »Ent-eignung« nennt.

Eigentlich ist das Wahnsinn, eigentlich wollen das nur die wenigsten – aber genau dieser Prozess läuft weitgehend störungsfrei vor unser aller Augen ab. Wie ist das möglich? Wie konnte es gelingen, fragt der Autor, »eine Agenda durchzusetzen, die den Interessen der Mehrheit eklatant widerspricht und deren zerstörerische Folgen keinem unverstellten Blick entgehen können? Wie war und ist es möglich, in der Migrations-, Klima- und Identitätspolitik die Evidenz des Augenscheinlichen und Offensichtlichen dauerhaft außer Kraft zu setzen?«

Die Antwort lautet: durch Manipulation. Durch semantische Dressur. Durch eine Gehirnwäsche (den Begriff selbst verwendet Esders nicht), die sich von der realsozialistischen insofern deutlich unterscheidet, als sie auf dem Terrain einer noch halbwegs funktionierenden Rumpfmarktwirtschaft stattfindet und ihre Folgen wie ungedeckte Schecks in die Zukunft vertagt sind. Durch ein Sprachregime, das mächtig genug ist, um den Menschen ihre Alltagserfahrungen als untypisch und unrepräsentativ auszureden (»Das Ziel semantischer Politik ist die Modellierung der Wahrnehmung«). Durch »Kanalisierung des Denkens«, Kriminalisierung von Wortfeldern und Zersetzung logischer Grundsätze im Orwell'schen Doublethink.

Halten wir hier kurz inne. Als ein Beispiel für das Prinzip des Doppeldenk nennt der Autor, der 1999 mit einer literaturtheoretischen Arbeit über »Philosophie als Kurze Prosa von Friedrich Schlegel bis Adorno« promoviert wurde, dass Regierungspolitiker gleichzeitig eine »spürbare Begrenzung« der Zuwanderung fordern und sich doch gegen eine »Obergrenze« aussprechen können, ohne dass sie ein Medienschaffender auf diesen Widersinn hinweist. Ähnliches gelte für die Larve der »verpflichtenden Unverbindlichkeit«, hinter welcher der Global Compact for Migration an der Öffentlichkeit vorbeigeschmuggelt wurde.

Man kann hier beliebig fortfahren: Geschlecht ist konstruiert, aber Frauen müssen mit Quoten gefördert werden; Grenzen lassen sich nicht schließen, ja nicht einmal kontrollieren, es sei denn, man schließt und kontrolliert sie doch wegen eines Virus; wenn Trump zwecks Pandemie-Bekämpfung Einreisebeschränkungen erlässt, grenzt er Menschen aus, wenn Merkel dasselbe veranlasst, handelt sie staatsklug und bedacht; außergewöhnlich hohe Temperaturen an einem Ort bezeugen den Klimanotstand, außergewöhnlich niedrige an einem anderen Ort sind Wetter; es gibt keine deutsche Identität, aber jede ausländische Minderheit in Deutschland hat eine; das Patriarchat ist die Ursache allen Übels, aber männliche *Refugees* mit rigide patriarchalischen Gesellschaftsvorstellungen sind *welcome*; in mehreren deutschen Großstädten sind die Deutschen, die schon länger hier leben, bereits eine Minderheit, es gibt sogar einen Pakt über *Replacement* (= Austausch) *migration*, aber ein Bevölkerungsaustausch findet nicht statt; Straftaten von Migranten oder Anschläge radikaler Moslems sind Einzelfälle, für die außer dem Täter niemand verantwortlich ist und die sich niemals addieren, jede Gewalttat von rechts jedoch hat Vordenker, Hintermänner und Strukturen bis ins Parlament hinein; wenn Politiker der »Altparteien« (Claudia Roth) Politiker der AfD als »Brut«, »Abschaum«, »Nazis« oder »Schande« beschimpfen, ist es eine »hitzige Debatte«, im umgekehrten Fall indes werden »Hass« und »Hetze« daraus; wenn Linksextremisten AfD-Politiker attackieren, nutzt die Partei es, um »sich als Opfer zu stilisieren«, überfallen dieselben Linken ein Team der *heute-show*, ist es »ein Angriff auf die Pressefreiheit«.

Zum Doublethink gehört natürlich die Doppelzüngigkeit bei der Behandlung des Islam, dessen paläokonservative Vorschriften zur gebärpflichtigen Unterordnung der Frau unter den Mann mitsamt Körperstrafen, Kinderehen usf. die gesamte MeToo-Combo geziert beschweigt.

Esders spricht von einem »gezielten Anschlag auf die politische Urteilsfähigkeit«, mit dessen Verstetigung die »Ingenieure der Mehrheitsmeinung« das Ziel verfolgen, sich ein Publikum zurechtzukneten – »Knechte erknet ich mir nur!« (Wotan, *Walküre*, 2. Aufzug, 2. Szene) –, welches »selbst ein Höchstmaß an kognitiver Dissonanz« nicht mehr als störend empfindet: »Die Lüge konsoniert, sie fühlt sich gut an.«

Eine solche Dressurleistung gelingt nicht über Nacht. Erst »eine jahrzehntelange begriffliche Vorarbeit« habe das heutige Sprachregime und die mit ihm verbundenen Forderungen an die Noch-Mehrheitsgesellschaft ermöglicht. Die Linke habe die Waren- durch die Diskursanalyse ersetzt und sich damit eine Domäne gesichert, »die ihr für Jahrzehnte niemand streitig machen sollte«. Nach dem Zusammenbruch des Ostblocks und einer darauf folgenden kurzen Phase der Irritation und Zerknirschung »erfand sie sich unter der Signatur von Schrift und Differenz, unter der Ägide der Diskursanalyse und Machtkritik neu«. Die geistigen Wegbereiter dieses von innen kommenden Angriffs auf das westliche Immunsystem waren Denker wie Derrida, Foucault, Lyotard, Deleuze, die französischen Ableger der Frankfurter Schule und natürlich allesamt Enkel von Marx, Bastarde von Freud und linke Adepten (= Verfälscher) Nietzsches. Auf welches Niveau ihr Denken dereinst versimpelt und erniedrigt würde, ahnten zumindest die beiden Erstgenannten nicht; ob es eine gerechte Strafe ist, stehe dahin.

Die gescheiterten Revolutionäre verwandelten sich in »Partisanen der Vielfalt und der Differenz«. Mit der Identitätspolitik fanden sie schließlich »ein Betätigungsfeld, in dem eine ›sprachpolitische Veränderung der Verhältnisse‹ tatsächlich aussichtsreich ist«. Ihre poststrukturalistische Terminologie wurde »zur Lingua franca einer Machtkritik, vor der sich kein Mächtiger fürchten musste«, was die auf den ersten Blick bizarre »Komplizenschaft zwischen der ökonomischen und sprachlichen Deregulierung« erklärt. Eine der unwahrscheinlichsten Allianzen der Weltgeschichte entstand, vergleichbar allenfalls jener zwischen Christentum und Imperium Romanum: Die Linke, sofern sie internationalistisch denkt, verbündete sich mit ihrem ehemaligen kapitalistischen Todfeind, sofern er globalistisch agiert. Der gemeinsame Gegner – die Völker und Nationen, vertreten von den Populisten – schweißt sie zusammen. Die Linke hat begriffen, dass sie den Kapitalismus nicht besiegen, sondern benutzen muss, um auf der Grundlage einer funktionierenden Wirtschaft den sogenannten gesellschaftlichen Überbau zu beherrschen, statt sich in fruchtlosen eigenen Staatsgründungen zu versuchen.

In diesem Überbau regiert das Sprachregime, von dem hier die Rede ist.

Die Idee, dass eine soziale Gruppe, die herrschen will, dies auch auf dem Umweg über die Erringung der »kulturellen Hegemonie« erledigen könne, geht bekanntlich auf Antonio Gramsci zurück. Dem Italiener stand dabei die Herrschaft der katholischen Kirche über das Denken und den Alltag seiner Landsleute vorbildlich vor Augen – eine Massenbeeinflussung, die seit Anbruch der Neuzeit zunehmend auch ohne direkte politische Macht funktionierte.

Was kulturelle Hegemonie heute bedeutet, lässt sich am besten studieren, wenn die – im allerweitesten Sinne – politische Rechte eine Wahl gewinnt, womit in einer Demokratie ja bedauerlicherweise gerechnet werden muss. Diese Regierung befindet sich vom ersten Tag an unter dem vor allem moralischen Druck einer Öffentlichkeit, in welcher das linke, kulturmarxistische, globalistische, multikulturelle Milieu dominiert. Für den Fall, dass der Wahlausgang die Falschen nach oben bringt, hat dieses Milieu längst das metapolitische Vorfeld besetzt und die nichtwählbaren Institutionen unter seine Kontrolle gebracht: Medien, Kulturbetrieb, NGOs, Universitäten, Stiftungen,

Kirchen, Gewerkschaften. Wie beim Wettlauf zwischen Hase und Igel sind der Igel der Zivilgesellschaft und der Igel des Deep State längst schon da, wenn der rechte bzw. konservative Hase die Wahlen gewonnen hat und den Wettlauf um die Herrschaft über den Staat antritt.

Diese Erfahrung musste auch Donald Trump machen – er brachte sie mit dem Neologismus »Deep State Department« grandios auf den Punkt –, doch mit der ihm eigenen schillernden Mischung aus Dickfelligkeit, Egozentrismus, Konkurrenzausbootungsroutine, Humor und seinen finanziellen Möglichkeiten gelang es ihm, »die Kraft des Gegners wie in einer asiatischen Kampfkunst umzuleiten und gegen ihn selbst zu wenden«. Dass er den politischen Kontrahenten mit dessen eigenen propagandistischen Waffen bekämpft, ist das eigentliche Geheimnis von Trumps Erfolg und erklärt nebenbei auch die maßlose Wut, die er auf sich zieht. Dass sein anfänglicher Berater Steve Bannon die »Dekonstruktion des administrativen Staates« als Maxime ausgibt und seine Wahlkampfmanagerin Kellyanne Conway den Begriff »alternative Fakten« erfindet, wirke »beinahe wie eine Parodie des postmodernen Antirealismus«, notiert Esders. Wenn die Faktenverdreher und Tatsachenverschweiger der etablierten Medien Trump unterstellen, die Fake News seien quasi mit ihm in die Welt gekommen, ist das nur noch komisch.

Für die Begriffswelten der »Open Borders«-Fraktion mit ihren Formeln wie »Menschheit«, »Weltoffenheit«, »Eine Welt« und neuerdings »Klimarettung« prägt Esders den Begriff »Antitopik«. Es ist ein »Vokabular der Entortung und Entgrenzung«. Die »Topik der Ortlosigkeit« setze Ortsgebundenheit mit Beschränkung gleich, um die »Somewheres« zu tumben Hinterwäldlern zu erniedrigen. Während der linke Flügel der »Anywheres« den »moralischen Rigorismus einer entgrenzten Verantwortung für den Fremden« predige, seien für den globalwirtschaftlichen Flügel »alle Orte nur Standorte und Absatzmärkte«.

Für die Topik der Ortsgebundenheit ist inzwischen in Deutschland der Inlandsgeheimdienst zuständig. »Der Verfassungsschutz markiert Wortfelder als beliebig erweiterbare Verbotszonen. Auffällig dabei ist, dass er sich in seiner Begründung auf unbestimmte Rechtsbegriffe wie die ›Menschenwürde‹ des Artikels 1 stützt und alles Definitorische meidet. Begriffe aus der Sphäre linker Sprachpolitik wie ›geistige Brandstifter‹ oder ›verbal zündeln‹ treten an die Stelle juristischer Kategorien. (...) Wer das inkriminierte Wortfeld berührt, ist ein Verfassungsfeind.«

Und bald auch, wer den kleinen Eckladen betritt!

»Jeder Betonung eigener Identität unterstellt man pauschal eine Abwertung des Fremden.«

In der Tat, genau das hat der Verfassungsschutz offenbar ohne jede Satireabsicht Alexander Gauland vorgeworfen, der im Wahlkampf mehrfach den Gedanken vortrug: »Wir sollen uns als Volk und Nation in einem großen Ganzen auflösen. Wir haben aber kein Interesse daran, Menschheit zu werden. Wir wollen Deutsche bleiben, damit sind wir Menschheit genug.«

* * *

Noch zum Vorigen.

Ich habe in den vergangenen Jahren vielfach über Frau Merkels Stummeldeutsch geschrieben, dessen ästhetische und auch semantische Zumutungen ich als Redenschreiber des Oppositionsführers zu ertragen – zu *tolerieren* – habe, ungefähr wie ich 1988/89 als Korrektor beim Ostberliner *Morgen* die Lektüre der Reden von Margot Honecker und anderen SED-

Chargen ertragen musste. Freilich ist mir im Laufe der Zeit immer deutlicher geworden – penible Leser dieses Diariums haben es verfolgen können –, dass diese auf die erste Lektüre so hilflos und mitunter sacht debil wirkenden Merkel-Vorträge und -Statements Methode haben. Man kann auf eine Merkel-Rede nicht antworten. Es gibt darin, von der wohlmeinenden Allgemeingültigkeit und schwammigen Schiefheit ihrer Begriffe ganz abgesehen, nie Ross und Reiter, dafür kaleidoskopartig wechselnde »Wirs«; die Perspektiven, mal global, mal europäisch, mal national, lösen einander munter ab, und wie bei einem Hütchenspieler verschwinden die Probleme mal unter diesem, mal unter jenem Hütchen, um unter einem anderen überraschend wiederaufzutauchen und sich plötzlich in Lösungen verwandelt zu haben.

Merkels Äußerungen sind, wie man sagt, *diskursiv nicht anschlussfähig*. Dass sie eine Doppeldenkerin sui generis ist, die zu jedem Thema von nationalem Interesse schon einmal diese Ansicht und dann deren genaues Gegenteil verkündet hat, stützt den Befund. Was Merkel von sich gibt, ist Wort für Wort auf seinen Zweck hin kalkuliert. Ich war ein Tor, dass ich eine Weile gebraucht habe, um das zu kapieren.

Wie lange es bei Gevatter Esders gedauert hat, weiß ich nicht; jedenfalls formuliert er die goldenen Worte, man möge »von der vordergründigen Unbeholfenheit« der Merkel'schen Rhetorik »nicht auf mangelndes Raffinement schließen«. Im Gegenteil: »Die dichte Textur aus Umdeutung und Insinuationen weist darauf hin, dass solche Äußerungen nicht ohne Bedacht fallen.«

Wenn die Kanzlerin beispielsweise in ihrer Rede zum 30. Jahrestag des Mauerfalls erklärt: »Keine Mauer, die Menschen ausgrenzt (...), ist so hoch oder so breit, dass sie nicht doch durchbrochen werden kann«, dann ist mit dem (in diesem Kontext) Gaga-Begriff »ausgrenzen« eine kalkulierte Dissonanz gesetzt, die zwar wenig mit der damaligen Wirklichkeit zu tun hat – ungefähr so wenig, wie Rudolf Bahro in Bautzen II aus der DDR »ausgegrenzt« wurde –, aber zur Anprangerung jeder Art von Grenzverteidigung »als moralisch unzulässige Exklusivität« (Esders) und damit zum politischen Agenda Setting durchaus taugt.

Ähnlich wohlgesetzt erscheinen unter dem Tabernakel des Vorsatzes Merkels Worte zu den von ihr erfundenen Chemnitzer »Hetzjagden auf Ausländer«: Es habe, sagte sie, Bilder gegeben, »die sehr klar Hass und damit auch die Verfolgung unschuldiger Menschen« gezeigt hätten. Das a prima vista strunzdumme »damit« ist tatsächlich von einer erlesenen kausalitätsvorgaukelnden Perfidie, an welcher unser kleiner hinkender Doktor aus Rheydt Wohlgefallen gefunden hätte. Dass es zu Chemnitz nach dem landesweit x-ten Kollateraltodesopfer des Willkommensstaatsstreichs »Hass« gab, kann immerhin als sicher gelten, und obwohl in Merkellegoland die im strafrechtlichen Sinne »Schuldigen« – welche gibt es eigentlich noch? – nicht mehr durch die Bank im Knast sitzen, hätte jene »Verfolgung«, zu welcher die »Hetzjagden« auf einmal zusammengeschnurrt waren, überwiegend »Unschuldige« getroffen, so sie denn stattgefunden hätte. Das schwammig-bräsige Statement ist in Wirklichkeit ein Meisterstück des Rückzugs unter Einsatz von begrifflichen Rauchbomben.

Der Begriff »Hass« sei ohnehin ein »Passepartout«, kommentiert Esders, »um ein ganzes Meinungsspektrum unter Umgehung strafrechtlicher Kategorien zu kriminalisieren«.

Sowohl »Chemnitz« als auch die »ausgrenzenden Mauern« sind überdies gute Beispiele für die Methode des wahrnehmungsverschiebenden Framings, die im Sprachregime beharrlich zum

Einsatz kommt. Was die sächsische Stadt betrifft, stilisierten die Wirklichkeitskosmetiker die »Hetzjagd« zum eigentlichen Ereignis, bis der Begriff verzichtbar wurde. »Fortan genügte die Nennung des Namens ›Chemnitz‹, um das gewünschte Frame zu aktivieren«, notiert Esders. »Nicht die Tötung des Daniel H. wurde als Angriff gewertet, sondern die Reaktion auf diese Tat.«

Dasselbe Spiel von Bedeutungsverschiebung und Begriffsbesetzung lief bei der Indienstnahme des DDR-Grenzregimes zur Delegitimierung sämtlicher Grenzen im Sinne von Willkommensdoktrin und Globalem Migrationspakt. Hier kann die Opposition einmal mehr von Donald Trump lernen, wie man den Spieß umdreht: Der Präsident »framte« die Grenze zu Mexiko nach seinen Vorstellungen, indem er sie mit Schutz und Sicherheit assoziierte und ihr obendrein das geniale Attribut »schön« zueignete.

Mit dieser Zuschreibung war er übrigens nicht der erste:

»Wer kann die Pyramiden überstrahlen?
Den Kreml, Sanssouci, Versailles, den Tower?
Von allen Schlössern, Burgen, Kathedralen
Der Erdenwunder schönstes war die Mauer.
Mit ihren schmucken Türmen, festen Toren.
Ich glaub, ich hab mein Herz an sie verloren.«
(Peter Hacks)

Doch vom Meisterdeutsch eines Stalinisten zurück zum meister*innenhaften Stummeldeutsch einer Globalistin, drittes und letztes Beispiel. »Wer seine Meinung sagt, auch prononciert, der muss damit leben, dass es Widerspruch gibt«, erklärte die Regierungschefin im Bundestag.

Damit, so Esders, unterstelle die Kanzlerin, dass Zeitgenossen, die die Meinungsfreiheit in Gefahr sehen oder ihre Einschränkung beklagen, keine konträre Meinung ertrügen. Und diejenigen, die Vorlesungen von Professoren niederbrüllen oder blockieren, fielen nun in die Kategorie »Widerspruch«.

Merke(l): »Es gibt keine Meinungsfreiheit zum Nulltarif.«

Esders: »Das Sprachbild enthält eine unverhohlene Drohung: Wer Meinungsfreiheit für sich in Anspruch nimmt, muss dafür bezahlen. (…) Der ›Widerspruch‹, der nicht selten in Handgreiflichkeiten ausartet, ist der zu zahlende Preis.«

Merkel: »Aber die Meinungsfreiheit kennt Grenzen (immerhin die! – M.K.). Sie beginnen da, wo gehetzt wird, wo Hass verbreitet wird. Sie beginnen da, wo die Würde anderer Menschen verletzt wird.«

Esders: »Merkel bringt die semantisch und verfassungsrechtlich unüberbietbare Menschenwürde, in deren Namen sich fast alles hinterfragen lässt, gegen die Meinungsfreiheit in Stellung. Die Grenzen des Erlaubten markieren nicht die Bestimmungen des Strafrechts, sondern unbestimmte, nicht justiziable Begriffe wie ›Hass‹ und ›Hetze‹.«

Nein, was ihre Semantik betrifft, ist die Bundeskanzlerin wahrscheinlich mit allen Abwassern gewaschen.

21. Mai

Wenn sich zwei wagemutige TV-Charakterdarsteller mit den Kampfnamen Joko und Klaas gesellschaftskritisch zu Wort melden, darf man davon ausgehen, dass die ganz heißen Eisen angefasst, die ganz dicken Bretter gebohrt und die richtig schweren Probleme gestemmt werden. ProSieben hat den beiden vor ein paar Tagen fünfzehn Minuten der besten Sendezeit freigeschaufelt, und die Comedians füllten die Primetime mit einem Video des Grauens, das den Menschen die Augen öffnen soll über die alltägliche sexuelle Belästigung von Frauen in Deutschland.

»Das werden heute die wohl speziellsten 15 Minuten, die wir je gesendet haben. Nichts für schwache Nerven«, trommelte Klaas Heufer-Umlauf im sogenannten Vorfeld via Twitter. »Fast die Hälfte aller Frauen in Deutschland wurde schon einmal sexuell belästigt. Auch in den aktuellen Krisenzeiten dürfen andere wichtige Themen nicht untergehen.« Fast die Hälfte! Ich will einleitend bekennen: An mir lag's nicht (was die andere Hälfte betrifft).

Freilich, statt der meist als Deppen getarnt auftretenden Dioskuren führt die Autorin Sophie Passmann durch das Video, SPD-Mitglied und in ihrer Eigenwahrnehmung Kombattantin in einem Geschlechterkrieg (wenn auch ohne Gegner), das heißt, sie flaniert mit ernster Miene durch eine fingierte düstere Kunstausstellung namens »Männerwelten«. Klar, dass Joko und Klaas dort nicht hinein durften, weil sie jeweils einen Penis haben, auch wenn viele glauben, sie teilten sich einen; Penisse gibt es aber in der Schau bereits genug, zumindest aus der Perspektive von Frau Passmann, welche stracks zu übernehmen jeder anständig gebliebene Zuseher gehalten ist.

»Es wird hart, es wird bitter und für manche kaum zu glauben, aber wir müssen da jetzt gemeinsam durch«, tremoliert die Verfasserin eines Buches über resp. gegen alte weiße Männer zu Beginn ihres Rundganges. Dann gibt sie sich einen Ruck und schreitet couragiert an der Seite einer ~~attraktiven~~ begabten Moderatorin durch eine Galerie von »Genitalbildern« (*FAZ*), wobei es sich tatsächlich um sogenannte Dickpics handelt, also ausschließlich maskuline Genitalien abgebildet sind, quasi als Gegenstück zum Reichskirchentag der Fotzenmalerinnen im vergangenen Jahr, auf dem kein einziges Schwanzbild ausgestellt wurde. Die (gepixelten) Fotos, erfährt der erschütterte ProSieben-Gucker sogleich, zeigten Gemächte, »die viele Frauen im Internet ungefragt von Männern zugeschickt bekommen« haben – aber glücklicherweise nicht die beiden teils mehr, teils weniger kennerisch bzw. empört in deren Betrachtung vertieften Mädels. Dafür sind es freilich ziemlich wenige, doch jedes einzelne unverlangt verschickte Foto eines Membrum virile ist selbstverständlich eines zu viel, das ist doch wohl klar.

Nach den verstörenden Bildern folgen die entsprechenden Worte. Eine weitere Fernsehmoderatorin, eine Rapperin und ein Model tragen »Hasskommentare« (*FAZ*) vor, mit denen sie in sozialen Netzwerken behelligt und geschmäht worden sind (in der Redaktion der *FAZ* gilt der Satz »Ich will dich f…« offensichtlich als »Hasskommentar«; es sind halt echte Genießer). Anschließend präsentieren zwei weitere Mädels, Collien Ulmen-Fernandes und Katrin Bauerfeind, »übergriffige Chatverläufe«. Kurzum: Es ist zwar nicht unbedingt repräsentativ, nicht einmal typisch, aber ganz entsetzlich.

Gottlob sind auch die peinigendsten 15 Minuten irgendwann zu Ende, sodass etwas mildere Sexismen wie Ehrenmorde, Gruppenvergewaltigungen, »Scheidungen auf Afghanisch«, also mit dem Messer oder der Axt, Zwangs- und Kinderehen, Mia, Maria und ihre erstochenen oder geschändeten und traumatisierten minderjährigen Schwestern – all das, was eben sexistisch so abgeht unter deutschen Dächern und auf deutschen Straßen, speziell seit den *Tagen des freundlichen Gesichts*, leider keinen Platz finden konnte, obwohl der von Passmann gegen Ende vorgetragene Passus: »Wir alle kennen die Panik alleine im Park oder wenn wir mit dem Schlüsselbund in der Hand abends heimgehen« dergleichen anzukündigen schien – und bei einer im Körper eines alten weißen Sexisten gefangenen jungen Afghanin wie mir entsprechende Erwartungen weckte. Das wäre indes nur ein gefundenes Fressen für rassistische Hetzer gewesen; außerdem heißt das Thema Sexismus, nicht Rassismus. Und mal ehrlich: Von den Flüchtlingen, Schutzsuchenden, Schutzflehenden, Glaubensfesten und Goldwerten ist ja mit moralischer Anklage nichts zu holen; schließlich ist es deren Aufgabe, *uns* anzuklagen, und nicht umgekehrt.

Ein paar Gedanken über die »Männerwelten« will ich gleichwohl vortragen. Ich bitte darum, die allfällige Empörung erst nach der gesamten Lektüre von der Leine zu lassen.

Erstens: Männer machen Frauen an und werden es in alle Ewigkeit tun, Frauen wollen von Männern angemacht werden und werden es in alle Ewigkeit wollen. Der Sexualtrieb ist eine Urgewalt, die sich schwer kontrollieren und nie zähmen lassen wird; immerhin hängt die nächste Generation an ihm. Die Paarung ist eine heikle Sache, es wird immer unerwünschte Annäherungen geben, die sexuelle Belästigung höret nimmer auf. Und hin und wieder funktioniert's ja.

Zweitens: Mit der Anmache verhält es sich wie mit einem Kunsthandwerk: Der Weg zur Meisterschaft ist mit peinlichen Fehlschlägen gepflastert, es dauert, bis man es beherrscht, und viele lernen es nie. Im Unterschied zum Kunsthandwerk kann der Mann aber kein anderes, ihm genehmeres wählen. *Er muss anmachen.*

Drittens: Unerwünschte, ungeschickte, unangenehme, übergriffige, deplatzierte, lästige, groteske, abstoßende, widerwärtige Anmachversuche kommen wahrscheinlich häufiger vor als passende, erwünschte und zu beider Zufriedenheit endende. Der um eine Frau werbende Mann gleicht in der Regel einem Gorilla, der versucht, Cello zu spielen.

Viertens: Es gibt unter den Männern seit der sogenannten sexuellen Befreiung und der ihr folgenden »Ausweitung der Kampfzone« (Michel Houellebecq) eine große Zahl von Verlierern, armen Würstchen, die zunächst sich selbst und dann die für sie unerreichbaren Frauen verachten und sich heute speziell in der Anonymität der elektronischen Medien erleichtern. Und es gibt peinliche, unheilbare Machotypen, denen zum echten Macho die virile Attraktivität fehlt, was sie aggressiv gegen Frauen macht. Meistens kann eine Frau solchen Figuren aus dem Wege gehen.

Fünftens: Ich habe noch nie eine Maid erlebt, die sich nicht gegen unerwünschte Offerten zur Wehr zu setzen wusste, notfalls mit einer entschiedenen Ansprache vor Zeugen oder einer effektvoll verabreichten Ohrfeige. Der Blamierte ist immer der Kerl, zumindest in unserem Weltteil.

Sechstens: Tatsächlich ernst wird Belästigung erst, wenn die körperliche Grenze nachdrücklich überschritten wird. Das meint nicht den fehlgeschlagenen Kussversuch oder den Griff nach der Hand. Hier betreten wir denn auch die Sphäre des Strafrechts.

Siebtens: Was sexuelle Belästigung ist und was nicht, lässt sich nicht generalisieren. Mal ist sie erwünscht, mal nicht; was der einen behagt, pikiert die andere, und selbst bei ein und derselben Version ist es ein Riesenunterschied, wer sich an ihr versucht. Der Empfang eines Schwanzfotos ist unangenehm und verstörend, allerdings nicht immer. Wenn beispielsweise Brad Pitt der Absender ist, könnte das für die Empfängerin der Beginn einer wundervollen Woche sein. Anfang 1945 hätten Millionen deutsche Frauen die Präsentation bloßer Penis*fotos* als eine unglaubliche Petitesse und existentielle Erleichterung empfunden. Umgekehrt hätten gewiss viele

Männer nichts gegen die Zusendung weiblicher Genitalschnappschüsse. Die Geschlechter sind halt sozial unterschiedlich konstruiert.

Achtens: Das Filmlein nennt sich »Männerwelten«, läuft also auf eine Kollektivanklage des starken, intelligenten und geilen Geschlechts hinaus, wobei die richtigen Kerle, die Heißblütigen, Bärtigen, Kohleäugigen mit ihren Eigentumsfrauen (die sie im Gegenzug immerhin bis aufs Blut beschützen würden), aus den bekannten Gründen nicht vorkommen. Wäre eine Ausstellung »Frauenwelten« denkbar, die sich mit sexueller Ausbeutung von Männern – gugeln Sie mal unter »Make him drool« –, weiblicher Verleumdung von Männern, weiblicher Erpressung von Männern, mit vorgetäuschten Vergewaltigungen, falschen Belästigungsklagen oder Kindesentzug beschäftigt?

Neuntens: Das Äquivalent zur sexuellen Übergriffigkeit als männliche Dominanzgeste gegenüber Frauen ist unter Männern die Handgreiflichkeit. Männer haben zu allen Zeiten andere Männer gequält, erniedrigt, ihnen Schmerzen zugefügt, Rangordnungen mit Gewalt ausgekämpft. Kann auf der Verliererseite auch sehr unangenehm sein. Interessiert aber keine Sau.

Zehntens: Wer sich in der Öffentlichkeit exponiert, zieht nicht nur die Begeisterung von Fans auf sich, sondern auch Neid, Wut, Hass und Missgunst, Stalking und den ganzen bunten psychotisch-soziopathischen Online-Abschaum sowieso. Beleidigungen gehören für exponierte Personen zum Alltag (sogar ich weiß, wovon die Rede ist), und wenn eine Frau von einem Mann verbal angegangen wird, ist das oft sexuell konnotiert. Daraus ergibt sich aber keine besondere Qualität der Beleidigung.

Alles, was uns Joko, Klaas und Fräulein Passmann servieren, ist ordinär, unappetitlich, dumm, eklig, bisweilen strafbar, aber man muss schon sehr schwache Nerven haben, ein Erbsenprinzesschen sein und nie in seinem Leben Wirklichkeitsberührung aufgenommen haben, um es als besonders hart und bitter zu empfinden. Bei der Kölner Silvesterkirmes anno 2016 ist in jeder einzelnen Minute mehr passiert als in den 15 Minuten des »Männerwelten«-Videos. If you can't stand the heat, get out of the kitchen. Aber die meisten Frauen sind wohl, mit einer schönen Formulierung von Hadmut Danisch, nicht außendiensttauglich. (Wenn Sie mich fragen: Sollen sie auch gar nicht sein.)

* * *

Mitunter ist es wirklich schlimm, was Frauen angetan wird:

»Tommie Lindh war 19 Jahre alt, als er sein Schicksal fand. Er starb in der schwedischen Stadt Härnösand durch das Messer eines Sudanesen, als er diesen daran hindern wollte, ein 14-jähriges Mädchen zu vergewaltigen. Kurz zuvor hatte sein Mörder gemeinsam mit einer großen Gruppe Migranten die private Feier überfallen, auf der Lindh und das Mädchen zu Gast waren. Während die anderen Gäste sich von den Angreifern hatten einschüchtern lassen, war Lindh dazwischen, als einer von ihnen anfing, sich an dem Mädchen zu vergreifen. Dieser stach ihm in die Brust und prügelte anschließend auf den am Boden liegenden Verletzten ein, bevor er wieder zu seinem ursprünglichen Opfer zurückkehrte und sie ein zweites Mal vergewaltigte.«

Joko und Klaas hätten schon gewusst, was zu tun ist.

5. Juni

In der letzten diskursiven Besinnungsrunde von Frau Maischberger ging es um die tatsächliche oder konstruierte Diskriminierung eines gesellschaftlichen Konstrukts in den USA, aber als Gäste waren nur Konstrukte anderer Hautfarbe eingeladen. Woraufhin zwar nicht gerade ein Volk aufstand, aber immerhin ein multimedialer Sturm losbrach. Man könne nicht, pfiff es der Moderatorin und ihrem Team entgegen, ein Tele-Thing über die Diskriminierung von Schwarzen abhalten und dafür nur weiße Gäste einladen; Weiße als Nolens-volens-Angehörige des Täterkonstrukts hätten überhaupt keine Ahnung und auch keine Legitimation, über die Probleme von Schwarzen zu reden, sie wüssten nicht, wie Schwarze sich fühlen, die Runde hätte mit Nichtweißen besetzt werden müssen.

Wenn die Talkshows diese Anregung beherzigen, werden dann künftig bei Diskussionen über den Rechtspopulismus mehrheitlich AfD-, FPÖ- und Lega-Mitglieder oder wenigstens -Wähler eingeladen?

6. Juni

Im schönen Leipzig, erzählt ein dort ansässiger Freund, wird von den Grünen ein Vorschlag aus dem Jahr des freundlichen Gesichts wieder hervorgekramt, der sich weiland nicht durchsetzen ließ: die Umbenennung des Richard-Wagner-Platzes in »Refugees-welcome-Platz«. Warum so klein gedacht, Brüder und Schwestern vom Orden der Büßer auf anderer Leute Kosten? Wie wäre es, wenn sich gleich Leipzig umbenennt in »Refugees-welcome-City«?

(Ich hätte 1989 nicht geglaubt, dass ein Tag kommen würde, an dem mir die alten SED-Genossen im Vergleich zu einigen aktuellen Politikern beinahe sympathisch erscheinen.)

* * *

Das deutsche Schiff *Sea-Watch 3*, also der Kahn von Kapitänin Rackete, hat vor einem Jahr drei Menschenschinder der Schlepper-Mafia von Libyen nach Italien transportiert, meldet die Zürcher *Weltwoche*. Die peinliche Nachricht wird von deutschen Wahrheitsmedien aus Gründen der Toleranz beschwiegen. »Am 28. Mai verurteilte ein Gericht in Messina Mohamed Condé (27) aus Guinea sowie die beiden Ägypter Hameda Ahmed (26) und Mahmoud Ashuia (24) wegen Folter, Vergewaltigung und Beteiligung an einer kriminellen Organisation zu je zwanzig Jahren Gefängnis. Die drei Afrikaner wurden für schuldig befunden, als Mitglieder einer libyschen Schlepperbande Migranten systematisch gequält zu haben, um Geldüberweisungen zu erpressen.«

Es ist längst angezeigt, eine alte Lenin-Formulierung zu gendern. Korrekt muss es heißen: *nützliche Idiotinnen und Idioten*.

* * *

Leser *** zitiert meine Bemerkung: »Man muss immer wieder daran erinnern, dass uns Leute, die hier Straftat auf Straftat begehen, als Schutzsuchende aus Bürgerkriegsgebieten verkauft werden. Von solchen Menschen darf man keineswegs nur erwarten, dass sie sich so gesetzestreu verhalten wie der durchschnittliche Deutsche, sondern dass sie sich hundertprozentig gesetzestreu verhalten.«

Und kommentiert: »Dieser Aussage entnehme ich, dass Ihnen das zentrale Verständnis für Psychologie fehlt: Täter sind immer vorher Opfer gewesen! Kriegsflüchtlinge, zumal traumatisierte Kriegsflüchtlinge werden zu ruchlosen, traumatisierenden Verbrechern, vergewaltigte Kinder werden zu Vergewaltigern von Kindern! Das Trauma *verhindert* die Erkenntnis seiner Entstehung und führt zu seiner Verbreitung! Man *muss* erwarten, dass schwer traumatisierte Kriegsflüchtlinge *hochgradig kriminell* sind, jeder, der ein wenig von Psychologie versteht, weiß, dass das seit 100 Jahren bewiesener Fakt ist: aus Traumatisierten werden Traumatisierende!

Die Medien aber stellen die eine Seite dar (›arme Opfer‹ und nicht die andere ›werden zu brutalen Tätern‹). Man darf Kriegsflüchtlinge niemals integrieren, sondern muss sie internieren und psychologisch behandeln und entwickeln lassen, dabei die auffällig schwerkriminellen (schwer traumatisierten) aussondern.

Niemand im Land der notorischen Lügner kann so etwas auch nur öffentlich andenken, geschweige denn durchziehen; aber zumindest sollten wir nicht so naiv tun und sagen: Oh, Kriegsflüchtlinge haben Schreckliches erlebt, *also* sind die besonders friedlich und regelkonform. Nein: *Also* sind sie fähig, Schrecklichstes zu tun.«

PS: »Ich habe nie davon gehört, dass die Vertriebenen aus den deutschen Ostgebieten nach ihrer Ankunft in Bayern oder Schleswig-Holstein durch besonders viele Morde und Vergewaltigungen aufgefallen wären, obwohl viele von ihnen Schlimmstes erlebt hatten«, ergänzt Leserin ***. »Es müssen wohl noch weitere Umstände dazukommen. Welche mögen das sein?«

9. Juni

Alle Jahre wieder meldet zumindest die *Welt*: »Gewalt von Zuwanderern gegen Deutsche nimmt zu«, was bedeutet: »Deutsche werden deutlich häufiger Opfer einer Straftat, die von einem Zuwanderer verübt wird, als umgekehrt«. Die Zahlen stammen vom BKA. »Im Bereich Mord, Totschlag, Tötung auf Verlangen fielen 230 Deutsche einer Straftat zum Opfer«, heißt es dort (wobei »Tötung auf Verlangen« nichts zu tun hat mit »Willkommen!« und »Wir schaffen das!«).

Schnitt.

»Das größte Verbrechen der Menschheitsgeschichte ist meines Erachtens weiße Vorherrschaft«, erklärt, sich im Gallert des Zeitgeistes nazimäßig sicher fühlend, die Autorin Alice Hasters im Podcast »Alles gesagt?«.

Keine Sorge, ich räume nicht jeden Tag meine Festplatte von charakterlich und intellektuell minderbemittelten Zeitgenossen frei, indem ich sie in die *Acta* entsorge. Für Fräulein Hasters gäbe es übrigens weder einen Podcast noch einen Sender (und bei Lichte besehen nicht mal eine Sprache) zur Verbreitung ihrer Hetze, wenn Weiße nicht die Technik dafür erfunden hätten.

Machen wir uns keine Illusionen: Die Krawalle, Plünderungen und längst auch Morde und Totschläge, die derzeit in vielen Städten der westlichen Welt stattfinden, sind inszeniert, sie folgen einem Plan; es handelt sich um den nächsten Angriff der Linken auf das westliche Wirtschaftssystem, auf die staatlichen Strukturen, auf den Pluralismus, nunmehr unter Zuhilfenahme und Aufhetzung eines neuen revolutionären Kollektivs, der Migranten, vor allem der migrantischen Unterschicht. Das

Nahziel ist die Verhinderung der Wiederwahl Donald Trumps, die Drohung mit dem Bürgerkrieg im Misslingensfall inklusive. Deswegen läuft das Rassismusgeplärr momentan auf allen Kanälen, nachdem Gretas Untergangssekte einem Virus zum Opfer fiel. Womöglich werden wir uns dereinst in der Rückschau auf diese Tage fragen: Wie war es möglich, dass wir den Beginn des großen Umsturzes für einen folgenlosen Zwischenfall gehalten haben?

Ein Video von Black-Lives-Matter-Imitatoren zu Freiburg zeigt, worum es den All-Days-for-Past-Hüpfern tatsächlich geht; die Vorbeterin, maximal 20, schreit mit zunehmend überschnappendem Stimmchen nacheinander: »Kapitalismus? Abschaffen! Gefängnisse? Abschaffen! Polizei? Abschaffen!«, und die Herde echot brav. Deutschland 2020. (Ich male mir aus, dass die Übergeschnappte vom Podium auf dem abendlichen Heimweg einem »Mann« begegnet, der ihr spontan und mit Nachdruck an die Wäsche geht, wie sie dann ruft: »Polizei!«, und er antwortet: »Abgeschafft!«)

Wie vor hundert Jahren zieht sich der Sympathisantensumpf bis weit hinein ins Restbürgertum, in die Schickeria, die Universitäten, die Welt der »Komödianten oder, wie sie sich selber nennen, der Künstler« (Heinrich Heine), kurzum all jener *nützlicher Idioten*, von denen der welthistorische Bandenchef und das Vorbild aller späteren Revolutionäre, unser Iljitsch, sprach.

Man muss die »Antifa« nicht größer machen, als sie ist, hinter ihr stehen linke Parteien, stinkreiche One-World-Tumultanten und ganze Truppenteile des Deep State, die offenbar glauben, auf der Welle der Riots souverän zu surfen, doch als Bodentruppe der Zerstörer nationalstaatlicher Strukturen und Bindungen spielt die »Antifa« eine wichtige Rolle. Das ist sogar dem sozialdemokratisch gebrieften Redaktionsnetzwerk Deutschland aufgefallen, selbstverständlich nicht ohne die branchen- und gesinnungsobligatorische Verzerrung: »Die US-Antifa sieht sich in der Tradition der aus Europa stammenden Bewegung, die sich zuerst in den 1930er-Jahren in Italien und Deutschland den Schlägertruppen Mussolinis und Hitlers entgegenstellte und später gegen Neonazis und rechte Hooligans antrat – etwa nach der deutschen Wiedervereinigung.«

Na ja, andersherum. Erst gab es die Russische Revolution, die deutsche Novemberrevolution, die Münchner Räterepublik, 1920 stand die Rote Armee vor Warschau, und eine Welle von Schutzsuchenden aus Russland flutete gen Westen. Faschisten und Nationalsozialisten entstanden als Reaktion auf den Bolschewismus/Kommunismus – nicht ausschließlich, den Nazis stand ebenso sehr eine Revision des Versailler Diktats vor Augen, aber Rot ging Braun bzw. Schwarz voraus. Erst Spartakusbund, dann NSDAP. Mit dem Trick, die Rotfrontkämpfer mit dem Etikett »Antifa« zu versehen, gelang den Linksextremen ein semantischer Coup; sie drehten Ursache und Wirkung um; seither gilt: Die »Antifa« schlägt nur *zurück*.

Noch keineswegs die SA oder SS, sondern die Reichswehr mit sachkundiger Unterstützung einiger Freikorps warf sowohl die Novemberputschisten als auch die Münchner Räterepublik nieder – der Offizier, der Kurt Eisner erschoss, war übrigens ein halachischer Jude.

Am Rande: Die kommunistischen Umsturzpropagandisten Liebknecht und Luxemburg zu ermorden und sie damit mythentauglich zu machen war ein Fehler; man hätte sie in die Sowjetunion abschieben und mittelfristig dem in der Behandlung von Linksintellektuellen geradezu päpstlich unfehlbaren Väterchen Stalin überantworten sollen.

* * *

Nach der Black-Lives-Matter-Gruppentherapie zu Minneapolis twitterte ein Schwarzer: »What about the black people who have no grocery store now? No pharmacy. No gym. No restaurants. Nothing. Everything is burned to the ground. Don't those black lives matter, too?«

* * *

Wir hören und erfahren derzeit viel vom Rassismus, näherhin jenem alltäglichen, der so sehr Gewohnheit und Brauchtum ist, dass er kaum jemandem noch oder bereits auffällt, was ihn umso tückischer, gemeiner und brandgefährlich macht. Nicht nur der verdiente Neofa-Journalist Georg »Marat« Restle oder die Kommentar-Bots in der »Redaktion ohne Rassismus« an der Hamburger Relotiusspitze, die unter exotisch klingenden Namen freigeschaltet werden, auch die bürgerliche Intelligenzpresse reibt uns den Alltagsrassismus unter die naziweißen Ignorantennasen: »Was es in Deutschland bedeutet, schwarz zu sein«, schlagzeilt die *Welt*, um ihre Leser ins Rassismusbockshorn zu treiben.

Leider steht dieser Text wieder hinter der für mich aus sittlich-ästhetischen Gründen unübersteigbaren Bezahlschranke, sodass ich auf Mutmaßungen angewiesen bin. Was mag schwarzen Menschen in ihrem Alltag in Tristland widerfahren? Zündet man ihre Autos an? Verwehrt man ihnen Zutritt in Restaurants und Hotels? Kündigen Banken ihnen die Konten? Haben sie Schwierigkeiten, eine Wohnung zu finden, weil sie sind, wer sie sind? Werden sie von vermummten Schlägern verfolgt? Greifen ihnen z. B. auf Domplatten zusammengerottete Kartoffeln an die Mimi, sofern sie eine haben? Können sie sich nicht frei und ohne Waffen versammeln, weil niemand ihnen Räume vermietet? Haben sie aus demselben Grunde keine Möglichkeit, als Künstler aufzutreten? Werden sie in den Medien Tag für Tag verleumdet?

All das passiert weißen Rechten in Kein-schöner-Land und in den umliegenden westlichen bis südlichen Gefilden ständig (die zwar gegen weiß, aber nicht direkt gegen rechts gerichteten Streiche der Domplattengrapscher und ihrer Nachfolgemobs ausgenommen). Ein Martin Sellner wird in einem Jahr mehr diskriminiert als zehn schwarze Durchschnittsfamilien in Deutschland in ihrem gesamten Leben.

Um den Kreis der in Rede Stehenden etwas weiter zu ziehen: Bekommen schwarze Menschen in Deutschland keine Sozialhilfe? Keinen Wohnraum? Keine medizinische Versorgung gratis? Werden sie vor deutschen Gerichten härter bestraft als Weiße? Warum streben so viele schwarze und dunkelhäutige Menschen in dieses angeblich so rassistische Land? Was wollen sie an einem solchen Schreckensort?

So viele Fragen …

15. Juni

Gestern ließ ein Bekannter die *FAS* bei uns liegen, also die Sonntagsausgabe des Frankfurter Weltblattes, die etwas lockerer, weniger tiefgründig und nicht ganz so paläokonservativ und zeitgeistfresserisch ist wie die unter der Woche erscheinende Muttergazette. Mir geriet so seit Langem einmal wieder eine Zeitung in die Hände, und ich sollte es nicht bereuen.

Auf Seite 1, Aufmacher, »Streit über ›Rasse‹-Begriff«. Es geht natürlich um die vorgeschlagene Grundgesetzänderung. Eine

CSU-Frau argumentiert pfiffig, wenn man den Terminus tilge, wäre der ja doch irgendwie übrig bleibende Rassismus juristisch noch schwerer zu greifen; irgendein Bischof, mit Sicherheit Protestant, also Atheist und dazu verdammt, (Noch-) Minderheiten gegenüber offiziell so viel Zerknirschung zu bekunden, dass es vor den eigenen Leuten fürs Auserwähltsein langt, verkündet in bußgestützter Ahnungslosigkeit, seit Jahrzehnten rede »niemand Vernünftiges« mehr »von verschiedenen Rassen«. Am Ende des Artikels Verweise auf die Fortsetzung des Themas, gleich auf sechs weiteren Seiten. Und zwar in den Ressorts Politik, Feuilleton und Sport. Und im Wissenschaftsteil? Ach was.

Auf Seite 2 ein ganzseitiges Interview mit einer ehemaligen Vizepräsidentin der bald ohnehin wohl abgeschafften Berliner Polizei, die über Diskriminierung (seitens der Bullen) klagt und Racial Profiling schlimm findet. Klar, wenn die Polypen im Görlitzer Park immer nur junge Schwarze kontrollieren, können die weißen Omas mit dem ganzen Stoff abhauen.

Auf Seite 6 folgt mein persönliches Haileid der gesamten Ausgabe: Ein Soziologe und Biograf Max Webers erklärt im Interview unter der Überschrift »Merkel verkörpert das Ideal Max Webers«, dass Merkel das Ideal Max Webers verkörpert. Warum? Weil sie die »richtige Kombination« aus den bekannten beiden Ethiken lebe, ja inkarniere: »Jetzt in der Corona-Zeit zeigt sie eine alternativlose Verantwortungsethik. Aber in entscheidenden Momenten ist sie eben auch Gesinnungsethikerin, etwa in der Flüchtlingskrise.« Die einsetzende Sprachlosigkeit, könnte Karl Kraus geschrieben haben, ging im Gelächter unter.

Seite 8, Meinung, »Rassismus steckt in uns allen«. Stimmt, aber anders, als der Journalist es therapieren zu können meint.

(Daneben fordert eine Friederike namens Böge: »China entgegentreten«, einstweilen noch ohne Ausrufungszeichen; wir sind gespannt.)

»Die deutsche Diskussion über Rassismus muss sich ändern«, meint auf Seite 36 wiederum James Gregory Atkinson, »Sohn eines in Deutschland stationierten schwarzen US-Soldaten und einer weißen deutschen Mutter«, der in Frankfurt/M. irgendwie als Kurator arbeitet und originell argumentiert: »Bei der Frage, ob es strukturellen Rassismus auch in Deutschland gibt, stellen sich bei mir die Nackenhaare auf. 12,6 Prozent für die AfD bei der letzten Bundestagwahl.« Effektvoll gewählt ist auch seine Kadenz: »Mit den Worten der afrodeutschen Grünen-Politikerin Aminata Touré: ›Die Frage ist nicht: Gibt es Rassismus in Deutschland?, sondern: Wie können wir gemeinsam als Gesellschaft Rassismus bekämpfen?‹« Wenn wir ihn erst mal bekämpfen, wird es ihn schon geben. Erinnert ein bisschen an Elektroautos oder Martin Schulz.

Aber endlich das Feuilleton! Ganzseitiges Interview mit Paul B. Preciado, einem spanischen Philosophen und »Queer-Theoretiker«. Früher hieß Paul übrigens Beatriz, er ist ein Transmensch, und da er bereits promoviert wurde, »in Philosophie und Architektur-Theorie«, und überdies in Paris »Drag-King-Workshops« durchführte, »wo die performative Konstruktion von Männlichkeit erforscht« wurde, geht der Seitenwechsel vielleicht als Habilitation durch.

Denn, wie Preciado sich elitär-performativ selbst konstruiert, »immer mehr Leute definieren sich als nicht-binär und fordern nicht mehr einfach das Recht, von einem Mann zur Frau zu werden oder umgekehrt, sondern stellen das Regime binärer Geschlechter in Frage. Wenn ich darüber rede, halten mich die Leute manchmal für verrückt – aber für mich ist das mit der

Kopernikanischen Wende vergleichbar. Ich glaube, wir erleben die Infragestellung von Kategorisierungen, die die Infrastruktur des patriarchal-kolonialistischen Systems bilden.«

Na was denn sonst!

»Zum ersten Mal in diesem Ausmaß sehnen sich Menschen unter 30 nach dem Ende der Nekropolitik. (…) Niemand interessiert sich mehr für Produktion.«

Zumindest nicht bei Sozialdemokraten, Grünen, UNESCO-Linken und anderen Kennern, die wissen, dass Gelder oder geldwerte Dinge bewilligt und nicht produziert werden.

»Das (!) Ziel ist nicht irgendeine Art von Kommunismus, sondern eine komplette Veränderung des Begehrens und des Bewusstseins. Dazu gehört auch eine radikale Kritik der modernen Demokratie. Denn es geht auch um eine andere Art politischer Repräsentation. Ich nenne es Somokratie; nicht die Macht des Demos, des Volkes, sondern die Macht lebendiger Wesen, die Macht des Lebens.«

Eigentlich mag ich Exoten und auch eine gewisse Hybris, sogar wenn ihr Träger zu spinnen anfängt (»Jede Revolution ist Trans-«; insbesondere die von Chomeini). Als im Körper eines alten weißen Nazis eingesperrte minderjährige nigerianische Lesbe bin ich auch für eine gewisse Devianz erwärmbar. Doch ich käme nie auf den Trichter, Exoten oder Deviante zu Veranstaltern einer Kopernikanischen Wende zu überhöhen. Als ein solcher Schwätzer ist man im Feuilleton wahrscheinlich am besten aufgehoben. Für härtere Fälle gibt es Spezialisten.

Weiter habe ich die Amüsierausgabe des konservativen deutschen Leitmediums dann nicht gelesen.

16. Juni

Man würde ihn den Wilhelm Furtwängler seiner Generation nennen, wenn er nicht schwarz wäre: Brandon Keith Brown. Sie haben den Namen nie gehört? Eben! »Wir werden immer als etwas Unerwartetes bestaunt, wenn wir die Bühne eines klassischen Orchesters betreten.« Also sprach der schwarze Dirigent Brandon Keith Brown zum Deutschlandfunk. (Jetzt bitte »Eroica«, Marcia funebre, Adagio assai, c-Moll.)

Welcher Musiker möchte schon als etwas Unerwartetes oder als Wundertier bestaunt werden? Schon Mozart und der erste komponierende Quasischwarze, Beethoven, wollten das nicht. Nicht mal der Indianer Liszt! Auch Jimi Hendrix und James Brown nicht, aber die machten das Beste draus, indem sie gar nicht erst in klassische Konzertsäle gingen, um nicht vom klassischen Konzertpublikum angestaunt werden zu müssen.

»Wir gelten unbewusst als minderwertig – einfach weil wir schwarz sind«, fährt Brandon Keith Brown fort, der nicht nur die Partituren der Weißen, sondern auch deren schwarzes Unterbewusstsein kennt. Grace Bumbry, Leontyne Price, Simon Estes, Jessye Norman wurden zwar weltweit vom Publikum gefeiert und, wie man sagt, auf Händen getragen, aber unbewusst hielt der weiße Konzertpöbel sie für minderwertig.

»Die klassische Musik unterteilt die Gesellschaft nach Rasse und Klasse.«

Deswegen möge sie fürderhin auch *Rassik* heißen! Willkommen bei Rassik-Radio! Wir laden ein zu den Rassik-Wochen im BR!

»Schauen Sie sich doch in den Konzertsälen um, wer da sitzt, und wer da nicht sitzt. (...) Das ist eine hochfein verlesene

Zuhörerschaft, ein ganz bestimmtes Grüppchen von Weißen, die da zuhören.«

Seit Jahren demonstriere ich abwechselnd vor der Münchner Oper und der Berliner Lindenoper (und demnächst auch vor dem Bayreuther Festspielhaus!), dass die Schilder »Kein Zutritt für Neger« entfernt werden – vergeblich. Nicht einmal mein Vorschlag, sie durch »Kein Zutritt für Kanaken« zu ersetzen, weil die ja eh nicht reinwollen, stieß auf Gegenliebe.

Ansonsten ist der Rassismus auch seitens der ja durch die Bank weißen Komponisten ein strukturelles Problem, die Partituren z. B. Bachs sind extra so gesetzt, dass Schwarze spätestens beim Einsetzen der dritten Stimme nicht mehr mitkommen, das heißt, ohne es explizit zu formulieren, schrieben sie nur für ein weißes Publikum. Der weiße Kitschier Puccini hat das indirekt eingestanden, als er bemerkte, er komponiere für alle Menschen, »auch für die Neger, wenn sie sich einmal entwickelt haben«.

»Hier wird natürlich nicht die Musik verkauft, sondern hier wird im Grunde nur die Überlegenheit der weißen Rasse verkauft.« (Es spricht immer noch Brandon Keith Brown.)

Derselbe Verdacht kam mir vor vielen Jahren erstmals, und zwar bei Schuberts »Winterreise«. Es kann auch beim »Deutschen Requiem« von Brahms oder den doch sehr rassendünkelhaften »Metamorphosen« von Strauss gewesen sein. Allerdings darf man die Anklage dieses Rassendünkels keinesfalls auf die Musik beschränken! Auch die Atomphysik, die Relativitätstheorie, die Raketen- und Computertechnik, ja sogar der Fahrzeug- und Brückenbau, alles wird uns als Überlegenheit der Weißen verkauft!

»Das klingt jetzt sehr abstoßend und ekelhaft – weil es abstoßend und ekelhaft ist.«

Also sprach Brandon Keith Brown. Haben Sie sich den Namen endlich gemerkt? Ansonsten wäre das ganze Gegacker ja umsonst gewesen. Oder ist irgendwo ein Ei zu sehen?

19. Juni

Die historische Unbildung mancher Bundestagsabgeordneter ist staunenswert. Heute in der Debatte darüber, ob die Antifa verboten werden sollte (ich hätte einen Antrag besser gefunden, der sie zur kriminellen Vereinigung erklärt), lernten Millionen Zuschauer an ihren Volksempfängern nicht nur, dass eine feststellbare Struktur oder Organisation namens »Antifa« gar nicht existiere – ganz im Gegensatz zu einer Struktur namens »Flügel« in der Schwefelpartei –, sondern auch, dass die SPD »seit 157 Jahren antifaschistisch« sei, wie einer der Sozenredner, ein Oberpfälzer aus Amberg namens Uli Grötsch, versicherte.

Wer jetzt spontan an Frans Timmermans denkt, den ehemaligen EU-Vizepräsidenten und Spitzenkandidaten der niederländischen Sozialdemokraten, der vor einem Jahr lächelnd erklärt hatte, der Islam gehöre seit 2000 Jahren zu Europa, begibt sich vor die richtige Schmiede. Beziehungsweise Sonderschule. Immerhin rüffelte Gevatter Grötsch die Grantler und Greiner zur Rechten mit den Worten: »Sie hätten in der Schule besser aufpassen sollen, Antifaschismus hat nichts mit Linksextremismus zu tun.« Und in seiner Debütantenzeit hatte er noch nicht mal etwas mit Faschismus zu tun!

Mancher wird sich noch entsinnen, dass der große sozialdemokratische Theoretiker Ralf Stegner angelegentlich der G20-Kirmes 2017 zu Hamburg Ähnliches zu Papier und Gehör brachte: »Gewalt ist nicht links.« Gewalt ist nicht links, auch wenn sie von Linken ausgeübt wird: Das liegt argumentativ und in puncto Gedankenschärfe sehr nah bei Grötschens Diktum.

Da man sich nicht darauf verlassen kann, dass die Antifa ein paar Männeken in Amberg vorbeischickt, um die Sache auszudiskutieren, muss es stellvertretend hier erledigt werden. Letztlich versucht der SPD-Mann, der pikanterweise Polizeibeamter ist, dem Auditorium unterzujubeln, dass Antifaschismus und Linksextremismus zwei grundverschiedene Dinge seien, Antifaschismus sei gut, Linksextremismus nicht so sehr, aber:

»Alle Antifaschisten sind automatisch Demokraten, weil sie gegen den Faschismus kämpfen.«

Nicht dass Sie glauben, geneigte Leserin, ich will Ihnen etwas unterjubeln – dieser Satz wurde heute im Deutschen Bundestag tatsächlich gesagt, und zwar noch bevor die erste Propagandistin der Linkspartei am Rednerpult Hammer und Sichel auspacken konnte. Die ins weniger Verfängliche variierte Phrase »Jeder Demokrat ist ein Antifaschist« sollte später noch mehrfach ertönen. Am Ende hatte sich jeder zweite Redner der in ihrer Eigenwahrnehmung einzigen demokratischen Parteien explizit dazu bekannt, Antifaschist zu sein.

Ein Dacapo bitte! »Alle Antifaschisten sind automatisch Demokraten, weil sie gegen den Faschismus kämpfen.«

Es war eine FDP-Maid, blond wie Krimhild und kryptofaschonamens Teuteberg, die sich eine Zwischenfrage erbat und die Erlaubnis dafür erhielt. Sie frug denn durchaus frivol: »Auch Stalin?«

Nein, Stalin sei kein Antifaschist gewesen, erteilte der Redner Bescheid. Der Begriff sei missbraucht worden, unter anderem vom Sowjetdiktator, aber auch von den DDR-Genossen. Mit der Okkupation des Antifaschismus – der ja nach Ansicht des

Redners anno 1933 bereits 70 Jahre lang Parteieigentum der SPD war – habe Stalin seinen »ganz persönlichen Faschismus« kaschieren wollen.

Stalin war Faschist. Sagte der SPD-Abgeordnete Uli Grötsch heute im Bundestag. Dies hier festgehalten, falls die *Tagesthemen* und der Kleberclaus es am Abend zu erwähnen vergessen.

Indem sie versuchen, den »Antifaschismus« als Grundkonsens eines Milieus zu etablieren, das sich als konkurrenzlos demokratisch empfindet, nehmen die Sozis einen Kampfbegriff in ihr rhetorisches Arsenal auf, der von den noch Roteren viele Jahre lang gegen sie selbst verwendet wurde. Mitte der 1920er-Jahre erfand Grigori Sinowjew den »Sozialfaschismus«. Ihr eigenes Land hatten die Bolschewisten damals bereits hinreichend gesäubert, um auf »Sozialfaschisten« fast nur mehr im Ausland zu stoßen. Mit dem Etikett wurde alles auf der Linken stigmatisiert, was nicht auf stalinistische Komintern-Linie einschwenkte. Ganz oben auf der Proskriptionsliste standen die deutschen Sozialdemokraten. Thälmanns KPD tat folgsam mit bei der Schmähung der hellroten Brüder. Aus Sicht der Kommunisten fungierte die Sozialdemokratie als linker Flügel der bürgerlichen oder, in Marx'scher Terminologie, der von der Bourgeoisie beherrschten, kapitalistischen Gesellschaft, die als äußerste Reaktion auf den Siegeszug des Kommunismus den »Faschisten« die Macht übergab. Erst später in der DDR sollte die Zwangsvereinigung mit den Kommunisten die Sozis von ihrem sozialfaschistischen Kainsmal befreien.

Nachdem Sinowjew ihn auf die Idee gebracht hatte, nannte Stalin Sozialdemokratie und Faschismus »Zwillingsbrüder«. (Später ließ er Sinowjew hinrichten, um nicht in einen langwierigen Copyright-Prozess hineingezogen zu werden.)

Wir kommen jetzt zu der im Kontext des bisher Ausgeführten nicht mehr leicht zu beantwortenden Frage, ob Honecker Antifaschist war. Er saß unter Hitler im Zuchthaus, als Kommunist, also als Mitglied einer Truppe, die vorher gegen die Sozialfaschisten und die Nationalsozialisten gleichermaßen Rot Front gemacht hatte. Die Armee des Faschisten Stalin hat ihn schließlich befreit. Warum sollte der Faschist Stalin einen Antifaschisten befreien?

Ernst beiseite: Der sogenannte Antifaschismus war die Staatsdoktrin und der Staatsmythos der DDR. Auf nichts beriefen sich die Genossen öfter und inniger. Die DDR war der deutsches Staatsgebiet gewordene Sieg Stalins über Hitler, aber nur die Amalgamierung mit dem Antifaschismus hat den Kommunisten in Mitteldeutschland eine Legitimation verschaffen können. (Dass sie immer vom »Faschismus« redeten, wenn sie eigentlich den Nationalsozialismus meinten, hatte mit einer Art sozialistischem Inzesttabu zu tun.) Ohne die Nazis hätten die Genossen völlig nackt dagestanden, denn sie hatten ja, außer ein paar rasch platzenden Illusionen, den Menschen weder politisch noch wirtschaftlich, noch kulturell etwas anzubieten. Zeit ihrer Existenz stand die DDR unter diesen ambivalenten Sternen. Derzeit erleben wir, wie die BRD sich anschickt, diese Konstellation wiederzuentdecken. Dass Staaten, die den Antifaschismus zu ihrer Doktrin erheben, irgendwann auf die permanente Ausfindigmachung und Bekämpfung sogenannter Faschisten angewiesen sind und immer autoritärer werden, darf als ein Weltgesetz gelten.

Alle Fraktionen haben den AfD-Antrag zum Verbot der Antifa abgelehnt, ein CDU-Redner mit dem Argument, man könne nicht auf der extremen Linken etwas verbieten, ohne parallel dazu auf der extremen Rechten ein Gleiches zu tun.

Welche regelmäßig durch Gewalttaten und Gesetzesbrüche auffallende Organisation mit festen Adressen in besetzten Häusern auf der Rechten infrage käme, führte er nicht im Detail aus.

Stattdessen war im Plenum wieder viel von Hintermännern – pardon: Hinterfrauen und -männern bzw. Hintermenschen –, von geistigen Wegbereitern (-bereiterinnen) und vom »parlamentarischen Arm des Rechtsextremismus« die Rede. Beim Linksextremismus scheinen die oberen Extremitäten verkrüppelt zu sein, jedenfalls hat er keine Arme im Parlament.

Stellen wir einfache Fragen: Können Linke, Grüne und Sozis unbehelligt Parteitage und Kongresse abhalten, sich auf öffentlichen Plätzen versammeln, Hotels und Gaststätten mieten, oder werden sie von rechten Krawalltrupps daran gehindert? Wie verhält es sich im Gegenzug bei der parlamentarischen Rechten? Und gefällt die Antwort darauf SPD, Linken, Grünen und der Kanzlerin eventuell nur zu gut?

* * *

Leser *** bringt begriffliche *Butter bei die Fische*:

»Die DDR war nicht antifaschistisch, sie war nationalsozialistisch, der eigentliche Nachfolgestaat des 3. Reichs auf deutschem Boden. Schon die alberne Kostümierung, farblich leicht nuanciert. Dazu eine Grenze, die nach innen wie außen ausgrenzend national war. Was gibt es Nationaleres als ›Keiner rein, keiner raus?‹ Sozialistisch ist ja wohl keine Frage.«

Man kann durchaus zugleich national-sozialistisch (»Sozialismus in einem Lande«, Stalin) und antifaschistisch sein. Witzigerweise hatten ja bereits die braunen nationalen Sozialisten Vorbehalte gegen die originären Faschisten, obwohl sie gegen denselben Gegner standen. (Wer weiß heute noch, dass

Angehörige der von Horia Sima geführten Eisernen Garde, radikale rumänische Klerikalfaschisten, in Buchenwald und Sachsenhausen eingesperrt waren – sie hatten gegen Antonescu geputscht und mussten emigrieren.) Das hing im Wesentlichen damit zusammen, dass der Faschismus im Gegensatz zum Nationalsozialismus klerikal, international, elitär, ästhetizistisch und tatsächlich rechts war. Die Faschisten wollten die bürgerliche Gesellschaft und deren Traditionen gegen den Angriff von links verteidigen, den der Marxismus und speziell die Russische Revolution losgetreten hatte, aber sie hatten nicht vor, eine sozialistisch nivellierte Volksgemeinschaft zu schaffen, andere Länder zu erobern und ihre Völker durch Umvolkung sukzessive auszurotten. Welcher Faschistenführer wäre auf die Idee gekommen, seine Landsleute irgendwo im Osten ansiedeln zu wollen?

Den Faschisten mangelte es an völkischem Dünkel und der Verachtung des Gegners. Nach ihrem Sieg im Spanischen Bürgerkrieg wünschte die Falange, dass im Valle de los Caídos (Tal der Gefallenen) auch Gebeine von gefallenen Rotspaniern beigesetzt werden – ein für Nationalsozialisten unvorstellbarer Gedanke (die katholische Kirche weigerte sich aber, Kommunisten zu segnen). Faschismus sei »aktiver Pessimismus«, schrieb André Malraux. Und Wolfgang Venohr konstatierte: »Faschismus, das ist die bürgerliche Gesellschaft im Belagerungszustand.«

»Mit solchen Begriffen darf man nicht zu schablonenhaft umgehen – ihre Benutzung erfordert historischen Takt« (Armin Mohler). In einer Gesellschaft, deren Wortführer inzwischen die gesamte Geschichte der weißen Völker und Staaten verurteilen, kann man dergleichen nicht erwarten. Weswegen ich auch nicht bereit war, über die tiefenbescheuerte Bundestagsdebatte in einem ernsthaften Ton zu schreiben.

22. Juni

Wahrscheinlich muss man den Namen Donald Trump allmählich synonym für die Verteidigung der westlichen Zivilisation setzen.

Bei seiner Rede in Warschau am 6. Juli 2017 sagte der US-Präsident: »Wir schreiben Symphonien. Wir streben nach Neuem. Wir feiern unsere alten Helden, schätzen unsere zeitlosen Traditionen und Bräuche und versuchen, immer neue Grenzen zu überschreiten. Wir belohnen herausragende Leistungen. Wir streben nach Exzellenz und schätzen inspirierende Kunstwerke, die Gott zur Ehre gereichen. Wir schätzen den Rechtsstaat und schützen das Recht auf freie Meinungsäußerung. Wir stärken Frauen als Säulen unserer Gesellschaft und unseres Erfolgs. Wir setzen Glauben und Familie, nicht Regierung und Bürokratie, in den Mittelpunkt unseres Lebens. Wir diskutieren über alles. Wir fordern alles heraus. Wir wollen alles wissen, damit wir uns besser kennenlernen können.

Und vor allem schätzen wir die Würde jedes menschlichen Lebens, schützen die Rechte jeder Person und teilen die Hoffnung jeder Seele auf ein Leben in Freiheit. Das ist es, wer wir sind. Das sind die kostbaren Bande, die uns als Nationen, als Verbündete und als Zivilisation vereinen. Was wir haben, haben wir von unseren Vorfahren geerbt, dieser unglaublichen Gruppe von Menschen, und so etwas hat es in diesem Maß noch nie gegeben. Und wenn wir daran scheitern, es zu bewahren, wird es nie wieder existieren. Also dürfen wir nicht scheitern.«

Die BLM-Bewegung ist ein von den Demokraten unterstützter Versuch, den amtierenden Präsidenten mit Gewalt aus seinem Amt zu drängen bzw. seine Wiederwahl unter Androhung bürgerkriegsartiger Gewalt zu stellen. Stürzt Trump, werden

Kräfte an die Macht gelangen, die von der westlichen (»weißen«) Zivilisation nichts übrig lassen wollen. Sie werden unter dem Banner der Identity Politics das westliche Individuum abschaffen – es gibt ja kein anderes – und es durch die Gruppenzugehörigkeit ersetzen. Sie werden das »Disuniting of the United States« (Arthur Schlesinger) weiter fortsetzen, bis der Rechtsstaat nur noch ein Partikularismus unter anderen Partikularismen ist. Sie werden die weiße Kultur, die den Schwarzen vieles Schlechte, aber auch die Abschaffung der Sklaverei und die Urbanisierung von Teilen Afrikas gebracht hat, schleifen. Sie werden noch mehr Denkmäler stürzen und die Geschichte der Weißen zu einer Unheilsgeschichte umfälschen. Sie werden das Reich der Lüge errichten. Aber nichts wird den weißen Linken am Tag der ethnisch-kulturellen Abrechnung vor seiner Hautfarbe schützen.

Vom Globalkapital ist keine Hilfe zu erwarten. Diese Leute sind mobil, zeitgeisthörig und zynisch. Eher lassen sie jenes Land, das die Väter einst das Ihre nannten, verkommen, als dass sie sich gegen die Schickeria, die Medien, Hollywood und Silicon Valley stellten. Führt der westliche Weg in die Irre, beschreiten sie eben den chinesischen.

Genießen Sie also die letzten Tage der westlichen Zivilisation!

* * *

Genießen Sie ebenfalls die letzten Tage der alten Bundesrepublik. Deren Territorium schrumpft täglich, Straße um Straße, Stadtteil um Stadtteil, Redaktion um Redaktion, Parteizentrale um Parteizentrale. Der *Süddeutsche Beobachter* meldet: »500 junge Männer aus der Partyszene ziehen eine Nacht lang plündernd und randalierend durch die Stuttgarter Innenstadt und greifen auch Polizisten an. Es entlädt sich ein länger schwelender Konflikt.«

Wer meint, die Genossin Medienschaffende habe gestern selbst zu lange gefeiert, sieht sich eines Ulkigeren belehrt; es war der lokale Polizeivizepräsident, der die Formulierung in die Welt blies: »Gewalt ist männlich und betrunken.«

Wegen des Wortes »betrunken« soll eine Protestnote des IS beim baden-württembergischen Innenministerium eingegangen sein, das nur am Rande. Wie es scheint, hat die »Party- und Eventszene«, um die es nach der unvergesslichen Kölner Silvesterfeier anno 2016 kurzzeitig etwas ruhiger geworden war, weil die Landesmutter im Kanzlerinnen-und-Kanzler-Amt die Medien darum gebeten hatte, damit sie in Ruhe am Management und Catering für die kommenden Events arbeiten kann – wie es scheint, sage ich, ist diese Szene nun nach Stuttgart gezogen. Und alle sind gespannt, in welcher deutschen Stadt sie die nächste Fete steigen lässt.

Manche fragte sich, aus was für Leuten sich diese »Szene« eigentlich zusammensetzt. (Nicht vergessen: Auch ein bestätigtes rassistisches Vorurteil ist Rassismus!)

»Ich wusste nicht, wann es in Stuttgart zuletzt Plünderungen gegeben hat«, zitierte ich gestern einen Polizeisprecher. »Ich schon«, erinnert sich Leser ***. »Das war beim Einmarsch der nordafrikanischen Hilfstruppen de Gaulles im April 1945. Womit wir wieder bei der Geschichte wären, die sich zweimal ereignet, das erste Mal als Tragödie, das zweite Mal als Farce.«

Ich wäre da nicht so skeptisch. Für meine Begriffe gehört die Freinacht am Neckar zu jener inzwischen den gesamten Westen umfassenden Partyszene, in der sich die Neue Weltordnung oder eben -unordnung ankündigt; womöglich wird 1945 daneben dermaleinst nicht unbedingt wie eine Farce, aber doch nicht mehr als denkbar tiefster Einschnitt wirken.

Ein Stuttgarter Polizeibeamter – sofern der Mitschnitt echt ist; es ist immer möglich, dass man auf einen Fake hereinfällt – sprach in der fraglichen Nacht über irgendeinen Funk um 1 Uhr 55 folgende Worte in den Äther: »Es sind Krawalle wie in Amerika ... Leute, bleibt bloß daheim ... Ich hoffe, das kommt auch in den Medien ... Es ist ein Wunder, dass es noch keine toten Kollegen gibt ... Es ist Krieg, wir befinden uns wirklich im Krieg ... Nur Kanaken ... Die Führung ist so richtig hilflos ... Es ist alles da aus den umliegenden Polizeidienststellen, und die Landesreserve kommt noch ... Streifenwagen sind kaputt, das erste Revier wurde angegangen ... Ich bin schon lange genug bei der Polizei, aber das macht mich wirklich fassungslos, also da kommt noch was auf uns zu ... Aber ich glaube, das ist erst der Auftakt.«

Mehrfach betont der Beamte, er hoffe, dass die Sache auch in den Medien so dargestellt werde, aber ich wette, aus seinem Bericht wird allenfalls ein Wort in den Gazetten auftauchen. Sie ahnen, welches? Und wahrscheinlich wird man dem armen Kerl dann kündigen oder ihn an die Westfront strafversetzen – die Ostfront ist ja noch ruhig –, aber der Mann macht ohnehin nicht den Eindruck, als habe er vor, noch lange bei den All-Cops-Are-Bastards zu arbeiten.

In den USA steigt derweil in denjenigen Stadtteilen die Mord-, Totschlags-, Überfall- und Plünderungsbilanz, aus denen sich die Polizei in antirassistischer, kultursensibler Weisheit zurückgezogen hat, und bekanntlich machen wir den Amis alles nach. Berlin, die weltweit einzige Kommune, die einen Partybürgermeister wählt, hat schon angefangen damit, indem der rot-rot-grüne Senat der Polizei vorschrieb, sie habe bei jedem ihrer Einsätze zu beweisen, dass er nicht rassistischen Motiven folgt. Ein dermaßen rassistisches Vorgehen wie zuletzt gegen ein Dingenshaus zu Göttingen ist im »Reichshauptslum« (Don Alphonso) nicht mehr möglich.

Um Stuttgart zu befrieden, mussten sie alle Polizeieinheiten aus dem Umland zusammenziehen. Was werden sie tun, wenn die Partyszene in mehreren benachbarten Städten gleichzeitig loslegt?

* * *

Deutschland wird sich ändern, und zwar drastisch. Geändert hat sich zum Beispiel, dass die wöchentliche »Scheidung auf Afghanisch« und die tägliche Messerattacke nur noch wie ein vertrautes Hintergrundrauschen wahrgenommen werden. Auch dieses Flüchtlingsheim und jene Straßenbahn sind verlorene Territorien. Qualitätsjournalisten und TV-Prediger werden Sie darauf hinweisen, dass auch Deutsche, also solche, deren Vorfahren Nazis waren, ihre Frauen umbringen oder in Verkehrsmitteln randalieren, denn wenn sich ohnehin Wasser im Boot befindet, ist es ja gleichgültig, ob noch mehr hineinläuft. Freund *** verweist auf die Chaostheorie und das Beispiel des tropfenden Wasserhahns, den man sachte weiter aufdreht, bis die Tropfen so schnell einander folgen, dass ein Strahl entsteht. In diesem Moment geschieht etwas, der lineare Verlauf ändert sich ins Exponentielle, eine neue Qualität entsteht. Ein vergleichbarer Prozess, so ***, vollziehe sich auch beim Kippen von Gesellschaften.

Dass andere Länder weiter sind – Macron musste gegen die ethnischen Bandenkriege in Dijon etwas tatsächlich tun, das Trump unter dem Aufjaulen der kanzleramtsnahen deutschen Medien lediglich ankündigte: Er setzte das Militär ein (die längst im geistigen Bürgerkriegsmodus funkenden deutschen Medien fanden das wiederum nicht erwähnenswert). Man weiß freilich nicht recht, ob die Bundeswehr mit tschetschenischen Bürgerkriegern fertigwürde.

Irgendwann werden wir wahrscheinlich den Kopf schütteln und sagen: Wir haben es doch gewusst. Konnten wir wirklich nichts dagegen tun?

26. Juni

Heute, geneigte EckladenbesucherIn (w/m/d), will ich mich mit einigen Exempeln begnügen – aber was heißt begnügen? –, die von der Größe und Herrlichkeit unseres Aufbruchs in eine diverse, tolerante und befreite Menschheit zeugen (und vom Glück, ihn erleben zu dürfen).

»Soll man«, fragt beispielsweise endlich der *Kölner Stadt-Anzeiger,* »›Harry Potter‹ verbrennen?« Um verwirrt fortzufahren: »Noch hat diese Frage niemand gestellt. Aber in dem Maße, wie sich die Debatte um J. K. Rowling und ihre Haltung zu Transsexuellen zuspitzt, ist es wohl nur eine Frage der Zeit, bis sich Rowlings literarisches Zauberreich auf der moralischen Goldwaage wiederfindet.« Ei was, der Potter wird verbrannt. Und die Rowling am besten gleich mit.

Noch vor zehn Jahren, unter der Fuchtel weißer heteronormativer Patriarchen, hätte sich das Blatt nicht getraut, solche Fragen zu stellen. Ist es nicht herrlich, wie jahrzehntelang geduckte Journalisten nun die Fesseln abwerfen und zu aktiver Toleranz finden?

Ein ähnliches Befreiungserlebnis genoss Priyamvada Gopal, Dozentin an der Fakultät für Englisch der Universität Cambridge (UK) und dort mit der Zukunftsherrschaftstechnologie »Koloniale und postkoloniale Theorie« beschäftigt, als sie twitterte: »I'll say it again. White Lives Don't Matter.« Und sie setzte furchtlos noch einen drauf: »Weiße abschaffen.« Twitter reagierte prompt und sperrte sie nicht. Ihre Universität stellte sich hinter sie. Die herbbittere Zirze ist sogar auf eine volle Professorenstelle befördert worden. So geht Solidarität!

»Meine farbigen Mitmusiker: Es ist Zeit zu akzeptieren, dass wir in einer missbräuchlichen Beziehung zur klassischen Musik stehen«, meint wiederum seufzend der recht sehr bekannte und auf seine Weise geniale »queer Lebanese composer« Nebal Maysaud, »a deeply spiritual thinker«, wie uns auf einer Musikwebseite mitgeteilt wird. Dieser Missbrauch hat nichts damit zu tun, dass der eine oder andere kolorierte Fiedler oder Bläser sein Instrument notzüchtigt, sondern geht selbstredend von der Klassik selbst aus, genauer: von deren Weißsein. Maysaud hat bei seinen tiefen spirituellen Reisen entdeckt, dass viele klassische Musikanten »von Farbe« (of colour) sowie der stärker pigmentierte Teil des Klassik-Publikums gegenüber musikalischen »Tätern« (abusers) wie etwa Buxtehude, Beethoven, Chopin oder vor allem Leoncavallo ein Stockholm-Syndrom entwickelt haben, aus dem zu befreien der Komponist sich nun anheischig macht: »Unfortunately, not everyone can escape. But having the knowledge that your abuser is an abuser itself can be freeing. It can help you find the next step in your journey towards liberation.«

»Es ist Zeit, die klassische Musik sterben zu lassen«, erklärt unser queerer Kentaur aus halb Befreiungs-, halb Bestattungsmusikant und ruft: »Let's Create Art for Our Own Communities!« Wie ich diese Communities einschätze, werden sie die weißen sogenannten Klassiker bald sehr alt aussehen lassen (bei den Physikern und Raumfahrtingenieuren haben sie es ja auch längst geschafft). Ob die Weißen gleich mitsamt ihrer Klassik wegsterben sollen, wird er demnächst mit Priyamvada Gopal vor großem farbigen Publikum ausdiskutieren.

Was fehlt noch? Na was schon: Shaun King – nicht das Schaf, sondern ein Black-Lives-Matter-»Aktivist« – ruft dazu auf, Jesus-Christus-Statuen und christliche Kirchen zu zerstören, weil sie den Heiland und dessen Familie als Weiße darstellen und damit, auch hier wenig Neues unter der Sonne, »white supremacy« und »racist propaganda« bezeugten. Vor einer Weile schrieb ich, wenn Jesus heute lebte, sie würden sogar ihn in einen Antidiskriminierungskurs schicken, aber es geht auch anders: Der Heiland wird geschminkt und in die Gemeinde der *People of Colour* übernommen. Dann ist er kein Rassist mehr. Nur die weißen Jesus-Darstellungen müssen niedergerissen und entsorgt werden. Oder, in Variation des queeren Dingens von eben: »Es ist Zeit, die klassische abendländische Kunst und Sakralarchitektur sterben zu lassen.« Und man soll ihr, frei nach Nietzsche, sogar noch dabei helfen!

* * *

Immer noch viel zu wenig antirassistisch und ethnisch-kulturell unversalzen wuselt das Schwabenland mitsamt seiner Metropole Stuttgart, wenngleich das »Bundesscherbennächtle« (Wolfram Ackner) am vergangenen Wochenende einen Diversifizierungsstand offenbarte, hinter den es kein Zurück mehr geben darf. Klar, dass die Rassisten bei den All-Cops-Are-Bastards so etwas genau registrieren, sie stehen ja der Befreiung im Wege, aber die Toleranzpolizei hat aufgepasst. »Rassismus bei der Polizei?«, fragt oder ruft es aus der regionalen und überregionalen Wahrheitspresse. »Beamter beschimpft Randalierer als ›Kanaken‹«, notierten recht fassungslos die *Stuttgarter Nachrichten*. Von den fassungslosen Worten eines Beamten über die Stuttgarter Freinacht fand nur ein einziges seinen Weg in die Medien – das Funkprotokoll wird derweil überall sensibel gelöscht. Die oben zitierte Lokalgazette hat nur nicht kapiert, dass es nicht heißen muss: »Beamter beschimpft Randalierer als ›Kanaken‹«, sondern: »Beamter beschimpft Kanaken als ›Randalierer‹«.

Doch die Genossen Medienschaffenden werkeln bereits an der Umdeutung der Vorkommnisse. Der eigentliche Skandal ist nicht mehr die Zerlegung der Einkaufspassage im Stadtzentrum, sondern wie beim Framing von »Chemnitz«, wo an die Stelle eines tatsächlichen Messermords frei erfundene Hetzjagden traten, soll auch die Stuttgarter Partynacht allmählich durch ein neues Narrativ ersetzt werden: Rassismus bei der deutschen Polizei.

So und nicht anders geht Antirassismus!

* * *

Apropos: 68 000 genitalverstümmelte Frauen leben heute in Deutschland, schon 44 Prozent mehr als vor drei Jahren, erstattet die *Welt* Bericht von der Vielfaltsfront. Die meisten der Frauen stammten aus afrikanischen Ländern wie Ägypten, Somalia und Nigeria, aber bis zu 15 000 Mädchen seien inzwischen hierzulande von Beschneidung bedroht – ein Anstieg von mehr als 160 Prozent im Vergleich zu 2017. »Genitalverstümmelung, Zwangsverheiratungen – das sind Phänomene, die mitten unter uns sind«, bestätigt Bundesfamilienministerin Giffey den Eingang der von der Bundesregierung bestellten Lieferung.

* * *

Achten wir bei alldem die Fauna nicht gering! Dort wird Europa ebenfalls einer reinigenden Diversifizierung unterzogen. Aus Belgien grüßt Leser *** mit einer Frohbotschaft für alle

Fernstenliebenden: Ein Wolf mit dem Kosenamen »Billy« sei in seiner Region »wieder gesehen« worden, etwas später wurde gemeldet, dass »Billy« zwei Schafe gerissen habe. »Für ›Welcome Wolf‹ das beste Anzeichen, dass das Tier bei bester Gesundheit sei.«

Wolf wohlauf, Schafe tot. Ein bisschen wie bei den Menschen. Lupus in fabula eben.

7. Juli

Da knapp 27 Prozent der CDU-Mitglieder Frauen sind, müssen logischerweise 50 Prozent der Ämter und Mandate an Frauen vergeben werden, fordert die Parteichefin. Schwacher Widerspruch kommt überwiegend aus den ewig gestrigen 73 Prozent.

10. Juli

Eigentlich sollte der Gründungskongress der Sozialdemokratischen Arbeiterpartei Deutschlands am 9. August 1869 im Gasthof »Zum Goldenen Löwen« in der Eisenacher Marienstraße stattfinden. Dort war er am 7. August bereits eröffnet worden, aber es gab Zoff mit den Delegierten des Allgemeinen Deutschen Arbeitervereins – das war die Truppe von Lassalle, eine Art »Flügel« –, weshalb der Kongress nicht etwa tanzte, sondern spontan in das Hotel »Zum Mohren« umzog, das heute nicht mehr existiert. Den »Goldenen Löwen« aber gibt es noch, und dort befindet sich seit mittleren DDR-Zeiten eine Gedenkstätte, die an das historische Ereignis im »Mohren« erinnert.

Kenner und Connaisseurs des Marxismus wissen, dass die Parteiwerdung dieser Weltanschauungs-Mafia sich in Deutschland zunächst auf Thüringen konzentrierte und nach dem Eisenacher Gründungsparteitag ein Gothaer Programm hervorbrachte, welches von Marx vernichtend kritisiert wurde – der Rauschebart, wegen seiner dunklen Haare und Augen innerfamiliär mit dem Spitznamen »Mohr« bedacht, kritisierte bekanntlich immer alles *vernichtend,* von den Akteuren der Politischen Ökonomie bis zu jenen der Weltgeschichte, und nebenher halt die eigenen Genossen bei deren stümperhaften Versuchen, seine Ideen zur materiellen Gewalt zu vermassen (wobei mir im Falle seiner Kritik des Gothaer Programms speziell die an Hesekiel 3,19 erinnernde Schlusswendung »Dixi et salvavi animam meam« in Erinnerung geblieben ist, die ich unter jeden meiner *Acta*-Bände schreiben könnte).

In Gotha wiederum gab es das »Volkshaus zum Mohren« in der, na was denn sonst, Mohrenstraße 18, ein historischer Gasthof, dessen Ersterwähnung ins 16. Jahrhundert fällt und in dem unter anderen Napoleon und sein preußischer Widerborst Friedrich Wilhelm III. übernachteten. Anno 1907 kaufte ein dort ansässiger Sozialdemokrat namens Wilhelm Bock das Gebäude samt Garten und verwandelte es in ein »Volkshaus für die Arbeiterbewegung«. Im »Volkshaus zum Mohren« traf sich seitdem die SPD (später kam ein Anbau für eine Druckerei und die Gewerkschaft hinzu). Im April 1917 luden Mitglieder der SPD-Fraktion im Reichstag zu einer »Reichskonferenz der sozialdemokratischen Opposition« ins Volkshaus. Auf dieser Konferenz konstituierte sich die USPD als eigene Partei neben der SPD. Wer in Geschichte aufgepasst hat, weiß, dass sich aus der USPD der Spartakusbund und die KPD herausmendelten. 1920 tagte im »Volkshaus zum

Mohren« ein KPD-Aktionskomitee zur Abwehr des Kapp-Putsches.

Am 19. August 1933 benannten die mohrenfeindlichen Nationalsozialisten das Gebäude in »Haus der Deutschen Arbeitsfront« um. Am 15. Januar 1946 fand dort die erste gemeinsame Funktionärskonferenz von KPD und SPD statt (wenig später hatte der sozialdemokratische Mohr seine Schuldigkeit getan). In der DDR, die sich aus sicherer Distanz dem proletarischen Internationalismus verpflichtet erklärte, erhielt das Haus seinen alten Namen wieder und diente fortan als Versammlungsort für Funktionäre von SED, FDJ, FDGB sowie der Gesellschaft für Deutsch-Sowjetische Freundschaft. Heute steht es nicht mehr.

Halten wir fest: Ein bedeutender Teil der Geschichte der deutschen Linken spielt in Etablissements, die den Namen »Zum Mohren« trugen. Aber seit ca. 1933 gibt es Nazis, die gegen diesen Namen sind.

12. *Juli*

Die nächste große Gaunerei trägt den Namen »The Great Reset« (»Der große Neustart«), umgangssprachlich demnächst auch »Der große Sprung nach ganz vorn« genannt. Ursprünglich trug ein anno 2010 erschienenes Buch diesen Titel, eine der unvermeidlichen Trendetikettierungen eines US-amerikanischen Politikwissenschaftlers, dessen Erkenntnis lautete, es finde derzeit in der westlichen Welt eine geografische Neusortierung zugunsten der urbanen kosmopolitischen Zentren statt, wo der technologische Wandel Produktivität und Wohlstand in besonderem Maße vereine, während die alten Industriezentren stürben. Für einen großen Neustart ist das ein bisschen dünn, dachten sich die Macher des World Economic Forum (WEF) – und dehnten den Gültigkeitsrahmen ins wirkliche XXXL. So es Allah und SARS-CoV-2 gefällt, heißt es auf deren Webseite, wird im Januar 2021 ein sogenannter Zwillingsgipfel »sowohl persönlich als auch virtuell stattfinden und wichtige globale Regierungs- und Wirtschaftsführer in Davos mit einem globalen Multistakeholder-Netzwerk in 400 Städten auf der ganzen Welt für einen zukunftsorientierten, von der jungen Generation geführten Dialog verbinden«.

Der auch groß geschriebene »Große Neustart«, heißt es, sei »eine Verpflichtung, gemeinsam und dringend die Grundlagen unseres Wirtschafts- und Sozialsystems für eine gerechtere, nachhaltigere und widerstandsfähigere Zukunft zu schaffen. Er erfordert einen neuen Gesellschaftsvertrag, in dessen Mittelpunkt Menschenwürde und soziale Gerechtigkeit stehen und in dem der gesellschaftliche Fortschritt nicht hinter der wirtschaftlichen Entwicklung zurückbleibt.«

Wer »die Grundlagen unseres Wirtschafts- und Soziallebens« für die Zukunft zu schaffen verspricht, stellt in Abrede, dass dergleichen bereits, wenn auch in menschenwerktypischer Unvollkommenheit, existieren könnte. Leute, die so etwas schreiben (lassen), sind entweder größenwahnsinnig oder verfolgen Interessen.

»Wir müssen die Wirtschaft in dem kurzen noch verbleibenden Zeitfenster dekarbonisieren und unser Denken und Verhalten wieder in Einklang mit der Natur bringen«, meint Klaus Schwab, Gründer und geschäftsführender Vorsitzender des Weltwirtschaftsdekarbonisierungsforums. Wahrscheinlich wäre es gesünder, jeden Offiziellen, der öffentlich die Worte »wir« und »müssen« verbindet und damit mehr als seine Frau, seine Kinder und seinen Hund meint, zu fesseln, zu knebeln und in ein Abklingbecken zu legen.

»Jedes Land, von den Vereinigten Staaten bis China, muss sich beteiligen, und jede Industrie, von Öl und Gas bis hin zur Technologie, muss transformiert werden«, schreibt der Dekarbonisierer, Träger aller Bundesverdienstkreuze von einfach bis mit Eichenlaub, in einem Artikel auf der Website. »Alle Aspekte unserer Gesellschaften und Volkswirtschaften« müssten »umgestaltet« werden, »von der Bildung bis zu den Sozialverträgen und Arbeitsbedingungen«. Und zwar von oben!

Schwab, Ritter der Ehrenlegion und »Ehrenbürger der Landschaft Davos«, hat sich prominente Mittumultanten auf den Narrenwagen geholt. »Der ›Great Reset‹ ist eine willkommene Erkenntnis, dass diese menschliche Tragödie ein Weckruf sein muss. Wir müssen ausgeglichenere, integrativere und nachhaltigere Volkswirtschaften und Gesellschaften aufbauen, die angesichts von Pandemien, Klimawandel und den vielen anderen globalen Veränderungen, mit denen wir konfrontiert sind, widerstandsfähiger sind«, sekundiert ihm UN-Generalsekretär António Guterres (ohne nähere Erklärung, welche »menschliche Tragödie« eigentlich gemeint sei und ob es auch andere Tragödien gibt). Prinz Charles, der unentbehrliche Al Gore sowie John Kerry, der Co-Vorsitzende von Joe Bidens »Taskforce zum Klimawandel«, gehören ebenfalls zu den Unterstützern des *Großen Sprungs* nach zunächst Davos (per Privatjet).

»Die globale Gesundheitskrise hat die fehlende Nachhaltigkeit unseres alten Systems in Bezug auf den sozialen Zusammenhalt, den Mangel an Chancengleichheit und Inklusivität offengelegt. Auch können wir den Missständen von Rassismus und Diskriminierung nicht den Rücken kehren. Wir müssen in diesen neuen Gesellschaftsvertrag unsere generationenübergreifende Verantwortung einbauen, um sicherzustellen, dass wir den Erwartungen der jungen Menschen gerecht werden«, seimt Schwab, Träger des Ordens vom Aztekischen Adler (der für »Verdienste um Mexiko oder die Menschheit« verabfolgt wird), munter weiter. Damit hat der Träger des Reinhard-Mohn-Preises praktischerweise alle Punkte der Merkel-Macron-Obama-Soros-Gates-e-tutti-quanti-Agenda abgearbeitet: Corona, Klimawandel, Fridays for Future, »Antirassismus«, BLM, Globaler Migrationspakt, One World.

Bei einer virtuellen WEF-Konferenz im Juni wurde angeregt über den *Großen Neustart* geplaudert. »Zu denjenigen, die auf dem Treffen eine Rede hielten oder sich später für den Plan ausgesprochen haben, gehörten: Ma Jun, der Vorsitzende des Grünen Finanzausschusses bei der Chinesischen Gesellschaft für Finanzen und Bankwesen und Mitglied des Geldpolitischen Ausschusses der Chinesischen Volksbank; António Guterres, der Generalsekretär der Vereinten Nationen; mächtige Gewerkschaftsführer; Aktivisten von Gruppen wie Greenpeace International; Vorstandsvorsitzende und Präsidenten von Großunternehmen wie BP, Mastercard und Microsoft sowie Beamte des Internationalen Währungsfonds«, notiert die *Epoch Times.* »Viele der Teilnehmer des Treffens unterstützen die Abschaffung des gegenwärtigen kapitalistischen Weltsystems. Zudem fördern sie eine sozialistische Politik – wie Vermögenssteuern, Green-New-Deal-ähnliche Programme, nationale Arbeitsplatzgarantien und Regierungseinkommen.«

Tatsächlich erleben wir gerade, wie das Tanzpaar Globalkapital/globalistische Linke in die Endrunde einzieht. Menschen mit dem ökologischen Fußabdruck ganzer afrikanischer Kleinstädte haben den großen Trend der Zeit erkannt und wollen sich privat möglichst ungeschoren durch die drohenden Katarakte einer »antirassistischen«, antimarktwirtschaftlichen, antiweißen bzw. antiwestlichen Kulturrevolution navigieren, was am besten gelingt, wenn man einfach an der Spitze mitmarschiert. Das ist die Lektion der Guillotine. (Wer jetzt von links einwendet, die u. a. in Davos regelmäßig tagenden Wirtschaftseliten seien die eigentlichen Herrscher der Welt, möge einmal vergleichen, wie hoch das Gesamtvermögen der hundert westeuropäischen Superreichen ist und welche Summen die Staaten über das Steueraufkommen bewegen, etwa was die EU zur Coronafolgenbeseitigung und für Uschis Green Deal auszugeben gedenkt – derzeit, wenn ich mich nicht verzählt habe, eindreiviertel Billionen Euronen.)

Man könnte formulieren: Lieber mag der gesamte Planet zur Hölle fahren, als dass dem Sozialismus der nächste, diesmal globale Anlauf vergönnt sei. Aber dieser Satz wäre falsch. Sozialismus und Höllenfahrt sind dasselbe.

22. *Juli*

Im Gespräch erinnert Günter Maschke an einen nahezu vergessenen Vorfall, der einmal mehr bezeugt, was für ein Wicht der BRD-Staatsphilosoph Jürgen Habermas war und ist (ich nenne ihn »Staatsphilosoph«, damit das Bestimmungswort das Grundwort desavouiere; wer sich so unphilosophisch aufführt wie der Künder des »herrschaftsfreien Diskurses«, ist kein Philosoph, ist überhaupt kein -soph). Begeben wir uns zurück in das Jahr des Herrn 1971 und schauen wir auf die Hauptfigur:

Heberto Padilla war ein kubanischer Lyriker, er lebte von 1932 bis 2000, geriet in den späten 1960ern in Konflikt mit dem Regime und wurde 1971 mitsamt seiner Ehefrau eingesperrt. Daraufhin schrieben westliche Intellektuelle, unter ihnen Sartre und Enzensberger, einen Protestbrief an Castro. Padilla kam schließlich wieder frei, lebte fast ein Jahrzehnt in Isolation und durfte 1980 in die USA ausreisen; warum es ihn aus dem sozialistischen Paradiso ausgerechnet in dieses Rassistenland zog, ist ein Rätsel.

1971 erschienen erstmals Gedichte von Padilla auf Deutsch, im Band »Außerhalb des Spiels«, übersetzt von Maschke (edition suhrkamp Nr. 506). Unter ihnen befand sich »Theodor W. Adorno kehrt vom Tode zurück«, das Maschke aus dem Kopf nahezu exakt vortrug:

Die ihn kannten, finden es nicht erstaunlich,
daß Theodor Adorno vom Tode zurückkehrt.
In beiden Deutschland
erwarten ihn alle,
ausgenommen, versteht sich,
Habermas und Ulbricht.

Aber er kommt nach Wien,
geht einher, diskutierend
wie in seinen alten Tagen.
Er setzt sich ans Piano, spielt eines seiner Stücke,
die, wie man weiß, von Webern sind.

Unter den Sonnenschirmen der Stadt,
die Hitler immer zerstören wollte,
derselben Stadt, die fast Günter Maschke verschlang,
bereiten ihm die alten Gräfinnen den Tee –

zischeln ihm Klatsch zu über Horkheimer.
Doch Adorno erinnert sich: das ist
ein alter Freund. Und der Leichnam lebt auf
an den Wassern der Jugend.
Und dann lächelt er, ohne zu lächeln,
auf die ihm eigene, ambivalente Manier.

Ihn bekümmern nicht die Universitäten,
wo sein Denkmal bröckelt unterm Stimmengewirr.
Aber der alte Philosoph,
der hartnäckige Restaurateur des Nichts,
triumphierend über das Gewäsch, das ihn resümiert,
bemerkt, lächelnd,
daß eine Studentin mit nackten Brüsten
das neue Limit des Terrors gesetzt hat.

Diese kleinen, häßlichen, weißen, fast nordischen Titten?
fragt erschauernd eine Gräfin,
Kierkegaard anklagend.

Dann passierte, wie Maschke schildert, Folgendes: Obwohl das Opus noch nicht erschienen war, bekam Habermas Wind von seiner Erwähnung – er hatte ja seine IMs bei Suhrkamp –, woraufhin der Transzendentaldemokrat, dem zwanglosen Zwang des besseren Arguments blind vertrauend, Siegfried Unseld ein Ultimatum stellte: Entweder dieser Lyrikband werde nicht veröffentlicht oder er verlasse den Verlag. Wegen einer Zeile! Unseld knickte ein, war aber raffiniert genug, die bereits gedruckten Exemplare zu verramschen. Damit war das Buch in der Welt, aber man findet diese Preziose heute wohl nur bei der Auflösung von Privatbibliotheken.

Padilla, der wegen seiner systemkritischen Haltung ein halbes Jahr im Knast saß, habe sich »über die effekthascherischen Aktivitäten saturierter deutscher Aufmüpfiger« lustig machen wollen, erläutert sein Übersetzer (der 1969 selbst und mit identischen Gründen aus Kuba ausgewiesen wurde). Wenn er, Maschke, der Herr Habermas wäre, und ein kubanischer Lyriker, dem obendrein noch so übel mitgespielt wurde, hätte ihn angepinkelt, »da liefe ich doch noch stolzer durch die Straßen. Darüber würde ich doch lachen.« Er finde das Verhalten dieses Habermas unglaublich.

Ich finde ja eher, dass es sich bei dieser Type um ein typisches Gewächs der Bundesrepublik handelt. Wenn ich das aktuelle deutsche Gemüt auf einen Nenner bringen müsste, wäre der verschwiemelte Intrigant, Verbieter und Kulturwart Habermas, der auf der Fassadenseite eine Theorie des kommunikativen Handelns veröffentlicht hat und vom herrschaftsfreien Diskurs schwätzt, durchaus beispielhaft. Er hat dieses schamlos verlogene öffentliche Klima mit geschaffen.

25. *Juli*

Leserin *** meint in vereinzelten Bemerkungen meinerseits eine unstatthafte Miserabilisierung der alten Bundesrepublik zu erkennen und zürnt sacht: »Sie kennen die ›Bundesrepublik Deutschland‹, über die Sie nicht genug herziehen können, überhaupt nicht. Sie haben nie in ihr gelebt. Sie machen ständig aus ihr eine Art Zwergstaat als Gegenpol Ihrer verhassten DDR. Habermas als typisches Gewächs der Bundesrepublik darzustellen ist mit Verlaub einfach nur blöd.

So winzig ist dieses Land nicht, und vor allem bestand es nie nur aus ein paar äußerst einflussreichen akademischen Zirkeln. Genauso blöd wäre es, wenn ich behauptete, Joseph Ratzinger sei ein typisches Gewächs der Bundesrepublik. Er ist noch nicht einmal ein typischer Bayer.

Dieses Deutschland, in dem ich aufwachsen durfte, war vielleicht das beste Deutschland, das es im vergangenen Jahrhundert gab. Wir hatten ein hervorragendes Bildungssystem, Kinder aus äußerst einfachen Verhältnissen konnten, waren sie intelligent und fleißig genug, aufsteigen, ohne dass nach ihrer Weltanschauung gefragt wurde, wenn sie nicht gerade offen links- oder rechtsradikal waren. Die deutschen Arbeiter dachten gar nicht daran, den Parolen der 68er zu folgen, was diese bis auf den heutigen Tag nicht verziehen haben.

Wir hatten einen Rechtsstaat, fast keine Korruption. In Buchhandlungen zu gehen war eine Freude ob der Vielfalt. Ich konnte ein geistig anregendes Leben führen. Und brauchte nicht nur hinter vorgehaltener Hand ängstlich zu tuscheln, um über Enge und Spießigkeit, die es durchaus gab, zu sprechen. Was wir jetzt haben, bzw. die letzten dreißig Jahre, das ist nicht die Bonner Republik. Diese ist tot. Und es wird sie nie mehr geben. Die Krise der deutschen Universität hat die Bundesrepublik übrigens aus der Vergangenheit übernommen, die bestand schon vor 1933.

Sie haben nie in der Bundesrepublik Deutschland gelebt. Und Ihr Herr Maschke mag seine eigene Meinung haben, nur ist die nicht repräsentativ.

Als es zur Wiedervereinigung kam, haben wir Westdeutschen erst mal bezahlt wegen des Murkses Ihrer DDR. Und dann war, und das ist entscheidend, die Daseinsberechtigung der alten Bundesrepublik erloschen. Wir hatten im Kalten Krieg das Schaufenster zu sein, in das ›der Osten‹ nur schauen durfte, ohne den Laden betreten zu dürfen. Indem der Sowjetkommunismus zusammengebrochen war, brauchte der Westen, die internationale Hochfinanz, diesen westdeutschen Teilstaat nicht mehr.

Sorry, sehr geehrter Herr Klonovsky, diejenigen, die wirklich die Strippen ziehen, wer immer das sein mag, hatten nie vor, die alte Bundesrepublik mit der DDR-Bevölkerung zu vereinen. Und ein Herr Habermas ist auch nur eine Marionette, wenn auch eine einflussreiche. Die DDR-Bevölkerung gierte nach der DM, wir haben alle den Euro. Ein simples Beispiel, aber es zeigt was.«

Gnädige Frau, das ist alles richtig und zugleich, im Sinne der Kausalität – der heutige Tag ist ein Resultat des gestrigen – und des Panta Rhei, auch wieder nicht, denn was dieses Land heute erntet, ist in der guten alten Bonner Republik ausgesät worden. Zunächst einmal war die BRD tatsächlich ein politischer Zwergstaat, eine externe Provinz der USA, so wie die DDR eine deutsche Sowjetrepublik gewesen ist. Freilich legte der Westteil aufgrund jener deutschen Mentalität, die es eigentlich gar nicht gibt, nach dem Krieg das berühmte Wirtschaftswunder hin (das wäre im Osten ähnlich gelaufen, wenn er nicht den Kommunisten in die Hände gefallen wäre, die zwar ständig vom Primat der Ökonomie redeten, aber von Wirtschaft nie etwas begriffen haben). Trotzdem entstand der Keim des Niedergangs in westdeutschen Gehirnen, die unbestritten zu den bestgewaschenen aller Zeiten gehören.

Der Ausstieg aus der deutschen Geschichte wurde in der BRD beschlossen, die 68er veranstalteten ihre Totemtänze in der BRD, die Grünen wurden in der BRD gegründet, die sogenannte Zivilgesellschaft, diese geifernde Hyäne und Fortsetzung der Volksgemeinschaft mit anderem Etikett, ist ein Produkt der BRD. Die sich selbst Antifa titulierende Neofa ist ebenfalls ein Gewächs der BRD. Die absurde Migration von Kulturfremden in die deutschen Sozialsysteme begann in der BRD (und bis heute hat diese Republik es nicht geschafft, vernünftige Einwanderungsregeln zu etablieren, weil die selbst geschaffene Selbstabschaffungsideologie sie daran hindert). Der Geburtenknick hub im Westen an, nicht in der DDR. Die neurotisch autoaggressive »Vergangenheitsbewältigung« bis zurück zu Friedrich und Luther ist ein Erzeugnis der BRD, egal inwieweit die Angelsachsen sie den Deutschen in die Hirne gepflanzt haben mögen und wie sehr die Sieger von damals inzwischen selbst daran verrückt geworden sind. Die Verinnerlichung der Niederlage, das Strebertum im endgültigen Besiegtsein, die Verherrlichung der Machtlosigkeit, die Ablehnung alles Deutschen und die Degradierung der eigenen Geschichte zur Unheilsgeschichte, all das wurde im Westen viel inniger betrieben als bei den Brüdern und Schwestern im Osten, sodass man im Westen auch ohne die Wiedervereinigung auf dem heutigen Stand der kulturellen und allmählich ethnischen Selbstablehnung angelangt wäre. Frankreich hat es ohne ein realsozialistisches Pendant ja ebenfalls hinbekommen.

Kurzum: Die heutige Lage gründet fest auf den Fundamenten der Bonner Republik. Die Saat der heutigen geistigen Unfreiheit wurde in der BRD ausgesät. Erinnern wir uns der zahlreichen Hexenjagden gegen Andersdenkende, sofern sie rechts standen, Schmitt, Maschke, Mohler, Hepp, Nolte etc. pp., überhaupt des Historikerstreits als der großen Debatte über Abstand und Stärke der Gitterstäbe des bundesrepublikanischen intellektuellen Laufställchens. Die BRD produzierte ganz ohne Stasi Knechtsseelen zuhauf, es geschah – das ist das Interessante – allerdings überwiegend freiwillig, weil der Wohlstand den Blick auf die Zukunft angenehm verstellte.

Übrigens gibt es kaum ein typischeres Geschöpf der alten Bundesrepublik als den Habermas.

Was mich betrifft, mein Bild von jenseits der Mauer hat vor allem der Herr Bednarz geprägt. Wer dessen TV-Magazin sah, wollte gar nicht dort einreisen – deswegen habe ich einmal vorgeschlagen, die alten *Monitor*-Sendungen zur Abschreckung in Afrika auszustrahlen; man redet doch immer von *Fluchtursachenbeseitigung*. Natürlich ist meine Wahrnehmung nicht repräsentativ, aber im Laufe der Jahre sind alle fast Freiheitlichen und fast alle Konservativen im Westen vor diesem linken Zeitgeist eingeknickt. Die BRD wäre auch ganz allein diesen Weg in den Neosozialismus gegangen, es bedurfte der SED-Stasi-Antifa-Merkel-Kahane-Verstärkung aus der Zone gar nicht, wenngleich gerade in diesem Unterholz zusammenwuchs, was zusammengehörte.

Gewiss, aus konsumistischer Perspektive betrachtet ließ es sich womöglich niemals und nirgendwo kollektiv besser leben als in Westdeutschland zwischen 1970 und 2000, doch wenn der Zug auf dem falschen Gleis in die falsche Richtung fährt, ist es vom Ende her betrachtet völlig gleichgültig, wie gut man zwischenzeitlich im Speisewagen gegessen hat.

***

Noch zum Vorigen. Es ist natürlich ein ulkiges Argument, ich kennte die alte BRD gar nicht aus eigenem Erleben, also dürfte ich sie nicht beurteilen; umgekehrt hat Anne Will mal der Alice Weidel bescheinigt, sie könne die DDR nicht zum Vergleich heranziehen, weil sie dort nicht gelebt habe (aber darüber, wie das Dritte Reich funktionierte und welche Bedingungen in den deutschen Kolonien geherrscht haben, dürfen alle frei von der Leber weg urteilen). Jede Art von Historiografie würde damit hinfällig. Das ist übrigens ein dezidiert linker Wunsch, die Linke würde gern die klassische, mit Kriterien operierende Geschichtsschreibung durch Oral History ersetzen, wobei selbstverständlich nur »von unten« erzählt werden darf; dann wäre die Weltgeschichte endlich zum Weltgericht herunterviktimisiert.

1. August

Täglich wächst das willkommenskulturelle Bestiarium. Wahrscheinlich erwartet man in höheren Rängen, dass die Menschen, die schon länger hier leben, sich an diesen konstanten Hintergrundterror einfach gewöhnen, stets hoffend, dass man selbst und die eigene Brut verschont bleibt. (Auf der Webseite folgten jetzt Meldungen von asylsuchenden Messerstechern, Mensch-aufs-Gleis-Werfern, Vergewaltigern, zuletzt eine *Spiegel*-Meldung über einen »Mann«, der zwei Mädchen, 11 und 13 Jahre alt, vergewaltigt hat.)

Man kennt das edle Argument: Die Nationalität spielt keine Rolle! Deswegen sage ich auch immer: Einbürgern! Einbürgern! Einbürgern! Dann ist Schluss mit rechter Hetze über Ausländerkriminalität!

Es war aber ein Afghane und allen Ernstes immer noch sogenannter Flüchtling, der diesen beiden Mädchen – in seiner Welt nur eine Art Haustiere – das Leben versaut hat. Das Problem bei der Straftat eines Ausländers ist die politische Verantwortung dafür, konstatierte Hans-Georg Maaßen. Nämlich wenn der ausländische Kriminelle sich hier nicht aufhalten dürfte – wer ist dafür verantwortlich? Und wer ist dann auch für die Tat verantwortlich? Ausländer, die sich sogar offiziell in Deutschland nicht aufhalten dürften, gibt es im hohen sechsstelligen Bereich (knapp 700 000 nach Auskunft der Bundesregierung auf eine AfD-Anfrage); die Zahl der Straftäter unter ihnen liegt ausweislich der Polizeilichen Kriminalstatistik alle Jahre wieder im fünfstelligen Bereich. Deswegen ist die Angelegenheit so heikel, deswegen versucht die Lügenkompanie an der Relotiusspitze, die Herkunft des Afghanen zu verheimlichen, deswegen empfiehlt Malu Dreyer der Polizei den deeskalierenden Dialog mit dem innenstädtischen Event- und Partypöbel, deswegen stümpert Merkel Sätze hervor wie: »Strafdelikte sind bei uns verboten.« Sie wissen allesamt, dass sie Dreck am Stecken haben, dass sie eigentlich wegen amtseidbrüchiger politischer Beihilfe zu Mord, Totschlag, Vergewaltigung, schwerer Körperverletzung, Raub und Veruntreuung deutschen Volksvermögens in Abertausenden Fällen zur Verantwortung gezogen werden müssten.

Und während den Meinungsmachern und Staatsfunkern deutsche Opfer am Allerwertesten vorbeigehen – nebenbei auch seit je die nach Kriegsende massenhaft massakrierten deutschen Zivilisten –, bemitleiden sie jeden Migranten, der »bei der Wohnungssuche diskriminiert« oder durch die Frage nach seiner Herkunft »rassistisch beleidigt« worden ist. Wer kann das mitansehen, ohne in allen Farben des Ekels zu schillern?

3. *August*

Mitunter bekommt unsereins Mails, die einen sprachlos machen in ihrer wirren Anmaßung und politisch korrekten Selbstgerechtigkeit.

Ein Leser arbeitet sich daran ab, dass ich »Herrn Kant« einmal als »eine der reinsten und schönsten Seelen der Geistesgeschichte« bezeichnet habe, denn ich verkennte »dessen ›selbstzerstörerische‹ (Horkheimer, Adorno) Ideologie. Wer 29 voluminöse Bände und einige Schriften benötigt, um eine Philosophie der EIN-fachheit darzulegen, hat Schwierigkeiten im Ausdruck oder will verschleiern. Schon Artur Schopenhauer meinte wegen seiner ›verschwurbelten‹ Sätze, dass er seine Philosophie nicht verstanden habe. Bekanntlich gibt es Kritik an der Kantischen ›Aufklärung‹ seit ihrem Bestehen.

Sloterdijk setzte seine ›Kritik der zynischen Vernunft‹ gegen dessen ›Kritik der reinen Vernunft‹. Selbst J. Habermas sprach von ihrem ›enttäuschenden Verfall‹, hielt sie für ›zerbrochen‹. Die von heutiger Politik verursachte Dekadenz kritisieren Sie zu Recht beharrlich. Sie sollten auch mal erwähnen, dass bekennende ›Aufgeklärte‹ (Kanzlerin u. A.) sie bewirken.

Dass Kant auch noch ein übler Antisemit und Rassist war, der gar Euthanasie befürwortete, entging Ihnen anscheinend ebenfalls:

– Kant bezeichnete die Juden als eine ›Nation von Betrügern‹ und als ›Vampyre der Gesellschaft‹; außerdem unterstellte er ihnen eine ›Gemüthsschwäche im Erkenntnißvermögen‹ (…) ›Die Euthanasie des Judentums ist die reine moralische Religion.‹

– Vom Rassismus durchtränkt glaubte der Philosoph auch an eine Hierarchie der Menschen: ›Die Menschheit ist in ihrer größten Vollkommenheit in der Race der Weißen. Die gelben Indianer haben schon ein geringeres Talent. Die Neger sind weit tiefer, und am tiefsten steht ein Teil der amerikanischen Völkerschaften. (…) Die Negers von Afrika haben von der Natur kein Gefühl, welches über das Läppische stiege.‹

– Kant wies das situative Mitleiden ab ›als tugendlos, schwach, blind, als Verletzung der Ehre des Menschengeschlechts‹.

Mit Verlaub gesagt, auch anhand Ihrer anderen Kommentare halte ich Sie für ein Opfer dieser ›Aufklärung‹.«

In diesem Schreiben ist fast alles falsch oder falsch verstanden, und ich muss mich förmlich zur Antwort zwingen, weshalb ich's öffentlich tue, auf dass vielleicht der eine oder andere Brosamen der Erkenntnis dabei abfalle.

Erstens. Es gibt eine Kant-Gesamtausgabe in tatsächlich 24 Bänden, herausgegeben 1910 von der Preußischen Akademie der Wissenschaften. Darin befinden sich allerdings auch der Briefwechsel, der handschriftliche Nachlass und die Vorlesungen. Die allgemein genutzte Weischedel-Ausgabe umfasst zwölf Bände, keiner davon ist »voluminös«. Kant wurde 79 Jahre alt; dafür ist sein Œuvre nicht übermäßig umfangreich.

Zweitens. Der Begriff »einfach« beschreibt philosophisch das Gegenteil von »zusammengesetzt« (neudeutsch: unterkomplex/komplex). Kant wollte keine Philosophie der Einfachheit schreiben, sondern *philosophieren lehren*. »Schwer und verwickelt« sei das Objekt der Philosophie, notierte er beispielsweise in seiner »Untersuchung über die Deutlichkeit der Grundsätze der natürlichen Theologie und der Moral« anno 1764.

Drittens. Einige der Werke Kants gehören zu den Achttausendern der Philosophie, und diese Höhe ist nicht ganz anstrengungslos zugänglich. Aber wer will, kann Kant verstehen. Die Transzendentalphilosophie arbeitet mit klar definierten Begriffen und Kategorien. Obendrein ist sein Werk in andere Sprachen übersetzbar, ohne dass dessen Eigentümlichkeit verloren ginge. Es gibt hervorragende Lexika und Kommentare zu den drei Kritiken, guten Teils von englischsprachigen Autoren.

Viertens. Obwohl er Kants Schwurbeleien nicht verstanden hat, fühlte sich Schopenhauer als dessen Erbe und Fortsetzer. Er nannte die »Kritik der reinen Vernunft« das »wichtigste Buch, das jemals in Europa geschrieben wurde«. Kant »ist mit seinem Denken nicht zu Ende gekommen: ich habe bloß seine Sache durchgeführt« (»Die Welt als Wille und Vorstellung« I). In der Vorrede zur zweiten Auflage seines Hauptwerks wiederholt Schopenhauer, »daß meine Philosophie von der Kantischen ausgeht und daher eine gründliche Kenntnis dieser voraussetzt (...). Denn Kants Lehre bringt in jedem Kopf, der sie gefaßt hat, eine fundamentale Veränderung hervor, die so groß ist, daß sie für eine geistige Wiedergeburt gelten kann.«

Bekanntlich enthält das erste Buch von »Die Welt als Wille und Vorstellung« einen langen Anhang zur »Kritik der Kantschen Philosophie«; darin heißt es über den Stil des Königsbergers, er trage »durchweg das Gepräge eines überlegenen Geistes, ächter, fester Eigenthümlichkeit und ganz ungewöhnlicher Denkkraft; der Charakter desselben lässt sich vielleicht treffend bezeichnen als eine *glänzende Trockenheit,* vermöge welcher er die Begriffe mit großer Sicherheit fest zu fassen und herauszugreifen, dann sie mit größter Freiheit hin- und herzuwerfen vermag, zum Erstaunen des Lesers. (...) Dennoch ist Kants Vortrag oft undeutlich, unbestimmt, ungenügend und bisweilen dunkel. Allerdings ist dieses Letztere zum Theil durch die Schwierigkeit des Gegenstandes und die Tiefe der Gedanken zu entschuldigen«.

Fünftens. Horkheimer/Adornos »Dialektik der Aufklärung«, welcher zufolge, grob gesagt, der Ausgang des Menschen aus der selbst verschuldeten Unmündigkeit stracks nach Auschwitz führte und von dort weiter in die Zerstörung des Planeten, hat mit Kant wenig zu tun. Ich darf an dieser Stelle daran erinnern, dass Kant die Vernunft nicht verherrlicht, sondern ihr einen fairen Prozess gemacht hat. Die jakobinische Göttin ist nicht die Herrin Kants. Er wusste, welchen schwankenden Grund wir betreten, wenn wir uns auf die menschliche Vernunft berufen. Kants Göttin ist allenfalls die Sittlichkeit; nur in unserer Moralität dürfen wir an die Freiheit glauben – aber auch hier machte er sich keine Illusionen. »Man kann sich eines gewissen Unwillens nicht erwehren, wenn man ihr (der Menschen – M.K.) Tun und Lassen auf der großen Weltbühne aufgestellt sieht und bei hin und wieder anscheinender Weisheit im Einzelnen doch endlich alles im Großen aus Torheit, kindischer Eitelkeit, oft auch aus kindischer Bosheit und Zerstörungssucht zusammengewebt findet: wobei man am Ende nicht weiß, was man sich von unserer auf ihre Vorzüge so eingebildeten Gattung für einen Begriff machen soll« (»Idee zu einer allgemeinen Geschichte in weltbürgerlicher Absicht«, 1784). Gleichwohl vertraute Kant darauf, dass diese krumme Gattung ihre kooperativen Anlagen langsam, aber unaufhaltsam entwickle, vor allem durch eine stetige Verrechtlichung der Verhältnisse.

Es ist ja kein Zufall, dass sich – bislang, ich komme am Ende darauf – nie ein politischer Schurke auf Kant berufen hat. Wer will, mag sich ausmalen, was Kant zu Auschwitz gesagt haben *könnte* – und was Georg Wilhelm Friedrich »Alles Wirkliche ist vernünftig« Hegel gesagt haben *müsste*. (»Hegel in Auschwitz« wäre ein noch zu schreibender Einakter.) Aber solche Gedanken sind letztlich ahistorisch und unstatthaft.

Sechstens. Sloterdijk setzte seine »Kritik der zynischen Vernunft« nicht gegen »Die Kritik der reinen Vernunft« – das sind verschiedene Genres, er paraphrasiert bloß den Titel –, sondern gegen das »Projekt Aufklärung«, das in den Zynismus geführt habe (»Zynismus ist das aufgeklärte falsche Bewusstsein«). Das »kritische Geschäft« sei damit teils egal, teils instrumentalisiert (ge)worden. Schon möglich. Ich habe nie bezweifelt, dass Kant im 18. Jahrhundert gelebt hat und seither einiges passiert ist.

Siebentens. »Kant befürwortete die Euthanasie.« Dieser Leser hat keinen Schimmer, was er da schreibt. Zunächst einmal befürwortet wohl jeder Mensch auf Erden die Euthanasie: den guten, angenehmen (»schönen«) Tod, den schnellen Tod zur rechten Zeit, ohne Qual und Agonie, zumindest für sich und seine Angehörigen, denn nichts anderes meint der Begriff *εὐθανασία* (*eu* – »schön«, *thánatos* – »Tod«). Die Eugeniker des späten 19., frühen 20. Jahrhunderts und schließlich die Nationalsozialisten schrieben den Begriff ins Volksgesundheitliche um, womit Kants Bemerkung nichts zu tun hat, und am Ende wurde die »Vernichtung unwerten Lebens« daraus – wobei diese Vernichtung heute mit dem Segen aller Altparteien und Gazetten und bald wohl auch der Kirchen munter weitergeht, indem jedes dritte Kind in Kein-schöner-Land »an der Wand des Unwillkommenseins zerschellt« (Sloterdijk); heute wird uns die Euthanasie eben als weibliche Selbstverwirklichung und das werdende Kind als »Zellklumpen« verkauft, obwohl dessen Herz längst schlägt.

Was meinte aber Kant, wenn er anderthalb Jahrhunderte vor Hitler von der »Euthanasie des Judenthums« spricht? Zunächst einmal geht der Satz, der sich übrigens im Nachlass findet, weiter: »Die Euthanasie des Judentums ist die reine moralische Religion mit Verlassung aller Satzungslehren, deren einige im Christentum noch zurück behalten bleiben müssen (…).«

»Euthanasie des Judentums« hieß für Kant also, dass die exklusive mosaische Gesetzesreligion friedlich sterben und als reine moralische – universale – Religion wiederauferstehen sollte. Das Gesetz aufzugeben, um zu einer moralischen Religion zu werden, ist aus der Sicht eines frommen Juden völlig inakzeptabel, aber was Kant hier andeutet, werden später Marx, Bruno Bauer, Richard Wagner und andere Linke ganz explizit fordern:

Die Juden mögen sich vom Judentum emanzipieren und freie Menschen werden.

In der »Kritik der Urteilskraft« hat der Philosoph geschrieben: »Vielleicht gibt es keine erhabenere Stelle im Gesetzbuche der Juden als das Gebot: Du sollst dir kein Bildnis machen, noch irgend ein Gleichnis.« Allein dieses Gebot könne »den Enthusiasmus erklären, den das jüdische Volk in seiner gesitteten Epoche für seine Religion fühlte, wenn es sich mit anderen Völkern verglich«. Das klingt nicht gerade antisemitisch.

Kant genoss bei deutschen Juden enorme Sympathien – von Marcus Herz bis zu Hermann Cohen, dem Kopf der Marburger Neukantianer (»Die Religion der Vernunft aus den Quellen des Judentums«), von Egon Friedell (er nannte Kant ein »Weltwunder«) bis Karl Kraus huldigte man ihm als dem Philosophen, dessen Denken die Judenemanzipation befördert hatte.

»Bis an die Sterne reichte einst ein Zwerg.
Sein irdisch Reich war nur ein Königsberg.
Doch über jedes Königs Burg und Wahn
schritt eines Weltalls treuer Untertan.
Sein Wort gebietet über Schwert und Macht
und seine Bürgschaft löst aus Schuld und Nacht.«

Über wen sonst hat der Giftpilz Kraus je in einem solchen Ton geschrieben?

Achtens. Der »Rassist« – geschenkt. Auch der größte Kopf ist ein Kind seiner Zeit. (Und für das 18. Jahrhundert sind diese Beschreibungen, wenn man sie als Momentaufnahmen nimmt, nicht einmal falsch.) Kant bezeichnete seine Philosophie als »weltbürgerlich«. In seinem Text »Zum ewigen Frieden« führt er ein »Weltbürgerrecht« ein. So einer ist kein »Rassist«.

Neuntens. Kant habe das situative Mitleiden »als tugendlos, schwach, blind, als Verletzung der Ehre des Menschengeschlechts« zurückgewiesen – dieser Behauptung ist zwar ein Link beigesellt, doch die Quelle ist auch nur eine Behauptung ohne Quellenangabe. Ich habe keine Ahnung, wo der zweite Teil des Zitates stehen soll, ich halte ihn für schlechterdings falsch (allein schon weil mein alter Kumpan Nietzsche ihn sonst gebührend gefeiert hätte). Was Kant tatsächlich geschrieben hat – und zwar in seiner »vorkritischen« Schrift »Beobachtungen über das Gefühl des Schönen und Erhabenen« (1764) –, ist dies: »Eine gewisse Weichmütigkeit, die leichtlich in ein warmes Gefühl des Mitleidens gesetzt wird, ist schön und liebenswürdig; denn es zeigt eine gütige Teilnehmung an dem Schicksale anderer Menschen an, worauf Grundsätze der Tugend gleichfalls hinausführen. Allein diese gutartige Leidenschaft ist gleichwohl schwach und jederzeit blind.«

In der nämlichen Schrift definiert Kant zunächst die Begriffe des Schönen und des Erhabenen, um sie in den drei Folgekapiteln erst auf den Menschen im Allgemeinen, sodann auf die beiden Geschlechter und zuletzt auf einzelne Nationen anzuwenden. Es handelt sich um die womöglich typisch deutsche Neigung, Dichotomien zu bilden. »In moralischen Eigenschaften ist wahre Tugend allein erhaben«, heißt es dort. Mitleid ist folglich bloß »schön«, weil es nicht auf wahrer Tugend beruht, sondern eher willkürlich entsteht bzw. sich auf zufällige Objekte richtet. »Ein leidendes Kind, ein unglückliches (…) Frauenzimmer wird unser Herz mit dieser Wehmut anfüllen, indem wir zu gleicher Zeit die Nachricht von einer großen Schlacht mit Kaltsinn vernehmen«, schreibt Kant, und: »Mancher Prinz, der sein Gesicht vor Wehmut vor einer einzigen unglücklichen Person wegwandte, gab gleichwohl aus einem ofters eitlen Beweggrunde zu gleicher

Zeit den Befehl zum Kriege. Es ist hier gar keine Proportion in der Wirkung, wie kann man denn sagen, daß die allgemeine Menschenliebe die Ursache sei?«

Man sieht, die Unterstellung löst sich beim Betrachten des konkreten Gedankenganges in Wohlgefallen auf. Mitleid ist schön, aber nicht erhaben, mehr steht dort nicht. Was den gesamten Essay betrifft, so wirkt er aus heutiger Sicht, wo Nationalcharaktere und Geschlechterrollen des Teufels sind, oft skurril (immerhin »treffen wir den Araber als den edelsten Menschen im Oriente an, doch von einem Gefühl, welches sehr in das Abenteuerliche ausartet«). »Wenn überhaupt eines von Kants Büchern die ›Maske der Galanterie‹ trägt, dann dieses«, bemerkt der Kant-Biograf Manfred Kühn einschränkend; Kants reife Moralphilosophie beruhe auf einem genau gegenteiligen Standpunkt. Doch das nur am Rande.

Zehntens – und das ist der einzige interessante Einwand: Die heutige politische Dekadenz sei das Werk bekennender »Aufgeklärter« und ich sei selbst ein Opfer dieser »Aufklärung«.

Johannes Gross hat einmal geschrieben, dass sich nie ein Schurke auf Kant habe berufen können. Aber linke (»liberale«) Langweiler wie Habermas und Rawls tun es oder könnten es immerhin tun, nicht wahr? Und dann ist der Weg zu den politischen Gaunern auf der Linken bis hin zu den Globalisten bei den US-amerikanischen Demokraten nicht weit. War Kant nicht ein Universalist? Dann wäre er doch heute ein Gegner der Partikularisten und Rechtspopulisten? Hat sich nicht auch die zionistische Generation der Juden von Kant und seinen universalistischen jüdischen Deutern abgewandt?

Ich glaube nicht, dass ein klarer Kopf und lauterer Denker wie »Manelchen« (so nannte ihn die Mama, ist das nicht rührend?) die derzeitigen One-World-Drahtzieher unkritisch betrachten und das Geschäft der globalistischen Eliten betreiben würde. Ich erwähnte Kants Vorstellung einer immer stärkeren Verrechtlichung der Verhältnisse. Das Recht, auf das Kant vertraute, ist allerdings ein Kooperationsrecht, kein zielsetzendes, vormundschaftliches Recht, wie es derzeit UN und EU schleichend durchzusetzen versuchen; die Gegenseite soll keineswegs verpflichtet werden, auf spezielle Angebote einzugehen; die bürgerlichen Abwehrrechte sind und bleiben die Basis dieser Gesellschaft.

Der Gute würde mir gewiss den Kopf waschen für meine zahllosen Undifferenziertheiten, aber auf der Gegenseite ließe er sich wahrscheinlich auch allenfalls zum Köpfewaschen blicken.

* * *

»Nach dem Aufstehen trank Kant eine oder zwei Tassen Tee. Dazu rauchte er eine Tabakspfeife. Die Zeit, die er zum Rauchen brauchte, war ›der Meditation gewidmet‹. Anscheinend hatte Kant für sich die Maxime formuliert, daß er nur eine einzige Pfeife rauchen werde, aber es wird berichtet, daß seine Pfeifenköpfe im Laufe der Jahre erheblich größer geworden seien« (Manfred Kühn, »Kant. Eine Biografie«).

27. *August*

Eine Meldung ging in den vergangenen Tagen durch alle Medien: »WHO erklärt Wildtyp des Poliovirus in Afrika für ausgerottet«.

Aber *wer* hat das Poliovirus ausgerottet? Die Black-Lives-Matter-Bewegung? Der ANC? Boko Haram?

In Warm Springs, Georgia, an einer Außenwand der Founders' Hall im Roosevelt Institute for Rehabilitation (Franklin D. Roosevelt saß wegen seiner Kinderlähmung im Rollstuhl), befindet sich die Polio Hall of Fame. Dort sind siebzehn Bronzebüsten von Wissenschaftlern und Ärzten versammelt, die sich Verdienste bei der Erforschung und Bekämpfung der spinalen Kinderlähmung erworben haben. Es sind sechzehn Männer und eine Frau. Und sie sind allesamt – weiß. Also in ihrem So-Sein kritisch zu hinterfragen. Unverdient privilegiert. Latente Rassisten resp. Nutznießer rassistischer Strukturen. Also im Grunde verwerfliche Existenzen und alles andere als denkmalswürdig. Es wird Zeit, dass BLM-Aktivisten zumindest die Büsten der alten weißen Männer von der Wand reißen.

Aber immerhin: In Afrika ist Polio ausgerottet. (In Pakistan und Afghanistan noch nicht – die Gründe setze ich als bekannt voraus –; der Reimport ist also jederzeit möglich.) Warum konnte die Krankheit erfolgreich bekämpft werden? Weil es Weiße gibt, die der Maxime folgen: *All Lives Matter.* Und darin ist automatisch die Teilmenge *Black Lives Matter* enthalten. Wie wir wissen, gilt *Black Lives Matter* vor allem in rassistischen westlichen Gesellschaften; in Afrika traditionell eher weniger.

Trotzdem hat das Virus des antiweißen Rassismus, das aus den Petrischalen amerikanischer Universitäten entwichen ist, nahezu sämtliche westliche Gesellschaften infiziert. Die von ihm befallenen Populationen zeigen Symptome einer so krankhaften Verlogenheit, dass linke Virenleugner gut daran tun zu behaupten, Rassismus gegen Weiße sei per se unmöglich.

Übrigens: Es konnte nur deshalb einen Robert Koch geben, weil es einen Christoph Kolumbus gab – und umgekehrt; beide Idealtypen gehören untrennbar zusammen.

1. September

Refugees welcome und *Refugees not welcome* sind gleichwertige Statements, über deren politische Realisierung in einer Demokratie der Wähler zu befinden hat. Das Asylrecht des Grundgesetzes kennt keine »Flüchtlinge«, sondern nur »politisch Verfolgte«. Während der politisch Verfolgte einer verifizierbaren Kategorie angehört, ist der Begriff »Flüchtling« eine semantische Beliebigkeit und Wundertüte. Anis Amri war auch ein »Flüchtling«. Echte Flüchtlinge fliehen niemals *in* ein bestimmtes Land, sondern *aus* einem bestimmten Land.

Natürlich – ich habe es speioft beschreiben und an aktuellen Exempeln durchdeklinieren müssen – gilt unter der Mentalitätsherrschaft der Globalisten nicht mehr als Nazi, wer anderer Leute Heimat angreift, sondern seine eigene verteidigt, sofern er im Westen lebt, also jenem Weltteil, der nach dem divinischen Willen allzeit reisefertiger Anywheres der allgemeinen Benutzung und Besiedelung freigegeben werden soll. Alles Eigene, Gewachsene, Traditionelle soll ins Allgemeinmenschheitliche und allgemein Verfügbare aufgelöst werden – natürlich nur im Westen –, deswegen erzählt man Ihnen von früh bis Mitternacht von Ihrer und Ihrer Ahnen Schuld am Elend der Welt und der daraus resultierenden sofortigen Wiedergutmachungs- (i. e. Platzmach-)Pflicht. So schreibt beispielsweise die »Emil Julius Gumbel Forschungsstelle für Antisemitismus und Rechtsextremismus« über den erwähnten Nazi-Rückzugsraumkampf: »Die im Grundgesetz verankerten Menschenrechte gelten allgemein. Ein ›Recht auf Heimat‹ ist dagegen weder in der deutschen Verfassung verankert noch international anerkannt.«

Die Menschenrechte gelten allgemein, das ist ungefähr so aussagekräftig wie: Die Tischsitten gelten allgemein. Durchgesetzt werden sie entweder gar nicht oder am jeweiligen Tisch. Die Menschenrechte sind ein reines Abstraktum. Günter Maschke hat unlängst in wenigen Worten alles Entscheidende dazu ausgeführt: »Der Mensch hat so viele Rechte wie ein Gürteltier, sagte Vacher de Lapouge. Als Mensch habe ich überhaupt keine Rechte. Ich habe Rechte als Deutscher oder als Franzose oder als Engländer und so weiter. Die Menschenrechte sind etwas Fatales. Man wird wegen ihnen handlungsunfähig. Diese Forderungen kennen ja keine Grenzen.«

Es gibt kein Recht, wenn es nicht durchgesetzt wird, und durchgesetzt werden kann es nur auf Staatsgebieten von den dort jeweils herrschenden Regierungen – sofern sich die Amis nicht wieder im Namen der Menschenrechte und mit deutscher finanzieller Unterstützung irgendwo einmischen und Zivilisten Bomben auf die Köpfe schmeißen, um sie über ihre Menschenrechte zu informieren, wovor uns die Wiederwahl der Friedenstaube Donald Trump bewahren möge. Der Menschenwürdeparagraf des Grundgesetzes gilt, wie das gesamte GG, erstens nur für Deutsche und zweitens für diejenigen, die sich auf dem Boden der Bundesrepublik aufhalten. C'est tout. Mehr geht uns nichts an und kann es auch gar nicht, sofern wir nicht Reichswehr oder Wehrmacht reaktivieren und deutsches Recht in die Welt tragen. Allah sei Dank hat die Weiberwirtschaft während der Merkeljahre die Bundeswehr dermaßen ruiniert, dass an eine Vergrößerung des deutschen Territoriums so wenig zu denken ist wie an einen Menschenrechts-Djihad außerhalb Deutschlands unter Missbrauch deutscher Truppen.

Allerdings erleben wir derzeit den von den Globalisten organisierten und von einer beispiellosen Propaganda flankierten

Versuch, einfach die Grenzen einer immer effeminierteren westlichen Welt abzuschaffen und somit auf typisch weibliche Art – nicht penetrieren, sondern sich penetrieren lassen – einer universalistischen Agenda zur Ausbreitung zu verhelfen. Das wird so sicher schiefgehen wie alle linken Gesellschafts-, oder besser: Menschenexperimente, aber Menschen ihr Heimatrecht abzusprechen gälte zumindest andernorts als Anstiftung zum Bürgerkrieg.

In der Völkerrechtsliteratur, um auf die zweite Aussage des Forschungsstellenpapageis zu kommen – wer sich fragt, ob so ein Leben als Papagei nicht anstrengend und ein bisschen würdelos ist, verkennt erstens die Konstitution eines Papageis und zweitens dessen Bedürfnis nach einem regelmäßig gefüllten Futternapf –, gibt es aus einem einzigen Grund keine Diskussionen über ein Recht auf Heimat: weil es selbstverständlich ist. Weil ohne ein solches ungeschriebenes Recht gar kein Völkerrecht existierte. Nur ein paar autoaggressive Westler sehen das anders, und gewiss besteht eine Tendenz zum globalisierten Nomadentum einer elitären heimatlosen Minderheit, aber erklären Sie mal einem Türken, Russen, Japaner, Vietnamesen, Guatemalteken oder Algerier, er habe kein Recht auf Heimat, sein Land stehe allen offen, die fürderhin darin leben wollten, er habe sogar dafür zu zahlen, sonst sei er nämlich ein Nazi, Rassist und Teufelsanbeter. Viel Vergnügen!

4. Oktober

Für die tägliche Dosis Degout sorgt, wenn gerade kein anderer zur Stelle ist, recht verlässlich der aktuelle Bundespräsident.

In seiner Rede zum 3. Oktober verkündete Steinmeier den schon länger hier Parierenden: »Wie grundsätzlich verschieden war 1871 von 1990. Mit eiserner Hand wurde im Kaiserreich auch nach innen durchregiert. Katholiken, Sozialisten, Juden galten als ›Reichsfeinde‹, wurden verfolgt, ausgegrenzt, eingesperrt; Frauen von politischer Mitbestimmung ausgeschlossen.«

Der Bundespräsident erklärt: Juden galten im Kaiserreich als Reichsfeinde, wurden verfolgt, ausgegrenzt und eingesperrt.

Und kurz darauf heißt es: »Die Wiedervereinigung von 1990 wurde gerade nicht begleitet von Säbelrasseln und Eroberungskriegen.«

1871 führte Preußen also einen Eroberungskrieg* gegen Frankreich, heimtückischerweise trotz französischer Kriegserklärung.

Ist dieser Mann noch bei Sinnen?

Für dergleichen Aussagen kursieren hierzulande derzeit folgende und zum Teil auch von unserem in stündlich zunehmender Apokolokyntosis** ergrauten Nationalstaatsbestattungsredner verwendete Begriffe: Fake News, Fake History, Geschichtsklitterung, Geschichtsrevisionismus. Weder galten Juden im Kaiserreich als »Reichsfeinde«, noch wurden sie staatlich verfolgt oder gar wegen ihres Judeseins eingesperrt. Vielmehr erhob die Reichsverfassung von 1871 alle deutschen Juden zu gleichberechtigten Staatsbürgern. Juden gründeten Unternehmen, stiegen auf im Bankwesen und an den Universitäten, strömten in die freien Berufe. Gerson von Bleichröder war »der Bankier Bismarcks«, der Reeder Albert Ballin gehörte zu den engsten Vertrauten Kaiser Wilhelms II. Die Gemeinden blühten, zahlreiche neue Synagogen wurden gebaut – womöglich nicht ganz so viele wie inzwischen Moscheen in der Bundesrepublik, aber Moschee und Synagoge, das ist ja im Grunde das Gleiche, gerade für Juden – etwa in: Eppingen (eröffnet 1873), Heilbronn und Laupheim (1877), Heidelberg (1878), Göppingen (1881), Bruchsal (1881), Konstanz (1883), Ettlingen (1889), Pforzheim (1892), Baden-Baden (1899), Weinheim (1906), Künzelsau (1907), Bamberg (1910).

Wem aufgefallen ist, dass es sich, von Bamberg abgesehen, um Beispiele aus Baden-Württemberg handelt: In der Tat, ich habe nur ein Bundesland ausgewählt, und dort lediglich die repräsentativeren Bauten; sie mögen als Partes pro Toto hinreichen, sonst würde die Liste endlos. Allein in Berlin sind im Kaiserreich sieben neue jüdische Gotteshäuser eröffnet worden (für eines davon steuerte Seine Majestät persönlich die Wandverkleidung bei). Alle diese Synagogen wurden von den Nationalsozialisten zerstört. Und das dürfte auch der perfide Grund sein, warum Steinmeier die Juden mit den Sozialistengesetzen und dem Kulturkampf framt. Der Präsident von Gnaden der Antisemitenimportspediteurin Merkel will den historischen Analphabeten, die er offenbar in großer Zahl unter seinen Zuhörern vermutet, das Kaiserreich als logisches Prius der nationalsozialistischen Judenverfolgung verkaufen.

Die Vermutung, dass Steinmeier bzw. seine Redenschreiber keine besonders gebildeten, wenngleich desto fester in ihrem sozialdemokratischen Glauben ruhende Menschen sind, habe ich in diesem Diarium gelegentlich ausgeführt. Aber diesmal hat sich unser Lapis villicus bzw. Lapis stultus (um ein Wort zu latinisieren, welches Eckhard Henscheid dereinst für einen gemütvoll vergaunerten Linken prägte) in die Sphären der retrospektiven Niedertracht salbadert.

Noch ein Wort zu den anderen Unterstellungen von Merkels präsidialem Bauchredner.

Frauen waren zu Kaisers Zeiten überall auf der Welt »politisch ausgeschlossen«, obwohl sie seit 1908 in Deutschland immerhin in Parteien eintreten und dort Ämter ausüben durften. Das aktive Wahlrecht für das schöner konstruierte Geschlecht wurde in Deutschland 1918 eingeführt, wie übrigens auch in England; die frivolen Französinnen hatten bis 1944 Gescheiteres zu tun, dann mussten oder durften auch sie ran. Der Vorwurf an das Kaiserreich, es habe kein Frauenwahlrecht gestattet, ist ungefähr so sinnvoll wie die Bezichtigung, man habe sich unter Kaiser Wilhelm ausschließlich mit mechanischen Zahnarztbohrern traktieren lassen müssen.

Bei den Sozialistengesetzen handelte es sich um ein ähnliches staatliches Vorgehen gegen die Opposition, wie es die »Altparteien« (Claudia Roth) heute gegenüber der AfD praktizieren, wobei damals die Polizei für jene Exklusionsmaßnahmen zuständig war, die im smarten Gesinnungsstaat von der solide durchalimentierten sogenannten Zivilgesellschaft – sowie, was die härteren Fälle betrifft, von der Antifa – erledigt werden.

Weil die Parallelen so entlarvend sind, zitiere ich nochmals den SPD-Politiker und späteren Reichswehrminister Gustav Noske, der in seiner Autobiografie über die Zeit der Sozialistengesetze geschrieben hat: »Nur ganz wenige Wirte gaben zu Zusammenkünften mit größter Heimlichkeit ihre Lokale her, weil sie polizeiliche Maßregelung zu gewärtigen hatten. Jahrelang sind politische Besprechungen kleinerer Kreise als Landpartien im Wald aufgezogen worden. Kleine Gruppen fanden sich auch als Pfeifenklub, Sparverein und unter anderen Verhüllungen zusammen. Das Spitzelwesen war stark.« Dennoch kam es vor, wie Brigitte Seebacher-Brandt in ihrer August-Bebel-Biografie schreibt, dass Anträge, die Bebel als Mitglied der II. Kammer des Sächsischen Landtags stellte, »von der bürgerlichen Kammermehrheit angenommen wurden« (bei AfD-Anträgen ist das ausgeschlossen).

Bismarck hatte zwei Anschläge auf Kaiser Wilhelm I. im Mai und Juni 1878 zum Anlass genommen, die Sozialdemokratie in die Illegalität zu drängen. Damals rückte die regierungsnahe Presse die Attentäter in die Nähe der Sozialdemokraten, was speziell bei einem von beiden, Max Hödel, nicht schwer war, denn er hatte zuvor der SAPD angehört. Nach dem ersten Anschlag war Bismarcks Ausnahmegesetz noch im Reichstag gescheitert, aber nach dem zweiten Attentat, bei dem der Monarch schwer verletzt wurde, trat das Sozialistengesetz in Kraft. Malen wir uns zwei Anschläge auf die Bundeskanzlerin oder auf Herrn Steinmeier aus, die Allah verhüten möge: Von *taz* bis *FAZ* täte die kanzleramtsnahe Presse nichts anderes, als eine Verbindung zur AfD und zu den Rechten herzustellen, und es wäre fraglich, ob im allerbesten Deutschland tatsächlich zwei Anläufe zum Verbot erforderlich wären …

Im »Kulturkampf« mit der katholischen Kirche indes regierte Bismarck tatsächlich mit eiserner Hand. Er ließ im großen Stil Kurienbesitz beschlagnahmen und Hunderte katholische Geistliche hinter Gitter setzen (wobei sie dort noch nicht die vergnügliche Bekanntschaft mit schwarzen Drogendealern und arabischen Messerstechern schließen konnten, was einem Knastaufenthalt ja erst sozialpädagogische Würze verleiht). Die Pointe des Kulturkampfes aus heutiger Sicht besteht darin, dass Steinmeier und Genossen inhaltlich sehr auf Seiten des Eisernen Kanzlers stünden, sowohl bei der Trennung von Staat und Kirche als auch bei der Einführung der »Zivilehe« (seinerzeit einer der Zankäpfel), ohne welche eine »Ehe für alle« nimmermehr hätte vorstellig werden können.

* Wenn Steinmeier auf den Elsass und Teile Lothringens anspielt, müsste er immerhin von einem *Rückeroberungs*krieg sprechen.

** »Verkürbissung« (so Seneca über Kaiser Claudius, sicherheitshalber nach dessen Ableben)

26. Oktober

Für den im Stahlbad der sogenannten Vergangenheitsbewältigung gehärteten Musterdeutschen ist praktisch jeder historische Begriff mit dem Nationalsozialismus konnotiert. »Woran denken Sie«, fragt der MDR Kultur, »bei ›Exil‹ und ›Exilliteratur‹? Drängen sich da nicht Gedanken an die Zeit des Faschismus, an die Bücherverbrennungen der Nationalsozialisten auf?«

Das ist merkwürdig, schon angesichts der zahlreichen Exil-Iraner, Exil-Russen, Exil-Vietnamesen, Exil-Kubaner, Exil-DDRler etc. pp., die sich in der Bundesrepublik niederließen. Auch die in diesem Kontext nicht ganz uninteressante Monika Maron nahm 1988 in der Bundesrepublik Zuflucht. Exilanten gibt es seit je, von Themistokles, der Exil bei den Persern fand, über Ovid und Dante bis zu Heine, der nach Frankreich emigrierte, oder Marx, den es nach London verschlug. Die beiden bedeutendsten Denker des Toleranzmärchenlandes al-Andalus, Averroes und Moses Maimonides, gingen ins Exil, um ihr Leben vor den Islamfanatikern zu retten. Scharen von Franzosen flohen vor der Terreur der Jakobiner ins Ausland (man schätzt, 150 000), darunter Männer wie Chateaubriand, La Fayette, Joseph de Maistre und König Ludwig XVIII. Auch unser vorerst letzter Kaiser musste sein Leben im Exil beschließen.

Der Begriff Exil ist also ein politisch eher neutraler – es gingen ja auch zahlreiche Nazis und Diktatoren ins Exil –, und er überspannt die Jahrhunderte. Wer ihn reflexhaft auf diejenigen bezieht, die vor dem NS-Terror aus Deutschland geflohen sind, verfolgt Interessen. Das Exil ist nicht nur ein Flucht-, sondern auch ein Sehnsuchtsort, an welchem man vor denen Ruhe zu finden hofft, in deren Mitte zu leben unerträglich wurde, und es gehört zu den unangenehmsten Vorstellungen, die der Begriff One World in mir weckt, dass diese Eine Welt keine Exile mehr kennen würde.

Der Minimalsinn von »Exil« wäre also die Beschreibung eines Ortes, an den man sich begibt, um von irgendeiner existenzversauenden Sache verschont zu bleiben. Insofern besteht nicht der geringste seriöse Einwand gegen die dennoch irgendwie schlimme Idee der Dresdner Buchhändlerin Susanne Dagen, eine Editionsreihe unter dem Titel »Exil« herauszubringen.

Die ersten drei, im Frühjahr erschienenen Bändchen stammen von Monika Maron, Uwe Tellkamp und Jörg Bernig, alle drei bekanntlich inzwischen hochumstrittene und z. T. martialische Gesellschaftsspalter – »Wie Uwe Tellkamp sich martialisch im ›Exil‹ austobt« (MDR Kultur) –, überdies Vertrauensvorschussveruntreuer – wozu schenkt man Leuten Literaturpreise, wenn sie später ihrem Staat, der ihnen alles ermöglicht hat, in den Rücken fallen? –, und womöglich sind es, wer weiß, irgendwann Kandidaten für ein tatsächliches Exil.

Die *FAZ* überschreibt ein Porträt von Monika Maron mit »Im Exil«. Der Artikel hebt an mit den Worten: »Wir leben in einem Land, so suggeriert es uns Maron allen Ernstes in ihrem toxischen Cocktail aus Selbstgerechtigkeit, Ressentiment und Machotum, in dem die Meinungsfreiheit wieder so eingeschränkt ist wie in der DDR.« Das soll sie bereuen!

Der Schoß ist fruchtbar noch, schon gibt das nächste Terzett sein Debüt in der »Exil-Edition Buchhaus Loschwitz«. Auf eines der drei will ich heute hinweisen. Es handelt sich um das Buch »Rettet den gesunden Menschenverstand!« von Eva Rex, einer aus Katowice (heute Dunkelpolen) stammenden und in Dresden lebenden Schriftstellerin. Die Slawistin und Historikerin beginnt ihre Betrachtung mit Fragen:

»Wie kommt es, dass die meisten Mitglieder der westlichen Gesellschaften so merkwürdig apathisch und desinteressiert an ihrem eigenen Geschick agieren und ihrer eigenen Verdrängung (als Volk, als Nation, als Kultur) entgegensehen, ja diese sogar beklatschen? Warum sind moderne Menschen trotz ausdifferenzierter Individualisierung und Aufgeklärtheit so empfänglich für ideologische Großkonzepte wie *Gleichstellung, Multikulturalismus* und *Kampf gegen den Klimawandel*? Warum begegnen uns gerade in Künstlern und Intellektuellen die fanatischsten Befürworter dieser neuen Ideologien? (...) Wie kommt es, dass so viele sich nicht mehr auf ihre eigene Wahrnehmung verlassen und nicht den Mut haben, sich ihres Verstandes zu bedienen?«

Plausible Antworten findet sie skandalöserweise bei Hannah Arendt (für deren Befreiung aus der absurden linken Umarmung Frau Rex schon seit Längerem plädiert). Und zwar im Buch »Elemente und Ursprünge totaler Herrschaft« – man muss den Wikipedia-Eintrag dazu lesen, um würdigen zu können, wie unsere wuseligen Linksscheitler die einst ja ebenfalls hochumkämpfte, zeitlebens allen intellektuellen Moden abholde Denkerin – von der ich übrigens den Begriff »kleiner Eckladen« (bei ihr mit dem Zusatz »des Denkens«) stibitzt habe – von Anstößigkeiten befreiten und auf Linie stutzten.

Anders als bei der herkömmlichen Tyrannis mit ihren konventionellen Motiven beruht die totale Herrschaft Arendt zufolge immer auf einer Ideologie. Diese Ideologie erhebe Anspruch auf universelle Geltung, mobilisiere dafür die Massen und verheiße die Verwirklichung einer Fiktion, an deren Ende eine neue Welt und der neue Mensch stünden.

Wer heute auch nur für eine Seminarstunde in eine sogenannte geisteswissenschaftliche Fakultät einer beliebigen westlichen Universität blickt, wird feststellen, dass alles, was älter als, sagen wir, zwanzig Jahre oder auch Wochen ist, dort im Grunde nichts mehr gilt. Kann also eine vor 70 Jahren – wenn immerhin auch nicht von einem *Cis-Mann* – veröffentlichte Analyse unsere heutige Situation auch nur um ein Millilux erhellen?

Eva Rex behauptet, ja. Schauen wir also mit ihr auf die Kriterien (vulgo Elemente und Ursprünge), die Hannah Arendt zufolge eine totalitäre Herrschaft kennzeichnen.

Erstens: Die Gesellschaft ist atomisiert und zugleich homogenisiert, die traditionellen Bindungen durch Klassen, Stände, Familien, Geschlechter, Nationen, Identitäten sind weitgehend aufgelöst. Ein im sozialen Vakuum lebender Massenmensch bevölkert die Städte.

Zweitens: Aus dieser Orientierungs- und Bindungslosigkeit resultiert ein kollektiver Mangel an Urteilskraft. Er äußert sich in einer Mischung aus Leichtgläubigkeit und Zynismus und mündet in eine Revolte gegen den Wirklichkeitssinn – gegen den bei Arendt noch ganz zentralen »gesunden Menschenverstand« (auf den sich heute bekanntlich nur Ewiggestrige berufen). Die Philosophin – die übrigens in ihrer Totalitarismusanalyse noch ganz frisch und frei die trefflichen Termini »Mob« und »Gesindel« verwendet (nicht für die Massen, sondern für den Mob und das Gesindel) – schreibt: »Die Mentalität moderner Massen (...) beruht darauf, daß sie an die Realität der sichtbaren Welt nicht glauben, sich auf eigene, kontrollierbare

Erfahrungen nie verlassen, ihren fünf Sinnen mißtrauen und darum eine Einbildungskraft entwickeln, die durch jegliches in Bewegung gesetzt werden kann, was scheinbar universelle Bedeutung hat und in sich konsequent ist. (…) Auf sie wirkt nur die Konsequenz und Stimmigkeit frei erfundener Systeme, die sie mit einzuschließen versprechen.«

Drittens – gleich in den Worten von Arendt (auch alle folgenden Zitate stammen von ihr) –: »Der Egozentrismus (der modernen Massen) konnte kein gemeinsames Interesse entstehen lassen, und war daher oft mit einer typischen Schwächung des Instinkts der Selbsterhaltung verbunden. Selbstlosigkeit, nicht als Güte, sondern als Gefühl, daß es auf einen selbst nicht ankommt, daß das eigene Selbst jederzeit und überall durch ein anderes ersetzt werden kann, wurde ein allgemeines Massenphänomen.«

Viertens: Die geistigen Eliten haben sich freiwillig gleichgeschaltet und betreiben primär Systempropaganda. Gerade sie hegen eine »Neigung für die abstraktesten Vorstellungen, diese leidenschaftliche Vorliebe, ihr Leben nach sinnlosen Begriffen zu gestalten, wenn sie dadurch nur dem Alltag und dem gesunden Menschenverstand, den sie mehr verachteten als irgend etwas sonst, entgehen konnten«.

Fünftens: Frei erfundene, aber in sich logische Systeme beherrschen das Denken der Menschen und erzeugen eine Hyperrealität. »Während die totale Herrschaft einerseits alle Sinnzusammenhänge zerstört, mit denen wir normalerweise rechnen und in denen wir normalerweise handeln, errichtet sie andererseits eine Art Suprasinn (…). Über der Sinnlosigkeit der totalitären Gesellschaft thront der Suprasinn der Ideologien, die behaupten, den Schlüssel zur Geschichte oder die Lösung aller Rätsel gefunden zu haben.«

Sechstens: Die Massen werden mit sogenannten wissenschaftlichen Beweisen von der Stichhaltigkeit der staatlichen Pläne und Maßnahmen überzeugt. »Diese ideologisch verankerten Lügen (sind) unantastbar. Sie werden mit sorgfältig ausgearbeiteten Systemen pseudowissenschaftlicher Beweise geschützt.« – »Im Gegensatz zu älteren Formen politischer Propaganda, die dazu neigt, sich auf die Vergangenheit zu berufen, um Gegenwärtiges zu rechtfertigen, benutzt totalitäre Propaganda die Wissenschaft, um die Zukunft zu prophezeien.«

Siebentens: Gemäß dem strikten Determinismus der Ideologie steht am Ende des gesellschaftlich eingeschlagenen Weges eine Transformation der menschlichen Natur, das Erreichen einer neuen Gattungsqualität. »Diese Exekution der objektiven Gesetze von Natur oder Geschichte soll schließlich die Menschheit produzieren.«

»Woran«, fragt Eva Rex, »erinnert uns das?«

Was in diesen sieben Punkten beschrieben wird, erleben wir derzeit tatsächlich wieder, wenn auch auf vollkommen andere, unvergleichlich weniger gewaltsame, unvergleichlich smartere und von den Sirenengesängen des Humanitarismus begleitete ungleich raffiniertere Weise, aber in einer vor allem dank Big Data bewerkstelligten Totalität – es gab nie ein zentralistischeres Gebilde in der Menschheitsgeschichte als die Allianz von Google, Facebook et al. –, die den Vergleich mit ihren freiheitsfeindlichen Vorgängern nicht scheuen muss. Freilich betreffen die Folgen ausschließlich den Westen. Die afrikanischen, asiatischen, orientalischen Völker oder Stämme können bleiben, was sie sind, ihr Kindersegen schadet dem Weltklima nicht, ihre Frauen müssen nicht gleichgestellt werden, solange sie frei zwischen Tschador und Niqab wählen dürfen, ihre Religionen, Sitten und Geschlechter sind keine Konstrukte, sondern bunt, sie haben nie andere Völker bzw. Ethnien versklavt und unterdrückt, keine verachtenswerten Eroberungskriege geführt, haben keine Erbschuld abzutragen, und bis heute sind sie an der Diskriminierung Andersartiger nicht interessiert.

Frau Rex holt die Exilantin Hannah Arendt heim dorthin, wo sie allzeit ihren Hauptwohnsitz hatte – nein, nicht ins »Erstaunen vor dem Einfachen« (dort auch), sondern ins *Umstrittensein*. Denn nichts Schlimmeres könnte einem öffentlich denkenden und urteilenden intelligenten Menschen widerfahren, als dass er inmitten dieser weltumspannenden Herde aus Gaunern, Opportunisten, Gierhälsen, Bescheidwissern, Fatzkes, Gläubigen, Huren, Banditen, Idealisten, Beutelschneidern und Einfaltspinseln nicht wenigstens *umstritten* wäre.

Natürlich ist in siebzig Jahren einiges passiert, was nach einem, wie es neudeutsch heißt, Update oder auch Great Reset der Arendt'schen Analyse verlangt. Das erledigt Frau Rex klug und prägnant. Etwa wenn Arendt feststellt: »Tyrannen und Despoten haben immer gewußt, daß Gleichheit ihrer Untertanen, Ausschaltung von Rangunterschieden und Verhinderung jeder gesicherten, gesellschaftlichen und politischen Hierarchie die unabdingbare Voraussetzung ihrer Herrschaft bildet.«

Eva Rex fährt fort: »Uns hingegen wird vermittelt, dass es sich um Emanzipation aus unterdrückerischen Strukturen handelt.« – »Aber warum sollte der Egalitarismus vor anderen Ungleichheiten haltmachen? Zum Beispiel vor der genetischen?«

Hannah Arendt notiert: »Totale Herrschaft, die darauf ausgeht, alle Menschen in ihrer unendlichen Pluralität und Verschiedenheit so zu organisieren, als ob sie alle zusammen nur einen einzigen Menschen darstellen, ist nur möglich, wenn es gelingt, jeden Menschen auf eine sich immer gleichbleibende Identität von Reaktionen zu reduzieren, so daß jedes dieser Reaktionsbündel mit jedem anderen vertauschbar ist. Es handelt sich dabei darum, das herzustellen, was es nicht gibt, nämlich so etwas wie eine Spezies Mensch.«

Eva Rex – Hannah und Eva (Chawwah), fällt mir gerade auf, was für ein schönes Namenspaar – entwirft dazu ein treffendes Gleichnis: Das Ziel der globalistischen Eliten sei es, »die Menschen zu Plastikgranulat zu zerreiben, damit aus ihnen, bei Bedarf, eine neue PET-Flasche geformt werden kann. (…) Und dafür braucht es die Homogenisierung – das Zerreiben der Menschen zu ethisierten, ökologisierten, pazifizierten, feminisierten und durchgegenderten Bestandteilen des humanitären Universalismus.«

PS: Selbstredend geht die Autorin auch noch auf die totale Mobilmachung gegen Corona ein. Ich bescheide mich mit einer Sottise: »Corona ist eine Servilitäts-App, die nach Belieben aktiviert werden kann.« Die weitere Lektüre stelle ich nicht nur anheim, sondern ich empfehle sie nachdrücklich.

6. November

Die wundersame Stimmenvermehrung der Demokraten bei der Präsidentenwahl bleibt das Thema des Tages. Zum Beispiel das Wunder von Michigan, wo Trump 2 644 525 Stimmen holte – 365 000 mehr als 2016 –, die schillernde Rampensau Biden indes 2 790 648 Stimmen und 520 000 mehr, als damals die etwas blasse Mrs. Clinton auf sich vereinte, womit er den Bundesstaat gewann. Nachdem der Triumph des unberechenbaren Donald Trump das globalistische Establishment vor vier Jahren so unerwartet getroffen hatte, wollen sie die Wiederwahl dieses politischen John-Wayne- oder Clint-Eastwood-Wiedergängers um jeden Preis verhindern; darin waren sich die Wall Street und das Silicon Valley, Big Pharma und Big Data, die Medien und das FBI, Hollywood und die Ostküsten-Schickeria, die Universitäts-Linken und die Antifa, Bill Gates und Mark Zuckerberg, all die Milliardärssozialisten und das Komödiantenpack, die ganze Davos- und Great-Reset-Welt bis hin zu Soros und Merkel einig. Ich vermute, sie hofften den Umfragen diesmal Glauben schenken zu dürfen, denen zufolge Trump keine Chance haben werde, hatten aber für den Fall der Fälle vorgesorgt.

Die Anywheres haben tief in ihre – allerdings üppig gefüllten – Taschen gegriffen und Sleepy Joe eine Milliarde an Wahlkampfunterstützung zugesteckt; Trump kam nur auf knapp 600 Millionen. Wohin das Geld für Biden auch geflossen sein mag, für pompöse Auftritte hat er es jedenfalls nicht verwendet.

Wie aber immer die Sache ausgeht: Donald Trump ist jetzt schon eine historische Gestalt. Er gehört als Friedensbringer und Working Class Hero, als Nichtmarionette und Verteidiger der westlichen Zivilisation zu den bedeutendsten amerikanischen Präsidenten überhaupt, zu den ganz wenigen, die ihre Wahlversprechen eingehalten und ihre Wähler nicht betrogen haben. Klio, die Muse der Geschichtsschreibung, wird dem tapferen und obendrein amüsanten Streiter gegen die globalistische Hydra in ihrem ewigen Buch vergnügt mehr Platz einräumen als Obama und Clinton zusammen.

12. November

Die sächsische Regierung hat den Schock der Wiederaufnahme der Leipziger Protestdemonstrationen verwunden und

Versammlungen mit über 1000 Teilnehmern einfach verboten. Das war bei den originalen Leipziger Montagsdemonstrationen bekanntlich auch nicht anders, da durften nicht mal tausend auf die Straße, und das macht ja erst den Reiz aus; no Staatsgewalt, no fun. Über die Veranstaltung der »Querdenker« am Samstag wurde die Bevölkerung in den Medien verlässlich desinformiert. Das ZDF meldete frei erfundene 40 Angriffe auf Journalisten. Der Journalist Boris Reitschuster fragte bei der Leipziger Polizei nach und bekam zur Antwort, dass der Staatsschutz einzelnen Hinweisen aus sozialen Medien nachgehe, die auf solche Angriffe hinwiesen. Persönlich habe sich kein betroffener Journalist bei der Polizei gemeldet.

Bundesjustizministerin Christine Lambrecht twitterte: »Die Verhöhnung der Wissenschaft und die rechtsextreme Hetze, die wir gesehen haben, sind abscheulich. Die Polizei muss das staatliche Gewaltmonopol verteidigen und darf marodierenden Gewalttätern nicht das Feld überlassen.«

Tatsächlich gingen in Leipzig etwa 45 000 Menschen fast ausschließlich friedlich auf die Straße. Es kam am Rande der Veranstaltung zu Ausschreitungen, wobei nicht klar ist, wer die Randalierer waren bzw. zu wem sie gehörten (zu den »Querdenkern« ja offenbar nicht). Die Randale setzte sich fort bis in das Linkenviertel Connewitz. Ein Leser sandte mir einen Ausriss aus der *Märkischen Oderzeitung* zu, die bemerkenswerte »Berichtigung« einer gleichsam Freud'schen Fehlleistung bei der Fotoauswahl: »Zu der Debatte über die Missachtung von Demonstrationsauflagen bei der Kundgebung der Bewegung ›Querdenken‹ am Sonnabend in Leipzig haben wir versehentlich ein Foto von Ausschreitungen von Linksextremisten gegen Polizisten in Connewitz gezeigt.«

Die Polizei meldete 31 verletzte Beamte, die aber alle dienstfähig blieben, neun davon in Connewitz. Verglichen mit der üblichen linksextremen Folklore zu Leipzig und anderswo verlief die »Querdenker«-Sause praktisch gewaltlos. Der *Spiegel* sieht dennoch die Zeit gekommen, Schluss zu machen mit den Grundrechten für die Falschen. »Schränkt die Versammlungsfreiheit ein«, fordert dort ein Timo Lehmann und bringt sogleich das generelle Verbot solcher Zusammenrottungen ins Spiel. Das strebsame Bübchen schreibt seit zwei Jahren beim *Spiegel* ein trendkonformes Textlein nach dem anderen. Man soll mit niemandem reden, der nur Echo fremder Ansichten ist, aber *über* das Phänomen dieser kollektiven Echos kann man ein Wort verlieren. Ich begann, kaum wiedervereinigt vor dreißig Jahren, den *Spiegel* regelmäßig zu lesen (spätestens als Aust das Blatt verließ, sank mein Interesse freilich wieder); damals wurden die meisten Texte noch ohne Autorenzeile veröffentlicht – das war eine sympathische Marotte des Magazins –, doch der Leser erkannte seine Lieblingsschreiber auch so. Heute stehen unter den Artikeln verschiedene, zum Teil durchaus pittoreske Namen, aber die Texte klingen alle gleich, von der deprimierenden Verarmung in puncto Wortschatz, Sprachwitz und Formulierungseros zu schweigen. Der *Spiegel* war immer ein politisches Tendenzblatt, das heißt, die Trennung von Meldung und Kommentar war allzeit aufgehoben, aber erstens nicht in einem so hemmungslosen Maße wie heute, wo in jedem zweiten Satz und mit jedem dritten Adjektiv kommentiert wird, zweitens nicht dermaßen einseitig und regierungsfromm – das Magazin verstand sich weiland als grundsätzlich regierungskritisch –, und drittens existierte früher ein gewisser Binnenpluralismus, sodass immer wieder Artikel erscheinen konnten, die der Blattlinie zuwiderliefen.

Heute schreiben sie alle dasselbe und vertreten alle dieselbe politische Meinung. Ich führe diese Uniformität der juvenilen Nachrücker, deren Namen sich niemand je merken wird, auf die Journalismusplantagen zurück, in denen sie gepflanzt und mit demselben ideologischen Dünger versorgt wurden. Da sie keine eigene Meinung haben und nur Echos von Doktrinen sind, müssen sie irgendetwas Extremes fordern oder formulieren, um wenigstens einen Tag lang aus ihrer Gruppe hervorzustechen.

Wie gesagt, es ist erstaunlich, aber auch typisch für den Strukturwandel in den Medien, wie viele junge Leute heute die Gazetten bevölkern und für ein Gehalt, für das ich damals morgens nicht aufgestanden wäre, uniforme Texte fabrizieren, die demnächst wahrscheinlich noch billiger von Bots produziert werden – und diese Uniformität steht auch in ihren Gesichtern geschrieben. Man darf einen Teil dieser Schreibkulis durchaus bemitleiden, es sind arme Würstchen, die wohl oft aus Angst um ihre berufliche Zukunft das Gewünschte abliefern. Andererseits ist dort auch der Typus des ewigen Hitlerjungen omnipräsent, des denunziationseifrigen Mitläufers, der sich in seiner Einzimmerbuchte für einen typischen Anywhere hält. Dieser Lehmann sieht ja nicht zufällig aus wie der Hitlerjunge Quex.

Vor ein paar Tagen wurde gemeldet, eine Umfrage unter 86 ARD-Volontären habe ergeben, dass über 90 Prozent von ihnen grün (57 Prozent) oder rot wählen; die AfD bekäme nicht eine Stimme. Heil Vielfalt!

Solche juvenilen Fatzkes sind es wohl meistens auch, die in den Gazetten immer wieder über die sturen, dummen Alten schreiben, die angeblich die Welt nicht mehr verstünden, von den Entwicklungen überfordert seien, an lauter unbegründeten Ängsten litten und aus Motiven der Komplexitätsreduzierung rechts wählten. Tatsächlich ist es andersherum: Jung ist fast immer gleich dumm (die Frühvollendeten, die Hofmannsthals, Weiningers, Rimbauds et al., scheinen ausgestorben zu sein), die Jugend bildet mit ihrer Naivität, ihrem Idealismus, ihrer Vitalität, ihrem Eifer, ihrer Unbildung und ihrer Herdenseligkeit einen idealen Lehm zum manipulativen Zurechtgeknetetwerden, während die Älteren mit ihrer Lebenserfahrung halt vieles ein bisschen besser wissen (ich will den Verknöcherten und Verkalkten hier aber kein Fest machen). Das lässt sich auch in der Geschichte studieren. Immer hat sich die Jugend verführen lassen, ist in Kriege gezogen, hat sich für Ideale geopfert; die Nazis waren eine Jugendbewegung, die Roten Garden Maos bestanden aus jungen Leuten, immer wenn der Stacheldraht ausgerollt wurde, waren die, die es taten, jünger als diejenigen, die dahinter eingesperrt wurden; auch der radikale Islam ist eine Jugendbewegung, der IS ebenso. Die 68er waren eine, und die närrischen Fridays-for-Future-Hüpfer sind es auch. Merkt euch das, Rotzlöffel: Jung und dumm ist fast immer dasselbe. Jung und dumm. Keine Regierung und kein Regime kann sich willigere Trottel wünschen als die Jungen. Jung und dumm. Auch links und dumm. Dumm, dumm, dumm. Ist das endlich verstanden worden?

PS: Von der Hamburger Relotiusspitze wird verlautbart, dass der *Spiegel* von seinen 13 Etagen vier »abmieten« will. Mediensterben von seiner schönsten Seite.

15. November

In der Oper Mannheim ist Puccinis Cio-Cio-San, bekannter als Madama Butterfly, inzwischen ein Junge. Beziehungsweise ein Hermaphrodit, der/die/das ein Kind zur Welt bringt. Einfach so aus Wichtigtuerei, künstlerischer Impotenz, Kulturschickeria-

Beschleimerei und Zerstörungsnotdurft. Und das dumpfe teutsche Publikum nimmt es hin, wie es die Masken hinnimmt, die Steuern, die Asylforderer und deren Sitten, die Strompreise, den Lockdown, Merkels Stammel- und Stummeldeutsch, Steinmeiers Geseier und die Regentänze der grünen Gauner …

Écrasez l'infâme!

21. November

Die *Freie Presse*, von 1963 bis 1989 »Organ der SED-Bezirksleitung Karl-Marx-Stadt«, war die auflagenstärkste regionale Tageszeitung der DDR. Ich habe sie als Kind oft auf dem Wohnzimmertisch meiner im erzgebirgischen Aue lebenden Großeltern gesehen. Der Titel war ein täglicher Schlag ins Gesicht des Publikums, aber mit einem gewissen Sinn für Humor, wie er bei mir ungefähr zur Zeit des Stimmbruchs eintrat, ließ sich diesen tiefenvergaunerten Gazettennamen etwas Komisches abgewinnen, wobei in meinem persönlichen Euphemismen-Ranking das *Freie Wort* aus Suhl, die *Freie Presse* und die *Volksstimme* aus Magdeburg die Spitzenplätze errangen. Um das Jahr 1990 begann für die Redakteure und Leser das kurze Intermezzo der Annäherung von Inhalt und Zeitungsnamen; inzwischen klingen »freie Presse«, »Volksstimme« und »freies Wort« fast wieder so komisch wie ehedem.

»Chemnitzer AfD wählt Klonovsky zum Direktkandidaten für die Bundestagswahl«: diese Meldung der *Freien Presse*, geneigte Leser dieses Diariums, stimmt; ich kandidiere für den nächsten Bundestag (so er überhaupt gewählt und nicht einer Pandemie wegen auf Sankt Nimmerlein vertagt wird), und zwar als Direktkandidat in Chemnitz.

Für die *Acta* wird diese Tatsache zunächst keine Folgen haben, ich beabsichtige weder, das Diarium einzustellen oder in nennenswertem Maße zu reduzieren (die Zugfahrten hören nimmer auf, und die meisten Texte entstehen in der Bahn).

Ich war etwas überrascht vom »friendly fire«, welches nach der Wahl auf mich abgegeben wurde. Ich bin wohl ein exotischer Kandidat, zwar in Sachsen gebürtig und mit Verwandtschaft dortselbst, aber aus Sicht vieler Einheimischer ein Münchner Pfau, »Scheinsachse« und »Anywhere«, zudem parteilos, ein Intellektueller – die gelten nicht ohne Grund als »unzuverlässig« –, also ein Fremder in vielerlei Hinsicht. Zu meiner Überraschung erfuhr ich überdies, dass ich ein »Nato-Fanboy«, »bis 2016 Systemjournalist« gewesen, ein Marktradikaler und wahrscheinlich Jude, jedenfalls ein Globalist sei. Außerdem wolle ich die AfD multikulturalisieren. Die Gegenseite behauptet derweil, ich sei ein Nationalist, Rassist, Sexist, Elitist, Putin-Versteher, Trumpist und wahrscheinlich Faschist, aber mindestens Falangist. Deutschland 2020, ein wundersames Land. Ich will mich allfälligen Neulesern dazu kurz erklären.

Über meinen langjährigen Systemjournalismus kann sich jeder in gewisser Weise zuverlässig über die Schrottsammelstelle informieren. Was mein Nato-Fantum betrifft, das ist schlicht erfunden; dieser Verein hat 1990 seinen Hauptsinn verloren, man kann ihn als Realpolitiker und vor allem als Pole oder Balte mögen, als ein Freund der Nichteinmischung in die Angelegenheiten anderer Staaten gleichwohl sehr kritisch sehen. Die unterstellte Markradikalität ist insofern zutreffend, als ich die Marktwirtschaft für die beste Idee des Wirtschaftens halte. Freilich gibt es eine echte Marktwirtschaft so wenig wie eine echte Demokratie (am nächsten kommt Letzterer vielleicht die Schweiz), und die aktuelle Herrschaft des globalistischen Kraken *bedroht* die Marktwirtschaft genauso wie die internationalistische, enteignungsgeile Linke. Aus dem Silicon Valley kommen lauter Monopolisten wie Google, Facebook etc., und dass staatliche Hochfinanz, Big Data und Big Pharma die Linke als Tentakel gegen die Völker und deren Nationalstaaten sowie mittelständisch geprägte Volkswirtschaften benutzen, zeigt den Frontverlauf deutlich. Der Markt steht für Freiheit, und diese Freiheit wird in die Zange genommen.

Der Hauptvorwurf gegen mich resultiert indes aus dem Videomitschnitt eines Gesprächs und den darin von mir vorgetragenen Worten, die AfD möge »multiethnischer« werden, nicht zuletzt weil dort »viel zu holen« sei. Hören wir noch einmal Gottfried Benns Ptolemäer: »Erstens: Erkenne die Lage. Zweitens: Rechne mit deinen Defekten, gehe von deinen Beständen aus, nicht von deinen Parolen.«

Ein Blick auf die deutsche Bevölkerungspyramide, die keine mehr ist und sich zusehends auf den Kopf stellt, bei farblicher Markierung des Migrantenanteils, genügt zur Illustration. Heute liegt der Anteil der Menschen mit dem berühmten Hintergrund bei 20 bis 25 Prozent, in der Kohorte unter zehn Jahren noch deutlich höher. Das sind alles (künftige) Wähler. Meines Wissens macht das AfD-Parteiprogramm keine ethnischen Unterschiede. *Erkenne die Lage.*

Der wohlstandsverwahrloste, ideologisierte und von Schuldneurosen heimgesuchte Teil der Deutschen bekommt weniger oder keine Kinder mehr. Diese *letzten Menschen* denken nicht mehr über den Horizont der eigenen Lebenszeit hinaus. Es sind inzwischen Millionen, und sie sind nahezu ausnahmslos deutsch (oder westlich). Merkel, Göring-Eckardt, Roth, Hofreiter – neudeutsche Lebensholzwege. Zugleich wählen die Deutschen in ihrer Mehrheit beharrlich Merkel, der gut verdienende, akademisch gebildete Teil von ihnen wahrscheinlich mehrheitlich die Grünen (akademisch gebildet ist nach 40 Jahren linker Gehirnwäsche etwas anderes als *gebildet*). *Rechne mit deinen Defekten …*

Ich habe extra den Begriff »multiethnisch« verwendet, weil ich an Multikultur nicht glaube, nirgendwo gibt es eine funktionierende Multikultur, wie Frau Merkel vor zehn Jahren naseweis erkannte, ist Multikulti »gescheitert« und scheitert überall. Multiethnische Gesellschaften sind dagegen Tatsache, und wenn sie sich auf verbindliche Grundlagen des Zusammenlebens einigen – sie also gerade *nicht* täglich neu aushandeln –, dann können sie auch funktionieren. Einwanderer passen sich normalerweise dem Habitus der Aufnahmegesellschaft an und verändern diese dabei unmerklich. Dieser Vorgang ist allein schon im Eigeninteresse der Einwanderer mit der zweiten Generation abgeschlossen. Wenn sich solche Prozesse sozusagen tröpfchenweise vollziehen, erzeugen sie kaum Probleme, und so ist es im nachantiken Europa auch immer gewesen. Vollzieht sich dieser Prozess hingegen zu schnell, kann oder will sich die neue Gruppe nicht einfügen – integrieren muss sich immer der Einwanderer selbst – und bildet ein separiertes eigenes Milieu. Ein von Zurechnungsfähigen geführtes Land wird das politisch verhindern. Und diejenigen Einwanderer, die Deutschland als Heimat angenommen haben, sind dafür weit bessere Verbündete als etwa die Grünen und deren Klientel oder die Merkel-Lemminge bzw. -Lemuren. Davon abgesehen, dass sie auch die von interessierter Seite gestreuten Rassismus-Bezichtigungen, von deren künftigem Anschwellen wir uns noch gar keinen Begriff machen, entkräften würden; man sehe nur, wie viele Schwarze und Latinos diesmal Trump gewählt haben. ... *gehe von deinen Beständen aus, nicht von deinen Parolen.*

Mehr habe ich dazu eigentlich nicht zu sagen.

12. Dezember

Lektüreempfehlung: Bettina Gruber, »Leben unterm Regenbogen. Das neue Geschlechterregime und seine Folgen« (Manuscriptum 2020), und Sophie Liebnitz, »Antiordnung« (Antaios 2020), wobei anzumerken ist, dass es sich um ein und dieselbe Autorin handelt, Sophie Liebnitz ist ein Pseudonym. Beide Texte korrespondieren miteinander, denn das neue Geschlechterregime ist ein integraler Bestanteil der »Antiordnung«. Wie aber könnte ausgerechnet ein *Regime* etwas Ordnungsfeindliches verkörpern? Ist »Regime« nicht synonym mit »Ordnung«? Darin liegt die Pointe der Betrachtung: Aus der Antiordnung wächst eine Anti-Ordnung, eine Gegen-Ordnung. Die westlichen Gesellschaften werden durch die strukturfeindlichen Ideen des Postmodernismus bzw. Poststrukturalismus nicht etwa befreit, sondern lediglich in ein neues Zwangssystem geführt. Als dessen künftiger Träger bietet sich der »ideokratische« Überwachungsstaat an, wenn es ihm gelungen ist, seine Systemideologie – in unserem Fall: Klimarettung, Antirassismus, Diversität, Weltgesellschaft; andernorts: die Stärkung Chinas – nahezu jedem einzelnen in seinem Machtbereich Siedelnden oder auch Herumschwirrenden als Überzeugung einzupflanzen; der Rest muss desto schärfer überwacht und kontrolliert werden. Am Ende der Auflösung aller Strukturen und Bindungen stünde eine neue »absolute Ordnung« (Liebnitz).

Beiseite gesprochen: Frau Gruber (alias Liebnitz), übrigens Kultur- und Literaturwissenschaftlerin, Dr. phil. habil., hält in unseren alternativlos staatsfrommen Zeiten gemeinsam mit Gott und R. P. Sieferle eine Alternative zu dieser Dystopie für möglich: die »Libanonisierung«, welche »viele autonome Zonen nach dem Muster der CHAZ (›Capitol Hill Autonomous Zone‹) in Seattle hervorbringt. Dort etablierte sich nach der Vertreibung der Polizei umgehend ein (schwarzer) Warlord, der für die Verteidigung der Grenzen seines neuen Territoriums sorgte. Der imaginierte herrschaftsfreie Zustand hielt keine zwei Tage.«

Denn Ordnung hat »ihre eigene Nemesis; man kann sie ablehnen, aber das Bedürfnis nach ihr bricht an anderer Stelle wieder auf«. Das ist eine anthropologische Grundtatsache. Wir sind also gehalten, darüber nachzudenken, ob die immer schnellere und gründlichere Auflösung von Konventionen, Grenzen, »Zwängen« und Verbindlichkeiten der Errichtung neuer Konventionen, Grenzen, Zwänge und Verbindlichkeiten dient und mit dem Diversitäts-Rührwerk bloß obrigkeitsstaatlicher Beton angemischt wird.

Ich habe vorgegriffen. Schauen wir zurück. »Die letzten dreißig Jahre«, notiert Frau Gruber (respektive Liebnitz), »lassen sich als eine Zeit beschleunigter Ent-Strukturierung von Lebenswelten beschreiben.« Dem wird nicht einmal die aliaslose Claudia Kipping-Eckardt widersprechen. Wenden wir uns nun dem Regime »unterm Regenbogen« zu. Die 68er haben die sexuelle Befreiung versprochen. Für sie selber lief es noch gut, die Kerle befreiten die Weiber und umgekehrt bzw. mitunter auch kreuzweise, dann kippte die Sache in ihr Gegenteil, und ich meine nicht die Vermarktwirtschaftlichung und Versportlichung der Sexualität, sondern deren hemmungs-, ja schamlose Politisierung durch verschiedene, unter immer neuen Labeln auftretende Randgruppen, denen es gelungen ist, der Normalität – »Heteronormativität« – des Etikett des Fragwürdigen, Verklemmten, Provinziellen, Unterdrückerischen anzuheften. Da das biologische Geschlecht und mit ihm die sexuelle Identität die erste und elementarste Form des Selbstbewusstseins bilden und für die weit überwiegende Mehrheit der Menschen klar ist, zu welchem Geschlecht sie gehören und welchen Sexualstil sie präferieren, darf von einem feindlichen Akt einer krawalligen Minderheit gegen die womöglich allzu diskret schweigende Mehrheit gesprochen werden.

»Die einstigen sexuellen Befreiungsbewegungen geraten mehr und mehr zu Freiheitsberaubungsbewegungen für all jene, die ihre Definition von Geschlecht nicht teilen und sich sperren, ihr Leben daran auszurichten«, schreibt Gruber. »Die Mehrheit der Bevölkerung in westlichen Staaten hat nicht im Entferntesten begriffen, dass die Kampagnen der Schau-mich-nicht-an-rühr-mich-nicht-an-Blümchen nichts mit Respekt vor Frauen und gar nichts mit Gleichberechtigung zu tun haben. Stattdessen dienen sie einer Ausdehnung staatlicher Gewalt auf Imponderabilien als trojanisches Pferd.« Und deshalb stehen die meisten und insonderheit die verheirateten Heten heute betröpfelt »vor der Tatsache, dass der Staat Mittel zur Förderung zwischengeschlechtlicher Konflikte bereitstellt, statt diese einzuhegen«.

Als idealtypisches Beispiel nennt die Autorin die »Neue(n) Regelungen für geschlechtergerechte Sprache« in Hannover, welche dekretieren: »Das Sternchen zwischen der maskulinen und femininen Endung (…) hebt gezielt den Geschlechterdualismus auf.« Den »Geschlechterdualismus aufzuheben«, kommentiert Gruber, »dürfte bislang kaum unter die Aufgabe von Kommunen gefallen sein«. Wenn die Regierung einer Landeshauptstadt mit einer halben Million

Einwohner den Wunsch nach Aufhebung (= Negierung) der Zweigeschlechtigkeit bekundet – also 99,9 Prozent der Bewohner vors Schienbein tritt –, muss wohl von einem »Rollenwechsel vom Dienstleister zum Erzieher« gesprochen werden.

Bekanntlich haben die Grünen und Linken diese »Sprachspiele« aus den universitären Darkrooms in die Politik und die Öffentlichkeit getragen, womit aus akademischem Tinnef ein Machtanspruch wurde. Gendersternchen sind eine semantische Landnahme und Unterwerfungsforderung; wenn Kommunen, Behörden, Ministerien oder, wie ich eben las, eine Patentanwaltskanzlei diesen aggressiven Nonsens übernehmen, unterwerfen sie sich ihm. Es geht um eine reine Herrschaftsfrage, nämlich um »die Macht zu bestimmen, was Geschlecht denn nun sei, und diese soll ausschließlich den ihrem Selbstverständnis nach ›Progressiven‹ zustehen« (Gruber).

Um Macht geht es auch in der #Metoo-Kampagne, nämlich um die Jobs der (alten) weißen Männer, weshalb beispielsweise Tausende von Migranten vergewaltigte englische Mädchen wie in Rotherham für die #Metoo-Schwestern irrelevant sind. Die weißen Erbsenprinzessinnen wollen zwar in die begehrte Männerrolle einrücken, aber doch nicht in Jobs im pakistanischen Migrantenmilieu. In dieser Kampagne, so Gruber, »kulminiert vorläufig die historisch neue mimetische Rivalität von Frauen gegenüber Männern – ironischerweise indem das alte Modell der schutzbedürftigen und zerbrechlichen Frau in Anspruch genommen wird«. Die ambitionierten Mädels »wirken wie eine Wiederbelebung der ›damsel in distress‹, jener edlen Damen der Ritterromane, die vor Drachen gerettet oder aus der Gefangenschaft böser Zauberer befreit werden müssen. Der klassische Befreier in schimmernder Rüstung ist allerdings nun in der Rolle des Belästigers gelandet, und die Rettung wird von staatlichem Eingreifen erwartet.« Am Anfang steht die Rettung vor der Geilheit der Weinsteins und Brüderles, dann folgt die kompensatorische Quotenregelung und ein Auf-Berge-von-Matratzen-gebettet-Werden in Konkurrenzdingen, bis schließlich auch die Prinzesschen in Positionen einrücken können, die vorher nach Fähigkeiten vergeben wurden.

Machtdemonstrationen sind auch die Pride-Paraden oder der Christopher Street Day, wo die sexuell Depravierten den aktuellen Grad ihres Diskriminiertwerdens mit Unterstützung sämtlicher Kommunen, Institutionen, Parteien, Kulturstätten, Kirchen und Designer zur Schau stellen, nicht selten bis zur gänzlichen Entblößung. »Romantisch inspirierte Altertumsforscher mögen darin eine mit den Dionysien des alten Griechenland vergleichbare Kulthandlung erblicken. Allerdings handelt es sich viel eher um einen Anti-Fruchtbarkeitskult, denn zelebriert werden nicht die Fortpflanzung, sondern unterschiedliche Formen der Abweichung«, meint Gruber. »Die Situation ist historisch vermutlich einzigartig: Eine Gesellschaft repräsentiert sich nicht in ihrer militärischen Macht, in ihren zivilisatorischen Errungenschaften und in ihren Gotteshäusern, sondern im Ausdruck von Sexualität.« Auf die man, sofern sie deviant genug ist, auch noch – im Gegensatz etwa zur Nationalität – stolz sein darf.

In diesem Zusammenhang prägt die Autorin das treffende Wort »Unfruchtbarkeitskult«: »Die Verehrung von Jungfräulichkeit und sexueller Askese ist etwas grundsätzlich anderes. Sie gilt keineswegs der Unfruchtbarkeit, sondern der Enthaltsamkeit. Hier dagegen wird ausschließlich eine Lust gefeiert, die nicht in die Weitergabe des Lebens mündet.« Endlich steril!

Was hier stattfindet, ist ein »Angriff auf Normativität an sich«, und der führt uns zur »Antiordung«. In dem Essay beschreibt Liebnitz (bzw. Gruber), wie das postmoderne Denken der französischen Meisterschmarrköpfe Deleuze, Guattari, Foucault, Derrida et al. auf den Um- und Schleichwegen der Schlagworte, Bruchstücke, Muster und Stimmungen in den metapolitischen Raum gesickert ist und das »grundsätzliche Unterlaufen jeder bestehenden und potenziellen politischen Ordnung und, noch schwerwiegender, das Unterlaufen jedes Versuchs zur Setzung geistiger und symbolischer Ordnungen« zum Modus Operandi in diesem Weltteil wurde (wobei sich den französischen Schienenwölfen natürlich noch die Sprengkommandos der Frankfurter Schule und in Deutschland überdies eine vom Generalknacks der vergangenheitsbewältigenden Nationalverachtung befallene Intellektuellen- und Akademikergeneration abräumlüstern beigesellten).

Wie auch immer die Einflussnahme auf den heutigen Zeitgeist im Nachhinein verteilt ist, jedenfalls etablierte sich die »Struktur als Feindbild«, während die Grenzüberschreitung zur »Meistermetapher« avancierte. Gilles Deleuze' Auffassungen mögen dafür als symptomatisch gelten: Er war antikapitalistisch, »antifaschistisch«, agitierte für Immigration, überhaupt für die Beseitigung von Grenzen, außerdem für die Öffnung von Gefängnissen und die Freigabe der Pädophilie. Umgekehrt denunzierten die gallischen Trenddesigner jede Art von Macht, Autorität und Tradition. »Die poststrukturalistische Kritik ist maßlos. Sie will keine Missstände beseitigen, was sich auch daran zeigt, dass Foucault nicht müde wurde, die Reformbemühungen seit der Aufklärung als heimtückische Ausweitung von Macht und Herrschaft zu kritisieren.«

Chomeinis Islamische Revolution im Iran fand der schwule machtkritische Idiot savant übrigens lobenswert; schließlich war sie antiwestlich.

Heute lösen die Black-Lives-Matter-Krawalle in Übersee viele Verheißungen der Poststrukturalisten ein, speziell in den Stadtteilen, aus denen sich die Polizei (die »Macht«) freundlicherweise zurückgezogen hat. Was eine Öffnung der Gefängnisse – oder, da der Name Foucault fiel, der Psychiatrien – für die Gesellschaft draußen bedeuten würde, interessierte diese Theoriebastler nicht. Ihre »konsequenzblinde Blauäugigkeit«, notiert Liebnitz (eigentlich: Gruber), »entspricht genau der Haltung, mit der Merkel und Co. 2015 über die Risiken der deutschen Grenzöffnung hinwegsahen«. Dass Foucault im Reiche der Mullahs an einem Baukran hängend mit dem Winde getändelt hätte, sofern er seine erotischen Obsessionen auch dort bekennerhaft auszuleben versucht haben würde, sei hier aus einem fatalen Hang zum vollständigen Bild noch beiläufig erwähnt.

»Das durch die Postmoderne herrschend gewordene Ressentiment gegen alles Festgefügte, gegen Religion, Traditionen, Normen, symbolische und reale Grenzen, die Verflüssigung jeglicher Verbindlichkeit und deren schließliches Verdampfen beschädigen nicht nur die Familie, Gemeinschaft und die Widerstandskraft europäischer Gesellschaften, die sich selbst nicht mehr in ihrer Geschichte erkennen und bejahen können; sie bereiten diese Gesellschaften zugleich auf die Übernahme durch eine totalitäre Ideologie vor«, konstatiert Liebnitz (auch: Gruber). Nolens volens, mag man hinzufügen.

Derridas »Dekonstruktion« – es wird »destruiert und eben nicht de-konstruiert« – vergleicht sie mit einem Glasperlenspiel: »eine unverbindliche, selbstbezügliche Spielerei, *die jederzeit durch etwas anderes ersetzt werden kann«* (Hervorhebung von mir – M.K.). Die Frage ist, durch was. Womit ist dieses Denken bzw. Mähren kompatibel?

»Das postmoderne Denken befand und befindet sich in einer Art *prästabilierter Harmonie* mit dem siegreichen Liberalismus und der fortschreitenden Globalisierung«, stellt Liebnitz fest. »Weit davon entfernt, so kritisch zu sein, wie es vorgibt, ist das postmoderne Denken die *symbolische Darstellung* (Repräsentation) der entgrenzten globalisierten Konsumgesellschaft mit ihrer ganzen Beliebigkeit. (...) Die Dekonstruktion und mit ihr die gesamte Postmoderne ist durch ihre servile Spiegelung des Hyperliberalismus ein unglaublich erfolgreicher Fall von Metapolitik.« (Insofern sei übrigens der Begriff »Kulturmarxismus« irreführend, denn speziell unter dem Gesichtspunkt von Ordnungsvorstellungen könne der Unterschied zur klassischen Linken nicht größer sein.)

Ein besonders alarmierendes Symptom des gesellschaftlichen Zerfalls sieht Liebnitz in der Spaltung von Alt und Jung. Der aktuelle Jugendkult, »der sich in einer Elterngeneration ausdrückt, die ihren Kindern bei der Weltrettung hinterherhechelt«, habe eine »grundsätzliche Asymmetrie zwischen den Generationen« erzeugt. »Dic unzweideutige Hetze gegen die Älteren, denen zwar nicht der singuläre Wohlstand, wohl aber alle Probleme der Welt angerechnet werden, ist ein historisches Novum. Eine gefahrenblinde, ›verhausschweinte‹ Gesellschaft war schon gegen die Risiken offener Grenzen blind.« Die Zersetzung der Familienbande und die Schwärzung der Vergangenheit habe »einen Golem geschaffen (...). Erst fallen die Statuen. Was fällt dann?«

Wenn eine Gesellschaft ihrem Zerfall in eine Antiordnung entgegensteuert, müsste sie eigentlich im Chaos enden. Doch, wie eingangs erwähnt, läuft Liebnitz' Prognose auf das Gegenteil hinaus: »Genau die Herrschaftsform, die alles in unerhörter Weise verflüssigt und aufgelöst hat, ist im Begriffe, sich weiter und weiter zu verfestigen und im Wege der Überwachung eine ›Dichte‹ zu erreichen, wie sie früheren Generationen unbekannt war.«

Wenn man sieht, wie derzeit mit Maschinenpistolen bewaffnete Polizisten über Bahnhöfe und durch Züge streifen, um die Einhaltung der Maskenpflicht zu kontrollieren, dann hat man kaum den Eindruck, dass dieser Staat für die absolute Ordnung nicht bereit wäre. Er muss sie ja nicht gleich in sämtlichen Landesteilen durchsetzen, sondern nur dort, wo die Steuern gezahlt und erwirtschaftet werden.

16. Dezember

Sie alle kennen die wilde Schwermut, die uns angesichts der Akademikerprekariatsüberproduktionskrise ergreift. Wie unwiederbringlich sind die Zeiten dahin, da ein auch nur in Teilen absolviertes geisteswissenschaftliches Studium einen sicheren Arbeitsplatz an der Uni, bei einer Partei, Stiftung, Kulturstätte oder in irgendwas mit Medien bedeutete und auf Partys nicht betretenes Schweigen eintrat, sobald sich jemand als Germanistin oder Theaterwissenschaftler vorstellte. Aber heute! Und erst die ganzen Soziologen, Politologen, Sozialpsychologen, Kommunikationsbescheidwissenschaftler, Kulturbegleitbeschwafler, Philokraten, Allosophen, Verbrechenskundler (Neuzeitgeschichtler), interdisziplinären GeschlechterforscherInnen und Genderistas! (Sie kennen diesen uralten gemeinen köstlichen Witz, was ein Politikwissenschaftler ohne Job zu einem Politikwissenschaftler mit Job sagt? »Einmal Pommes mit Majo bitte!«)

Nun zieht unsere Bundeskanzlerin zumindest einen Teil dieses Verdammtenbataillons an ihre immer noch fabelhaft nährenden Brüste, indem sie eine Milliarde Euronen für den »Kampf gegen rechts« lockermacht. Das ist zwar einerseits gemein und bei Zwielicht besehen verfassungswidrig, aber andrerseits ein generöses ABM-Programm für einen Basket of Deplorables, den speziell die geisteswissenschaftlichen Fakultäten unserer Universitäten in den vergangenen Jahren bis an den Rand mit unvermittelbaren Nieten gefüllt haben. Die rechte Opposition – und darin gerade der »Flügel«, dessen Mitglieder doch ständig Jobs auch für eingeborene Minderbegabte fordern – sollte wenigstens *das* akzeptieren; die Leute, die ihnen jetzt zusätzlich hinterherschnüffeln, über sie schreiben, ermitteln, wer wo was zu wem gesagt hat, und sie wortarm denunzieren, müssten sonst von Hartz IV leben.

Ich weiß nicht, ob die Verzapfer des epochalen Dreieinhalbseiters »Es war einmal! Anregung für diskriminierungskritische Perspektiven auf Märchen« ebenfalls Kohle aus dem Gegen-rechts-Reptilienfonds bekommen, verdient hätten sie es: »In Märchen steckt eine Faszination, die von Generation für (sic!) Generation in Form von Erzählungen zu den Urthemen der Menschheit weitergetragen wird. Und in ihnen steckt noch mehr: Antisemitismus, Rassismus, Sexismus, Behindertenfeindlichkeit. Kein Wunder: Sie wurden Anfang des 19. Jahrhunderts gesammelt und aufgeschrieben.«

Hätten Sie's gewusst? Klar hätten Sie.

»Aschenputtel, Rapunzel, Dornröschen, Rumpelstilzchen, Frau Holle, der Froschkönig«, hebt das von »KiDs – Kinder vor Diskriminierung schützen! an der Fachstelle Kinderwelten für Vorurteilsbewusste Bildung und Erziehung©, Institut für den Situationsansatz (ISTA), Internationale Akademie INA Berlin gGmbH« herausgegebene virtuelle Papier an: »Welche Botschaften vermitteln sie Kindern über sich und die Welt? Welche Werte werden in ihnen betont? Welche Kinder finden sich auf stärkende Weise in ihnen wieder, welche auf abwertende oder stereotype Weise und welche überhaupt nicht?«

Welches Kind findet sich auf abwertende Weise in Märchen wieder? Wahrscheinlich diejenigen, die sich mit dem dummen Hans identifizieren, der die Prinzessin nehmen muss, obwohl er schwul und im falschen Körper geboren ist und sie eine weiße Suprematistin.

»Die Antworten auf diese Fragen sind nicht eindeutig. Es soll daher nicht darum gehen, Märchen zu ›verbieten‹.«

Sie bemerken, geneigte Leserin, bei der Autorin dieses Textes – es kann nur eine Frau sein – handelt es sich wahrscheinlich um eine Staatsrechtlerin, Einser-Juristin und Verfassungsrichterin in statu nascendi.

»Wir möchten dazu anregen, den eigenen kritischen Blick zu schärfen und sich bewusst dafür zu entscheiden, ob und welche Märchen weitergegeben werden. Welche Inhalte sollen ins Töpfchen und welche verschwinden im Kröpfchen?«

Uff. Nicht verbieten, nur ins Kröpfchen. Aber warum? Darum:

»Frauen kommen als aktive Akteurinnen in Form von bösen Hexen, bösen Feen oder bösen Stiefmüttern vor. Die Alternative besteht darin, sich als Prinzessin vor allem durch Schönheit auszuzeichnen und passiv errettet zu werden. Männer müssen stark und/oder mutig sein. Manche haben eine Behinderung, werden als ›dumm‹, klein, bucklig oder halb Mensch/halb Tier beschrieben und können im Laufe der Geschichte entweder erlöst oder für immer verflucht werden. Die Ehe gilt als oberstes Ziel, die Monarchie als beste Staatsform und allgegenwärtige Gewalt an Kindern als normal. Alles Dunkle wird automatisch mit ›dem Bösen‹ in Verbindung gebracht und ›Haut weiß wie Schnee‹ und ›goldenes Haar‹ zu haben ist als rassistisches Schönheitsideal erstrebenswert. Homosexualität, People of Color, muslimischer Glaube, Trans*personen und vieles Weitere kommen gar nicht erst vor.«

Auch Elefant, Nilpferd, Pinguin und Gnu suchen sich in Grimms Märchen vergeblich, während es in afrikanischen Märchen von Weißen, Buddhisten, Schäferhündinnen und emanzipierten Frauen weidlich wimmelt. Immerhin: Die Pechmarie darf bleiben, Rosenrot auch. Schneeweißchen und Rapunzel müssen sich die Haare färben, auch wenn sie nicht in Malmö oder Molenbeek leben. Aber dass der muslimische Glaube in Grimms Märchen nicht vorkommt, obwohl »der Islam seit 2000 Jahren zu Europa gehört« (Frans Timmermans), kann nicht hingenommen werden. »Sultan Drosselbart« wäre ein Anfang. »Imam Allwissend« und »Die beiden Emirskinder« könnten folgen.

»Vieles Weitere kommt gar nicht vor«: Wahrscheinlich ist die Autorin doch keine Juristin, sondern Literaturkritikerin.

»Es stimmt, dass sich die damaligen gesellschaftlichen Machtverhältnisse und die Position der Gebrüder Grimm in jener Gesellschaft in den Märchen widerspiegeln. Zum Glück hat sich in Fragen sozialer Gerechtigkeit seit Anfang des 19. Jahrhunderts doch einiges verändert! Warum sollen junge Kinder veraltete diskriminierende Darstellungen erst kennenlernen, um sie dann wieder verlernen zu müssen? In den ersten Lebensjahren ist es wichtig, dass Kinder ihr Selbstbild mit möglichst wenig abwertenden Botschaften entwickeln können.«

Gerade wenn sie immer noch weiß und blond sind und das wieder verlernen müssen.

»Deutschland ist eine von Diskriminierung geprägte Gesellschaft. Und jede (!) hier aufwachsende Person hat bestimmte diskriminierende Bilder verinnerlicht. Daran sind natürlich nicht allein die Märchen schuld. Sie sind in ihrer jetzigen Form ›nur‹ Teil der Selbstverständlichkeit, mit der Dominanzverhältnisse sich fortsetzen und Generation für Generation weiter gelernt werden und somit allen schaden. Wenn ein Inhalt als schädigend erkannt ist, sollten Kinder davor geschützt werden.«

Aber nur ins Kröpfchen! Nichts verbieten! Ihr Bevölkerungsschutzkommissar für das Erkennen schädigender Inhalte.

»Es ist möglich, lediglich einzelne Textstellen auszulassen oder abzuändern. Abwertende Beschreibungen von Körperformen können weggelassen werden, die Hell/Dunkel-Symbolik umgekehrt oder behindertenfeindliche Darstellungen als individuelle Charaktermerkmale umformuliert werden.«

Als Beispiel, wie »Schönheitsnormen abgemildert« werden können, schreibt die Kinderschützerin – die übrigens Berit Wolter heißt und am Hexenhäuschen der harten Wissenschaft geknuspert hat: Die Maid ist Soziologin »für den Ansatz Vorurteilsbewusste Bildung und Erziehung, Schwerpunkte: Geschlechterreflektierende Frühpädagogik, Adultismus, Vielfalt in Familienformen, Aufklärungsarbeit zu geschlechtlicher und sexueller Vielfalt« (also wahrscheinlich herren- und kinderlos) –: »Das Mädchen freilich gefiel dem Froschkönig überhaupt nicht, denn sie war nicht besonders schön. Sie hatte zu kurze Beine, war auch etwas zu dick und ihre Haare waren wie Stroh. (...) Ich lese lieber vor: ›Das Mädchen gefiel dem Froschkönig nicht, denn sie war irgendwie nicht sein Typ.‹«

Weil: strohhaarig, kurzbeinig und dick. In den Worten eines ~~Klassikers~~ Suprematisten: »Gern lief er fort, der arme Schnick, doch er ist viel zu dumm und dick.«

Das führt uns stracks in die Vielfalt. Unsere Traditions-Umdesignerin plädiert dafür, beim Vorlesen – früh krümmt sich, was ein Buntes werden soll – die Geschlechter zu vertauschen:

»Bei ›Rotkäppchen‹ (…) lassen sich zunächst die Eigenschaften der Hauptakteur_innen des Märchens z. B. die strenge Mutter, das verträumte Rotkäppchen, der starke Jäger und die schwache Großmutter, verändern. So kann etwa die Mutter zum Vater, das Rotkäppchen zur Rotmütze, der Jäger zur Jägerin und die Großmutter zum Großvater werden. Spannend zu beobachten ist, welche Wirkungen das Märchen nun entfaltet und wie sich die Handlungsspielräume der Figuren durch den Geschlechterrollentausch erweitern.«

Sie hat die Wölfin vergessen, die nun den Großvater herunterwürgen muss. Dann fragt Rotmütze: »Großvater, warum hast du rasierte Beine?« Die Jägerin ist zu blöd zum Schießen, die Wölfin frisst auch sie, und der Vater kann endlich seinen behinderten Freund heiraten.

»Und es ist möglich, sich nach Alternativen umzuschauen. Es gibt sie! In den folgenden Büchern kommen starke Mädchen- und Frauenfiguren vor, schwarze Protagonist*innen und Protagonist*innen of Color, und nicht jede Lovestory ist hetero. Weiterhin zu wenig vertreten: Protagonist*innen mit Behinderung.«

Auch dafür hat unsere Die-Bunten-ins-Töpfchen-Sortierer*in originelle Exempel recherchiert:

»Was wäre, wenn Prinzessinnen nicht auf ihren Prinzen warten, sondern ihr Glück selbst in die Hand nehmen? (…) Rapunzel wird eine weltberühmte Architektin für magische

Gebäude, Rotkäppchen findet ihr Glück als Tierschutzaktivistin und Dornröschen macht sich einen Namen als Spezialistin für Schlafstörungen.«

Oder: »Keine Angst vorm bösen Drachen: Sieben Prinzessinnen bringen frischen Wind ins Märchenland! Was passiert, wenn die Prinzessin den Drachen raubt und nicht umgekehrt? Wenn sie den Prinzen befreit und die Drachenkinder babysittet?«

Zuletzt empfiehlt unsere Bratenriecher*in eine »Projektseite« namens »Die Schwestern Grimm« – frei sind noch »Die Geschwister Grimm« und »Die warmen Brüder Grimm« –, »die das Ziel hat, für die Leserin oder den Leser selbst erforschbar zu machen, welche Wirkung die für viele Generationen prägenden Märchen der Gebrüder Grimm haben, wenn man die Geschlechter der handelnden Charaktere variiert. Texte der Gebrüder Grimm werden überarbeitet hinsichtlich der Geschlechter und Namen der handelnden und genannten Charaktere; oft werden so genannte ›Genderswaps‹ durchgeführt.«

Wer hätte gedacht, dass Grimms Märchen einmal zur Konterbande gehören würde? Wobei streng genommen demnächst jedes Buch, das 50 oder mehr Jahre alt ist, dazu zählen wird.

17. Dezember

Immer wenn ich die Kanzlerin sehe, wie sie da im Bundestag sitzt, tiefenverbittert und mundwinkelabwärts mit wahren Marianengräben vertikal durchfurcht, denke ich mir: In diesem Leben gibt es nichts Schönes, nichts, woran die arme Maid sich ästhetisch aufrichten könnte, keine Gobelins, keine Louisseize-Möbel, keine Bälle, keine extravaganten Kleider, keine geschmackvoll eingerichtete Bibliothek – wozu auch? –, keine erlesenen Weine, keine üppig gedeckten Tafeln, an denen gescherzt, gelacht und geflirtet wird, keine Hausmusik, keine amüsanten und geistreichen Gespräche (ich meine als Zuhörerin), sondern immer nur diese faden Politikertypen und widerlich devoten Parteifreunde, verlogenes Gerede aus glatten Mündern, dann endlose Verhandlungen, Pressekonferenzen, Treffen mit dem französischen Gockel, dem sturen Ungarn, jetzt der senile oder auch debile Ami, Telefonate, Intrigen anrühren, SMS schreiben, Fingernägel abkauen, Merz zum zweiten Mal platt- und Laschet lächerlich machen, Hinterzimmergespräche mit einflussreichen Schwachköpfen und tiefenvergaunerten Narzissten. Was für ein gemütsvergammeltes Leben! (Die Formulierung ist geliehen von Kamerad Henscheid.) Aber eben: Dort sitzen, im Präsidium, im Kanzleramt, in den Regierungszentren der Erde, als einstiges Mauerblümchen, als Belächelte, als x-mal (auch von mir) politisch Totgesagte immer noch dort den Platz halten, alle Konkurrenten überleben, jetzt auch diesen Trump überstanden haben, zwischendurch den komischen und durchaus nervenden Vögeln von der Opposition einen Entomologenblick schenkend (um deren Halse sich längst die Schlinge zuzieht), weiterherrschen, thronen, wuchten, kleben. Sie hat sonst nichts. Auch keine Familie – aber immerhin Barack, George und neuerdings Bill, Friede und Liz sowieso. Und Beate! Als sie anfing, wollte sie nichts als dort oben ankommen. Als sie oben angekommen war, wollte sie oben bleiben. Inzwischen hat sie – ungefähr wie, um einen despektierlichen Vergleich zu ziehen, der »Romantiker« Friedrich Wilhelm IV. der preußischen Staatsmaschine nachträglich eine Seele einhauchen wollte – den globalistischen Glauben angenommen und sucht ihr

Seelenheil in der Fernstenliebe. Kein Mensch außer vielleicht Stalin kann ganz ohne Glauben herrschen.

Sie tritt noch einmal an. Jede Wette.

(PS: Die Wette habe ich verloren und bezahlt.)

19. Dezember

In seinem Buch »Religion und kulturelles Gedächtnis« (München 2007, S. 207 ff.) beschäftigt sich Jan Assmann mit dem »programmatischen Synkretismus«, der in Thomas Manns Josephsroman als Mörtel dient, mit welchem der Dichter hebräische, mesopotamische, babylonische, griechische und ägyptische Bausteine zu einem »Mythos von der Einheit des Menschengeistes« verleimt. In Manns Worten entspricht dieser Synkretismus dem »Gesamtcharakter eines Werkes, das vieles zu vereinigen sucht, weil es das Menschliche als eine Einheit empfindet«. Dahinter steckt die gute, in diesem Falle antifaschistische – oder besser: antinationalsozialistische – Absicht: In seiner vor allem während der NS-Jahre geschriebenen Tetralogie postulierte Thomas Mann einen integrierenden Gegenmythos zum Mythos völkischer Exklusivität und rassischer Reinheit. Doch wie ausnahmslos immer verdirbt die politische Botschaft die Kunst (wenn auch in diesem großartigen Werk kaum merklich). »Die gute Absicht«, notiert Assmann, verbinde sich »mit Blindheit für die Andersartigkeit des Anderen und die Fremdheit des Fremden, den man ja nicht gleich zu bekämpfen braucht, sondern einfach nur gelten lassen und respektieren kann, im Sinne jenes ›humanisme de l'autre homme‹, den E. Lévinas lehrt. Fremdheitserfahrung muss nicht notwendigerweise mit Hass und Ablehnung einhergehen. Man kann lernen, das Fremde auch in der Abgrenzung zu achten.«

Man könne sich also, fährt der Ägyptologe fort, die Begegnung Josephs mit Ägypten als »hassfreie Fremdheitserfahrung« vorstellen. Aber Thomas Mann übernahm das ägyptenunfreundliche Bild des Alten Testaments; sein Joseph durchschaut das Pharaonenland sofort und verwahrt sich in seinem tiefsten Inneren gegen ein Ägypten, das für ihn Sündhaftigkeit, Totenkult, skurrile Gottheiten aus halb Tier, halb Mensch und ein absonderliches Gemisch von geistig-theologischer Infantilität und zivilisatorischem Greisentum darstellt. Wobei hier angemerkt sei, dass sich im vor allem in der Torah gezeichneten Negativbild des südwestlichen Nachbarn Bewunderung und Ressentiment vermischen; die theologische Absetzung von Ägypten geschah nicht, weil das Pharaonenreich so abstoßend, sondern weil es so anziehend war.

»Der Mythos von der Einheit des Menschengeistes«, folgert Assmann, »hat Thomas Mann daran gehindert, der geistigen Welt Ägyptens in ihrer Fremdheit ansichtig zu werden.«

23. *Dezember*

Ein Bekannter, der Pianist Stefan Mickisch, sorgt auch für etwas, nämlich für »Entsetzen nach Facebook-Post«.

Was mag er Entsetzliches gepostet haben? Folgendes:

»Nichts ist eines Kulturvolkes unwürdiger, als sich ohne Widerstand von einer verantwortungslosen und dunklen Trieben ergebenen Herrscherclique ›regieren‹ zu lassen.« Hans Scholl 27. Juni 1942

»Nichts ist eines Kulturvolkes unwürdiger, als sich ohne Widerstand von einer verantwortungslosen und dunklen

Trieben ergebenen Herrscherclique ›regieren‹ zu lassen.« Stefan Mickisch 27. Juni 2020

»Missbrauch von Zitat aus NS-Zeit« titelte der Bayerische Rundfunk auf seiner Internetseite und meldete: »Der bekannte Pianist und Wagner-Experte Stefan Mickisch wettert auf seinem Facebook-Kanal schon seit Monaten gegen die Corona-Politik von Bund und Ländern. Zuletzt verglich er sich in einem Post mit dem Nazi-Widerstandskämpfer Hans Scholl. Auf dem Grünen Hügel hat man nun reagiert und den Pianisten zur unerwünschten Person erklärt: Für Mickisch ist die Villa Wahnfried in Zukunft tabu.«

Das wirklich Irritierende ist, dass diese Sauerei ein geschlagenes halbes Jahr ungemeldet blieb. Jetzt erst wird verlautbart, dass »sich selbst langjährige Anhänger von ihm distanziert« haben. Zum Beispiel Sven Friedrich, der Direktor des Richard-Wagner-Museums in Bayreuth, der dem klimpernden Covidioten stracks Hausverbot erteilte, und zwar mit den Worten: »Der zitierte Vergleich ist nun nicht einmal mehr geschmacklos, sondern widerwärtig! Indem Sie die Worte Hans Scholls im gegenwärtigen Zusammenhang der Corona-Pandemie zu Ihren eigenen machen, schänden Sie nicht nur das Andenken eines der wenigen Zeitgenossen im 20. Jahrhundert, auf die wir stolz sein können, sondern missbrauchen ihn auch noch als vermeintlichen Zeugen für den geistigen Abschaum der Gegenwart, mit dem Sie sich so gemein machen und in eine Reihe stellen. Und Sie stellen damit unsere Regierung auf eine Stufe mit dem NS-Regime.«

Eine solche »Gleichschaltung« (so der zu Bayreuth erscheinende *Kurier* assoziationsmächtig) sei unzulässig und »in Friedrichs Augen auch strafbar«.

Mickischs Gleichnis ist eine Eselei, womöglich die Überreaktion eines unschuldig daheim Ein- und von seinem Publikum

Weggesperrten mit Lockdownsyndrom, dem ein nicht anständig, aber normal Gebliebener sagen würde: Hören Sie mal, drehen Sie gerade durch?, kommen Sie mal runter, klar übertreiben die maßlos mit ihren Maßnahmen und versuchen, die Grippe für ihre Machtfantasien und Great-Reset-Pläne zu instrumentalisieren, aber mit solchen Parallelziehungen machen Sie die Sache auch nicht besser, sondern liefern denen sogar noch Argumente, um ihre Kritiker für unzurechnungsfähig zu erklären.

Was aber dieser knall- und quietschdeutsche Kulturfunktionär zelebriert, ist einmal mehr die Nazi-Mentalität auf Nazisuche. Hans Scholl, schreibt unser Abschaumbekämpfer in gerechter antifaschistischer Empörung, sei »einer der wenigen im 20. Jahrhundert«, auf die »wir stolz sein können« – Pech für Richard Strauss, Thomas Mann oder 32 »harte« Nobelpreisträger vor 1933. Allein die liebliche Wortwahl – »widerwärtig«, »schänden«, »Abschaum« – offenbart den autoritären Charakter dieses militanten Mitläufers. Das Unvergleichbarkeitstabu ist verletzt worden! Das ist strafbar! Am besten wegsperren, das Schwein! Das sind letztlich dieselben Figuren, die bei jeder Gelegenheit Nazivergleiche hervorwuchten und denen kein »Rechter« nahe genug bei Goebbels hausen kann. Sie würden gern steinigen, können aber kein Blut mehr sehen. Also: Distanzieren, Tischtuch zerschneiden, Hausverbot, Freundschaftskündigung, Werkausgabenrückerstattung (am besten geschreddert), rituelle öffentliche Händewaschung, Löschen des Mailverkehrs, Sperren des Händikontakts. In einer Minute werden Jahrzehnte vergessen und ausgelöscht. Es reicht! Das war's! Eigentlich hatte man's ja schon lange geahnt, der Kerl hatte doch vor drei Jahren schon mal etwas gesagt, aber man war nicht wachsam genug. Eine solche Bekanntschaft (oder Freundschaft) ist *unverzeihlich* und *muss rückgängig gemacht werden.*

Was für stupide, autoritäre, klemmärschige, zelotische Figuren. Gott, wie ich dieses Land liebe.

PS: Stefan Mickisch schied am 17. Februar 2021 aus dem Leben. R.I.P.

28. Dezember

Über Weihnachten las ich nichts Erbauliches, sondern Gunnar Heinsohns so niederschmetterndes wie augenöffnendes Buch »Wettkampf um die Klugen«. Das 200-Seiten-Bändchen ist mein Buch des Jahres; es scheint mir die wichtigste deutschsprachige Analyse dessen, was uns bevorsteht, seit Rolf Peter Sieferles »Epochenwechsel« zu sein. Sein Gegenstand ist die Verteilung der kognitiven Fähigkeiten unter den konstruierten Völkern und nicht existierenden Rassen mitsamt dem daraus resultierenden titelgebenden Wettbewerb um die Besten. Es handelt sich also aus einer gewissen Perspektive um ein rassistisches Buch. Diese gewisse Perspektive nennt sich die antirassistische, und ihre Kombattanten haben bereits mit der Vorwärtsverteidigung gegen jene Befunde begonnen, die Heinsohn lakonisch analysiert, denn bekannt sind sie schon länger – sie wurden nur dem Publikum noch nie so ungerührt um die Ohren gehauen; Heinsohn, 77, Ökonom und Soziologe, ist Emeritus und Exilant, er kann sich das leisten.

Man darf in der westlichen Öffentlichkeit bekanntlich nicht und auch nicht *positiv* diskriminieren (= unterscheiden), etwa mit der Feststellung: »Ostasiaten sind fleißig und intelligent«, denn das gilt ebenfalls als eine »rassistische Zuschreibung« (obwohl Ostasiaten, *wenngleich nicht alle,* kolossal fleißig und auffallend intelligent sind), schließlich werden sämtliche

Menschen und Menschengruppen gleich befähigt geboren, nur die ungerechten sozialen Verhältnisse verzerren diese Tatsache, weshalb solche Unterschiede beseitigt werden müssen. So lautet das zentrale Glaubensbekenntnis innerhalb der westlichen Welt, ohne dessen regelmäßige öffentliche Bekundung eine politische, universitäre, kulturbetriebliche, mediale oder wirtschaftliche Karriere kaum mehr möglich ist. Zunehmend geraten auch die Naturwissenschaften in den Mahlstrom des Bekenntniszwangs. Das erste und bei näherer Betrachtung einzige Gebot dieser in sadistischer Menschheitsliebe vereinten Glaubensgemeinschaft lautet: Du sollst nicht unterscheiden!

Freilich, da es in Glaubensdingen ohne Manichäismus nicht funktioniert, machen diese (überwiegend weißen) Edlen bei weißen Teufeln denn doch einen Unterschied. Als ein wissenschaftlich verbrämtes Werkzeug des weißen Rassismus gilt unseren (viel zu selten selbst getesteten) egalitären Missionaren der IQ-Test, den übrigens ein deutscher Jude erfunden hat. Der linke Soziologe Pierre Bourdieu verdammte anno 1978 die gesamte Intelligenzforschung als rassistisch, weil die »herrschende Klasse« das IQ-»Konzept« lediglich zur Rechtfertigung ihrer Privilegien missbrauche. Vier Jahre später veröffentlichte Richard Lynn in der Zeitschrift *Nature* den Aufsatz »IQ in Japan and the United States Shows a Growing Disparity«. Der Durchschnitts-IQ der Japaner liege bei 105, fünf Punkte höher als bei Briten und Amerikanern, verkündete der Intelligenzforscher einer staunenden Community. Das heißt, das von weißen Rassisten ausgeklügelte Instrument zum Nachweis ihrer kognitiven Überlegenheit maß tatsächlich – und tut es seither mit konstanter Zuverlässigkeit – die Überlegenheit der »Gelben« (wobei »gelb« hier synonym für *ost*asiatisch steht; es lebe die Differenz!).

An dieser Stelle trennt sich schon die rassistische Spreu vom rassistischen Weizen. Zu Letzterem darf sich nämlich nur zählen, wer Ungleichheiten zum eigenen Nachteil freudig akzeptiert, weil er die Unterschiede als solche heiligt. »Rassismus äußert sich fast immer darin, fremde Kompetenz zu bestreiten und eigene zu überhöhen«, notiert Heinsohn. »Eine antirassistische Politik kann sich nur ehrlich machen, wenn sie Überlegenheit anerkennt.« Na, dann fangen wir mal damit an.

Die Überlegenheit der Ostasiaten bei Kognitionserhebungen ist schon länger bekannt, vor allem durch Tests von amerikanischen College-Absolventen und Studenten (innerhalb der ersten Standardabweichung gern auch »Studierende« genannt, s. o.). Da in den USA die unter anderem von Gott verschieden konstruierten Rassen in den Bildungsstätten öfter und seit längerer Zeit als anderswo in der westlichen Welt aufeinandertreffen, ließen sich die unterschiedlichen Resultate ihrer Lernbemühungen schlecht übersehen, und die Intelligenztests ergaben mit so verblüffender wie für wohlmeinende Pädagogen deprimierender Regelmäßigkeit eine Begabungs-Rangordnung, die sich weder mit finanzieller noch pädagogischer Förderung besonders beeinflussen ließ: vorn Asiaten, in der Mitte Weiße, dahinter Hispanics und Schwarze. Der deutsche Bildungsforscher Heiner Rindermann bestätigte den Befund in seiner Studie »Cognitive Capitalism«: Die 2018er-Ergebnisse der inneramerikanischen Tests für den Zugang zur Universität ergaben bei der Cognitive Ability (CA) im Fach Mathematik: »Asians« 635 Punkte, »Whites« 557, »Hispanics« 489.

Vom japanischen Wirtschaftswunder in den 1960ern und frühen 1970ern abgesehen, als Nippon dem Westen in verschiedenen Schlüsseltechnologien auf den Pelz rückte – deutsche

Kamerahersteller können ein Lamento dazu singen –, schienen solche Resultate für den industriell dominierenden Westen ignorierbar zu sein, bis China in den 1990ern erwachte und Napoleons Prognose einlöste, dieses Erwachen werde die Erde erzittern lassen. Anfangs als Billigproduktionsland von allerlei Plastikschrott und Wegwerftextilien belächelt und als Technologieräubernation beargwöhnt, hat das Reich der Mitte inzwischen auf vielen Gebieten den Westen eingeholt oder die Führung übernommen, während die Einstellung der einst weltgrößten Elektronikmesse CeBIT anno 2018 den Niedergang der deutschen Hightech-Industrie gewissermaßen offiziell beglaubigt hat.

Heinsohn zählt einige eindrucksvolle Exempel auf: Zwischen 2008 und 2018 baute China von den 25 höchsten Gebäuden der Welt 13, zwischen 2003 und 2018 von den 25 längsten Brücken der Welt 15. Von den Schienenkilometern für Hochgeschwindigkeitszüge laufen 54 Prozent durch China, wo man erst 1997 mit dem Bau begonnen hat. Das Land hat 234 Zivilflughäfen, bis 2035 sollen weitere 216 gebaut werden, also pro Jahr ein gutes Dutzend (statt in einem Dutzend Jahren einer). Zwischen 2013 und 2018 steigerte China seinen globalen Anteil an Unicorns – junge Firmen mit mindestens einer Milliarde US-Dollar Börsenpreis – von 0 auf 42 Prozent. 43 Prozent der globalen Veröffentlichungen zur künstlichen Intelligenz stammten schon 2017 aus China. Es gibt etwa 700 chinesische Drohnenhersteller; einer davon – JD – beherrscht allein 70 Prozent des Weltmarktes für zivile Modelle. Unter den fünfzehn Universitäten mit den meisten Topveröffentlichungen (oberstes Prozent) in Mathematik und Computing befinden sich sieben chinesische, sechs amerikanische, zwei aus Singapur; die Nummer 1 ist Tsinghua (Peking). Die Gesamtleistung der Supercomputer verteilt sich so: China 40 Prozent, USA 31, Japan 8. China verfügte schon 2017 gegenüber den USA um ein Dreifaches an Einrichtungen für die Produktion von Hyperschallwaffen; im Dezember 2019 schockte es mit der ersten elektromagnetischen Railgun; vier neue Nuklearflugzeugträger sind geplant. 2018 stammten von 98 in den Weltraum geschossenen Raketen 39 aus China.

Für die Ursachen dieser technologischen Explosion liefern westliche Experten viele Erklärungen – die schiere Menschenzahl, die zentralistische Lenkung der Wirtschaft, die Möglichkeit des rigiden Durchregierens ohne Rücksichten auf Umwelt und Bürger, Industriespionage größten Stils, Plagiat etc. –, nur *eine* nicht. Industriespionage lohnt sich ja nur, wenn man die Technologien erstens kapiert und zweitens die Produkte im eigenen Land konkurrenzfähig produzieren, also verbessern kann; deshalb verzichten die meisten Länder von vornherein darauf.

Eine Tabelle in Heinsohns Opus zeigt die Zahl der Mathe-Asse in der Alterskohorte 2005–09, die ab 2030 ins Berufsleben eintritt (errechnet für 2020). Indikator ist die Leistungsstufe »advanced«, gemessen in der »International Mathematics and Science Study« (TIMSS) von 2015. Die TIMSS ist die wichtigste international vergleichende Schulleistungsuntersuchung, sie wird seit 1995 im vierjährigen Turnus von der International Association for the Evaluation of Educational Achievement durchgeführt. China kommt auf 24,66 Millionen mathematisch Fortgeschrittene, mehr als die restliche Welt zusammen (dahinter folgen die USA mit 2,97, Japan mit 1,8 und Russland mit 1,56 Millionen; Deutschland belegt mit 190 000, drei Plätze hinter der Türkei, Platz 11). Anteilmäßig beherbergen Singapur, Hongkong, Südkorea, Taiwan und Japan noch mehr Mathe-Asse als China.

Hier stellt sich, namentlich für skeptische deutsche Geisteswissenschaftler*innen, die Frage, wie aussagekräftig solche Zahlen und wie wichtig mathematische Fähigkeiten in Zeiten des Klimawandels, der Diversität und der kritischen Weißseinsforschung – eine *kritische Gelbseinsforschung* aber bereits zaunpfahlwinkend im Blick! – überhaupt noch sind. China mag ja 25-mal mehr Mathe-Asse als 'schland besitzen, dafür aber wirft das Land von Gauß, Riemann und Einstein heute 185 Lehrstühle für Genderforschung (Stand 2018) in die Waagschale (China wahrscheinlich null) und ist auch in der geschlechtsmultiplen Semantik weltspitzenmäßig und Ostasien weit hinter sich lassend *auf dem Quivive*.

Heinsohns Prämisse lautet, dass die von TIMSS gemessenen Fähigkeiten für Zukunftstechnologien wie KI und Robotik entscheidend sein werden. »Künstliche Intelligenz«, konstatiert er, »erfordert erst einmal große Volumina an lebendiger Intelligenz«. Als weiteren Indikator für kognitive und technologische Leistungsfähigkeit nimmt Heinsohn die Anzahl der PCT-Patentanmeldungen, wo der Aufstieg der Ostasiaten ebenfalls signifikant ist (67 Millionen Franzosen etwa melden nicht einmal halb so viele Patente an wie 52 Millionen Südkoreaner). Aber warum haben sich die kognitiven Talente der Ostasiaten nicht eher offenbart? Weil wirtschaftsfähiges Privateigentum in Asien noch nicht lange existiert.

»Liefern Mathe-Asse plus Patentdichte plus Eigentumsrechte die optimale Formel für die Voraussage der Zukunft? Man mag das bezweifeln und doch Mühe haben, etwas Überzeugenderes an ihre Stelle zu setzen«, schreibt der »umstrittene« (Wikiblödia) Emeritus und wissenschaftliche Tausendsassa (der sich übrigens unlängst in der Frankfurter DB Lounge neben mich in den Sessel fallen ließ und mit mir zu plaudern begann, als hätten wir uns vor einer Woche zuletzt gesehen; dabei kannten wir uns nur per Mail und trafen uns dort zum ersten Mal). Die Gegenfrage nach zuverlässigeren Kriterien bleibe regelmäßig ohne Antwort.

Es ist ja nicht nur China. Nehmen wir Korea. Nach dem Koreakrieg war das Land komplett zerstört; es hatte schwerere Bombenangriffe erlitten als Deutschland im Zweiten Weltkrieg, im Norden starben zweieinhalb Millionen, im Süden eine Million Menschen. Das Pro-Kopf-Einkommen Südkoreas lag 1957 auf dem Niveau von Ghana. 2018 war es achtzehnmal höher als das ghanaische, obwohl das afrikanische Land weder durch Flächenbombardements noch durch Zwangsprostitution geschunden wurde. Bei der TIMSS-Schüler-Olympiade von 2011 in Mathematik siegte Südkorea bei den Achtklässlern mit 613 Punkten vor Singapur (611) und Taiwan (609); Ghana kam auf 331. 2018 lieferten knapp 52 Millionen Südkoreaner 17 000, 30 Millionen Ghanaer null PCT-Patente. Selbst das totalitär-(»steinzeit«-)kommunistische Nordkorea ist, anders als seine verbliebenen Bruderstaaten Venezuela und Kuba, immerhin in der Lage, Atomsprengköpfe und Interkontinentalraketen zu bauen.

Japan wiederum, die unbestrittene globale Führungsnation beim Vergreisen, zieht pro Jahrgang immer noch sechsmal so viele mathematisch begabte Kinder auf wie Deutschland und zwölfmal so viele wie Frankreich. Aktuell sitzen von den zwanzig patentstärksten Firmen im Sektor KI zwölf in Japan.

Ich könnte jetzt weiter Heinsohns Beispiels zitieren, auch für das Abschmieren der Europäer, wobei Ungarn, Polen, die Skandinavier außer Schweden und die Schweizer immer noch deutlich besser abschneiden als die Deutschen, erst recht als Spanier, Italiener und die kognitiv offenbar komplett ruinierte

Nation von Descartes und Pascal. Aber das soll selbst lesen, wer mag; instruktiv ist es jedenfalls.

Bemerkenswert erscheinen mir noch zwei Aspekte. Es gilt, erstens, als ausgemacht, dass ein längerer Schulausfall den IQ der Schüler senkt (drei Wochen Strandurlaub genügen auch); der Lockdown wird es uns lehren. Während der chinesischen »Kulturrevolution« wurden die meisten Bildungseinrichtungen zugesperrt, das heißt, von 1966 bis 1972 fand im gesamten Land praktisch kein Unterricht mehr statt, Universitätsprofessoren und Lehrer wurden verfolgt, eingesperrt und in großer Zahl umgebracht. »Und doch erreichen Kinder von chinesischen Fabrikarbeitern oder Putzfrauen bei PISA 2012 bessere Prüfungsergebnisse als etwa der Nachwuchs von Anwälten oder Ärzten aus Großbritannien, wo die Schulen immer offen waren« (Heinsohn).

Bis heute, zweitens, verhindert China, wie Japan desgleichen, rigoros jede unerwünschte Einwanderung. Die europäische und namentlich deutsche Offenheit für orientalische und afrikanische Migranten hält man im Reich der Mitte für närrisch bzw. ruinös. Gleichwohl: »Der Demokratiemangel Chinas bleibt ein gewaltiges Handicap dieser größten aller Kompetenzfestungen: Bei der Abwehr von Leistungssenkern ist es unübertroffen. Doch beim Halten eigener und beim Anwerben fremder Talente erweist es sich bestenfalls als zweitklassig.«

Natürlich hat der aktuelle westeuropäische Intelligenzrückstand mit linker Bildungspolitik, egalitärer Hirnwäsche und kriterienlos-idiotischer Einwanderungspolitik zu tun, jedoch beileibe nicht allein. Es bleibt ein so deprimierender wie mich persönlich zutiefst befriedigender Rest unerklärlicher ethnischer Differenzen. »Selbst der Durchschnitt der klügsten zehn Prozent der Kinder aus Russland, Kanada oder Schweden erreicht bei TIMSS 2015 nicht einmal den Durchschnitt aller Kinder in Singapur, Taiwan oder Japan.« Und sollte es sich nicht um eine angeborene, sondern lediglich um andressierte kollektive Intelligenz handeln (wahrscheinlich beides), dann ist es eben die Mentalität, die den Intelligenzvorsprung erzeugt.

In Deutschland kommen als kognitive Abstiegsursachen selbstredend noch die gewaltigen Verluste an jungen Männern in zwei Weltkriegen, der jüdische Aderlass sowie der generelle Dachschaden einer eskapistischen Strebernation in Betracht, die einst den Geist, die Technik, die Forschung und die Wirtschaft anbetete, später die halbe Welt überrannte und jetzt die halbe Welt zu sich einlädt, sofern sie ungebildet genug ist, und Technik, Forschung, Geist und Ökonomie für überwunden hält.

Unter Deutschlands Jugend, bilanziert Heinsohn, ist zwischen 1998 und 2018 das Interesse an Naturwissenschaften um 31 Prozent, an Wirtschaft um 34 Prozent gesunken; profunde Kenntnisse darüber, was das künftige Akademikerprekariat stattdessen studiert, setze ich beim Eckladenpublikum voraus; kein Wunder, dass diese Leute heute Regentänze aufführen, statt Technologien zu verbessern. Das politische Personal liefert ein kongeniales Abbild des postkognitiven Gründeutschlands. So erklärte Bundeswirtschaftsminister Peter Altmaier anno 2018, man werde fürderhin »die besten Forscher der Welt unter Vertrag nehmen«, um das Jahrhundert der künstlichen Intelligenz in die Schranken zu fordern und der deutschen KI-Entwicklung den bislang vermissten Drive zu verschaffen. »Womöglich hat man ihn im Dunkeln darüber gelassen, dass gerade diese hochmobilen und oftmals ledigen Klugen in Deutschland (neben Belgien) höher als irgendwo sonst auf der Welt besteuert werden«, versucht Heinsohn den zum Großen

Sprung Ansetzenden zu erden. »Warum sollten sie also dorthin streben? Man kann die Abgaben auch kaum senken, weil – in der OECD – bei den Sozialbudgets für Schwerbeschulbare Frankreich bereits auf dem 1. Platz liegt und Deutschland sich bereits auf den 5. vorgekämpft hat. Das verstehen die so dringend gesuchten Könner zuerst. Für sie gibt es überall bessere Angebote als ›opfere dich für Rentner und Flüchtlinge, aber ende selbst arm im Alter‹.« Übrigens: Die beiden europäischen Spitzenpartner mit ihren 150 Millionen Einwohnern verfügten 2018 über 215 einschlägige KI-Start-ups. Acht Millionen Israelis kommen auf 383.

Für Sanguiniker und pathologisch Gutgelaunte empfiehlt es sich, Heinsohns Buch auswendig zu lernen; ich streue hier nur ein paar Zitate ein:

»Die Bundesrepublik versorgt permanent 10 Millionen Menschen in der sogenannten Mindestsicherung (Sozialhilfe), kann 2018 aber 130 000 Ingenieure und Informatiker für das Aufholen des digitalen Rückstands nicht finden. Haben 2017 etwa in Japan oder Südkorea drei Viertel aller Internetanschlüsse die für 5G unverzichtbare Breitband-Glasfaser, so begnügt sich Deutschland mit zwei Prozent.«

»Die gesamte Anglo-Welt hat deshalb heute mittlerweile 14 Millionen ostasiatische Neubürger. Kontinentale Westeuropäer und EU-Südeuropäer halten mit 17 Millionen Muslimen dagegen.«

»Der eigene Kognitionsverlust wird im Westen bis heute kaum zum Thema. (…) Man ahnt nichts von der speziellen Überlegenheit derer, mit denen man sich ganz unbekümmert vergleicht.«

Ein kanadischer Einwanderungspolitiker, erinnert sich der schon damals zum Umstrittensein Ansetzende, habe sich ihm gegenüber in den 1980ern gewundert, »dass Deutsche dauernd Grundsatzdebatten darüber anzetteln, ob Intelligenz angeboren oder erworben sei. Wer dann das Ungefällige vertrete, werde sozial vernichtet, auch wenn er ein gescheiter Mensch sei. Wer das allgemein Geglaubte von sich gebe, werde Minister, auch wenn er meschugge sei. Ihm hingegen sei die Frage völlig gleichgültig, solange Intelligenz mitbringe, wer über Kanadas Grenze wolle.«

Australien und Kanada schlossen bereits in den 1970er-Jahren ihre Grenzen und vergeben seither – mit deutlich messbaren Erfolgen – »Pässe nur an Asse« (Heinsohn), während »35 zusätzliche Jahre mit offenen Grenzen die USA um ihre Zukunft gebracht haben könnten«. Mit dem Immigration Act von 1978 entschied Kanada, dass nicht einwandern darf, wer zur Belastung für die Sozialsysteme werde; dafür entfiel die Diskriminierung von Rasse, sexueller Orientierung und Religion. Australien revidierte die White Australia Policy schon 1966 und akzeptierte nichteuropäische Einwanderer, sofern sie dem Land Nutzen bringen. Mit dem Racial Discrimination Act von 1975 wurde das »Könner-Prinzip« (Heinsohn) Staatsdoktrin.

Nachdem zwischen 2009 und 2013 die Zahl der von Schleppern ins Land geschleusten Illegalen von 2700 auf 21 000 gestiegen war, machte Down Under 2013 dicht. 2014 gelangten noch 169 Migranten an Land, danach gaben die Schlepper auf. Zwischen 2009 und 2013 wurden rund 1200 Todesopfer gezählt, 2014 bis 2018 nur noch 32. »Wir sorgen dafür, dass Menschen, die Teil unserer australischen Familie werden, hier arbeiten und nicht von Sozialhilfe leben«, zitiert Heinsohn den zuständigen Minister Peter Dutton. »Wer ein so robustes Migrationsprogramm fährt wie wir, bekommt produktive Neubürger, die dem Land wachsenden Wohlstand bescheren.«

Australien wird so das erste westlich geprägte Land, bei dessen Zuwanderern ein höherer IQ (100) gemessen wird als bei den Eingeborenen bzw. Bio-Aussies (99). »Wer ethnisch nicht diskriminiert, aber auf Leistung besteht, bekommt fast automatisch die Besten auch dann, wenn er vorher gar nicht weiß, wo sie zu finden sind«, konstatiert Heinsohn. In den drei ehemaligen Kronkolonien liegt der Anteil der Chinesen um den Faktor 16 (Neuseeland), 20 (Kanada) und 22 (Australien) höher als in Deutschland. In den USA immerhin um den Faktor 6 (Caltech, als beste technische Hochschule der USA geltend, hatte 2019 unter den Erstsemestern 40 Prozent Asiaten). Selbst Japan beherbergt in absoluten Zahlen sechsmal so viele Chinesen wie die Bundesrepublik.

Der Taiwanese Terry Gou, Chef von Foxconn, mit 800 000 Beschäftigten die größte Elektronikfirma der Welt, versprach der amerikanischen Schutzmacht, in Wisconsin eine Bildschirmfabrik mit 13 000 Arbeitsplätzen zu schaffen. Das Vorhaben scheiterte, weil die verfügbaren amerikanischen Arbeitskräfte den Anforderungen nicht genügten. Die Gegner Donald Trumps quittierten »sein Scheitern mit Schadenfreude, begreifen aber nicht, dass sie damit über den Kompetenzverlust ihrer Heimat jubeln«.

In Deutschland bleiben die kognitiven Defizite deshalb weitgehend unbemerkt, weil das Land unter der Physikerin Merkel aus fast allen Spitzentechnologien ausgestiegen ist (löbliche Ausnahme: Wasserstoffbrennzellen); außerdem gilt hierzulande unter den, wenn man sie denn so nennen mag, Konservativen seit den ersten Gastarbeiteranwerbungen die Maxime, Einwanderer seien für die einfachen Jobs zuständig und dürften den Wunder wie qualifizierten Eingeborenen nicht die guten wegnehmen. Wer sich Bandarbeiter, Putzfrauen und Krankenpflegerinnen ins Land holt, hat morgen die Kinder der Bandarbeiter, Putzfrauen und Krankenpflegerinnen im Land, die in der Regel weder Bandarbeiter, Putzfrauen noch Krankenpfleger werden wollen und stattdessen oftmals auf der Straße oder auf Hartz IV landen – davon abgesehen, dass immer mehr dieser Jobs durch Automatisierung entfallen. Wer sich ostasiatische Bandarbeiter, Putzfrauen und Krankenpflegerinnen ins Land holt, hat morgen deren Kinder an den Universitäten.

Ich überlasse Kamerad Heinsohn das Schlusswort: »Die Innovationen der Zukunft werden kaum mehr von Begabten, sondern fast nur noch von Hochbegabten kommen. Die aber lassen sich nicht durch rechtliche oder pädagogische Reformen gewinnen. Entweder man hat sie und hält sie auch, oder man gewinnt sie im globalen Wettkampf um die Klugen. Wer dabei scheitert, ist verloren.«

Prosit Neujahr!

INTERMEZZO

Man muss sich inmitten von Diversifizierern an jede tatsächliche Differenz klammern wie ein Schiffbrüchiger an den Rettungsring.

Das marxistische Schrifttum nach dem Tode von Marx ist eine einzige durchgehende Reflexion über die Parusieverzögerung.

Antifa und Antirassisten werden immer stärker, je schwächer ihr Gegner wird, und wenn er verschwunden ist, haben sie ihn mimetisch kopiert.

Allein der Nagel in der Wand zu Häupten von Vermeers Milchmagd ist mehr wert als der gesamte Cézanne.

Dass Asterix und Obelix heute Sachsen sind, wer sagt's den Kindern?

Der Linke empört sich mehr über ein falsches Wort als über einen abgeschnittenen Kopf.

Wenn irgendein Jahrhundert der Malerei unverzichtbar ist, dann das siebzehnte.

Immer mehr Deutsche werden Analphabeten, lesen wir in den Medien. Tatsächlich ist es umgekehrt.

Man muss wohl *was mit Geisteswissenschaften* studiert haben, um zu behaupten, Entitäten wie Geschlecht und Volk seien »Konstrukte«, willkürliche Zuschreibungen wie »Rassist« und »Sexist« aber brächten Tatsachen zum Ausdruck.

Der Linke hegt dem Schönen gegenüber ähnliche Empfindungen wie der Teufel gegenüber dem Paradies.

Die repräsentative Demokratie verhält sich zur Demokratie wie die Canaillokratie zur Ochlokratie.

Die Warnung vor dem Faschismus ist das konstante Begleitgeräusch jeder beginnenden linken Diktatur. Ausgenommen die erste, als deren Gegner der Faschismus überhaupt entstand.

1980 war Franz Josef Strauß, 1989 Helmut Kohl der Björn Höcke der Linken und der Medien. Sie werden uns immer irgendeinen Gefährlichen vorsetzen, vor dem sie das Land zu schützen versprechen, während sie den nächsten Sozialismus vorbereiten.

Wer sich von Journalisten die Welt erklären lässt, hat die Kontrolle über sein Leben verloren.

»Gegen Merkels ›Gigantische Transformation‹ ist Sellners ›Großer Austausch‹ nur ein Vogelschiss.« (Leser ***)

Bisweilen muss man sich mit politischen Positionen gar nicht erst beschäftigen; es genügt vollkommen, sich anzuschauen, wer sie auf welche Weise vertritt.

Zur Dialektik postheroischer Gesellschaften: Wäre die AfD wirklich gefährlich, würde sich niemand finden, der sie bekämpft.

Bald werden sie die Ersten vor das Komitee zur Bekämpfung willkommenskraftzersetzender Umtriebe laden. (Übrigens: Der primäre Bezugsrahmen des Rechtsextremismus ist nicht der

Linksextremismus, sondern die Migrantenkriminalität. Aber wie wir in den Vereinigten Staaten sehen, sind an dieser einstweilen noch molekularen Bürgerkriegsfont bizarre Allianzen zu erwarten.)

X. denkt nicht. Er würfelt.

Die unangenehmste Eigenschaft des Linken ist weder sein Neid noch sein Kollektivismus, noch sein Nivellierungsbedürfnis, nicht einmal seine Spitzelgesinnung, sondern sein gutes Gewissen.

Viele Menschen halten jenes Geräusch, welches sie machen, um sich auf die Frequenz des Schwarmes einzuschwingen, für ihre eigene Meinung.

Als Nazi kommt in Betracht, wer die Positionen der Union von vor zehn Jahren vertritt.

Man darf die Flucht in die Nostalgie nicht mit dem melancholischen Grundgefühl gegenüber dem endlichen Menschenleben verwechseln, aus welchem alle Epik schöpft – und Epik ist notgedrungen retrospektiv.

Traurig, aber lustig: Die AfD ist derzeit die einzige Partei, in der jeder halbwegs angstfrei seine Meinung aussprechen kann. Bei den anderen wirst du sofort gegrillt. Deswegen leistet sich dort niemand eigene Ansichten.

Wenn ich eine Biografie lese, verhält es sich normalerweise so: Ich interessiere mich für Herkunft und Eltern der behandelten

Person, überspringe die Kindheit komplett, überfliege die Jugendjahre und steige in die sporadische Lektüre ein, wenn jener Teil der Vita beginnt, der die Biografiewürdigkeit begründete. Wirklich genau lese ich die Beschreibung der letzten Tage.

Ein Journalist, der neutral und ausgewogen berichtete, geriete heute sofort in den Ruch, er sei »rechts«.

Es ist allgemein bekannt und wird von Antisemiten immer wieder ausgeschlachtet, dass der Kommunismus/Bolschewismus im ersten Drittel des vorigen Jahrhunderts stark von Juden geprägt war, so auch die Münchner Räterepublik 1918/19. Nie indes wird erwähnt, dass der Mann, der das Attentat auf Kurt Eisner verübte, ein halachischer Jude war.

Ich bin zurückgekehrt zum Cembalo wie der verlorene Sohn, nachdem ich lange Zeit bei den Pianofortespielern die Schweine gehütet.

Deutsch sein heißt, mit Freude regiert zu werden.

Wo *liberalisiert* wird, fallen Späne.

Menschen, die Ungleichheit beklagen, sind in der Regel unangenehmere Zeitgenossen als diejenigen, die sie begrüßen.

»Gemeinsam gegen ...« heißt die Lätzchenaufschrift des Wichtes.

Neue Redensart: Das ist so sicher wie der nächste Messerangriff.

Tendenziell wird der Wunsch, ein guter Mensch zu sein, für viele Westeuropäer der letzte gewesen sein.

Eine Kausalität besteht nicht nur zwischen Migration und Kriminalität oder Migration und Wohnungsknappheit, sondern zwischen dem Beschweigen dieser Ursachen von Kriminalität und Wohnungsknappheit und der sozialen Belohnung dafür.

Journalistenregel: Die Rechten sind *umstritten*, die Linken *streitbar*.

Wenn in den USA überwiegend Schwarze Schwarze umbringen, kann nur irgendeine von Weißen geschaffene Struktur daran schuld sein.

Neue zivilgesellschaftlich akzeptierte Protestform: *Plündern gegen rechts*.

Wer mir als Individuum irgendeine kollektive Schuld aufbürden will, erklärt mich zum Feind, und ich werde ihn folglich ebenfalls als Feind betrachten. (»Da haben wir die Philosophie der *Acta*: Enemy matters.« – Leser ***)

Es heißt übrigens nicht mehr der hässliche Deutsche, sondern *die* hässliche Deutsche.

Der Lieblingssatz des in die Jahre gekommenen Linken: Das habe ich nicht gewollt.

»Der Germane ist nur ein Konstrukt«, beruhigte Odoaker den römischen Kaiser Romulus Augustulus. »Rom auch!«, gab der vergnügt zurück. Dafür ließ Odoaker ihn am Leben.

Gendersternchen sind semantische Hijabs: Als sichtbares Glaubensbekenntnis markieren sie ihr Revier im Schriftbild und fordern andere Schreiber zur Unterwerfung auf.

Verglichen mit dem, was über die letzte Dekade in den deutschen Journalismus hineinwuchs, ist eine Baumschule vielgestaltig und ein Nürnberger Reichsparteitagsmarschblock pittoresk.

Irgendwann wird sich in China die Redewendung einbürgern: Das interessiert mich ungefähr so sehr, wie wenn in Deutschland ein Erstochener umfällt (wahlweise: ein Kohlekraftwerk vom Netz geht).

Man redet viel von irgendwelchen Menschenrechten, doch das erste und elementarste Recht eines Menschen innerhalb einer zivilisierten Gesellschaft wird dabei nie erwähnt: Es ist das Recht, in Ruhe gelassen zu werden. Das Recht zu sagen: Das interessiert mich nicht, das geht mich nichts an, das will ich nicht wissen, das betrifft mich nicht, verschonen Sie mich damit, ich gebe nichts.

Der Hahn steigt auf den Misthaufen, um zu krähen. Der Linke folgt seinem identischen Drang auf der Theoriemüllhalde.

Angesichts des aktuell um sich greifenden antiweißen Herostratentums könnte ich mich übrigens durchaus dafür erwärmen, dass die gesamte abendländische Geistes- und Kulturgeschichte abgeräumt, zumindest aus der Öffentlichkeit entfernt wird. Es wäre mir lieb, wenn Chimären aus Sau und Kretin nichts mehr davon abbekommen.

Bereits Babys unterscheiden ihre Gegenüber nach Kriterien, die es offiziell gar nicht gibt.

Marxistischer Grundsatz: Alles, was funktioniert, ist schlecht, solange jemand privat davon profitiert.

Es wird einmal heißen, das Medium Buch sei nicht untergegangen, weil die Zahl der Leser zu klein, sondern weil jene der Schreiber zu groß wurde.

Heute den »Hamlet« zu inszenieren ist einfach: Man weiß, wen der Vater darstellt, wer ihn umgebracht hat, und wer zuletzt als Fortinbras einziehen wird, ist auch klar.

No-go-Area ist ein irreführender Begriff; viel hängt davon ab, wie man gekleidet ist.

Ich läse gern eine Abhandlung zum Thema Selbstironie in der islamischen Welt (für ein Buch wird es ja nicht reichen).

Das Lieblingsvorbild des Opportunisten ist der Kämpfer gegen die Diktatur.

Afrika hat Glück: Niemand fordert, dass es bunter werden muss.

Je schwächer die Kirche wurde, desto entschiedener hat die Linke das Christentum verhöhnt und bekämpft; je mehr Einfluss der Islam gewinnt, desto mehr entdeckt die Linke ihre Sympathien für ihn. Inkonsequenz kann man den Brüdern zumindest nicht vorwerfen.

Die Ideen des George-Kreises haben sich nicht durchgesetzt. Ein unscheinbares Ding namens Fernbedienung war stärker.

Willst du die Menschen problemlos gleichschalten,
Sieh zu, dass sie für Individuen sich halten.

Die Namen, die den Medienschwarm in Wallung versetzen, sind die der »Umstrittenen«, der Stigmatisierten, der Exkommunizierten – der geraden Charaktere. Die Meute, die sie verfolgt, ist namenlos.

Die Verschmutzer der Hirne spielen sich auf als Kämpfer gegen die Verschmutzung der Umwelt; die Vergifter des gesellschaftlichen Klimas behaupten von sich, das Weltklima zu retten.

Waffen, Eigentum, Bargeld – das bedeutet Freiheit.

Gläubige, eilet durchs Land nun, sucht für den Freitag Komparsen; was vor Allah noch nicht kniet, hüpfe fürs Klima derweil.

Einen erfolglosen Mann erkennt man daran, dass ihm niemand sexuelle Belästigung vorwirft.

Vor ein paar Jahren hätte es noch als kühn gegolten, die Oper »Carmen« als *Scheidung auf Afghanisch* zu inszenieren. Inzwischen wäre es trivial.

Transgender: Wechsel von einem Konstrukt zum anderen.

Beim Streit, ob eine Kategorie namens Rasse »essenziell« ist, darf Entwarnung gegeben werden: erst im Bürgerkriegsfall.

Was für eine verrückte Idee, die Sexualität – das Kollektivste, Gleichmacherischste überhaupt – zur Individualität zu rechnen.

Muss es übrigens nicht heißen: Die Polizei setzte Wasserwerfer:innen ein? Klingt doch gleich viel sozialer und emotional intelligenter.

Wir sollten nicht mehr von den Kantischen Kritiken sprechen, sondern von den Kantischen Kompensationen.

Covidioten sind leicht zu erkennen. Sie tragen Masken auf der Straße, allein im Auto, beim Radfahren und auf öffentlichen Plätzen.

Wenn der Teufel eine Plattform anbietet, auf der jeder frei seine Meinung sagen kann, und Jesus Christus eine, wo das, was ich schreibe, gelöscht wird, muss ich leider zum Teufel gehen.

Von den Primitiven unterscheidet uns, dass wir den Sündenbock nicht mehr nachträglich heiligen.

Es müssen absonderliche Zeiten sein, in denen die Spießer sich als Regelbrecher spreizen und die Ahnungslosen ihre Aufgabe darin sehen, »Grenzen einzureißen«.

Wenn es strukturellen Rassismus durch von Weißen geschaffene Strukturen gibt, warum profitieren dann besonders Ostasiaten davon?

Das protestantische Glaubensbekenntnis: Wenn du dich gegenüber Minderheiten, die demnächst auch Mehrheiten sein können, schuldig fühlst und öffentlich Buße tust, bist du auserwählt. Selbsthass ist gottgefällig.

Sie wissen nicht, wie man sich kleidet, wie man sich manierlich benimmt, wie man ein Kompliment ausspricht oder empfängt, wie man ein Kind tröstet, wie man ein Festmahl zubereitet, wie man einem Toten die Augen schließt und wie man ein Haus baut, aber sie wissen, was gut für die Welt ist und wohin die Gesellschaft sich zu entwickeln hat.

Gesprächseröffnungsfrage: Haben Sie jemals etwas getan oder hergestellt, wofür andere Menschen freiwillig bezahlen wollten?

Struktureller Rassismus = Verschwörungstheorie.

Das grüne Führungspersonal unterscheidet sich in solche, die noch darüber verblüfft sind, dass sie mit so geringem Aufwand und derart limitierten Fähigkeiten so weit kommen konnten, und diejenigen, die es überhaupt nicht bemerken.

Man soll nicht über den Vegetarismus lästern. Diese Bewegung hat viel für die geschmackliche Verfeinerung der Beilagen getan.

Es gibt so viele diskriminierte Geschlechter und von strukturellem Rassismus betroffene Gruppen wie Stipendien dafür.

In den Büchern der Menschenfreunde tritt das unsympathischste Personal auf.

Ich träumte einen furchtbaren Alptraum: Heiko Maas hatte versehentlich einen Gesprächsfaden abreißen lassen, ich glaube in den Iran.

Die politischen Ansichten eines Menschen sind immer unwichtiger als seine Persönlichkeit. *Wie* einer für etwas eintritt, imponiert nachdrücklicher als das, wofür er eintritt. Ein Martin Sellner etwa ist ein ungleich geraderer Charakter als ein Jan Böhmermann, ein Georg Restle, ein Oliver Welke, ganz unabhängig davon, ob jemand seine Gesinnung schätzt oder nicht. Dasselbe gilt für den Stil eines Menschen. Der Mann, der den Satz geschrieben hat: »Dass er viermal verheiratet war, kann als Junggesellentum ausgelegt werden« (Armin Mohler), wäre mir auch als Linker sympathisch.

Wahrscheinlich firmiert der deutsche Protestantismus in zwanzig Jahren im psychologischen Wörterbuch unter »Weibliche Perversionen«.

Auch wenn er kaum einen Schimmer von ihr hat, ist der Einzelne nicht nur ein Abbild seiner Kultur – das gilt sogar für Annalena, Claudi und Robert –, sondern auch des Alters bzw. der Altersdemenz seiner Kultur – das gilt erst recht für Annalena, Claudi und Robert.

Die *strukturelle Diskriminierung* aller anderen Kollektive durch alte weiße Männer erfüllt für Identitätspolitiker und Internationalsozialisten ungefähr denselben Zweck wie die *jüdische Weltverschwörung* für die Nationalsozialisten.

Je besser, gerechter, »sozialer« die Welt ist, für die einer einzutreten vorgibt, desto enthemmter und skrupelloser wird er seine Vorstellungen gegen Widerstrebende durchzusetzen versuchen.

Wenn die Russen Deutschland wirklich schaden wollten, würden sie die Grünen unterstützen.

Zeitgemäße Formulierungen, x-te Folge: Er machte aus seinem Herzen keine Mörderinnengrube.

Ein klarer Fall von Cultural Appropriation liegt vor, wenn ein Schwarzer ein Mobiltelefon benutzt.

Da die Medien gezwungen sind, die AfD ständig zu verteufeln, entgeht dem deutschen Publikum eine der letzten großen Komödien dieses Landes.

In der aufgeklärten und toleranten westlichen Welt gibt es kaum mehr konfessionelle Schulen. Beziehungsweise nur noch.

Wenn ein Schwarzer etwas über weiße Suprematie erzählen will, muss man ihm bedauernd mitteilen, dass er sich dazu nicht äußern darf, er könne sich in die Lage eines Weißen einfach nicht hineinversetzen.

Neue Begriffe: Wasserwerfende. Zapfhenne. Messerstechende. Hochstapelnde. Querdenkende. Torschießendenliste.

»Deutsche Erinnerungskultur ist wie Ritzen.« (Leser ***)

Lieber einen Castor im Vorgarten als einen Grünen im Kanzleramt.

Kinder spielen heute *Cowgirl und indigener Ureinwohner*.

Jemand erzählt, er sei aufgefordert worden, sein Urteil über einen Champagner abzugeben, den der Gastgeber gerade kredenzt hatte. Er habe zur Antwort gegeben, er könne das nicht beurteilen, er sei doch kein Champagner.

Ist eine Aussage auch rassistisch, wenn sie stimmt?

Wie die Paragrafen 81 und 94 zeigen, war das deutsche Strafgesetzbuch auf eine Merkel nicht eingerichtet. Und ist es erst recht nicht auf das grüne Wahlprogramm 2021.

Ein Leser hat mir vor Zeiten einmal geschrieben, er sei sich recht sicher, dass im Frühjahr 1945 unter den Angehörigen der deutschen Funktionseliten, Intellektuellen, Journalisten, Künstlern usf. der Endsiegglaube verbreiteter war als unter der sogenannten einfachen Bevölkerung. Daran muss ich bei meinen gelegentlichen Streifzügen durch die Echokammer der Twitterer denken.

Jeden Tag beim Überfliegen der Meldungen frage ich mich: Ist das noch Journalismus oder schon Peristaltik?

Um einen bestimmten Typus Leser in Rage zu bringen, genügt es bereits, ein elegant und geschmackvoll eingerichtetes Haus zu beschreiben.

Da wir die Wirklichkeit nicht ändern können, ändern wir die Sprache. Da wir den Menschen ihre Alltagserfahrungen nicht nehmen können, erklären wir sie für untypisch. Da wir die Unterschiede nicht abschaffen können, bestrafen wir ihre Erwähnung. Aus Evidenzen machen wir Vorurteile, aus Tatsachen Konstrukte und aus Wahrheit und Lüge eine Frage der Risikoabwägung.

Den »Glücksfall fremden Denkens« (Joachim Fest) kann nur ein Mensch schätzen, der selbst denkt. Der Rest justiert bloß seine Reflexe am jeweils geltenden Zeitgeist aus. Das erklärt das Misstrauen und den Hass, den Kollektivwesen gegenüber Denkenden an den Tag legen.

Das Wahlprogramm der Grünen in einem Satz: Die Mistel will den Baum fällen.

Es war ein großer Fehler der Gastarbeiter, nicht anstelle von Deutschland ihre eigenen Länder aufzubauen.

Sterbehilfe ist die logische Ergänzung der Abtreibung. Während die postheroische Gesellschaft virilen Einwanderern, die sie ausnehmen, missionieren, penetrieren und sich selbst dabei munter fortpflanzen, wenig entgegenzusetzen hat, tötet sie die Schwächsten, die eigenen Ungeborenen, und will die Zweitschwächsten, die Alten, möglichst unauffällig loswerden.

Die Unterwerfung unter die KI ist »the offer you cannot refuse«, die der Leviathan heute den Menschen angesichts der heraufziehenden Ordnungen des Behemoth macht. Die meisten werden sie annehmen.

Gedankenexperiment: Wie sähe Afrika aus, wenn nie ein Weißer seinen Fuß dorthin gesetzt hätte?

Man kann davon ausgehen, dass keiner der Kolonialismuskritiker oder der aktuell unter dem Label »Antikolonialisten« Herumlärmenden imstande wäre, an irgendeinem Ort der Welt eine funktionstüchtige Verwaltung aufzubauen, ein Unternehmen zu gründen oder eine Krankheit auszurotten.

Die k. u. k. Monarchie galt als »Völkergefängnis«. Diese Lektion haben sie in Brüssel gelernt: Sie wollen ein Gefängnis ohne Völker.

Mit der Unterstellung von Whataboutism versucht der Linke zu verhindern, dass sein zweierlei Maß thematisiert wird.

Die Genetik ist die Wissenschaft von der Volksverhetzung.

Welche Kunstwerke hat die Wokeness geschaffen, welche Architektur, welche Erfindungen, welche technischen Errungenschaften verdanken wir ihr?

Im Traum ging ich in eine Buchhandlung und erkundigte mich bei der Verkäuferin, ob sie Bücher habe, in denen Donald Trump positiv, Kamala Harris und Frau Merkel dagegen negativ bewertet würden, oder irgendeine Schrift *über* und nicht *gegen* die AfD, ja vielleicht sogar eine Lobrede auf den Rechtspopulismus? Die Buchmamsell lachte sehr gekünstelt und ließ mich stehen.

»Ich wähle die Grünen, weil ich nicht mehr mit der Angst leben möchte, nachts allein in dunklen Straßen auf Männer zu treffen, die falsch gendern oder einen Diesel fahren.« (Twitter-Fund)

Der Globalismus ist ein Protestantismus ohne Gott.

Wenn ein grüner Politiker vor ein Mikrofon tritt und erklärt, dass die Welt demnächst untergehen werde, wenn wir seinen Vorschlägen nicht folgen, versuche ich mich mit der Erklärung zu beruhigen, dass er nur ein neues Eigenheim oder Auto braucht oder seine Ex ihm mit allzu hohen Forderungen zusetzt.

Wäre ich Herr Restle, würde ich die Menschen, die mich einschalten, auch verachten.

Allein die Überlegung, wie viele Generationen es gedauert hat, um herauszufinden, dass man einen Oktopus vor seiner Zubereitung kräftig schlagen muss, damit er weich und wohlschmeckend wird, erfüllt mich mit Ehrfurcht und Dankbarkeit gegenüber unseren Vorfahren.

Jeder Satz, der mit den Worten: *Die Wissenschaft sagt …* beginnt, endet in einer Unwahrheit. Der Stand der Wissenschaft ist, was zufällig noch nicht widerlegt/weiterentwickelt/in neue Zusammenhänge gestellt wurde. Und selbst in dem rein theoretischen Falle, dass sämtliche Wissenschaftler eines Fachs über ein Thema derselben Meinung sind, wäre das nichtssagend. 1931 erschien ein Buch namens »100 Autoren gegen Einstein«. Einsteins Replik lautete: Es genügt einer, der mich widerlegt.

Die Gerechtigkeit und der Rechtsstaat sind das Eisen, das Attribut »sozial« ist die Schlacke, die es verunreinigt.

»X hat die Grenzen des Sagbaren überschritten«? No borders! Gegen Abschottung! Kein Wort ist illegal!

Ich kenne Leute, die zugleich für unbeschränkte Abtreibung und Impfzwang sind und darin offenbar keinen Widerspruch sehen.

Wo war das Klima eigentlich, bevor es außer Kontrolle geriet?

Forschern habe ich oft geglaubt, *Forschenden* nie. Der gut geölte Austausch der beiden Begriffe bezeugt den Wechsel vom auf eigene Faust handelnden Individuum zu einer Herde, die jene eingehegten Areale abweidet, auf die man sie mit Drittmitteln und Zielvorgaben treibt.

Das Vorurteil ist geronnene Empirie.

Früher ereiferte sich die Gesinnungspresse über den Machtmissbrauch, heute bekämpft sie den Oppositionsmissbrauch.

Die Rechten sind so gefährlich, dass sie sich ohne Polizeischutz nirgendwo öffentlich versammeln können und kaum ein Veranstalter es aus Angst vor linken Vergeltungsaktionen wagt, ihnen einen Raum zu vermieten.

Vom Westen lernen heißt sterben lernen.

Wenn ich jungen Leuten bei ihren Gesprächen über »die Gesellschaft« zuhöre, verachte ich die Jugend – nicht ihre, sondern meine.

In einem zeitgenössischen Historiker, der als Biograf einen großen Mann auf Normalmaß schrumpft, laufen ähnliche Selbstwertstabilisierungsprozesse ab wie in einem Reihenhausbesitzer, der gegenüber einer Villa lebt.

Lobe die Fehler deiner Feinde und mache ihren Schwächen öffentlich Komplimente.

Religiöse Menschen sind eines fast nie: vulgär.

Das große Deutschland führte drei Kriege. Es war noch mächtig nach dem ersten, noch bewohnbar nach dem zweiten und nicht mehr auffindbar nach dem autoaggressiven dritten.

In jedem beliebigen Kuhkaff existiert eine größere Meinungsvielfalt als an einer zeitgenössischen westlichen Universität.

»Andere Völker lieben ihr Land und verachten den Staat. In Deutschland ist es umgekehrt.« Irgendwo im Netz gelesen. Erklärt zwar nichts, erhellt aber einiges.

Wenn du bekannt werden willst, pinkle irgendein Denkmal an, das älter als zwanzig Jahre ist.

Was gestern Geschmacksverirrung war, ist heute Trend und morgen Mode, sogar in der Kunst.

Auch für den Selbstmord kann es zu spät sein.

Kein Gang mehr durch Berlin, der nicht an Bettlern vorbeiführte. Immerhin markieren sie exakt die Fallhöhe für den Sturz von jenem Seil, auf welchem unsereins seine Pirouetten dreht.

Der Unterschied zwischen dem Universalismus und dem Partikularismus besteht darin, dass Partikularisten friedlich koexistieren können, Universalisten aber die Herrschaft über alle begehren. Partikularisten akzeptieren den anderen und sein Anderssein, sofern für jenen der Umkehrschluss gilt; Universalisten indes wollen erziehen, belehren, bekehren, widerspenstigenfalls mit Zwang und Gewalt. Deswegen kann man mit Universalisten auch nicht normal reden, weder in der politischen Sphäre noch privat bei Tische.

Da Konservativsein immer mit einem Ort beginnt, an den sich die Loyalität bindet, bringen die für existenzielle Nomaden errichteten Megalopolen keine Konservativen mehr hervor.

Die Wirtschaftsgeschichte ist ein Zweig der Ethnologie.

Dass sich ein Paradies als nötig erwies, sagt alles über die Schöpfung.

Von den Heeren, die 1187 bei Hattin und 1453 vor Konstantinopel aufeinandertrafen, war jeweils eines schuldunfähig.

Warum haben reiche Männer selten bedeutende Nachkommen? Eine Genetikerin liefert im Gespräch eine verblüffend einleuchtende Erklärung: weil sie sich bevorzugt mit schönen Frauen paaren und Kinder zeugen.

Der Konservative sträubt sich nicht gegen die Entwicklung, sondern gegen die Regression.

Die Adoleszenz endet an dem Tag, an welchem der Mensch keinerlei Verlangen nach Applaus mehr verspürt.

In einem gewissen Sinne könnte man sagen, dass die Ausrottung der Raubtiere durch den Menschen eine Art zeitversetzte Blutrache gewesen ist.

Rein wirtschaftlich betrachtet war der Kolonialismus in Afrika erfolgreicher als die Entwicklungshilfe.

Wer nicht glaubt, dass der Mensch von Natur aus gut ist, ist böse. Linke Logik.

In den Stammeskriegen erschlugen die Sieger die Männer der Besiegten und nahmen sich ihre Frauen. Romantische Gemüter und Feministinnen finden das entsetzlich. Evolutionsbiologen und Genetiker registrieren lediglich, dass die DNA erhalten blieb.

Was heute als »Konstrukt« relativiert wird, kann schon morgen zur »Wahnidee« erklärt und übermorgen der Verfolgung überantwortet werden.

Dass ein Martin Sellner als Verfassungsfeind gilt, eine Carola Rackete nicht, sagt alles über den Zeitgeist aus. Tatsächlich verhält es sich ja andersherum.

Seit je hat eine Mehrheit der Menschen nichtssagende Biografien. Die Linken wollen, dass es keine Ausnahmen mehr gibt.

Was mich an deutschen Patrioten wie Götz Kubitschek verwundert: Warum lieben sie ein Land, in dem sie von der Mehrheit so sehr verachtet und gehasst werden? Wäre es für sie nicht langsam an der Zeit, ein Transparent zu entrollen, auf dem »Deutschland, du mieses Stück Scheiße« geschrieben steht?

»Papa, wann endet Corona?« – »Unmittelbar nach dem ersten großen Blackout, mein Sohn.«

Die weltanschauliche Beurteilung der Künste hat die ästhetische vollkommen ersetzt. Kein modernes Kunstwerk wird nach ästhetischen Kriterien beurteilt. Das ist der Grund, warum es keine missratene moderne Kunst gibt.

Sämtliche Rechtschreibreformer eint die Zwangsvorstellung, die Ausnahme durch die Regel ersetzen zu müssen. Aber was wäre menschlicher als die Ausnahme?

Unsere Parole sei: Ein Weltvolk, ein Weltreich, eine Weltführung!

Der Aufstand der Degenerierten, Devianten und Unfruchtbaren gegen die biologische Verfasstheit des Menschen ist das letzte, leider aussterbende Satireformat der westlichen Hemisphäre.

Ich habe keinen Zweifel, dass *dieses* Bundesverfassungsgericht auch eine Islamische Republik als grundgesetzkonform einstufen würde, sofern sich die Regierung auf die Klimaziele, den Globalen Migrationspakt und die Würde des Geimpften verpflichtete.

»Die Bürde des Deutschen ist unantastbar.« (Leser ***)

Einen Dreck auf die öffentliche Meinung zu geben ist immer und unter allen Umständen ein Ausdruck von Geschmack.

Die Menschenrechte sind das Virenprogramm, das die Bürgerrechte zerstören soll.

Man soll das Wort »Bürger« nicht aussprechen, ohne dabei an eine schweizerische Bergwiese zu denken.

Wenn ein Mensch Geist besitzt, wird es einige Zeitgenossen geben, die ihn dafür bewundern und lieben, eine etwas größere Zahl wird ihn beneiden und hassen, aber der weitaus größte Teil seiner Mitmenschen wird es nicht bemerken.

* * *

Die stygischen Lügner

Im düstern Auge glimmt die Hyäne,
Sie sitzen am Laptop und fletschen die Zähne:
Deutschland, wir lügen dein Leichentuch,
Wir lügen hinein den vierfachen Fluch –
Wir lügen, wir lügen!

Ein Fluch der Wirtschaft, den Wertschöpfungsketten,
dem Eigentum andrer, das wir gern hätten:
Mit Diskriminierung und Klimawandel
Treiben wir sie in den Ablasshandel –
Wir lügen, wir lügen!

Ein Fluch der Physik, der Biologie,
der Mathematik, KI und Chemie:
Wir haben Sozialwissenschaften studiert,
Damit man uns nicht mit Wissen traktiert –
Wir lügen, wir lügen!

Ein Fluch der Familie, der Mutterschaft,
Der patriarchalischen Geiselhaft:
Wir bringen schon Kindern Analsex bei
Und machen sie für die Geschlechtswahl frei –
Wir lügen, wir lügen!

Ein Fluch dem erfundenen Vaterlande,
Dem Volke, den Nazis, der braunen Bande:
Wir heilen den Morbus deutsche Nation
Durch Diversität und Ersatzmigration –
Wir lügen, wir lügen!

Der Finger fliegt, der Lügner wacht,
Wir lügen emsig Tag und Nacht:
Restdeutschland, wir lügen dein Märchenglück,
Wir lügen den Sozialismus zurück –
Wir lügen, wir lügen!

ACTA DIURNA 2021

10. Januar

Ich werde bisweilen gefragt, warum ich in Treue fest zu diesem unmöglichen Donald halte, obwohl der sich so schrecklich aufführe (ich finde eher: erfrischend), ständig Lügen verbreite (was, sofern es überhaupt stimmt, immer noch weitaus angenehmer ist als die schmierige habituelle Grundverlogenheit seiner politischen Konkurrenten), die amerikanische Demokratie beschädigt habe (»Oje, oje, wie rührt mich dies!« – »Fledermaus«) und mir doch wenigstens ästhetisch ein Gräuel und Graus sein müsste (stimmt nicht, ich finde ihn höchst amüsant). Nun, sämtliche westlichen Demokratien sind beschädigt, und daran tragen keineswegs die Populisten die Schuld, sondern die Globalisten, die »Anywheres«, die dem Demos in »ihren« Ländern einen stillen Krieg erklärt haben, weil sie die Völker sukzessive abschaffen oder jedenfalls entmündigen wollen, am besten durch Vermischung mit Drittweltmigranten, um ungestört von nationalen Eigensinnigkeiten und nationalen Parlamenten herrschen zu können, oder, was die Ärmeren und Dümmeren von ihnen angeht, aus rein linksideologischen Motiven bzw. Eine-Welt-Flausen. Und Trump, diese Mischung aus Leonidas, Cato und Rienzo (um ein Gleichnis im Sinne der Gründerväter zu bilden), steht auf der Seite der Völker gegen die globalistische Krake, deswegen hassen sie ihn so. Wer wollte da in Detailfragen und Geschmacksbelangen wählerisch sein?

Übrigens: Vergleichen Sie mal Trump mit Nancy Pelosi (von Sleepy Joe wollen wir gar nicht erst reden), vergleichen Sie ihn mit dieser porentief giftdurchtränkten Person (beinahe hätte ich »Schachtel« geschrieben), die den Präsidenten als »gestört, verwirrt und gefährlich« bezeichnet und der Öffentlichkeit hundsmiserabel vorschauspielert, sie fürchte, der glorreiche Nahost-Friedensstifter und -Truppenabzieher, der Syrienkriegsbeender, der einzige US-Präsident zu meinen Lebzeiten, der kein Land angegriffen hat, diese für den Nobelpreis nominierte blonde Friedenstaube könne auf den letzten Drücker Atomwaffen einsetzen – gegen wen eigentlich? Wahrscheinlich gegen das Silicon Valley.

Die Mel Gibsons der Zukunft werden Filme über Braveheart Trump drehen.

14. Januar

Der zuletzt im hellen Haufen meiner Lieblingstoren etwas in die zweite Reihe getretene Gevatter Kauder, Vorname Volker, wie der Spielmann im Nibelungenlied, der mit Fiedel und Schwert das Tor von Etzels Halle schirmte, freilich nicht für, sondern gegen deren hunnischen Eigentümer, also genau andersherum als Kauders aktueller Volker, der das Kanzlerinnenamt auf seine Weise innerparteilich hütet, »ein Mann voller Kampfeskraft« (Nibelungenlied, 1. Aventiure), dessen Vorname sich übrigens zusammensetzt aus Volk und *heri*, Heer, also »Volkskämpfer« bedeutet – am Rednerpult nennt man ihn *den Unvergleichlichen* –, dieser edle Recke und Kanzlerinnenbeschleimer trat denn vor das Parlament, unbehelmt, und sprach die geflügelten Worte: »Jeder Flüchtling ist ein Ebenbild Gottes.«

Weiß noch jemand, was ein Syllogismus ist? Etwa:

Jeder Flüchtling ist ein Ebenbild Gottes.
Anis Amri war ein Flüchtling.
Also ist Anis Amri ein Ebenbild Gottes.

Das Letzte, was Maria Ladenburger auf Erden erblickte, war ein Ebenbild Gottes. Auch Adolf Hitler war ein Ebenbild

Gottes. Donald Trump ist ein Ebenbild Gottes. Die gesamte AfD-Fraktion besteht aus Ebenbildern Gottes. Ob es Gott nun passt oder nicht: Auch Saskia Esken, Ralf Stegner und Jan Böhmermann sind seine Ebenbilder. Und last but not least: Kauder selbst ist ein Ebenbild Gottes. Hienieden wuseln und weben derzeit an die acht Milliarden Ebenbilder Gottes, täglich werden es mehr, bald werden es neun, zehn, elf Milliarden sein, ganz egal, wie viele Ebenbilder Gottes unterdessen andere Ebenbilder Gottes und zum Teil sogar in Gottes Namen abmurksen oder wie viele winzige Ebenbilder Gottes speziell in den westlichen Ländern abgetrieben werden, um gewissermaßen Raum zu schaffen für jene Ebenbilder Gottes, von denen der gottesebenbildliche Herr Kauder spricht. Nur: Was folgt daraus? Dass der Geltungsrahmen des Grundgesetzes erweitert werden muss auf sämtliche Gottesebenbildlichen? Und die Trocknung aller Tränen zum letzten deutschen Staatsziel erhoben werden muss? Na was denn sonst!

»Folg' nur dem alten Spruch und meiner Muhme der Schlange / Dir wird gewiss einmal bei deiner Gottähnlichkeit bange!« (Mephistopheles).

16. Januar

Es ist eine zwar clevere, aber völlig abwegige Idee zu behaupten, allein Frauen verträten weibliche Interessen (darauf beruht ja die Quotenforderung), wo man doch weiß, wie wenig sich Frauen leiden können, wenn sie miteinander arbeiten, konkurrieren, ja sich nur im Büro gegenübersitzen müssen. Wer sagt, dass Männer keine Politik im Fraueninteresse machen, vielleicht sogar besser als Frauen? Bevorzugen die meisten Frauen nicht männliche Chefs, weil sie wissen, dass sie von Chefinnen ziemlich verlässlich gemobbt werden? Wählen nicht gerade Frauen männliche Politiker?

Frauenquoten sind nicht erfunden worden, um den Frauen zu nutzen, sondern den Quotenfrauen.

* * *

Rechte Hetzer verbreiten die Verschwörungstheorie, in Deutschland finde ein Bevölkerungsaustausch statt. Tatsächlich handelt es sich aber lediglich um einen regional begrenzten Verwaltungsaustausch. »Erster Vorstoß deutschlandweit: Berlin plant eine Migrantenquote von 35 Prozent für die Verwaltung«, meldet der *Tagesspiegel*. Wer die sämtliche Maßnahmen stur Heil vollstreckenden deutschen Behörden in der Corona-Krise beobachtet, kommt ohnehin zu dem Schluss, dass ein bisschen Korruption und Schlamperei diesem Land ganz guttun würde – in autoritären Systemen ist die Korruption bekanntlich das letzte Refugium der Freiheit.

Wie aber soll das funktionieren mit dem Beamtenaustausch? Natürlich, wie bei den Frauenquoten, über Diskriminierung. Das heißt, die Gruppenzugehörigkeit und nicht die Eignung entscheidet über die Einstellung, wie das bei den Grünen ja schon seit Jahren läuft, und die sitzen immerhin in Berlin und womöglich bald im Bund in der Regierung, so falsch kann es also nicht sein. »Noch vor der Wahl im Herbst will Rot-Rot-Grün ein entsprechendes Gesetz verabschieden: Migrationshintergrund wird als positives Einstellungsmerkmal eingeführt«, schreibt der *Tagesspiegel*. Das heißt, diejenigen, die schon länger hier leben, müssen zugunsten von Kandidaten mit dem existenzveredelnden Hintergrund auf den einen oder anderen öffentlichen Job verzichten, weil sie unkritisch weiß, strukturell rassistisch sowie

Nachkommen von Konquistadoren sind und ihre Großeltern Hitler nicht verhindert haben. »So weit sind wir, Noten, Vaterlandsliebe, Fleiß, ein anständiger Lebenslauf, alles futsch«, kommentiert Leser ***. (Aber wer will denn mit guten Noten und einem anständigen Lebenslauf in die Berliner Verwaltung?)

»Wir haben den Anspruch, dass alle Menschen in dieser Stadt die gleichen Chancen haben«, erklärte die Senatorin für Arbeit, Integration und Soziales, Elke Breitenbach, dem *Tagesspiegel.* »Strukturelle Diskriminierung nehmen wir nicht hin.« Die Stirn muss man haben: die strukturelle Diskriminierung der Eingeborenen einführen, um eine angebliche strukturelle Diskriminierung von Migranten zu beenden. Frau Breitenbach, die als Politikwissenschaftlerin, Gewerkschaftssekretärin, Arbeitslose und ABM-Fachkraft in der Gedenkstätte Sachsenhausen Diskriminierungserfahrungen sammelte, bevor sie in die Politik wechselte, kommt übrigens von der Linkspartei.

Theoretisch – ich verweise auf Gunnar Heinsohn – wäre es nicht schlecht, wenn die Berliner Behörden mit intelligenten und fleißigen Ostasiaten bereichert würden, aber darauf wird es wohl nicht hinauslaufen; die benötigen zum einen keine Quote, weil sie ja intelligent und fleißig sind, und besonders viele von ihnen wohnen aus dem identischen Grunde nicht in der einstigen sowie künftigen DDR-Hauptstadt.

Als nächstes sollte Berlin eine Migrantenquote bei Flugzeugingenieuren und Herzchirurgen einführen.

17. Januar

Der Wunsch, jünger oder *noch einmal jung* zu sein, ist so alt wie die Menschenwelt. Wohl kein in die Jahre gekommener Sterblicher verspürt nicht mitunter diese Sehnsucht in sich. Unterstellen wir einmal, sie könnte erfüllt werden. Wie wünschenswert wäre es überhaupt, wieder jung zu sein? In diesem Fall müsste freilich ein Mindestmaß an Wunschlogik gelten. Es wäre unsinnig, wenn ein Mensch sich zugleich wünschte, ein anderer zu sein. Die Logik würde gebieten, dass man nur sein eigenes Leben noch einmal leben dürfte. Und auch das keineswegs mit dem inzwischen erlangten Wissen – das wäre ja den Altersgenossen gegenüber extrem unfair, man stünde sozusagen unter Weisheitsdoping; außerdem könnte ein Mensch, der in die Vergangenheit zurückreist, jederzeit den Lauf der Geschichte ändern –, sondern exakt mit dem Erkenntnisstand von damals.

Die Frage müsste also lauten: Willst du dein gesamtes Leben in haargenau derselben Weise noch einmal leben? Willst du, gewissermaßen als ein Sitzenbleiber des Daseins, die gesamte Klasse wiederholen? Das große Dacapo erleben, das Nietzsche, der Künder der Ewigen Wiederkehr, in die ekstatischen Worte fasste: »›War D a s – das Leben?‹ will ich zum Tode sprechen. ›Wohlan! Noch ein Mal!‹«

Mag sein, dass Freund Heins Nahen bei besonders Empfindsamen einen solch gewaltigen Fluchtreflex auslöst, doch die Frage sei nicht an den Todesnahen, sondern nur an den etwas Gealterten gerichtet, auch nicht an Gefolterte, Kriegskrüppel oder anderweitig Gezeichnete, ich stelle sie nicht einmal dem Allerweltszeitgenossen, dem sich der Bandscheibenvorfall als schmerzlichste Erfahrung einprägte, sondern – dies ist ja mein Diarium – mir. Das Ganze noch einmal? Die schreckliche Hilflosigkeit der frühen Jahre? Die endlose Bevormundung durch Eltern, Betreuer, Lehrer, überhaupt Ältere? Noch einmal den Terror der Zubettgehzeiten, Essenszeiten, Unterrichtszeiten, Fernsehzeiten, Spielzeiten, Sportzeiten,

Schlafenszeiten erleben? Die Hölle der anderen, vom Kindergarten an, mit ihren Hackordnungen, ihrem Stumpfsinn, ihren Primitivitäten, ihren unerträglichen Gerüchen und der jederzeit bis zur Gewalttätigkeit steigerbaren Aversion gegen den Außenseiter? Noch einmal ein Teenager sein mit seiner närrischen Peergroup-Identität, diesem Einheitsdenken, dem Kollektivdruck beim Meinen, Sichkleiden, Ausschließen, Hänseln? Noch einmal all den hochtrabenden Unsinn denken müssen, der einem Heranwachsenden durch die Rübe rauscht? Noch einmal zurück in die dumme und formlose Jugendmeute, das Jahrhundert in die Schranken fordernd? Noch einmal die eigenen Prahlereien hören müssen und die der anderen, das alberne ewige Konkurrieren der Kerle, die ständigen Schwanzvergleiche? Wünscht tatsächlich jemand, sich selbst als Pubertierendem wiederzubegegnen? Die grauenhafte Sprache der Jugend noch einmal sprechen? Die grauenhafte Musik noch einmal hören? Die schlechten Gespräche noch einmal führen, den miserablen Fusel noch einmal trinken? Noch einmal der Tölpel sein, der seine blamablen Debüts bei den Mädels gibt? Noch einmal Rügen vor dem Fahnenappell, Selbstkritik vor der Klasse, jahrelange sozialistische Propagandamast (dass sie, was mich betrifft, in der DDR stattfand, spielt insofern keine Rolle, als die besagte Mast heute smarter und zugleich totaler ist). Noch einmal anderthalb Jahre Angebrülltwerden bei der Nationalen Volksarmee? Noch einmal Zurückweisungen, Liebeskummer, Misserfolge, Geschmacklosigkeiten, Filmrisse und intellektuelle Clownerien?

Gewiss, zu jeder Bilanz gehört die Kehrseite; auch an Triumphen, Genüssen, Eroberungen, unvergesslichen Momenten und existenziellen Sonnenaufgängen kommt einiges auf die Waage. Allein dass man die Matthäus-Passion zum ersten Mal hören könnte, zum ersten Mal in die Scrovegni-Kapelle eintreten, die Meninas zum ersten Mal erblicken, die Lippen dem ersten Château Margaux entgegenspitzen …

Ah, die Jugend! Das Fell ist seidig, die Muskeln sind geschmeidig, man verträgt kolossale Mengen und kann nächtelang Dinge tun, von denen man keine Ahnung hat. Aber was er mit diesem Leben anfangen soll, erkennt der Mensch gemeinhin erst im Alter. »Die Menge von Dummköpfen und Narren, die ich einmal bewundern konnte!«, notierte Cioran in sein Tagebuch. »Wenn ich an meine Vergangenheit denke, überkommt mich die Scham. So viele Faszinationen, die mich disqualifizieren.«

Die radikale Gegenposition legte Schiller dem Marquis von Posa in dessen nicht ganz redlichen Mund. Posa bittet, Don Carlos auszurichten:

Sagen Sie
Ihm, dass er für die Träume seiner Jugend
Soll Achtung tragen, wenn er Mann sein wird,
Nicht öffnen soll dem tötenden Insekte
Gerühmter besserer Vernunft das Herz
(…) dass er nicht
Soll irre werden, wenn des Staubes Weisheit
Begeisterung, die Himmelstochter, lästert.

Schiller begann die Arbeit am »Carlos« im Alter von 24 Jahren und schloss ihn mit 28 ab; Cioran hatte die 60 überschritten, als er den zitierten Passus niederschrieb. Wer hat nun recht? »Objektiv« wahrscheinlich beide. Die Jugend hat in sich ihr Recht wie das Alter. Gleichwohl pflichte ich Cioran bei, denn am Ende einer Reise ist man klüger als am Anfang, so groß die Vorfreude und der Enthusiasmus zu Beginn auch sein mögen. Die Jugend, gerade auch die künstlich in die Länge gezogene, ist im Mittel unendlich viel dümmer als das Alter, und ich empfinde es als ein großes Glück, ihr für immer entwachsen zu sein, zu welchem Preis auch immer.

20. Januar

»Immer weniger Beschwerden – Publikum ›gewöhnt sich‹ ans Gendern«, zitiert die *Welt* die ZDF-Moderatorin Petra Gerster. Nach ihrer ersten Sendung »mit gesprochenen Gendersternchen« hätten sich noch um die 60 Leute beschwert, mittlerweile aber setze Gewöhnung ein. Also sprach eine öffentlich-rechtliche Textvorleserin, die soeben beneidenswerterweise die (ausschließlich an Frauen vergebene) Hedwig-Dohm-Urkunde des (ausschließlich aus Frauen bestehenden und deswegen nicht *gegenderten*) Journalistinnenbundes erhielt, unter anderem dafür, so die Urteilsbegründung, dass sie in ihren Moderationen »klug und elegant« *gendere*, was allenfalls zur Hälfte stimmen kann, denn es mag aus Konformismus und Hedwig-Dohm-Urkunden-Abgreifgründen derzeit klug sein, bei diesem Mumpitz mitzutun, doch dabei elegant zu wirken ist bislang noch niemandem gelungen.

Gewöhnung also. Die braven Deutschen sind Meister*innen darin. Sie haben sich daran gewöhnt, bei jeder Gelegenheit den rechten Arm in die Luft zu reißen und »Heil Hitler!« zu rufen. Sie haben sich daran gewöhnt, Briefe mit dem »deutschen« oder dem »sozialistischen Gruß« zu unterschreiben. Sie haben sich an die Nachrichten vom Heldensterben an der Ostfront genauso gewöhnt wie an die bizarren Rituale der bundesrepublikanischen Entmännlichungsdressur. Sie haben sich an die Hässlichkeit ihrer Innenstädte gewöhnt, sie haben sich an die Zerstörung ihrer

Landschaften durch Windräder gewöhnt, sie haben sich daran gewöhnt, für andere Länder oder für Migranten zu bezahlen, ohne je etwas zurückzufordern, sie haben sich an die höchsten Strompreise und die zweithöchsten Steuern Europas gewöhnt. Sie haben sich, wenn wir schon bei der Verhunzung ihrer Sprache sind, auch an das Stümper- und Stummeldeutsch der Kanzlerin gewöhnt. Sie haben solche Gewohnheiten in der Vergangenheit aber im Zuge politischer Wetterwechsel immer wieder vollständig abgelegt, um sich zur jeweils nächsten zu bekehren. Ich würde, siedelte ich steuergemästet auf dem Mainzer Märchenberg, nicht auf die Konstanz der gerade aktuellen Gewohnheiten derer daheim an den Tätervolksempfängern wetten. By the way: Der fromme Muselmann wird garantiert nicht mitgendern, und falls jemand auf die Idee kommt, den Koran *in gerechter Sprache* zu veröffentlichen: Viel Glück!

Was die 60 Beschwerdebriefe betrifft (sofern die Angabe stimmt): Zwar sagen derzeit viele Menschen den Wahrheits- und Qualitätsmedien und folglich auch dem Staatsfunk zum Abschied leise – also ohne Brief – Servus, doch die Zahl der Kommentare unter dem *Welt*-Artikel hatte rasch die Tausend überschritten, und der Tenor war eindeutig. Mögen die einen sich tatsächlich an alles gewöhnen – die anderen haben es satt. Müssten sich Gerster und Genossinnen mit ihren Beiträgen auf den freien Markt begeben und zahlte ihr Publikum nicht eine Zwangsabgabe, unsere Schelminnen würden sich daran gewöhnen müssen, auf dem Arbeitsamt zu gendern.

Die Genderei ist vor allem eines: hässlich. Es gibt keinen einzigen literarisch wertvollen gegenderten Text; im Gegenteil, Schönheit, Sinn und Lesefluss werden durch diese semantischen Poller zerstört. Unter dem Vorwand zu differenzieren primitiviert Gendern die Sprache. Das beginnt schon beim optischen Eindruck. Eine gegenderte Seite sieht aus, als hätte ein an Durchfall leidender Wellensittich mit hochfrequenten Flügelschlägen seine Exkremente über sie verteilt. Eine moderierende Törin, die versucht, Unterstriche, Sternchen oder das Binnen-I, diesen »orthografischen Umschnalldildo« (Lisa Eckhart), mitzusprechen, wirkt nicht elegant, sondern bescheuert, sie wirkt nicht klug, sondern abgerichtet. Ich habe diese Sonderzeichen einmal semantische Hijabs genannt, weil beider Sinn derselbe ist: Reviermarkierung, Raumgewinn, optische Landnahme, Herr(!)schaftsanspruch. Dass andere gezwungen werden sollen, sich diesem Ritus zu unterwerfen, sagt alles.

Das einzige, in desto enervierenderer Indolenz vorgetragene Argument der feministischen »Sprachkritiker« lautet bekanntlich, Frauen würden durch das generische Maskulinum unsichtbar gemacht und folglich diskriminiert. Es ist aber gerade das Hauptmerkmal dieses generischen Maskulinums, dass es sich auf ganze Gruppen ohne Geschlechtsdifferenzierung bezieht: Lehrer, Sportler, Spinner. Die Sexusneutralität ergibt sich aus dem Modus der Wortbildung. Im Deutschen kann an jeden Verbstamm das Suffix *-er* angehängt werden, und schon hat man ein Substantiv, das eine Gruppe bezeichnet, deren Geschlechtsneutralität bei Gegenständen (Bohrer, Träger, Schraubenzieher, Türöffner) noch niemand bezweifelt hat. Wäre *-er* eine männliche Nachsilbe analog zum weiblichen *-in*, müsste man beide einfach austauschen können, um aus dem männlichen Bohrer die weibliche *Bohrin* zu schaffen. Offenkundig funktioniert das nicht.

Grammatisches und biologisches Geschlecht haben nur bedingt – und auf den gesamten Wortschatz gerechnet ziemlich wenig – miteinander zu tun. Insofern ist auch die Formulierung falsch, Frauen seien im generischen Maskulinum »mitgemeint«.

Wie der Linguist Peter Eisenberg festhält, ist der(!)jenige, der das generische Maskulinum verwendet, »vom Bezug auf ein natürliches Geschlecht befreit«. Diese Elementartatsache der Sprache, die niemand geschaffen hat, sondern die ein Resultat der kulturellen – und nicht nur der kulturellen – Evolution ist, wie jede Sprache, wie Sprache überhaupt, ist durch die feministische Unterstellung umetikettiert worden, grammatikalische Maskulina seien »männliche Worte« und das generische Maskulinum quasi sprachlich geronnenes Patriarchat. Diese Hütchenspielerinnen wollen dem Publikum weismachen, ein grammatikalischer Mechanismus namens Genus sei eine »strukturelle« Diskriminierung der Frauen, denn wenn die gesamte Gesellschaft, wenn jede Brücke, jeder Turm, jede Formel, jede Wissenschaft, jedes Sportgerät, jedes Werkzeug, jede Institution, jede Firma, jedes Jobprofil, jede Sexualpraktik, ja sogar das Klima Frauen diskriminiert, dann kann das in der Sprache ja unmöglich nicht der Fall sein. »Das Maskulinum«, schreibt Eisenberg, zuletzt Professor für Deutsche Sprache der Gegenwart an der Universität Potsdam, »wurde regelrecht sexualisiert«.

Auf diese Weise ist die geschlechtsneutrale Gruppenbezeichnung »Bürger« in die Bezeichnung aller männlichen Bürger umgemogelt worden – als ob der »Bürgersaal« nicht allen 64 Geschlechtern offenstünde –, und jeder politische Redner begrüßt die Frauen im Publikum inzwischen zweimal, indem er die lieben Bürgerinnen und lieben Bürger anspricht. Wer behauptet, es gebe keinen fundamentalen Unterschied zwischen den Aussagen »Ich gehe heute Abend zum Italiener« und »Ich gehe heute Abend zur Italienerin«, der will Ihnen eine Bärin aufbinden (im Fall zwei könnte es sich übrigens empfehlen, eine Pariserin einzustecken).

Ein anderes Stilmittel der Genderistas, um den Katafalkdeckel sprachstruktureller Benachteiligung von ihrem zarter konstruierten Geschlecht zu wälzen, ist das substantivierte Partizip I. Die feministische Frisierende mag keine Lebensschützenden. Die Preistragenden bedankten sich bei den Gutachtenden. Abends im Lokal traf ich einen meiner Dozierenden. Die Richtenden verhängten ein mildes Urteil über den Raubenden. Die Straftuenden-Statistik wäre armselig ohne die Schutzsuchenden. Im Gefängnis saß ein Vergewaltigender in einer Zelle mit einem Gliedvorzeigenden (tatsächlich waren sie gerade Kartenspielende). »Sind Sie Rauchender?«, fragte ein Verbindungsstudierender – das ist übrigens weder jemand, der die Verbindung Berlin–München studiert, noch ein Eheberatender –, dem man nachsagte, ein Trinkender zu sein. Wer ist Ihr Lieblingsschauspielender?

Auch in dieser Frage ist das Urteil der Linguisten längst gefällt, wobei jenes der Zurechnungsfähigen bereits genügt hätte. Alle diese Formen sind semantisch unsinnig, wenn sie nicht eine Tätigkeit meinen, die jetzt, in diesem Augenblick, ausgeübt wird. Ein Blogger hat dazu das ultimative Gleichnis geliefert: Ein sterbender Studierender stirbt beim Studieren; ein sterbender Student kann auch im Schlaf oder beim Wandern sterben.

Wenn offenkundiger Nonsens Anhänger und Verfechter findet, bis ins Staatsfernsehen, in die Stadtverwaltung von Hannover, in die Universitäten, Schulen, Stiftungen, NGOs und so ad nauseam weiter, wenn etwas Widersinniges, Hässliches, Unhandliches und im Kern Destruktives mit hohem moralischen Erpressungsdruck in die Öffentlichkeit gepresst wird, dann geht es nicht um die Sache selbst, dann ist sie nur Mittel zum Zweck.

Deswegen perlt jede Kritik, jede Satire, jeder Spott an diesen Sprachklempnern ab. Deswegen interessieren auch die Einwände von Linguisten nicht. Es geht nicht um Argumente. Es geht nicht einmal um Sprache. Es geht um Macht.

Übrigens: Petra Gerster, heißt es in der Bildunterschrift über dem *Welt*-Artikel, »kritisiert, auch in Nachrichtenfilmen träten immer noch zu wenige Frauen auf«. Wen genau mag sie damit kritisieren? Die Frauen? Die Gesellschaft? Die Nachrichten? Allah?

PS:

»Die Gerster, die ich rief / Werd ich nun nicht los!«

(Leser ***)

2. Februar

George Orwells Dystopie »1984« erlebt in letzter Zeit eine gewisse Renaissance als Schreckbild und Gleichnisfundstätte, vor allem wegen der Passagen über die totalitäre Sprachkontrolle. Bei dtv München ist dieser Tage eine Neuübersetzung erschienen, zu welcher – Jana, halt dich fest! – Robert Habeck das Vorwort verfasst hat. Dieses Zusammentreffen ist bizarr genug, um ein paar Worte darüber zu verlieren.

Zunächst einmal überrascht Habeck die Leser mit dem Postulat, Orwells Bücher seien »wieder aktuell, vielleicht aktueller denn je«. Ein Politiker muss imstande sein, auch die letzte Plattitüde mit dem erregten Bombast eines Opernballdebütanten vorzutragen. Auf seiner Webseite stellt sich Habeck allerdings zuvörderst als »Schriftsteller« vor; »Schreiben war mein Leben, bevor Politik es wurde«, heißt es dort; wir dürfen also an die Sprache des Gevatters strengere Maßstäbe ansetzen als an jene von, sagen wir, Schnatterinchen, zumal er sich an das Vorwort zu einem Klassiker wagt.

Vor dreißig Jahren, nach dem Zusammenbruch des Realsozialismus, habe er geglaubt, Orwell sei nun historisch geworden, schreibt der Spitzengrüne. Heute indes erlebten »wir« – diese drei Buchstaben verwandeln sich in ein wenig einladendes Gatter, wenn ein Linker sie hinschreibt –, »wie das Gift des totalitären Denkens auch in das Fundament der Demokratie einsickert und sie von innen auszuhöhlen droht. Neue Allianzen entstehen zwischen weltanschaulich ganz unterschiedlich ausgerichteten Regierungen, die jedoch alle die Ablehnung gegen (sic!) Freiheitsrechte, Pressefreiheit und Gewaltenteilung eint.«

Rasch hat Habeck seine gedankliche und vor allem sprachliche Reiseflughöhe erreicht – *Gift sickert in Fundamente und höhlt sie aus* –, und ich schenke mir jeden Kommentar zu seiner sturheilen Ineinssetzung von Demokratie, Recht und Pluralismus. Wir werden freilich im gesamten Vorwort von den genannten Regierungen mit einer Ausnahme wenig erfahren und müssen uns aufs Spekulieren verlegen, wen der fliegende Robert als Aspiranten für ein »1984 2.0« in Betracht ziehen könnte.

»Zynischerweise«, fährt er fort, »liefert gerade die Corona-Krise Beispiele en masse dafür, was technische Überwachung mittlerweile zu leisten in der Lage ist. Und die autoritären Herrscher weltweit nutzten die Lebensgefahr durch das Virus radikal aus. Parlamentarische Mitbestimmung, Gewaltenteilung und Rechtsstaatlichkeit wurden eingeschränkt.«

Da das Wesen autoritärer Herrschaft gerade in der Abwesenheit von Mitbestimmung, Gewaltenteilung und Rechtsstaatlichkeit besteht, stellt sich die Frage, welcher Staatschef diese Prinzipien während der Corona-Krise eingeschränkt und sich zum autoritären Herrscher eingesetzt haben mag. Putin? Recep der Prächtige?

Die waren's schon vorher. Tatsache ist, dass Macron, Johnson, Orbán, Merkel et al. in dieser Krise ungefähr dasselbe getan, also Mitbestimmung und Grundrechte eingeschränkt haben, sogar weit autoritärer als die eigentlichen Autokraten; in Putins Russland etwa können Sie sich freier durch das Coronajammertal bewegen als in Habecks weltoffenem Siedlungsgebiet. Unser Freund wird doch nicht Merkels faktische Aussetzung der Grundrechte kritisieren wollen? Ach was!

»Der chinesische Staat übte totale Überwachung aus und kontrollierte das Verhalten seiner Bürgerinnen und Bürger bis ins letzte Detail. China schuf durch das ›Social Scoring‹ den gläsernen Untertanen. War man schon daran gewöhnt, dass das Überqueren von Straßen ohne Erlaubnis gefilmt und gespeichert wurde, ist die Ausweitung der sozialen Kontrolle auf die Gesundheitsdaten der Menschen eine weitere Dimension auf dem Weg zur sozialen Manipulation.«

Zweifellos haben die Chinesen in puncto elektronischer Überwachung und Aufhebung der Privatsphäre derzeit kaum Konkurrenz zu scheuen. Gleichwohl handelt es sich um einen *Welttrend,* der alle Länder und auch den Westen betrifft. Die Corona-Maßnahmen, von Reise- und Versammlungsverboten über indirekte Impfpflicht, Bespitzelung privater Wohnungen bis zum Maskenzwang auf Rodelpisten, liefern eine Vorahnung, wie weit auch westliche Staaten gehen werden, wenn sich ihre Regierenden mit dem Rücken zur Wand oder im Recht wähnen. Dass nach der autoritären Pandemiebekämpfung ein etwas gemilderter, aber eben doch autoritärer Klimaschutz folgen wird, dürfte keine besonders gewagte Prognose sein. Sollte Herr Habeck etwa etwas dagegen haben, dass dereinst jeder Deutsche seine Energiebilanz öffentlich machen muss? How dare he?! Keine Planetenrettung ohne Konsumkontrolle!

Und Schluss mit den asozialen klimaschädlichen Eigenheimen! Der Great Reset ist zwar bloß eine Verschwörungstheorie, aber wir wollen doch mal sehen, wie weit man auf diesem Wege der sozialen Manipulation vorankommt. Auch die Bekämpfung des Rassismus, der Diskriminierung, der sozialen Ungleichheit oder falscher Geschichtsbilder ließe sich unter elektronisch kontrollierter staatlicher Rechtleitung noch gründlicher und gerechter ins Werk setzen als im Modus des täglichen Aushandelns. Oder sind Sie etwa für Rassismus?

Ich bin abgeschweift, wir waren bei der Überwachung in China. Immerhin ist in Habecks Text die Rede vom drohenden »digitalen Totalitarismus«. Wie steht es damit im Westen? Kommt er irgendwann auf die Macht von Big Data zu sprechen, auf die Löschzüge der Gedankenwehr im Silicon Valley?

»So schlimm es ist, in einem Staat zu leben, in dem das Recht auf freie Rede genommen ist, schlimmer ist es, in einem Land zu leben, das die Menschen so manipuliert, dass sie überhaupt nicht mehr auf den Gedanken kommen zu widersprechen, beziehungsweise ihnen die Sprache genommen wird. Auch hier liefert die jüngste Geschichte eindringliche Beispiele dafür, dass genau solche Versuche immer wieder unternommen werden, auch in Deutschland.«

Der Versuch des Grünenchefs wiederum, den oppositionellen Rechtspopulismus (auch Trump war ein Oppositioneller, er hatte das gesamte Establishment gegen sich) mit dem autoritären China zu einer Gefahr »für die Demokratie« zu verleimen, ist zwar aufs Langweiligste vorhersehbar gewesen, er vollzieht ihn allerdings dann doch auf eine geradezu bewundernswert schamlos plumpe Weise.

»Nach der Landtagswahl in Thüringen 2019 konnte man AfD-Funktionären einen Abend lang zuschauen, wie sie behaupteten, dass ihr Wahlerfolg ein Sieg über Hass und Hetze sei. Diejenigen, die alle Grenzen des Sagbaren verschieben und überschreiten, beklagen sich, dass es in Deutschland Sprachverbote gebe. Diejenigen, die Anstand und Moral vermissen lassen, bezeichnen sich als bürgerlich. Diejenigen, die die Demokratie zu einer Volksherrschaft umbauen wollen, beschimpfen sie als Diktatur und Fassadendemokratie. Wir erleben in diesen Zeiten ein orwellsches NeuSprech par excellence. Aus Lüge wird Wahrheit und aus Wahrheit Lüge.«

Wenn eine politische Paria-Truppe ausnahmsweise einen Coup landet, der aber sofort zur Exkommunizierung, Verfolgung und körperlichen Bedrohung des neu gewählten Ministerpräsidenten führt, obwohl der nicht mal zu den Unberührbaren gehört, lebt man wohl tatsächlich in einem Land, »das viele Menschen so manipuliert, dass sie überhaupt nicht mehr auf den Gedanken kommen zu widersprechen«. Doch nur ein Spitzbube kann die Sache derart verdrehen. Eben beklagte unser grüner Filou noch, dass autoritäre Herrscher »parlamentarische Mitbestimmung, Gewaltenteilung und Rechtsstaatlichkeit« einschränkten, aber wenn eine Regierungschefin mit grünenkompatibler Agenda aus dem Ausland anordnet, eine Wahl sei »unverzeihlich« und müsse »rückgängig gemacht« werden, ist das für ihn demokratisch. Eine Demokratie, die keine linken Mehrheiten erzeugt, verliert nach der Vorstellung Habecks und seiner Koterie nämlich ihre Legitimität. Für diese Leute existiert auch kein Souverän, das heißt, sie sprechen diesem ebenfalls die Legitimität ab. In diesem Zusammenhang ist der orwelleske Vorwurf von Interesse, die Schwefelparteiler wollten »die Demokratie zu einer Volksherrschaft umbauen«. Es gibt nämlich gar kein Volk, zumindest kein deutsches, das hat der Mann, der deutscher Kanzler werden will, schon vor Jahren klargestellt.

Wer mag dann der Demos sein? Jede Antwort, die Sie von Habeck darauf bekommen, ist hundertprozentig sicher eines: Newspeak.

Wir haben es mit dem längst gewöhnlichen Fall eines Autors zu tun, der in Newspeak über Newspeak schreibt. Beim erneuten Lesen von »1984« habe er »überhaupt nicht mehr an 1933–1945 oder die DDR oder Sowjetrussland gedacht«, notiert Habeck, der in seinem Leben wahrscheinlich überhaupt recht selten an Sowjetrussland denkt, sondern nur an »unsere unmittelbare Gegenwart« – und zwar wegen der »von Orwell messerscharf (!) vorgeführten Analyse, wie Sprache manipuliert werden kann. Wie Geschichte umgedeutet werden kann. Wie der Gesellschaft ein festes Wertefundament entzogen wird, sodass am Ende nur noch Angst und totale Unterwerfung übrig bleiben.«

Unser grüner Agitprop-Literat behauptet also, er weile gedanklich sofort in der Gegenwart, wenn er bei Orwell lese, wie eine Gesellschaft in Angst und totale Unterwerfung absinkt, nachdem ihr eine satanische Macht das feste Wertefundament entzogen hat, eine Macht, die Sprache manipuliert und Geschichte umdeutet. Spricht Habeck von der die gesamte westliche Welt umspannenden Herrschaft der politischen Korrektheit mit all ihren Incubi und Succubi? Meint er die Zustände in fortschrittlichen amerikanischen Unternehmen, wo ein falsches – sexistisches, rassistisches, ableistisches, homo-, trans- oder klingonophobes – Wort zur Kündigung führen kann? Oder jene an amerikanischen Universitäten, wo die freie Rede erstickt worden ist, wo man die Geschichte kultursensibel fälscht, die Kultur der weißen Männer verflucht und sogar in den Naturgesetzen weiße Überlegenheitsansprüche zu entdecken vorgibt? Gerade die Geschichte ist in Übersee ja ein Schlachtfeld geworden, wie am offensichtlichsten die zahlreichen zerstörten Denkmäler »weißer Suprematisten« zeigen – also derer, die die amerikanische Wirtschaft, Wissenschaft und die Institutionen jenes Landes geschaffen haben, in das alle einwandern wollen –, während viele sogenannte Liberale vor den Herostraten auf die Knie sinken, in »Angst und totaler Unterwerfung«. Meint Habeck das?

Natürlich nicht. »Orwell zeigt, dass die Vergangenheit nicht nur auf eine bestimmte Art und Weise interpretiert, sondern tatsächlich verändert wird. Das ist etwas ganz anderes. Es macht einen Unterschied, ob man darüber streitet, was die deutsche Geschichte ausmacht, oder ob man behauptet, die ›Wehrmacht‹ der Nazis stehe in einer humanistischen Tradition, bzw. der Holocaust sei ein ›Vogelschiss in 1000 Jahren erfolgreicher deutscher Geschichte‹ gewesen, wie es Politiker der AfD in den letzten Jahren taten.«

Ah, die blauen Dunkelmänner schauen unseren Robert schon wieder von allgegenwärtigen Plakaten und Monitoren an. Insonderheit Gaulands missglückte Metapher verschafft ihm Unterwerfungsängste, weshalb er sich zu der mutwilligen Falschbehauptung berechtigt fühlt, die Worte des AfDlers hätten sich auf den Holocaust bezogen (tatsächlich hat Gauland gesagt, dass die Nazis ein Scheißhaufen im Fluss der deutschen Geschichte waren, sich aber in der Dimension des Haufens deutlich vergriffen). Freilich, Gaulands Möglichkeiten, Angst zu verbreiten, sind sehr überschaubar. Auch Trump ist aus dem Amt gebracht und in den sozialen Medien gesperrt worden; mit beider Eignung zu Big-Brother-Wiedergängern scheint es nicht einmal so weit her zu sein wie mit jener Habecks zum vergaunerten Faktenverdreher. Lauschen wir seinem Rotwelsch noch ein bisschen:

»Eine Sprache, die ›gereinigt‹ ist, die ›schädliche Begriffe ausgemerzt hat‹ und damit nicht mehr nur Propaganda ist, sondern eine eigene Wirklichkeit schafft, eine, in der es keine Wahrheit mehr gibt, sondern nur noch Ansichten über Wahrheit, wo dann ›Unwissenheit‹ ›Stärke‹, ›Krieg‹ ›Frieden‹, ›Freiheit‹ ›Sklaverei‹ ist. So entsteht ›DoppelDenk‹, eine Logik, nach der von zwei widersprüchlichen Überzeugungen beide richtig sind. Heute nennt man das ›alternative Fakten‹ oder ›Fake News‹.«

Der Verlag war in seinem Begleittext auf dem Quivive: »Big Brother, Fake News und alternative Fakten: George Orwell hat in seinem visionären dystopischen Meisterwerk eine Sprache geschaffen, die Einzug in unsere Realität gehalten hat und uns plakativ vor Augen führt, welche Gefahren in einem absoluten Überwachungsstaat liegen.«

Einschub (es geht gleich weiter mit Habeck): Ein Autor, der zuletzt über die Zersetzung logischer Grundsätze im Orwell'schen »Doublethink« geschrieben hat, ist der Literaturwissenschaftler Michael Esders. In seinem Buch »Sprachregime« nennt er als Beispiele für das Prinzip des Doppeldenk, dass Regierungspolitiker eine »spürbare Begrenzung« der Zuwanderung fordern und sich zugleich gegen eine »Obergrenze« aussprechen können, ohne dass sie ein Medienschaffender auf diesen Widersinn hinweist. Ähnliches gelte für die Larve der »verpflichtenden Unverbindlichkeit«, hinter welcher der Global Compact for Migration an der Öffentlichkeit vorbeigeschmuggelt wurde. Man kann beliebig fortfahren: »Coronavirus: US-Einreisestopp empört die Europäer« (*tagesschau.de,* 12. März 2020); »Beschluss der Bundesregierung: Einreisesperre auch für EU-Länder« (*tagesschau.de,* 30. Januar 2021); »Wo Frauen regieren, wird Corona besser bewältigt« (*Bild,* 18. April 2020); »Corona-Impfstoff:

Was haben diese drei (Trump, Johnson, Netanjahu – M.K.) besser gemacht als Merkel, Spahn und von der Leyen?« (*Bild,* 29. Januar 2021); »Winter ade: Nie wieder Schnee?« (*Spiegel online,* April 2000); »So schön verschneit ist Deutschland: Meer Schnee« (*Spiegel online,* 30. Januar 2021).

Geschlecht ist konstruiert, aber Frauen müssen mit Quoten gefördert werden, Grenzen lassen sich nicht schließen, ja nicht einmal kontrollieren, es sei denn, man schließt und kontrolliert sie doch wegen eines Virus, und so weiter und so fort: Ein Publikum, das darauf konditioniert ist, dergleichen Widersinn ohne Widerspruch zu schlucken, akzeptiert dann auch das bäuerinnen- und bauernfängerische Habeck-Vorwort als Lullaby in seinen demokratischen Schlummer.

»NeuSprech und DoppelDenk, beides feiert heute fröhliche Urständ«, schreibt unser grüner Metaphernvollautomat. »›Die Partei sagte, man dürfe seinen Augen und Ohren nicht trauen. Das war ihr entscheidendes, ultimatives Gebot‹, heißt es in ›1984‹. Und genau so agieren Populisten weltweit. Am radikalsten vielleicht der US-amerikanische Präsident (…). Was nicht seinem Weltbild entspricht, kann nicht wahr sein und ist ›Fake News‹ oder im deutschen Pegida-Jargon ›Lügenpresse‹.«

Woraus wir »messerscharf« (Habeck) schließen, dass die Löschung von YouTube-Kanälen, Twitter-Accounts und Facebook-Seiten, das Netzwerkdurchsetzungsgesetz, die Antifa, die Initiative der Vielen, die Alimentierung von Populistenriechern wie Kahane & Co. mit Steuermillionen etc. pp. lauter Widerstandshandlungen gegen die Orwellisierung der Welt durch die Rechtspopulisten sind.

»Und bei all den Ungerechtigkeiten und all den Aufgaben, die zu tun sind – wir leben in der besten Demokratie, die es in Deutschland je gab, wir leben in der freiesten Gesellschaft, die wir je hatten«, steinmeiert sich der Grüne auf die Zielgerade. »Die Feinde der Freiheit, der Demokratie, des Rechtsstaats, sie zielen darauf, die Freiheit der Rede und der Gesellschaft durch gezielte Verantwortungslosigkeit zu zerstören. Wie das geschehen kann, zeigt ›1984‹. Dass es Fiktion bleibt und nicht Wirklichkeit wird, ist unsere Aufgabe.« Sie zielen auf gezielte Verantwortungslosigkeit – zumindest verdeutlicht dieser Text, warum der knuffige Robert gut daran tat, von der anstrengenden Schriftstellerei in die Politik zu wechseln.

Das neue Vorwort, das dtv sich sehenden Auges für diesen Klassiker eingehandelt hat, bezeugt den so machtgeschützten wie dummdreisten Versuch, einen der eindringlichsten Warner vor der Herrschaft der Lüge für die Errichtung eines neuen Reiches der Lüge zu vereinnahmen, ob der Verfasser seinen Schmonzes nun selbst glaubt oder nicht. Vielleicht sitzt bei dtv ja noch ein ironischer Nostalgiker der Dialektik? Unser grüner Sprachartist ist der Anführer einer Partei, die den Marxismus als Kulturmarxismus reanimiert hat, die die Gesellschaft unter priesterlicher Berufung auf höchste Auftraggeber – Klima, Menschheit, Mutter Erde – gleichschalten und kontrollieren will, die mehr Redeverbote in die Bundesrepublik eingeführt hat als alle anderen Parteien zusammen, die die Geschichte des Westens zur Verbrechensgeschichte umschreiben, die westliche Zivilisation und die westlichen Freiheiten einem globalen Superstaat unterwerfen will. Und im Namen dieser Truppe versucht er jetzt, die Orwell-Leser für die Hasswochen auf Emmanuel Goldstein einzustimmen.

Eigentlich ist das sogar logisch.

PS: Jemand sagte: »Man sieht ihn förmlich vor sich, diesen Winston Habeck, wie er sich unter der Folter standhaft zu gestehen weigert, dass 2 plus 2 = Vogelschiss ist, bis ihm ein hohnlachender Alexander O'Brien den Käfig mit den Eichhörnchen aufs schmerzverzerrte Gesicht setzt.«

Übrigens: »1984« gehörte in der *Ehemaligen* zu den verbotenen Schriften. Ich besaß eine Taschenbuchausgabe, die mir auf einer Fete, wie damals die Partys hießen, aus meinem Bücherregal geklaut wurde; Konterbande war heiß begehrt im Leseland. Das Buch hatte damals eine bizarre Wirkung auf mich, ich las es als eine Westpropagandaklamotte zur Verteufelung des Sozialismus. So übel wie Orwell es beschrieb, ging es in der DDR ja nun doch nicht zu. Ich finde das faszinierend. Ein Leser in einer vergleichsweise beschissenen Lage dürfte sich im Regelfall durch die Beschreibung einer noch beschisseneren Situation wenigstens ein paar Lektürestunden lang etwas erleichtert oder sogar getröstet fühlen. Ich fühlte mich durch maßlose Übertreibung verhöhnt und lehnte das Buch ab. Nach der Lektüre stand die DDR besser da. Wahrscheinlich irgendeine Unterspielart des Stockholm-Syndroms.

12. Februar

Ein Freund, betrübt ob des Laufes der Welt seit dem Ende der Monarchie im Allgemeinen und der Verwahrlosung dieser Republik im Besonderen, spricht den fatalistischen Gedanken aus, dass dieses Gestern, da es ja das Heute hervorgebracht habe, wahrscheinlich nicht viel getaugt habe und gar keine Anhänglichkeit verdiene.

Wir stehen vor dem Phänomen, dass zufällige und willkürliche Geschehnisse, sobald sie historisch geworden sind, den Charakter von Gliedern in einer Kette von Folgerichtigkeiten annehmen. Die Geschichte macht, was sie will; ist aber genug

Zeit verstrichen, fügt sie den historischen Verlieren nachträglich die größtmögliche Schmach zu, indem sie ihr Wirken zur notwendigen Bedingung für den Triumph der Gegenseite erklärt.

So wurde die Französische Revolution zur logischen Folge der Monarchie, der Nationalsozialismus zur logischen Folge des Kaiserreichs, die Bundesrepublik zur logischen Folge des Dritten Reichs – die DDR übergehe ich hier –, und so werden eines Tages, uns Reactionären zur diebischen Freude, tribale Ordnungen des Behemoth den eurokratischen Leviathan mit nachträglich herbeigezauberter Logik abgelöst haben.

Der heutige Tag ist ein Resultat des gestrigen, wie Freund Heine schrieb – und Freund Hein geschrieben haben könnte –; also fällt auch ein Schatten ins Gestern zurück, wenn das Heute die Sonne trübt (aber keine Bange, auch die geilste Steuergeldabgreifparty geht irgendwann zu Ende, und das Licht der Persönlichkeit bricht wieder durch die kollektivistischen Wolken).

Lag aber bereits in der Kreuzigung Christi nicht nur der Aufstieg in hoc signo, sondern auch der Niedergang im Linksprotestantismus beschlossen?

Wie im Minnesang nolens volens der Feminismus?

Fragen über Fragen …

15. Februar

Stellen Sie sich vor, Sie hätten ein Jahr in einer tibetischen Eremitage oder bei den Papuas in Neuguinea verbracht, kehrten jetzt nach Deutschland zurück und läsen die Schlagzeile: »Polizei löst illegales Grünkohl-Essen von acht Geschäftsleuten in Delmenhorst auf«. Das ist übrigens das Land, in welchem der Begriff »Corona-Diktatur« soeben zum »Unwort des Jahres« nobilitiert wurde.

Oder war es wegen des Grünkohls … ?

25. *Februar*

Vor zwei Monaten erklärte unsere Wissenschafts-Kanzlerin vor dem Bundestag: »Ich habe mich in der DDR zum Physikstudium entschlossen. Das hätte ich in der alten Bundesrepublik wahrscheinlich nicht getan. Weil ich ganz sicher war, dass man vieles außer Kraft setzen kann, aber die Schwerkraft nicht und die Lichtgeschwindigkeit nicht und auch andere Fakten nicht, und das wird auch weiter gelten. Dass Europa heute steht, wo es steht, hat es der Aufklärung zu verdanken und dem Glauben, dass es wissenschaftliche Erkenntnisse gibt, die real sind und an die man sich besser halten sollte.«

Mit anderen Worten: Merkel ging in der DDR in eine Art innere Emigration, indem sie sich einer ideologieresistenten Disziplin zuwandte, um halbwegs unbehelligt von jener Propaganda, die sie als FDJ-Sekretärin contre cœur verbreitete, studieren zu können. Dass sie heute bei der Corona-Bekämpfung und ihrem Wandern auf dem energiepolitischen deutschen Sonderweg zur Klimarettung einer recht selektiven Wissenschaftsauffassung folgt, drücken wir diesmal in den Skat. Interessant ist doch, dass die Physikerin im Kanzleramt bis heute keine Silbe zur Ausbreitung der Wissenschaftsfeindlichkeit an den westlichen Universitäten verloren hat. Ist Frau Merkel nicht aufgefallen, dass Schwerkraft und Lichtgeschwindigkeit an den fortschrittlichsten westlichen Bildungseinrichtungen keineswegs mehr als unbestrittene Naturkonstanten gelten, sondern sich zunehmend als Herrschaftskonstrukte weißer Suprematisten entpuppen?

Das neueste Beispiel kommt aus Oregon – und bekanntlich schwappt jeder Zeitgeist-Irrsinn aus Übersee verlässlich zu uns herüber. Die *New York Post* meldet: »Oregon Promotes Teacher Program to Subtract ›Racism in Mathematics‹«.

Das Bildungsministerium von Oregon hält Lehrer dazu an, sich in »Ethnomathematik« schulen zu lassen. Die »Kultur der weißen Vorherrschaft« habe die »Mathe-Klassenzimmer infiltriert« (nicht etwa geschaffen), und sie manifestiere sich in der Unterscheidung zwischen falschen und richtigen Lösungen. »Das Konzept, dass Mathematik rein objektiv ist, ist eindeutig falsch«, heißt es in einem Werbetext für das sogenannte Toolkit »Equitable Math«. Es helfe Pädagogen dabei, »Strategien zur Verbesserung gerechter Ergebnisse für schwarze, lateinamerikanische und mehrsprachige Schüler« zu entwickeln. Im Grunde steht dort nichts anderes als: Schüler »of color« sind zu blöd, mathematische Aufgaben zu lösen. Wenn das nicht übelster Rassismus ist, was bitte schön dann?

Anstatt sich auf eine richtige Antwort zu konzentrieren, fordert das »Toolkit« die Lehrer auf, »mindestens zwei Antworten zu finden, die dieses Problem lösen könnten«. Künftig können also Lösungen akzeptiert werden, von denen die Schüler denken, sie seien richtig, wohingegen ein Beharren auf der richtigen Antwort den Tatbestand des Rassismus erfüllt. Wer in diesem Zusammenhang an die heikle Befragung eines gewissen Winston durch einen gewissen O'Brien über die Anzahl emporgerichteter Finger denkt, geht nicht völlig fehl.

Die Pädagogen werden zudem ermuntert, »die Art und Weise zu identifizieren, wie Mathematik verwendet wird, um kapitalistische, imperialistische und rassistische Ansichten aufrechtzuerhalten«. Die technischen Ansichten haben sie vergessen. Ich hoffe, die ersten mit *Gerechter Mathematik* operierenden Statiker bauen ihre Brücken zunächst nur in Oregon.

Wir schauen einer Zivilisation beim Verrücktwerden zu.

(Aber vielleicht sollte man es so sehen: »Der Niedergang der modernen Welt ist kaum interessanter als die Auflösung einer erbärmlichen Intrige in einem schlecht geschriebenen Roman.« – Don Nicolás)

28. Februar

Leser *** fragt, was ich zur Causa des Tareq Alaows sage, den es nach sechs Jahren Beherbergung in Deutschland, wo er von NGOs wie der Seebrücke alimentiert wurde, nach den erklecklichen Diäten eines Bundestagsabgeordneten gelüstet. Die Grünen aus Dinslaken und Oberhausen haben den angeblichen »Syrienflüchtling« – also Syrien stimmt wohl – als ihren Kandidaten für die Wahl im Herbst aufgestellt.

Menschenbruder Alaows, schreibt ***, »floh im Alter von 26 Jahren, gerade einmal fertig mit dem Jura-Studium (wohlgemerkt: syrisches Recht!), 2015 aus Syrien (Grund: ›Flucht vor der Möglichkeit, *eingezogen* zu werden‹). Er hatte also weder mit einer Flinte gegen die Staatsmacht gekämpft, noch war er vom ›Assad-Regime‹ in Haft genommen worden und hatte demzufolge kein Unbill in Syrien erlitten. Er floh, mit auskömmlichem Reisegeld vom Papa unter den Fußsohlen, über die ›Balkanroute‹ (Ungarn) im September 2015 in die Bundesrepublik Deutschland, wo er ›Asyl‹ rief. Das war vor weniger als sechs Jahren.«

Nun empfiehlt sich ein Blick in das deutsche Recht, denn ein Bundestagsabgeordneter muss einstweilen diskriminierenderweise noch Deutscher bzw. Besitzer eines deutschen Passes sein.

Zu den Einbürgerungsvoraussetzungen heißt es im Staatsangehörigkeitsgesetz:

Wer seit acht Jahren dauerhaft und rechtmäßig in Deutschland lebt, hat unter folgenden Voraussetzungen einen Anspruch auf Einbürgerung:

- unbefristetes oder auf Dauer angelegtes Aufenthaltsrecht zum Zeitpunkt der Einbürgerung
- geklärte Identität und Staatsangehörigkeit
- Bekenntnis zur freiheitlichen demokratischen Grundordnung des Grundgesetzes
- grundsätzlich Aufgabe der bisherigen Staatsangehörigkeit
- mündliche und schriftliche deutsche Sprachkenntnisse auf dem Niveau B1 des Gemeinsamen europäischen Referenzrahmens für Sprachen
- Nachweis über Kenntnisse der Rechts- und Gesellschaftsordnung und der Lebensverhältnisse in Deutschland (Einbürgerungstest)
- eigenständige Sicherung des Lebensunterhalts für sich und die unterhaltsberechtigten Angehörigen
- Gewährleistung der Einordnung in die deutschen Lebensverhältnisse, insbesondere keine Verheiratung gleichzeitig mit mehreren Ehegatten
- keine Verurteilung wegen einer Straftat.

»Der syrische Wirtschaftsflüchtling, der keinerlei Gründe für politisches Asyl geltend machen kann, würde im September 2021 knapp 6 Jahre in Deutschland leben«, fährt Leser *** fort. »Er bestreitet seinen Lebensunterhalt nicht ›eigenständig‹, sondern durch Hineinspringen in die ›Wir schaffen das‹-Hängematte der Bundesrepublik. Seine Kenntnisse der deutschen ›Rechts- und Gesellschaftsordnung‹ beschränken sich auf Asyl-relevante Bereiche. Damit kann ein Mensch in diesen Staat ›eingebürgert‹ werden – aber doch nicht ein paar 100 000 ›länger hier Lebende‹ im Bundestag vertreten. Das ist doch ein himmelweiter Unterschied!

Immerhin hat der syrische Schlaumeier, dessen Lebensmittelpunkt inzwischen Berlin ist, schon einmal daran gedacht, seinen ›Rentenverlauf‹ online zu beantragen. Das qualifiziert ungemein für eine parlamentarische Aufgabe. Sollten die Grünen eine Person für geeignet halten deutsche Bürger im höchsten Parlament des Staates zu vertreten, die noch nicht einmal die juristischen Voraussetzung für die Zuerkennung der deutschen Staatsbürgerschaft erfüllt, wäre das ein himmelschreiender Präzedenzfall. Aber kein besonders überzeugender Grund, Grün zu wählen.«

Was ich dazu meine?, fragt Leser *** wie gesagt, aber im Grunde hat er selbst bereits die passenden Worte formuliert. Ich finde den ganzen Vorgang degoutant und auch den Typen unverschämt, rotzfrech und dreist. »Tareq Alaows ist ein neuer Typ Politiker in einem neuen Deutschland, das er durch seine politische Arbeit noch weiter verändern will«, notiert die *Welt* und zitiert den Hereingeschneiten mit Forderungen wie: »Das Wahlrecht muss so geändert werden, dass alle hier lebenden Menschen wählen können.« Oder: »Es wird Zeit, dass die Hunderttausenden geflüchteten Menschen, die hier in Deutschland leben, auch eine Stimme im Bundestag bekommen.«

In ein Land einzuwandern und dort schon vor der Einbürgerungsfrist ins Parlament zu streben, um auf Kosten der Einheimischen die Interessen von anderen Nichtstaatsbürgern zu vertreten, ist rotzfrech und unverschämt, ja sich überhaupt anzumaßen, solche Interessen vertreten zu können, ist dummdreist, aber wahrscheinlich kam er nicht von selbst darauf und agiert bloß als eine der vielen Sprechpuppen der globalistischen Marionettenspieler, als deren berühmteste uns ein bezopftes Schwedenmädel seit Längerem anblödelt. Andererseits ist er ein Moslem und dürfte seine spezielle Meinung über jene Ungläubigen haben, die ihn so voraussetzungs- wie selbstlos nominieren. Warum er sich nicht um sein Heimatland kümmert, sondern sich hier aufplustert und Forderungen stellt, wäre die erste Frage, die ein seriöser Interviewer dem Früchtchen stellen müsste, wenn es im deutschen Medienbordell noch Journalisten gäbe.

Was das eigentliche Ziel der Etablierung solcher Pappkameraden in der Öffentlichkeit betrifft, so habe ich hier wiederholt den Verdacht geäußert, dass man die zur Kasse gebetenen und zugleich verhöhnten Eingeborenen bis zur Weißglut reizen und zu Überreaktionen provozieren will, mit welchletzteren sich die Notwendigkeit von noch mehr Buntheitsvollstreckungsmaßnahmen bzw. -personalien rechtfertigen lässt.

Stellen wir uns im Umkehrschluss vor, in Deutschistan herrschte dermaleinst ein Bürgerkrieg zwischen den Höckebrüdern und dem schlimmen Diktator Baschar al-Söder, und ich als eine idealtypische Legierung aus Fachkraft, Ärztin und Ingenieur wanderte, um mich dem Zwangsdienst an der Waffe gegen die Volksfrommen zu entziehen, nach Syrien aus, beantragte dort Asyl, beplärrte meine schlechte Unterbringung und die Lage der deutschen Exilanten überhaupt, forderte Geld für sie, würbe für Wein, Bier, Schweinefleisch, Nacktbaden, Christentum und noch mehr deutsche Einwanderer, kandidierte schließlich für die Wahl des nächsten Volksrats, um dort die Interessen von Nicht-Syrern zu vertreten … –, dann hübe zu Damaskus und andernorts ein großes, höhnisches Gelächter an bzw. man würde mir wahrscheinlich anständig die Fresse polieren. Und ich würde nicht einmal einen Grund finden, mich darüber zu beschweren.

Anders formuliert:

»Gestern grüßten sie den Führer
Heut beschleimen sie die Syrer.«
(Marc Pommerening)

2. *März*

Es gibt bekanntlich keine Rassen, aber Kriege und Bürgerkriege zwischen ihnen finden mit wundersamer Regelmäßigkeit statt. Schuld daran sind praktisch immer die Weißen, denn sie haben sowohl das »Konzept« Rasse als auch den darauf fußenden Rassismus erfunden und als Kolonialmächte über die Welt gebracht. Nun schlagen die Konstrukte zurück, in Südafrika einstweilen am derbsten, in den USA am längsten, aber dank der segensreichen und nur eine Richtung kennenden Fachkräfte-Migration beginnen sich auch in Europa und dessen östlich der Elbe noch immer viel zu weißem Kernland neue Kräfte kühn zu regen, und

»wo kühn Kräfte sich regen,
Da rat' ich offen zum Krieg.«
(Wotan, »Walküre«, 2. Aufzug, 1. Szene)

Ein Grünen-Vorstand in Berlin-Mitte ruft Schwarze zum Kampf gegen das »rassistische System« Bundesrepublik auf, berichtet die *Welt*. Aufstände und Plünderungen hält der Grüne für legitime Widerstandstaten gegen »rassistische Institutionen«. Jeff Kwasi Klein heißt der Abwehrhafte, er ist Vorstandsmitglied der Toleranzpartei im Kreisverband Berlin-Mitte und naturgemäß selbst schwarz. Das von ihm vorgeschlagene Bürgerkriegspräludium hat bekanntlich in vielen US-amerikanischen Städten im Zusammenhang mit der Black-Lives-Matter-Befreiungsbewegung bereits einen Praxistest durchlaufen, wenn auch nicht mit ausschließlich positiven Effekten für Schwarze, die Grenze verlief zwischen lokalen Warlords und Plünderern auf der einen, Polizisten und kleinen Ladenbesitzern auf der anderen Seite, aber irgendetwas ist ja immer, es lebe die revolutionäre Ungeduld!

Die Zitate stammen aus einer Rede, die bereits im Mai des vergangenen Jahres gehalten wurde, aber erst jetzt ausschnittsweise auf Twitter kursiert. »Es ist wichtig, dass wir uns organisieren, es ist wichtig, dass wir uns nicht auf den Staat verlassen, sondern verbindliche und robuste Community-Strukturen aufbauen, um nicht mehr die Polizei rufen zu müssen, wenn wir Hilfe brauchen«, erklärte der bunte Grüne bei dem Auftritt. »Starke Communitys brauchen keine Polizei, denn die Polizei ist nicht für uns da, sie ist für die Gewalt in unserem Leben verantwortlich.«

Was 'schland deutlich von vielen afrikanischen Ländern und den USA unterscheidet: Dort sind fast immer andere Schwarze für Gewalt gegen Schwarze verantwortlich.

Der *Welt* zufolge sagte Klein bei seiner Rede außerdem: »Ihr beschwert euch über die Riots und über die Plünderungen und versteht nicht, dass dies organisierter Widerstand ist. Gegen ein rassistisches System, das nur dann zuhört, wenn es sich physisch oder finanziell bedroht fühlt.« Wer sich über Krawalle beschwere, begreife nicht, »dass schwarze Körper und Körper von People of Color, unsere Länder, unsere Bodenschätze, unsere Kultur und Identitäten, unsere körperliche und mentale Gesundheit seit 500 Jahren geplündert« werden. »Vor mehr als 500 Jahren« seien »europäische Barbarinnen (sic!) auf ihren Raubzug durch die Welt gegangen und haben rassistische Systeme aufgebaut, die uns bis heute den Atem nehmen«.

Übrigens: Der Grünen-Politiker, wenn man ihn so bezeichnen mag, arbeitet, wenn man es so nennen will, in einem Förderprojekt für schwarze Teenager, das vom Familienministerium über das Programm »Demokratie leben« finanziert wird. Das klingt nach typisch deutscher Realsatire, wenn die Grünen nicht kurz davorstünden, der Bundesregierung beizutreten und alsdann beschwingt vorauszuspringen; das könnte den Satiregehalt etwas reduzieren.

Wiederholen wir denn, auch wenn es allmählich langweilig wird, ein paar simple Tatsachen.

Zunächst einmal hat »vor mehr als 500 Jahren« ein gewisser Martin Luther, der zwar ein Judenverächter war, aber in seinem Schrifttum keine Silbe über irgendeinen Mohren außer vielleicht den achtbaren Balsam-Bringer Melchior fallen ließ, den er freilich umstandslos dem »Morgenlande« zuschlug – vor 500 Jahren hat dieser Luther also seine Thesen angeschlagen, anno 1517 war's, und damals besaßen weder Briten noch Franzosen und erst recht keine Deutschen irgendwelche Kolonien in Afrika (die Britische Ostindien-Kompanie, mit der alles anfing, wenn auch nicht in Afrika, wurde im Jahr 1600 gegründet). Damals gab es überhaupt keine Kolonien in Afrika, wenngleich die Sklaverei in hoher Blüte stand – Sklaverei gibt es seit 5000 Jahren, jede Hochkultur hat sie praktiziert –, nur dass diese Sklaverei in einem gewissen Maße auf dem – bis heute ebenfalls in hoher Blüte stehenden, den damals Handelnden aber wahrscheinlich nicht sonderlich bewussten –

innerafrikanischen Rassismus gründete. Die Versklavung der Schwarzafrikaner erledigten kriegerische schwarze »Sklavenjägerethnien«, wie der Sklaverei-Historiker Egon Flaig sie nennt, die vor allem aus Mali, dem Tschad, dem Sudan, aber auch aus Ghana, Nordnigeria und Benin stammten; sie brachten die menschliche Beute an die Küsten, wo sie sich in eine Ware verwandelte und vor allem von muslimischen Sklavenhändlern gekauft und übers Meer verschifft wurde. Von den Weißen versuchten nur die Portugiesen selbst Sklaven zu machen, wobei die Europäer den *transatlantischen* Sklavenhandel dominierten, der im 16. Jahrhundert vor allem in die spanischen Besitzungen führte, also in die Karibik und nach Brasilien. Die Emirate von Tripolis, Tunis und Algier schickten bis weit ins 19. Jahrhundert Schiffe aus, um christliche Sklaven zu erbeuten, sowohl zur See wie an den südeuropäischen Küsten, und nachdem die USA bis zu einem Fünftel ihres Bundeshaushaltes als Tribut an diese sogenannten Barbareskenstaaten zahlten, um ihre Handelsschiffe zu schützen, wurde den Weißen die Sache zu bunt.

Und nun trug sich eine jener seltsamen Richtungsumkehrungen zu, von denen die Geschichte voll und für die der Vierte Kreuzzug das vielleicht bizarrste, jedenfalls markanteste Beispiel ist: Der Afrika-Kolonialismus der Europäer entstand aus der Bekämpfung der muslimischen Versklavungspiraterie.

Das entlastet die Kolonialisten so wenig von ihrer historischen Verantwortung wie die Kreuzfahrer des 13. Jahrhunderts von jener, die sie bei der Eroberung Konstantinopels auf ihre schuppigen Scheitel luden, führt aber jeden Nichtideologen zu der Erkenntnis, dass eine genuin *weiße* Verantwortlichkeit in diesem Kontext schlechterdings nicht existieren kann.

Die westlichen Kolonialnationen haben in Afrika zum Teil brutal geherrscht – am blutigsten der König eines Landes, welches heute in dieser Frage am stillsten ist –, aber sie haben eben auch in die Infrastruktur der Kolonien investiert, und nur im Westen ist eine Bewegung zur Abschaffung der Sklaverei entstanden, nur der Westen hat dafür gesorgt, dass die heute noch existierenden Formen von Sklaverei als Verbrechen gelten, obwohl sich die linke Öffentlichkeit herzlich wenig für diese vor allem in Südostasien und im Vorderen Orient gehaltenen Sklaven interessiert, weil sie nicht dazu taugen, den Westen anzuklagen. Und weiße westliche Männer sind dafür verantwortlich, dass die heutigen Afroamerikaner seit 1865 Nachfahren von freien Menschen sind.

Wer behauptet, »schwarze Körper, Länder, Bodenschätze, schwarze Kultur und Identitäten, schwarze körperliche und mentale Gesundheit werden seit 500 Jahren von weißen Europäern geplündert«, schwirrt recht unpräzise durch Zeit und Raum. Gerade wer dergleichen Vorwürfe an deutsche Adressaten richtet, ist aktuell nicht mehr ganz auf dem Laufenden, klammert alle historischen Versklaver aus, bei denen sich heute nichts holen lässt, ignoriert sowohl die infrastrukturellen und technischen Fortschritte durch den Kolonialismus als auch die Abermilliarden direkten Hilfszahlungen und sogenannten Entwicklungshilfen (in der Regel nur: Diktatoren-Sponsoring, aber immerhin gezahlt) und will den Weißen auch siebzig Jahre nach dem Ende des Kolonialismus die Schuld an der relativen Armut Afrikas zuschreiben, ohne erklären zu können, warum zur selben Zeit aus dem Kolonialverhältnis entlassene Länder wie Südkorea heute dort stehen, wo sie stehen. Dass es auf Erden immer mehr »schwarze Körper« gibt, weil immer mehr geboren werden, und auf dem Globus zahlreiche Länder existieren, deren Bevölkerung ausschließlich aus Schwarzen besteht, aber kaum mehr Länder, die ausschließlich weiß sind, bei klarer Tendenz zuungunsten Letzterer, gehört ebenfalls ins Gesamtbild.

Was uns zu unserem soften Berlin-Mitte-Grünen zurückführt, dem der innerafrikanische Rassismus genauso am Allerwertesten vorbeigeht wie die bis heute praktizierte Sklaverei in manchen islamischen Ländern, denn dort lässt sich für einen wie ihn nichts holen, dort existiert nicht einmal ein Schuldgefühl, das sich bewirtschaften ließe, weshalb ihn auch die Frage nicht anficht, warum eigentlich so viele Schwarze in zum Teil wacklige Boote steigen, um auf einen Kontinent zu gelangen, wo sie gegen ein rassistisches System und rassistische Beamte kämpfen und sich – zu wessen Lasten eigentlich? – zu Plünderer-Communitys zusammenschließen müssen, um sich endlich zurückzuholen, was ihnen seit 500 Jahren weggenommen wird. Will uns der Grüne etwa verklickern, dass die gesamte Einwanderung auf Plünderung und »Riots« hinausläuft?

»Der Begriff ›weiß‹ bezeichnet keine biologische ›Rasse‹ oder tatsächliche Farbe, sondern eine soziale Position«, erklärte Klein vor zwei Jahren in der inzwischen eingestellten »Komsomolskaja Prawda« des *Spiegel*, dem unvergessenen, wenn auch ausschließlich von Weißen hergestellten Debilisierungsbeschleuniger *Bento*. Rassismus ist, wenn man sämtlichen Mitgliedern einer aufgrund genetischer Merkmale klar definierten Gruppe kollektive Eigenschaften zuschreibt, um sie abzuwerten, und sei es nur der Genuss unverdienter sozialer Privilegien aufgrund der Gruppenzugehörigkeit. Bei *Bento* erfuhr der wissbegierige Leser auch, dass Gevatter Klein einmal eine »Ikone« der US-Bürgerrechtsbewegung namens Jesse Jackson nach Auschwitz begleitet hat, dass er für diese Reise zum deutschen Nationaldenkmal seine Tätigkeit als

Mentor von »Selbstermutigungs-Jugendgruppen« für schwarze Teenager im Berliner Wedding aber nur unterbrach und zuvor Angestellter in der Berliner Bibliothek »Each One Teach One« war, die ausschließlich Bücher schwarzer Autoren verleiht, wahrscheinlich um den Rassismus zu bekämpfen.

Mit anderen Worten: Jeff Kwasi Klein hatte sich an sein deutsches Biotop angepasst wie ein Pinguin an die Antarktis. Jetzt aber möchte er fliegen. Viel Glück, Jeff!

* * *

Vergangene Woche im Bundestag verwunderte ich mich, als eine Rednerin – draußen verharrte bzw. erstarrte das Land im Lockdown – in irgendeiner Gleichstellungsdebatte darüber klagte, dass bei der Besetzung der Dirigentenstellen immer noch nicht ansatzweise Parität zwischen Frauen und Männern hergestellt sei – wobei man fairerweise sagen muss, dass zum Zeitpunkt der Debatte eine hundertprozentige Jobausübungsgleichheit zwischen Kapellmeisterinnen und Kapellmeistern herrschte: null zu null –, und nun lese ich, dass heute das Deutsche Musikinformationszentrum zu einer Pressekonferenz zum Thema »Geschlechtergerechtigkeit in deutschen Berufsorchestern« lud. (Hallo, Jeff Kwasi Klein, haben Sie das gehört? Da geht bestimmt auch was für Ihre Klientel!)

»Spitzenorchester haben bei Frauenanteil Nachholbedarf«, ist die dazu gehörende Pressemitteilung stilsicher überschrieben. »In den 129 öffentlich finanzierten Orchestern in Deutschland sind durchschnittlich vier von zehn Pulten mit einer Frau besetzt, in den Stimmführer- und Solopositionen hoch dotierter Orchester hingegen nur halb so viele.«

Das ist offenbar ein Skandal. Wenn das der Furtwängler wüsste! (»Oder die Furtwängler!« – Leser ***)

»Durchschnittlich sind 39,6 % der Orchestermitglieder in deutschen Berufsorchestern weiblich. Mit steigendem Renommee des Orchesters und höherer Stimmposition wird zunehmend deutlich: In Spitzenorchestern ist der Anteil an Frauen in höheren Dienststellungen mit 21,9 % besonders niedrig.«

Das Weltbild dieser Leute ist von talibanesker oder meinethalben baumschulenhafter Schlichtheit: Was nicht gleich ist, ist schlecht. Dass irgendwelche Unterschiede, sei es geistiger, mentaler, lebensplanerischer oder physischer Art, für die Ungleichverteilung mitursächlich sein könnten, wollen sie ums Orchesterverrecken nicht wahrhaben.

Dabei liefert die beigefügte Erhebung »Geschlechterverteilung in Berufsorchestern« nun wahrlich Material dafür. Dort heißt es:

- 73 der 129 Orchester weisen einen überdurchschnittlichen Frauenanteil auf. Dies sind überwiegend Orchester mittlerer TVK-Gruppierung (TVK = Tarifvertrag für die Musiker in Konzert- und Theaterorchestern; m. a. W.: die Orchester mit einem den Landesdurchschnitt von 39,6 % übersteigenden Anteil weiblicher Musikanten werden aus strukturell sexistischen Gründen als eher mittelklassig eingestuft).
- Die höchsten Frauenanteile gibt es bei den Harfen (93,7 %) und den Flöten (65,4 %), in der 2. Violine (62,6 %) und der 1. Violine (59,1 %). Die höchsten Männeranteile finden sich bei der Tuba (98,1 %), der Posaune (96,5 %), der Pauke/dem Schlagwerk (95,4 %) und der Trompete (94,7 %).
- In niedrigeren Dienststellungen wie Vorspieler und im Tutti sind Frauen fast gleichauf mit ihren männlichen Kollegen, ihr Anteil liegt hier bei insgesamt 47,5 %. In höheren Dienststellungen wie Konzertmeister, Stimmführer- und Solopositionen sind Frauen mit 28,4 % unterrepräsentiert.

– In den Streichinstrumenten ist mit 49,6 % jedes zweite Orchestermitglied eine Frau. Ihr Anteil an den höheren Dienststellungen ist mit 32,7 % aber vergleichsweise gering. Je niedriger die Dienststellung, desto höher der Frauenanteil, der im Tutti 57,5 % beträgt. Obwohl die 1. Violine insgesamt zu 59,1 % weiblich besetzt ist, finden sich unter den 206 1. Konzertmeistern nur 62 Frauen (30,1 %).

Also: Männer an die Harfe! Frauen an die Tuba! Und ans Schlagwerk! Am besten wäre freilich, es konstituierten sich reine Frauenorchester, die, geführt von Kapellmeisterinnen, ausschließlich die Werke von weiblichen Komponisten spielten. Der Witz – vom Repertoiremangel mal abgesehen – wäre: Die weiblichen Besucher blieben weg; ob viele Männer kämen, hinge überwiegend von außermusikalischen Faktoren ab. Und es gibt kein Mittel dagegen.

Gleichstellungsfeminismus ist der Versuch, möglichst ohne Leistungsnachweis an die Jobs der Männer zu kommen.

16. März

Kanzlerin Merkel wurde für den »Golden Blogger«-Award nominiert, »Deutschlands ältesten und wichtigsten Social-Media-Preis« (Selbstbeschreibung); sie könnte also »Deutschlands Bloggerin des Jahres« werden, obwohl sie, wie die Jury einräumt, »im eigentlichen Sinne keinen Blog betreibt«.

Wer heute noch DDR-Vergleiche zieht, möge sich einer Selbstprüfung unterziehen: Diese Art von Humor – er war seinerzeit vor allem in seiner rumänischen Version berühmt – hat Erich der Einzige weder besessen noch befördert. *Obwohl sie im eigentlichen Sinne keinen Blog betreibt.* Das passt. Sie ist ja auch deutsche Kanzlerin, obwohl sie mit dem Souverän des Grundgesetzes im eigentlichen Sinne nichts anfangen kann. H. Maas ist Außenminister, obwohl er keine Ahnung von Politik im eigentlichen Sinne hat. Karl Lauterbach flimmert täglich als Experte über die Bildschirme, obwohl er im eigentlichen Sinne nicht ganz knusper ist. Wir haben reihenweise Abgeordnete und sogar Minister, die einen Doktortitel führ(t)en, obwohl sie im eigentlichen Sinne nie promoviert wurden. Frau Giffey ist immer noch Ministerin, obwohl sie im eigentlichen Sinne eine Betrügerin ist. Jan Böhmermann und Oliver Welke werden als Komiker gehandelt, obwohl sie im eigentlichen Sinne Propagandisten sind. Die Bundeswehr leistet sich den Namen Armee, obwohl sie im eigentlichen Sinne keine ist. Die Deutschen belehren den Rest der Welt über die Zukunft, obwohl sie kaum mehr Kinder zeugen, also im eigentlichen Sinne zukunftslos sind. Die Deutschen ruinieren für das Klima ihre Automobilindustrie, obwohl das Klima im eigentlichen Sinne davon nichts mitbekommt. Frauen müssen mit Quoten gefördert werden, obwohl sie den Männern im eigentlichen Sinne mindestens ebenbürtig sind. Migranten sind nicht krimineller als Deutsche, obwohl sie es im eigentlichen Sinne durchaus sind, indem sie mehr Straftaten begehen. Und so weiter.

Auch wenn die Kanzlerin im eigentlichen Sinne keine Gedichte schreibt, wäre jetzt wohl ein Lyrikpreis drin.

* * *

Es ist eine Binse, dass die Verhinderung einer deutsch-russischen Allianz immer im Interesse des Westens lag, zunächst der Entente, danach der USA. Der amerikanische Geostratege und Militärberater George Friedman etwa erklärte anno 2015, dass sich deutsches Kapital und deutsche Technologie nicht mit russischen Rohstoffen und russischer Manpower verbinden dürften, sei die US-amerikanische Maxime im Zweiten Weltkrieg und im Kalten Krieg gewesen, diese Verbindung sei die einzige, die Amerika bedrohen könne, was, unausgesprochen oder nicht, immer noch gilt.

Die Allianzfantasie Friedmans gründet auf Voraussetzungen, die inzwischen ins Rutschen gekommen sind. Die Russen haben die Ressourcen, die Deutschen die Technologien? Teil zwei der Aussage stimmt kaum mehr; sowohl in der Militär- und Raketentechnik als auch in puncto Energieerzeugung (Atomenergie) sind die Russen den Deutschen inzwischen weit voraus, in der künstlichen Intelligenz womöglich ebenfalls. Russische Schüler schneiden bei TIMSS-Tests besser ab als deutsche – 2015 schafften es 1 560 000 russische Schüler in die Kategorie »advanced«, 19,8 Prozent der Getesteten, während es in Deutschland 190 000 bzw. 5,3 Prozent waren –, das heißt, es gibt dort deutlich mehr mathematisch hochbegabte Kinder und Jugendliche als im besten Deutschland ever.

Was mag dem deutschen, wissenschaftlich-technologischen Genius die Schwingen gebrochen haben, der trotz des Intelligenz-Aderlasses durch die nationalsozialistische Judenverfolgung bis in die 1980er-Jahre noch recht ikarisch unterwegs war? 1980 wurde eine Partei gegründet, deren Aufstieg parallel zum wirtschaftlichen, technologischen und geistigen Abstieg Deutschlands verläuft. Die Grünen haben von Anfang an mit hyänenhaftem Eifer alles bekämpft und destabilisiert, was Deutschland nach der Höllenfahrt des Dritten Reiches wieder stark und international anerkannt gemacht hatte, politisch, wirtschaftlich, technologisch, aber auch soziokulturell. Koinzidenz oder Kausalität? Oder beides zusammen und kreuzweise?

Allem, was nach 1945 noch stand, ist inzwischen das Mark ausgeblasen worden, wie es Franz Josef Strauß befürchtete, als er 1986 als Gastredner auf dem CDU-Parteitag sagte: »Wenn diese Bundesrepublik Deutschland einen fundamentalen Wandel in Richtung Rot-Grün vollziehen würde, dann wäre unsere Arbeit der letzten vierzig Jahre umsonst gewesen, dann wäre das Schicksal der Lebenden ungewiss, und die Zukunft der kommenden Generationen würde auf dem Spiele stehen.«

Ein Verschwörungstheoretiker könnte ins Grübeln kommen, welche Rolle die Amerikaner dabei spielten. Doch letztlich dürfte sich deren Einfluss in Grenzen gehalten haben; wie bei der sogenannten Vergangenheitsbewältigung haben sie bestimmt rasch erkannt, dass es das Beste ist, die Deutschen die Sache – also sich – selbst erledigen zu lassen. Auf den deutschen Eskapismus ist heute so viel Verlass wie früher auf die deutsche Ingenieurskunst. Annalena B. wird als Kanzlerkandidatin gehandelt – hat Thalia vielleicht Klios Platz eingenommen?

Demnächst verhilft womöglich ein großer Teil des im Sud seiner unsühnbaren Schuld gegarten Restvolkes von Technikfeinden, Klimahysterikern, Faschistenhalluzinierern und kinderlosen Xenophilen den Nolens-volens-Testamentsvollstreckern des Führers zur ersten Kanzlerschaft. Ein faszinierend Schauspiel, hochkomisch und gottbekotzenswürdig.

20. März

Unlängst wurde mir das Buch »Dabeigewesen. Ein Versuch über den Stolz« zugeschickt mit der Frage, ob ich mich dazu äußern wolle, es gehe darin unter anderem um Alexander Gaulands Bemerkung, dass die Deutschen auf die Leistungen der deutschen

Soldaten in den beiden Weltkriegen auch stolz sein könnten. Verfasser ist der Journalist Gerald Wagner, der für das Feuilleton der *FAZ* schreibt, und im Wesentlichen ist sein Text eine postume Auseinandersetzung mit seinem Vater, Jahrgang 1921, der 1941 wie Hunderttausende andere junge deutsche Männer in Russland einmarschierte (im Buch ist von einem »Überfall« die Rede, aber die größte jemals in der Geschichte aufmarschierte Armee kann man schwerlich »überfallen«; der angemessene Terminus ist »Angriff«). Nun war dieser Vater, ein Freiburger Kaufmannssohn übrigens, der vor zwei Jahrzehnten zu den Vielen gegangen ist, eher ein Schwejk'scher Charakter denn ein Krieger: »Seine größte militärische Leistung war das sofortige Wegwerfen seines Gewehres bei der ersten Feindberührung im Juli 1943 bei Orel.« Er ging in die Gefangenschaft, ohne, wie er später versicherte, auch nur einen Schuss abgefeuert zu haben, überlebte zwei Jahre als Zwangsarbeiter in Sibirien, bis ihn, so lautete zumindest die Familienlegende, ein russischer Arzt nach Hause schickte, weil der junge Deutsche ihn an seinen Sohn erinnerte.

Am 7. Dezember 1945 stand Alfred Wagner wieder vor dem Elternhaus in Freiburg, abgemagert, dreckig und verlaust – »seit dem Sommer hatte er laut Google Maps 5 561 Kilometer zurückgelegt« –, drinnen saßen die Eltern und die Schwester, die nach dem Mitteilungsschreiben vom Regiment, dass Alfred im Raum Orel verschollen sei, keinerlei Nachricht mehr erhalten hatten und entsprechend freudig überrascht gewesen sein dürften.

Des Vaters Berichte über die Jahre in Russland begleiten Gerald Wagner durch die Kindheit (»Er erzählte gerne vom Krieg«), allerdings wurde in diesen Erzählungen nicht gekämpft und gestorben, dort floss kein Blut, jenes ausgenommen, welches Wanzen und Läuse saugten, stattdessen ging es ums

Essen und ums Frieren. Der Vater war nie Mitglied der Partei und angeblich nicht einmal der HJ. Er sprach nie schlecht oder hasserfüllt von den Russen und der Zeit seiner Gefangenschaft, und obwohl er später nie in die Sowjetunion reiste und keinen einzigen russischen Gesprächspartner besaß, lernte er nach dem Krieg Russisch.

Kurzum: Der *FAZ*-Autor könnte hochzufrieden mit der Art und Weise sein, wie sich sein alter Herr durch dieses jahrelange Gemetzel geschlängelt hat, und, ohne sich die Hände schmutzig zu machen, der Blutkirmes rechtzeitig entkam. Ist er aber nicht. Wagner junior hat mit dem Verblichenen eine Rechnung offen, weil der nach seiner Heimkehr einfach weiterlebte, ohne sich Asche aufs Haupt zu streuen, und keine Reue zeigte. Die »Schuldverweigerung« der Eltern, die »flachen Ausreden und unwilligen Gesten« molestieren ihn offenbar bis heute. »Es war peinlich«, erinnert er sich, »den Eltern beim Verdrängen zuzusehen«. Aber was mussten sie denn verdrängen, wenn sie nichts Böses getan hatten? Der stumme, gleichsam den Blick senkende Opportunismus ist ein Menschenrecht, niemand ist verpflichtet, gegen ein Regime aufzubegehren, das ihn als Reaktion ins KZ sperrt oder gleich unters Fallbeil bettet. Bekanntlich hatte man damals auch den Wehrersatzdienst im KZ abzuleisten, weshalb praktisch nur sogenannte Bibelforscher diese exotische Wahl trafen. Klar, die Wahrscheinlichkeit, für den Führer an der Ostfront zu krepieren, war auch nicht gering.

Was aber hätte der Vater nach seiner Rückkehr anderes tun sollen, als das Geschenk des Überlebens dankbar anzunehmen, eine Familie zu gründen, sich eine Existenz aufzubauen – er wurde übrigens Studiendirektor und stellvertretender Leiter eines Gymnasiums – und den verdammten Krieg eine Sammlung persönlicher Anekdoten sein zu lassen?

Antwort des Sohnes: Er hätte über »seinen eigenen Beitrag an der deutschen Selbstermächtigung zur Unterwerfung und Vernichtung der slawischen Untermenschen« reflektieren sollen. »Hätte er nicht wenigstens einmal ein wenig zerknirscht sein können, ein Gramm Scham auf die Waage seiner Entschuldigung legen können?«

Sie merken es schon: Wir nähern uns dem Adyton der deutschen Zivilreligion. Der Vater hat das zentrale Glaubensbekenntnis verweigert und ist als eine Art Ketzer gestorben. Ihm das ins Grab nachrufend, bringt Wagner junior monströse Sätze zu Papier. »War er ein Täter? Ja, natürlich. Schließlich waren alle deutschen Soldaten Mittäter.« Oder: »Das Angebot der Sieger, das Deutschtum tatsächlich am Leben zu lassen, wenn dessen Träger die Zivilisation in Zukunft zu respektieren versprach, war ein unfassbar generöses Geschenk an die Besiegten.«

Alle deutschen Soldaten waren Täter, alle anderen haben die Täter bekämpft. Wie einfach. Und wie pervers. Alle Kriegsverbrechen der Alliierten sind damit salviert und den Deutschen – nicht einmal den Nazis – inklusive Vater Wagner in die Stiefel geschoben. Das gilt ausschließlich für die Deutschen zwischen 1933 und 1945, am besten zwischen 1914 und 1945. Es ist der exakt um 180 Grad gedrehte Manichäismus der Nazis, ein gegen die eigenen Vorfahren gekehrter Moralherrenmenschendünkel. Und natürlich ist es das letzte Interessante und Exklusive, das der Gegenwartsdeutsche in negativer Prahlerei der Welt noch über sich mitzuteilen weiß. Was wären die Deutschen heute denn, wenn sie nicht einmal als die bußfertigen Nachkommen des Teufels auftreten könnten? Sie haben doch nichts anderes mehr. Sogar die D-Mark hat man ihnen weggenommen, und in den nächsten beiden Generationen werden diejenigen, deren

Eltern ethnische Deutsche sind, zur Minderheit im eigenen Land. Dann ist leider auch Sense mit der Vergangenheitsbewältigung, dann ist ihr Zweck erfüllt, dann werden sich sogar die frühvergreisten Tanten bei der *Zeit* einen neuen Mond zum Anheulen suchen müssen, wo gerade eine Autorin – unter der Überschrift »Deutsch und damit nicht normal« – für Indigene die Selbstbezeichnung »Menschen mit Nazi-Hintergrund« vorschlug.

Für meine Begriffe ist die interessanteste Frage zum Dritten Reich, wie die Söhne sich verhalten hätten, wenn die Väter als Sieger heimgekehrt wären. Ansonsten lautet die Lektion aus der NS-Zeit: Du darfst einen Krieg nicht verlieren, vor allem nicht so gründlich. Die Italiener und Alfred Wagner haben vorgemacht, wie man Kriege angemessen verliert. Aber ein Streber- und Fanatikervolk, das zweimal buchstäblich gegen die restliche Welt marschiert ist, den zweiten Waffengang bis zur totalen Selbstvernichtung getrieben hat, obwohl sich die Führung bereits im Spätherbst 1941 ausrechnen konnte, dass man mit diesen Verlusten nur eine genau begrenzte Zeit lang würde durchhalten können, das beim Völkermord ebenfalls am fanatischsten und gründlichsten war und seitdem beflissen danach giert, auch unter den Besiegten aller Zeiten der Primus zu sein, ein solches Volk taugt offenkundig nicht zum Vernünftigsein. Das autoaggressive Willkommensdelirium der Jahre 2015 ff. ist nur ein weiterer Beleg dafür, dass die größten Irren in der Mitte Europas leben. Ich bitte, diese Kollektivschmähung cum grano salis zu verstehen.

Und so nimmt es nicht wunder, dass in diesem Fundamentalistenvolk Intellektuelle herumgeistern, die sich und ihresgleichen zu der nachträglichen Erkenntnis spornen, jeder Wehrmachtssoldat sei mitschuldig an der Shoa, weil ohne die

Wehrmacht kein Ostfeldzug stattgefunden haben könnte und ohne Ostfeldzug kein Völkermord. Dann plädiere ich freilich dafür, diesen Gedanken konsequent auf alles anzuwenden, was den Lauf der Geschichte mitsamt seinen Gräueln ermöglicht hat, also zum Beispiel auf die Kausalkette: ohne Versailles kein Drittes Reich, ohne Napoleon kein deutscher Nationalismus etc. pp.; dann müssen wir zurückgehen bis zu Karl dem Großen, bis zu Widukind, Caesar und Wrunkel, dem Rübengeist der Cherusker, ach was, bis zu Kain und Abel. Wahrscheinlich muss sich Kain das Nessoshemd der Urschuld anziehen, Pech für ihn, denn der Erste war ja auch er nicht.

Kriegsverbrechen geschehen seit Menschengedenken, obwohl der Begriff noch recht jungfräulich ist, sie haben jeden Krieg begleitet, bis heute, und sie werden geschehen, solange Menschen leben. Nach den Kriegsverbrechen sind die Mörder heimgekehrt, haben ihre Frauen und Kinder in die Arme geschlossen und weitergelebt wie zuvor. Das mag man schrecklich und böse finden, aber es ist vor allem phänomenal. Regelmäßig wurden Kriegsverbrechen gerächt, meistens durch neue Kriegsverbrechen, ebenso regelmäßig wurden sie zu Siegen oder Strafaktionen oder zur Vollstreckung des Fortschritts verklärt, man denke an die Ausmordung der Vendée durch die Truppen der Jakobiner; neuerdings führen Kriegsverbrecher gern die Menschenrechte im Mund, um ihre Techno-Massaker zu rechtfertigen. Seit Nürnberg versucht man, Kriegsverbrecher zu bestrafen, allerdings so selektiv, dass kein Zurechnungsfähiger das Theater wirklich ernst nehmen kann.

Dass man damals die übrig gebliebenen Spitzennazis aufgehängt hat, war trotz der juristischen Fragwürdigkeiten der Anklage natürlich völlig in Ordnung. Was meinen Sie denn, was Friedrich der Große und Bismarck, Moltke, Hindenburg und alle drei Preußenkaiser getan haben würden, hätte man sie durch Auschwitz geführt und ihnen die Berichte der Einsatzgruppen vorgelegt? Die hätten, allein um der Ehre ihres Landes willen, weit mehr Nazis hinrichten lassen als die Alliierten. Schlauerweise werden sie uns heute als deren Vorläufer oder gar Wegbereiter verkauft.

Zugleich war es in gewissem Sinne komisch, dass in Nürnberg die Vertreter der Sowjetunion, also des Staates, der sich 1939 mit Hitler Polen geteilt, der Finnland angegriffen und das Baltikum annektiert hatte, wegen »Verschwörung zur Entfesselung eines Angriffskrieges« gegen die Deutschen Anklage erhoben. Auch Amerikaner und Briten hatten – durch keinerlei Kriegsrecht gedeckt – aus der Luft Hunderttausende deutsche und japanische Zivilisten getötet, keine vier Monate vor Prozessbeginn waren Hiroshima und Nagasaki ausgelöscht worden. Nach Anklagepunkt 3 hätten also auch Churchill und Truman vor dieses Gericht gestellt werden können. Die US Navy hatte einen ebenso unbarmherzigen U-Boot-Krieg geführt wie die deutsche Kriegsmarine, und die deutsche Besetzung Norwegens war zu einem Zeitpunkt erfolgt, als die Engländer dort bereits die Häfen verminten und selbst angreifen wollten – die Admirale Raeder und Dönitz wanderten dafür hinter Gitter.

Das berührt allerdings die Frage der Gerechtigkeit, während hier die Frage der Schuld interessieren soll. Die Schuld an Kriegsverbrechen tragen diejenigen, die sie befohlen, und diejenigen, die sie verübt haben. Das reicht bis zum Soldaten, der das Lager bewacht hat, in dem gemordet wurde; er ist schuldig der Beihilfe zum Mord. Jeder Soldat ist für jedes Kriegsverbrechen verantwortlich, an dem er beteiligt war; insofern stecken auch die anderen am Zweiten Weltkrieg beteiligten Armeen voller Täter. Es gibt keine guten Kriegsverbrechen. Deswegen hat man sich über die Jahrhunderte hinweg gemeinhin darauf geeinigt, nach dem Friedensschluss einen Schlussstrich zu ziehen, um nicht in einen ewigen Kreislauf von Anklage, Vergeltung und Rache zu geraten. Dass nach den extremen Schrecken des Zweiten Weltkrieges mit Millionen nunmehr auch zivilen Opfern Schuldige überführt und hingerichtet werden mussten, versteht sich, wie man sagt, von selbst. Aber der Landser, der nach Russland marschiert ist, weil ihm das befohlen wurde, und der sonst im Zuchthaus gelandet wäre, der an der Front gegen die Soldaten eines anderen Landes kämpfte, das gemäß der politischen Großwetterlage als Feind galt, kann nicht dafür verantwortlich gemacht werden, wenn im Rücken der Front ein Massenmord verübt wird. Zwar geschieht das eine im Schutz des anderen, aber es ist nicht seine zwingende Folge. »Es war Krieg«, wie mein Schwiegervater zu sagen pflegt, dessen gesamte Familie bei der deutschen Belagerung Leningrads verhungert ist und der, achtjährig, als Einziger überlebte. Zur selben Zeit geriet Alfred Wagner in russische Gefangenschaft. »Wenn die Russen mich haben davonkommen lassen, schien mein Vater zu fragen, warum dann nicht auch ihr?«, notiert Sohn Gerald. Ja, warum?

Nun, ich habe die Antwort bereits gegeben. Weil die Russen den Krieg gewonnen haben und die Deutschen ihn verloren. Weil die Russen bis heute und gerade unter Putin diesen Sieg zur Identitätsstabilisierung benutzen und stolz darauf sind, die nach allgemeiner Ansicht beste Armee der Erde besiegt zu haben, während den deutschen Verlierern unter der Last der Schandtaten eines Teils ihrer Vorfahren lediglich der Sündenstolz als Identitätsprothese blieb. Es spielt selbstredend auch eine Rolle, dass die Nazis den Russen nicht brutaler erschienen als die Bolschewiken, weil ihr Völkerschlachthaus schon vor selbst vergossenem Blut troff, als Wehrmacht und SS einmarschierten. Ein Russe würde ein Buch wie »Dabeigewesen« nicht nur nicht schreiben, sondern dessen Problemstellung überhaupt nicht verstehen. Die Russen haben den deutschen Landsern schneller und gründlicher vergeben als deren eigene Kinder. Und das liegt keineswegs nur daran, dass sie gewonnen haben. Es liegt auch daran, dass sie keine verrückten Deutschen sind.

»Ist es historisch betrachtet eigentlich nicht egal, welchen Beitrag der eigene Vater zum Zweiten Weltkrieg geleistet hat?«, fragt Sohn Wagner und gibt sogleich die Antwort: »Es ist nicht egal. Es wird nie egal sein.« Kein Russe würde so denken. Wer das schreibt, zielt aufs Sakrale (vielleicht liegt es auch daran, dass die Russen für sakrale Zwecke das Christentum wiederentdeckt haben, während die heidnischen Deutschen sich seiner zugunsten von Baum, Klima, Drittweltmitmensch und Hitlersabbat entledigten). Aber natürlich wird es egal sein. Es ist außerhalb der Priesterkaste den meisten heute schon egal. Die sogenannte Menschheit würde mit der Erinnerung und »Bewältigung« sonst niemals fertig. Quel che fu non è – was war, ist nicht, sagt der in Überlebensfragen dem Deutschen bekanntlich weit überlegene Italiener. Erst daraus folgt jenes Tutto passa, Roma resta, zu dem das Grübler- und Extremistenvolk im Norden kein Gegenstück besitzt.

Wagner junior gesteht dem Vater immerhin zu: »Nach diesem Krieg war doch so viel Leben möglich, so viel Gegenteil von Krieg, so viel unfassbare Selbstbestimmung, so viel Ich, so wenig Staat, so wenig Hitler und Marschieren und Frieren und Hungern und so viel Essen! Dass daran, an dieser Gegenteilszeit etwas falsch sein sollte, dass man sich seelisch zurückwenden sollte, und in der überlebten Vergangenheit nach Schuld und Verantwortung und Trauer und den Toten suchen sollte, das muss meinem Vater als völlig lächerlich, fast wahnsinnig vorgekommen sein.«

Und nun bringt der Autor Alexander Gauland und mit diesem eine Kategorie ins Spiel, die mit seines Vaters Weltkriegsauftritt nicht das Geringste zu tun hat, aber von dessen Sohn auch dann als unangebracht betrachtet würde, wenn Alfred Wagner Panzergeneral und bei Prochorowka dabei gewesen wäre (manchmal kam mir bei der Lektüre der Gedanke, eine solche Karriere sei dem Filius weit lieber gewesen): den Stolz. Also etwas, das den Deutschen radikal aberzogen wurde, während beispielsweise die meisten der hier elanvoll ins Land strömenden virilen Moslems bis in die Haarwurzeln damit ausgestattet sind. Nein, Gauland predigte nicht den *θυμός* als solchen für den Alltag, er hatte lediglich erklärt, dass auch die Deutschen »stolz« sein könnten »auf die Leistungen deutscher Soldaten in zwei Weltkriegen«.

Für einen Homo bundesrepublikanensis, der von seinem Vater ein Schuldeingeständnis erwartet, obwohl der keine einzige Schlacht geschlagen hat, auf die andere stolz wären, ist das eine Zumutung, aber Wagner ist ja Feuilletonist und weiß einen Weg, Gaulands Aufforderung oder Feststellung zu kontern: Damit werde das inzwischen erreichte Niveau der Differenzierung in dieser Frage zu sehr unterboten. Das lässt sich freilich wiederum leicht kontern mit der Frage, was denn an dem offiziell erlaubten und von Wagner offenbar geteilten Stolz auf die deutsche »Vergangenheitsbewältigung« – »um die uns die ganze Welt beneidet«, wie Cem Özdemir in prangender Unkenntnis der Letzteren erklärte – differenzierter sein mag. Glaubt Gevatter Wagner, dass Herr Özdemir, Herr Habeck, Annalena B., Herr Maas oder die Kanzlerin über so etwas wie ein differenziertes Geschichtsbild verfügen?

Seinem Vater wirft Wagner übrigens vor, gewissermaßen in Parallelführung zur mangelhaften Differenzierung Gaulands, er habe ein »psychisch unterkomplexes« Dasein geführt, da er »dem Leben mit einer schuldbelasteten Seele lieber ein Leben ohne eine solche« vorzog. Wer seine seelischen Wunden offen und eiternd hält, um sie überall vorzuzeigen, sollte allerdings nicht darauf hoffen, dass ihn die Gesunden dafür loben. Freilich liegt die Vermutung nahe, dass Alfred Wagner deshalb keine Schuld empfand, weil er keine trug und ihm jene nachkriegsdeutsche Hirnwäsche nicht zuteilwurde, die spätere Generationen zum Veitstanz um den Totempfahl der Kollektivschuld animierte. Dieser Vorgang dürfte für Psychologen und künftige Hirnwäscher weit interessanter sein als die eher banale Verdrängung nach der Höllenfahrt des Dritten Reiches.

Ob heute noch jemand persönlich stolz ist auf die Leistungen der Wehrmacht, weiß ich nicht. Rein militärisch gäbe es Gründe zuhauf, aber es hat immer etwas peinlich Anmaßendes und Gockelhaftes, auf Leistungen stolz zu sein, an denen man persönlich keinen Anteil hat, und umgekehrt gilt das auch für Schuldgefühle. Mögen inzwischen okzidentweit weiße Reuebataillone in gockelhaft-ostentativer Kollektivzerknirschung niederknien, es geht mich nichts an. Ich schäme mich so wenig für die Shoa, wie ich auf den Frankreichfeldzug stolz bin. Deswegen begnüge ich mich damit, die Nazis und all ihre Mitläufer still zu verachten und mich laut nur an der Nazimentalität gewisser Zeitgenossen zu delektieren.

Wer auf die deutsche sogenannte Erinnerungskultur Stolz empfindet, wird sich allerdings und in den kommenden Jahren der Frage stellen müssen, was sie teils im Nebeneffekt, teils völlig intendiert ausgelöst hat, inwiefern sie das trojanische Pferd der

Linken war, um allem, was nach 1945 in diesem Land noch stand, das Mark herauszublasen und diese Gesellschaft zu kapern, mit welchen Folgen auch immer. Dass Deutschland heute sturmreif ist, gehört zu den Folgen der »Vergangenheitsbewältigung«.

Was als das »Böse« gilt, war immer Ermessenssache derer, die über die Macht verfügten bzw. von den Herrschenden mit der Rechtfertigung ihrer Macht beauftragt wurden. Die historische Schuld »der« Deutschen und »der« Weißen bildet die Grundlage für den Gesinnungsstaat der Zukunft. Wie jede Staatskirche duldet auch die linke, zivilreligiöse, *diverse* keine Götter neben sich. Dass aber dieselben Milieus, die seit Jahrzehnten aus den von den Nazis ermordeten Juden ihr moralisches Surplus ziehen, heute die Einwanderung von Abertausenden Antisemiten fördern und beklatschen, katapultiert sie wenigstens auf der Perversitätenskala weit über die fade Durchschnittlichkeit des besten Deutschlands aller von Herrn Steinmeier zumindest nach dessen Selbsteinschätzung beurteilbaren Zeiten.

Die Verlogenheit der taktischen Rede wohnt der sogenannten Vergangenheitsbewältigung (VB) symbiotisch inne. Der tägliche Auftritt der Zerknirschungssimulanten und Lippenbekenntnisautomaten, der Erinnerungsprahler und Gedenkheuchler, der Bußpfaffen und Nie-wieder-Routiniers, das war für einen Teilzeitmisanthropen wie mich vom ersten Tag Bundesrepublik an bestes Entertainment. Aber gut, die Show hat sich überlebt, das Publikum wendet sich anderen Amüsements zu. Neue Kollektive drängen sich in die Rolle des Wiedergutmachung für historisches Unrecht begehrenden Opfers. Die VB in ihrer spezifisch deutschen Spielart ist vorbei. Das sieht man allein am Comeback des Antisemitismus unter anderem Etikett. Ich wüsste gern, ob sich Gerald Wagner schon mal bei irgendeiner Gelegenheit gegen die Antisemitenimportgroßspedition Merkel-CDU oder die Israelboykotte der Grünen erklärt hat.

Meine eigentliche Skepsis gegenüber Gaulands im Buch zitierten Ausführungen beträfe nicht den erwähnten Stolz auf die Soldaten – der ist mir, ob nun bejaht oder verfemt, schnuppe, wobei ich die Leistungen zu würdigen weiß –, sondern seine im *Tagesspiegel*-Interview anschließende und für meine Begriffe viel zu optimistische Aussage, das Dritte Reich sei passé, wir lebten in gefestigten Verhältnissen, »wir sind heute nicht mehr Auschwitz«, sondern »eine funktionierende Demokratie«. Jeder, der dieses Tagebuch verfolgt, weiß, dass ich das völlig anders sehe. Ich bin der Ansicht, dass wir Zeugen der allmählichen Aushöhlung und Demolierung dieser Demokratie sind, wobei der Begriff wie immer mit einer gewissen Ironie ausgesprochen sei, eine Demokratie gibt es allenfalls in der Schweiz. Sagen wir also besser: Diese Kultur, diese Zivilisation, dieses Rechtssystem, diese welthistorisch einzigartige Freiheit, zu leben und zu wirtschaften, all das wird derzeit abgeräumt. Von welchen Kräften, ist noch halbwegs einfach zu beantworten, wenngleich die Liga der Feinde der westlichen Zivilisation – von der antirassistischen Linken bis zu den globalistischen Milliardärssozialisten, von den Zentralisten der UN bis zu den Weltklimarettern und Great-Reset-Propagandisten, von den Verbreitern des Islam bis zu den Agenten des chinesischen Staatskapitalismus – so bizarr und unvereinbar ist, dass sich die neotribale Zukunft des Kontinents dahinter bereits abzeichnet.

Sollte sich Wagner junior als Verteidiger der westlichen Freiheit achtbar schlagen, könnte sein Sohn einmal stolz auf ihn sein.

23. März

Das fünfte Kapitel seines Buchs »The Fall of Rome« (Oxford 2005) beginnt der Historiker Bryan Ward-Perkins mit folgender Betrachtung: »Es ist zurzeit völlig aus der Mode gekommen zu erklären, am Ende des Römischen Reiches habe eine ›Krise‹ oder ein ›Verfall‹ stattgefunden, geschweige denn, eine ›Zivilisation‹ sei kollabiert und ein ›dunkles Zeitalter‹ angebrochen. Gemäß der neuen Orthodoxie hat sich die römische Welt, sowohl im Westen als auch im Osten, allmählich und im Wesentlichen schmerzlos in ihre mittelalterliche Form ›transformiert‹. Allerdings steht diese neue Sichtweise vor einem unüberwindlichen Problem: Sie passt nicht zu der Masse der heute verfügbaren archäologischen Beweise, die einen erschreckenden Niedergang des Lebensstandards vom 5. bis zum 7. Jahrhundert zeigen. Es war ein Wandel, der jeden betraf, vom Bauern bis zum König, sogar die in ihren Kirchen ruhenden Körper der Heiligen. Es war keineswegs nur eine Transformation – es war ein Verfall solchen Ausmaßes, dass er als das Ende einer Zivilisation beschrieben werden kann.«

Warum heute das »Narrativ« der mehr oder weniger sanften »Transformation« obligatorisch geworden ist, bedarf angesichts der ins Haus stehenden großen »Transformationen«, »Neustarts« und »multikulturellen« Verwandlungen keiner weiteren Erklärung; aus demselben Grunde versuchen uns Historiker inzwischen weiszumachen, es habe damals in Ermangelung von Völkern gar keine Völkerwanderung stattgefunden, vielmehr habe sich Rom bloß *gewandelt*, nachdem man am Tiber eingesehen hatte, wozu man sich anderthalbtausend Jahre später an der Spree endlich durchrang, nämlich dass Abschottung nicht funktioniert und Menschen eben mobil sind.

Das in Rede stehende Kapitel hat Ward-Perkins überschrieben mit »The Disappearance of Comfort«. An einer ähnlichen Kapitelüberschrift dürfte auch der ostasiatische Historiker nicht vorbeikommen, der eines Tages das Standardwerk »The Fall of Western Europe« verfassen wird. Das unstillbare Interesse an der Völkerwanderung und dem Untergang der Mutter aller Zivilisationen hängt ja mit unserer vergleichbaren Situation zusammen: Der einstige Nabel der Welt, waffenstarrend, dynamisch, expansiv, wissenschaftlich und kulturell vorbildhaft, die Wiege der Technik und des Komforts, ist dekadent geworden, kulturell impotent, verteidigungsunfähig, überaltert, herrschaftsunlustig, sturmreif. Und die Barbaren stehen bereit; die neuen Christen auch. Hätten um die Wende vom 4. zum 5. Jahrhundert bereits Grüne und Linke im römischen Senat gesessen, die hätten gesagt: Der Gote, der Suebe und der Alane, let alone the Hun, haben dasselbe Recht darauf, in Rom zu leben, wie diejenigen, die schon länger hier Römer sind. Sie müssen intra muros angesiedelt werden und das römische Bürgerrecht erhalten. Pannonien und Noricum sind keine sicheren Herkunftsländer mehr! Man muss die vor dem rauen Klima Geflüchteten mit Quoten fördern, damit sie in der römischen Verwaltung repräsentativ abgebildet sind. Man muss ihre Diskriminierung durch dünkelhafte Alteingesessene unter Strafe stellen. Vandalen sind nicht gewalttätiger als Römlinge! Wir fordern separate Thermentage für Langobard*innen!

Nun haben die Grünen ihr Programm für die Bundestagswahl vorgelegt. Es ist ein erstaunliches Dokument des nach Macht gierenden Zynismus im Gewande sozialreligiöser Sinnstiftung. Man könnte dieses Programm als den Schlussstein über dem Tor eines geistigen Gefängnisses bezeichnen, dessen Errichtung die 68er nach den Bauplänen der Frankfurter Schule in

Angriff nahmen (es ist noch größer und besser geworden, als die Architekten ahnten). Die Heraufkunft einer neuen Sozialreligion samt ihren Priestern, Exegeten und Verkündern hatte der große deutsche Soziologe Helmut Schelsky anno 1975 in seinem Buch »Die Arbeit tun die anderen« eher diagnostiziert als vorhergesagt, welches ich gerade lese, um mein Vorurteil zu nähren, dass sachlich vorgetragene zutreffende Warnungen wahrscheinlich wertloser sind als gekreischte falsche. Es handle sich um eine »Herrschaft durch Sinngebung« (Schelsky) oder auch »Heilsherrschaft«, die durch »Theologisierung des Denkens« und »Glaubenspropaganda« – Miserabilisierung der Gegenwart bei Verheißung des Gerettetwerdens durch künftiges Wohlverhalten – durchgesetzt werde.

Notwendigerweise tritt diese Form der Machtausübung als »psychischer Zwang« auf: Wenn du kein Rassist, kein Klimasünder, kein Sexist sein willst, musst du Tribut zahlen oder die Richtigen wählen oder die Falschen verfolgen – oder am besten alles zusammen. Lange Zeit vollzog sich diese Einflussnahme auf die Gesellschaft indirekt, über Medien, Universitäten, Kirchen, die Kulturszene; nun, eine Generation später, ist der Sieg der neuen Religion nahezu total, was sich allein an den täglich multimedial verbreiteten Steckbriefen überführter Ketzer ablesen lässt. Dass die linksgrüne Priester- und Sinnstifterkaste direkt nach der politischen Macht greift, ist der logische letzte Schritt. Als ultimativen Hebel, um die bürgerliche Gesellschaft zu beseitigen, hat sie jetzt »die Klimakrise als wahre Menschheitskrise« in die Präambel des grünen Wahlprogramms integriert, und wir sind gehalten zu glauben, dass uns Annalena und Robert gemeinsam mit Claudia, Katrin, Cem und Anton in einen »Aufschwung« führen, »der über das rein Ökonomische hinausgeht«; dergleichen Aufschwünge und -brüche kenne ich aus dem untergangenen Zukunftsland, aus dem ich komme.

Eigentlich sollte jeder Deutsche, speziell jeder zeitgeschichtlich und propagandasprachlich interessierte, dieses Programm lesen. Jede Kapitelüberschrift beginnt mit einem »Wir«, der politischen Geiselnehmervokabel Nummer eins, sobald sie dem Munde eines Linken entschlüpft, gefolgt von einem positiv besetzten Verb – »Wir schaffen, wir fördern, wir schützen, wir sorgen, wir stärken, wir verbessern, wir finanzieren, wir garantieren, wir haushalten« –, an welches sich ein Euphemismus anschließt, der die Gängelungs-, Enteignungs-, Abschaffungs- und Umverteilungspläne dieser Spitzbubentruppe themenspezifisch schönfärbt.

Was die Grünen trendy »Gemeinwohl« nennen, wäre das Ende der freien Marktwirtschaft, deren »sozial-ökologische Neubegründung« auf nichts als Regulierungen, Bevormundungen und Verbote hinausläuft. Die Grünen wollen, dass Deutschland als Nationalstaat und Wirtschaftsstandort verschwindet, der Bundestag ein Kommunalparlament wird, der Wohnraum soll teilverstaatlicht und die Innenstädte sollen möglichst autofrei werden, die weißen männlichen Herkunftsdeutschen zu einer Art Helotenbestand absinken, der nicht nur die Klimakirchenkleriker und ihre »zivilgesellschaftliche« Koterie, sondern auch die durch Quoten, umfassende Zensur, staatlich bestallte Aufpasser und eine diskriminierende Antidiskriminierungsgesetzgebung geförderten »Geflüchteten« zu versorgen hat, während sich das Weltklima erholt. Außer Steuererhöhungen, Neuverschuldung und der Schaffung immer neuer Gremien, Behörden und Komitees haben diese Edlen keine Ideen, wie sich die ganze Chose bewerkstelligen lassen und wer sie bezahlen soll.

Außerdem wollen die Grünen das Wahlalter auf 16 Jahre senken, obwohl bei der Beobachtung ihres Personals eher eine Anhebung auf mindestens 30 Jahre geboten schiene. Den Umkehrschluss, dass Rechte nicht zu haben sind ohne Pflichten und Verantwortungen, ziehen sie selbstverständlich nicht.

Auf Seite 49 bringen sie sogar ein Update der Reichsfluchtsteuer in Vorschlag: »Jedes Jahr verlieren die Steuerzahler*innen hohe Milliardenbeträge durch Steuerhinterziehung und aggressive Steuervermeidung. Wir wollen mit einer umfassenden Strategie dagegen vorgehen. Die europäische Anzeigepflicht für Steuergestaltungen muss um eine Verpflichtung für rein nationale Gestaltungen ergänzt werden. Zusätzlich zur bestehenden Steuerpflicht nach dem Wohnsitz wird eine Steuerpflicht auch nach der Nationalität eingeführt, um rein steuerlich motivierte Wohnsitzwechsel zu verhindern.«

Das einzige Nationale, das in diesem Programm übrig bleibt, ist national-sozialistisch. Was darin nicht vorkommt, sind die bürgerlichen Freiheiten, also die Freiheit der Meinung, des Eigentums und des Wirtschaftens, und folglich ist in diesem kollektivistischen Heilsleitfaden auch kein Platz für das Individuum und dessen unveräußerliche Rechte. Rechte gibt es nur für Gruppen, sofern sie grünen Zielen dienlich erscheinen.

»Ein Freiheitsbegriff wie der des modernen Rechtsstaates und der pluralistischen Institutionen, der die Freiheit des Menschen gerade darin anerkennt, dass dieser niemals mehr als ›ganzer Mensch‹ für Staats- und Gesellschaftszwecke in Anspruch genommen werden darf, ist der strikte Gegensatz zu jeder Art von Heilsvergemeinschaftung« (letztmals Schelsky). Und deswegen ist dieses durchaus verfassungsfeindliche Programm gegen den modernen Rechtsstaat und die pluralistischen Institutionen gedacht und formuliert worden.

30. März

Ein Leser moniert, mir seien bei meiner Besprechung von Gerald Wagners Buch »Dabeigewesen« (*Acta* vom 20. März) einige Sinnverkehrungen gelungen. Näherhin hätte ich jene Teile des Buches, die sich mit der »Vergangenheitsbewältigung« der 68er befassen – praktisch das gesamte neunte Kapitel –, »komplett missverstanden«. Ich unterstellte dem Autor »Moralherrenmenschendünkel«, wo er »genau diesen Dünkel Leuten wie Carola Stern vorwirft«. Das sei es doch, »was Wagner den 68ern vorhält: den Dünkel der moralisch Überlegenen«. Deswegen zitiere er Hermann Lübbe, die Mitscherlichs, Harald Jähner und Helmut Schelsky als Kronzeugen. Man stelle sich vor, »die Verdrängung hätte gar nicht stattgefunden! Es wäre gar nicht geleugnet und willentlich vergessen worden – was folgte daraus für die größte Errungenschaft der 68er, ebendiese Verdrängung aufgedeckt und durch die eigene Trauerarbeit stellvertretend für ihre verstockten Eltern abgeleistet zu haben? Wer die Verdrängung in Frage stellt, enteignet die 68er ihrer fundamentalen Selbstlegitimation, die Bundesrepublik moralisch erst fundiert zu haben.«

Er habe, schließt Leser ***, das Buch und darin speziell das besagte Kapitel »als den Versuch einer Rehabilitierung dieser Generation gelesen, als eine Würdigung ihrer Leistung, die gerade im Weitermachen bestand, im Stolzverzicht und in der Bejahung des Neuen«.

Diese Kritik machte mich neugierig, also las ich die fraglichen Abschnitte gestern noch einmal, mit dem Resultat, dass ich Leser *** zum Teil recht geben muss, zum Teil auch wieder nicht. Was das Zitat betrifft, hat er recht. Ich hatte, des Themas unlustig werdend, die ersten Kapitel gründlicher als die hinteren gelesen, das mit deutscher Schuld schwer beladene Schiff schien mir auf Kurs, und kein Suezkanal, in dem es sich hätte querlegen können, war in Sicht; dass der Autor am Ende passagenweise eine Kurskorrektur vornimmt und die kollektive Verdrängung nahezu gutheißt, nachdem er sie seinem Vater seitenlang vorgeworfen hat, habe ich tatsächlich übersehen, unter anderem auch deshalb, weil er diese Interpretation recht verblümt und unter Herbeizitierung anderer Autoren anbietet. Da eine Klientel wie die 68er nach meiner Ansicht mit dem Dreschflegel bearbeitet werden sollte und nicht mit dem Ziselierhämmerchen, entging mir diese Feinheit. Mea culpa.

Richtig klar ist mir durch diesen Einspruch aber nicht geworden, worauf Wagner in seinem Buch eigentlich hinauswill. Er beklagt die kollektive Vergangenheitsverdrängung der Kriegsgeneration, und später fragt er, ob eine Verdrängung überhaupt stattgefunden hat; er wirft seinem Vater und dessen Frontkameraden eine kollektive Mitschuld an den Verbrechen des Dritten Reichs samt anschließender Amnesie vor, um dieses bewusste Vergessen sodann als eine für den Aufbau der Bundesrepublik womöglich unverzichtbare kulturell-mentale Leistung darzustellen – dieselbe Verdrängung, die aber womöglich nur von den 68ern erfunden wurde (siehe das Zitat oben). Zugleich lobt er die »Erinnerungskultur« der Nachgeborenen, wobei diese »Kultur« offenkundig mit den 68ern begann. Da kann man als Leser schon mal durcheinanderkommen.

Da ich den gerügten Passus offenkundig sinnverkehrend zitiert habe, werde ich den Absatz aus der Rezension so ungeniert löschen wie die Grünen das Unwort »Indianerhäuptling« aus ihren Annalen – nur eben nicht ganz so heimlich. Am Gesamtbefund meiner Besprechung ändert das allerdings nichts; im Gegenteil, die neuerliche Lektüre hat ihn bestätigt.

Wagners Buch, das den Stolz im Titel, aber nicht im Schilde führt, geht von zwei Prämissen aus: dass alle Deutschen, die am Weltkrieg teilgenommen haben, eine Mitschuld an den Verbrechen tragen, die während des Krieges begangen wurden – und zwar, indirekt, weil sie ja angefangen haben, an *allen*, auch an denen der Gegenseite (und dann logischerweise auch an Präventivmassakern wie dem Bromberger Blutsonntag?) –, und dass »die deutsche Erinnerungskultur« etwas rundum Positives ist. Dem habe ich, als Magister der Dämonologie und auch schuldtheologisch nicht völlig Unbewanderter, zu widersprechen. Ich tu's nochmals und werde mich dabei wieder weit von Wagners Buch entfernen, weil mich das Gesamtphänomen mehr interessiert als dieses Detail.

Angeblich handelt es sich bei der besagten »Erinnerungskultur«, die wie fast alle 756 oder inzwischen wohl schon um die 900 irgendeinem Leitbegriff angepappten »Kulturen« ein Eselswort ist – welche Kultur käme ohne Erinnerung aus? –, um etwas sehr Komplexes, sonst würde Wagner ja nicht Alexander Gauland vorwerfen, »so komplexe Dinge wie die deutsche Erinnerungskultur mit so schlichten Phrasen anzugreifen« wie etwa jener, dass Auschwitz zwar wie die Befreiungskriege gegen Napoleon zur deutschen Geschichte gehöre, aber nichts sei, »was uns heute täglich berührt«. Das ist, als wenn man einem Frommen erklären wollte, Gott sei eine Sache ausschließlich für den Sonntag. »Es ärgert ihn« – also Gauland, so Wagner – »anscheinend, dass die Erinnerung an Auschwitz immer wieder dem Vergessen entrissen wird. Er will es einfach nicht mehr hören. Warum eigentlich? Warum nervt ihn das so sehr?«

Statt Gauland antworte mal ich. Es nervt, weil nicht ehemalige Lagerhäftlinge oder deren Kinder oder die Nachkommen von Ermordeten mir mit Auschwitz kommen, obwohl ich

Angehörige dieser Personenkreise persönlich kenne, sondern nachgeborene deutsche Steinmeiers und Claudia Kipping-Eckardts, deutsche Aleida Assmanns, deutsche Kleberclaüse, deutsche Sonn- und Feiertagsredner, deutsche Leitartikler, deutsche Historikerstreiter und was sich an Gedenkroutiniers und Erinnerungsdominas noch so spreizt. Es nervt, weil solche Figuren durch nichts legitimiert sind, sich über Auschwitz zu äußern, es aber trotzdem tun und zugleich andere auffordern, sich durch rituelle Zerknirschung als guter Mensch und folgsamer Staatsbürger zu legitimieren, der permanent für gutmenschliche Illusionen zur Kasse gebeten werden kann, weil er aus einem nationalen Kontext stammt, »in dem *das* möglich war«, wie Sankt Jürgen mit verträumtem Blick auf den Starnberger See seufzte. Es nervt, weil das Vergessen des tatsächlichen Schreckens geradezu die Voraussetzung dieser Art instrumentalisierten Gedenkens ist. Es nervt, weil die Indienstnahme des Massenmordes für politisches Agenda Setting und persönliche Vordrängelei, die in der Endkonsequenz dazu führt, dass irgendein Heiko in intergalaktischer Schamferne vorgibt, wegen Auschwitz in die Politik gegangen zu sein, aber auch dass linke Habitusnazis mich »Nazi« nennen, weil diese Indienstnahme, sage ich, unendlich verlogen ist. Es nervt, weil hier mit todernstem Gesicht ein Satyrspiel aufgeführt wird. *Darum* nervt das so sehr. Schauen wir, was die deutsche »Erinnerungskultur« bewirkt hat. Vielleicht tritt dann ihr eigentlicher Zweck zutage, vom trivialen Exhibitionismus der professionellen Bewältiger ganz abgesehen. Das normale nationale Selbstbewusstsein, mit dem auf Erden praktisch jeder Angehörige eines jeden Volkes aufwächst (schauen Sie auf die Migranten!), wird durch die schwärende deutsche »Vergangenheitsbewältigung« oder »Erinnerungskultur« in sein Gegenteil verkehrt. Deutsche dürfen aus ihrer Geschichte kein anderes Bewusstsein ziehen als ein negatives, als die Distanzierung von ihren Vorfahren, als die nationale Selbstnegation; auf die können sie dann stolz sein. Die theologische Erbsünde aller Menschen hat sich in die politische Erbschuld für die Angehörigen einer Nation verwandelt; dass deren Bewirtschafter von »historischer Verantwortung« sprechen, ist ein Hütchenspielertrick, sie verantworten nichts, und die NS-Opfer sind ihnen schnuppe.

Die Priester oder, wie ich sie lieber nenne, die Pfaffen der Vergangenheitsbewältigung haben das Dritte Reich außerhalb der Geschichte platziert; wer über dessen Ursachen reden will, den nennen sie einen »Relativierer«, wer auf die Verbrechen der anderen hinweist, den heißen sie einen »Aufrechner«. Die Geschichts- und Gedenkpolitik hat über die Deutschen eine transzendente Schuld verhängt, die sowohl das Ausland als auch die inneren Abmelkbrigaden – Linke, Grüne, »Anywheres« – permanent zur materiellen und moralischen Erpressung reizt. Was das Ausland angeht, muss ich die Geschichte der EU, die Abschaffung der D-Mark als Preis der Wiedervereinigung, den Zusammenhang von Schuld und Schulden sowie Maastricht als »Versailles ohne Krieg« (*Le Figaro*) nicht weiter ausführen. »Macht hat in Deutschland nur, wer an der Verstetigung der deutschen Ohnmacht arbeitet« (Günter Maschke), und die deutsche Erinnerungsdressur ist die Basis von allem. Ihre Vorgaben wirken ungefähr wie der Katechismus bei den Christen. Wer die »Erinnerungskultur« gutheißt, hat auch für deren Konsequenzen einzustehen, selbst wenn er nur Bücher zur eigenen Familienhistorie schreibt; so viel Kollektivschuld muss sein.

Da ich mich gern in Sentenzen ausdrücke: Israelische Jugendliche verlassen Auschwitz als Patrioten, deutsche – biodeutsche – als Nationalmasochisten. Beide haben ihr Erbe erkannt und angenommen. Das ist in der israelischen Version gesund, in der deutschen krank. Ich kenne dieses Pathos, ich habe es mir selbst zugeflüstert: Solches Mord-Gelichter sprach die Sprache Goethes! Hinweg denn auch mit ihr! – Es sprach die Sprache Goethes übrigens gerade *nicht,* das nur am Rande. Wichtiger indes dünkt mich die Frage: Wollen wir uns jeden Tag von Neuem und mehr oder weniger subtil einreden lassen, der Nationalsozialismus sei Essenz und Quintessenz des Deutschtums, die Sanduhrmitte der deutschen Geschichte, das Öhr, auf welches alles zulief und hinter das es kein identitätsstiftendes Zurück mehr geben darf? Wollen wir tatsächlich bis zum Finis Germaniae des Gelichters Geiseln sein, dem Führer getreulich auch noch den letzten Willen erfüllend?

Wagner behauptet übrigens, die »Erinnerung« an die NS-Verbrechen beschränke sich nur auf einige »überschaubare Anlässe«. Ich habe keine Ahnung, wie er darauf kommt; ständig erscheinen anlasslos neue Bücher, Broschüren und immer gleiche Zeitungsartikel zum Thema, laufen anlasslose TV-Dokus, wird in Politikerreden und Podiumsdiskussionen anlasslos das Dritte Reich beschworen, wird die einzige Oppositionspartei in grotesker »Relativierung« bzw. »Verharmlosung« oder beidem zugleich und kreuzweise zum NS-Wiedergänger erklärt. Hitlers und der Seinen Präsenz in der deutschen Politik ist ungebrochen, und zwar anlasslos.

Der eigentliche, zynisch-geniale Clou der »Erinnerungskultur« besteht darin, dass sie mit ihren Ritualen eine Schuld abzutragen fingiert, die gar nicht abgetragen werden soll oder darf. Die Schuld wankt und wackelt nicht. Keine der deutschen Reuegesten, vielleicht mit Ausnahme der Versöhnungszeremonie zwischen Adenauer und de Gaulle in Reims 1962, hat sie je mildern können. Im Gegenteil – obwohl die Intensität der Reuebekenntnisse zunahm und von Mal zu Mal historisch plumper, undifferenzierter und falscher wurde, ergaben sich ständig neue politische Kotaus und materielle Verpflichtungen Deutschlands daraus. Von Kanzler zu Kanzler hat die deutsche Schuld zugenommen. Nachdem sich Helmut Kohl noch beharrlich gesträubt hatte, an den Siegesfeiern der anderen teilzunehmen, gab Gerhard Schröder sein erinnerungspolitisches Debüt mit genau dieser Geste. Angela Merkel, die in puncto Germanophobie die Latte für allfällige grüne Amtsnachfolger sehr hoch gelegt hat, blieb es vorbehalten, die deutsche Schuld auch auf den Ersten Weltkrieg auszudehnen. Am 11. November 2009, auf der Feier zum 91. Jahrestag des Waffenstillstands in Paris, sagte die Kanzlerin: »Wir werden nie vergessen, wie sehr in der ersten Hälfte des 20. Jahrhunderts Franzosen durch Deutsche zu leiden hatten.« In ihrer Ansprache zum 100. Jahrestag variierte sie die Bezichtigung des eigenen Landes unwesentlich, indem sie zum Besten gab: »Dass ich heute hier als Bundeskanzlerin der Bundesrepublik Deutschland stehe, ist eine Ehre für mich. (...) Denn das ist heute alles andere als selbstverständlich, insbesondere nach dem Leid, das die Deutschen in zwei Weltkriegen über ihre Nachbarn, über Europa und die Welt gebracht haben.«

»Die« Deutschen haben Unheil über die Welt gebracht, nicht »Deutsche« oder deren Waffenträger, Funktionseliten und Opportunisten. Was Deutsche in zwei Weltkriegen Franzosen angetan haben, das bedeutet nach den Usancen des öffentlichen Sprechens in höchsten Rängen: Merkel nahm und nimmt auch die Schuld am Ersten Weltkrieg auf Deutschlands Kerbholz. Was heute so gut wie alle Historiker für ungerechtfertigt erklären und wogegen sich seinerzeit u. a., um ein paar Unverdächtige zu nennen, Ebert und Scheidemann noch vehement verwahrten:

den Kriegsschuldparagrafen des Versailler Diktats – Merkel hat ihn ratifiziert. Die Entente hat 1914 ff. umgekehrt Deutschen nichts angetan. Ist das endlich verstanden worden?

Wenn eine Bank einen Kredit gäbe und nach 50 Jahren Ratenzahlung erklärte, die zu tilgende Summe sei so hoch wie am ersten Tag, würde man sie eine Betrügerbank nennen. Die Deutschen »erhofften sich von den vermehrten, immer intensiveren Bußritualen eine Schmerzlinderung, die aber ausbleibt, weil die Möglichkeiten der Absolution absichtlich versperrt bleiben«, schreibt Thorsten Hinz in seinem Buch »Die Psychologie der Niederlage«, dem für meine Begriffe unangefochtenen Standardwerk zum Thema. Das »konditionierte Deutschland« gleiche »einer Katze, der man eine Tüte mit Erbsen an den Schwanz gebunden hat und die sich, erschrocken über das unentrinnbare Geräusch, in Panik zu Tode hetzt«.

Die deutsche »Erinnerungskultur« hatte und hat ihre Nutznießer im In- und Ausland, Deutschland selbst gehört nicht dazu – wären die Grünen sonst ihre eifrigsten Fürsprecher? Die läuternde Kraft der retrospektiven Einkehr war gleichwohl gering: Wenn man beobachtet, wie sich die in »Zivilgesellschaft« umgetaufte Volksgemeinschaft gegen Falschmeiner zusammenrottet, wie die Nazimentalität heute eben gegen »rechts« *kämpft*, wie die deutschen Engagierten und Mitläufer wieder Nachbarn oder Kollegen denunzieren, Resolutionen unterzeichnen und Listen schreiben, um der Führung »entgegenzuarbeiten« (Ian Kershaw), wie sie das Recht und die geistige Freiheit über Bord werfen, um *auf Linie* zu sein, dann begreift man, dass sich durch diese ganze »Bewältigung« und »Auseinandersetzung mit der Vergangenheit« mental überhaupt nichts geändert hat.

Etwas anderes ist natürlich der Umgang mit der Shoa in Israel. Dort wirkt die Erinnerung identitätsstabilisierend, nicht zerstörend. Dort gibt es keine erinnerungskulturelle Priesterkaste, die den Laien vorschreibt, was sie tun und denken sollen, und Gedenksünder exkommuniziert. Aber wenn ich vorhin schrieb, dass israelische Jugendliche Auschwitz als Patrioten verlassen, muss hinzugefügt werden, dass die linken globalistischen Wortführer auch und gerade die Israelis auf die Liste der aussterbenswürdigen Völker gesetzt haben. In Deutschland wetteifern Rote und Grüne darin, Israel anzuprangern und zu boykottieren. Insbesondere Heiko Maas, der Chef der Anonymen Antisemiten oder was das Kürzel AA auch immer bedeutet, lässt seine Chargen in den UN-Gremien regelmäßig gegen Israel stimmen, während er zugleich seine Lippenbekenntnisse zum Holocaust absondert. So viel bewirkt »Erinnerungskultur«!

Mag sein, dass die sogenannte Vergangenheitsbewältigung von vielen Laien und sogar manchen Klerikern gut gemeint und persönlich tief empfunden war, und ich will Wagner junior nicht im Ansatz unterstellen, dass er unredliche Absichten verfolgt. Hier geht es aber nicht darum, was im Einzelnen beabsichtigt, sondern was, zum Teil auch contre cœur, tatsächlich erreicht wird. Überspitzt formuliert – und ich liebe Überspitzungen! – wäre zu fragen, ob jemand, der sich in fruchtlos-zerknirschten Betrachtungen über den Anteil des persönlich unschuldigen Vaters an der vermeintlichen Kollektivschuld seiner Generation ergeht und die deutsche »Erinnerungskultur« als den Ausweg aus dem transgenerationalen Verstrickungsdilemma preist, *in letzter Konsequenz* nicht die seit 2015 forciert stattfindende Einwanderung von Antisemiten und die Ausbreitung des Islam als Sühne für die deutsche Judenvernichtung *objektiv* fördert.

Die Pointe besteht darin, dass die Nazis die Juden als Volk oder »Rasse« ausrotten wollten und damit, ohne es zu wollen, das moderne Israel schufen, während ihre heutigen deutschen

Nachfahren, sofern sie links und globalistisch genug empfinden, gern dieses Israel als jüdisches »Konstrukt« abschaffen würden. Beide haben, auf völlig verschiedene Weise, das gleiche Ziel: Die Judenheit als Klub mit Zulassungsbeschränkungen und nunmehr sogar Staatsgrenzen soll verschwinden. Wobei die tolerante Enkelgeneration die Juden als solche schon übrig lassen will; sie sollen nur ihre exklusiven Vorstellungen von jüdischer Nation und *Erez Israel* aufgeben und mit allen anderen Nationen in der *Einen Welt* der Diversity aufgehen, im großen globalen Massenschunkeln. Mehr als andere haben Juden Gründe, skeptisch gegenüber Plänen zu sein, die sie als Ganzes betreffen. Der Linksradikale Richard Wagner stellte sich die Zukunft der Juden übrigens ähnlich wie die heutigen »Anywheres« vor: »Gemeinschaftlich mit uns Mensch zu werden heißt für den Juden aber zuallernächst so viel als: aufhören, Jude zu sein«, schrieb er in seinem Pamphlet »Das Judentum in der Musik«. Ich schweife ab – –

Die angemessenste Form der deutschen Erinnerung besteht für meine Begriffe darin, den Judenstaat politisch und mit Waffen zu unterstützen; welche Totempfähle die diensthabenden deutschen Bewältigungsschamanen gerade umtanzen und wessen Karriere sie dort opfern, hat mit Israel nichts zu tun und interessiert die meisten Israelis auch nicht. Bei amerikanischen Juden sieht die Sache zu oft anders aus, sofern sie den Demokraten nahestehen. In ihrem aktuellen Buch »Von den Deutschen lernen« erklärt die aus Atlanta, Georgia, stammende Philosophie-Dozentin Susan Neiman – durch die Lektüre von de Beauvoir und Sartre zur Philosophie gekommen, Assistentin von Rawls, Wahlkampfhelferin von Obama, Sie verstehen? – den deutschen Umgang mit der Vergangenheit für vorbildlich, von der Wehrmachtsausstellung bis zum 2015er

Willkommensdelirium. Damals hießen Bahnhofsapplaudierer Flüchtlinge und solche, die es werden wollten, willkommen, um, wie Neiman unverhohlen formuliert, »den Rassismus ihrer Vorfahren umzukehren«, und das in einem Land, in dem Türken und »Farbige« inzwischen »zur Zielscheibe des Gifts geworden sind, das sich einst gegen die Juden richtete« – *Zielscheibe des Gifts;* schreiben kann sie offenbar auch –, was man ja allein an der willkommenskulturell befeuerten Kriminalstatistik und den jährlichen Transferleistungen sieht. Wenn dieser Knall zum deutschen Exportschlager wird, dann wohl nur in die identitätspolitisch zerrütteten USA unter der Regierung von Sleepy Joe und seiner Domina Kamala.

Was für die Linken in Deutschland die Nazis und ihre politischen Nachkommen sind, sind in Übersee die Südstaatler und der von Trump vertretene republikanische »White Trash«. Eine autoaggressive »Erinnerungskultur« ist in Zeiten der Identity Politics der ideale Hebel, um die Gesellschaft auseinanderzubrechen, und zwar entlang ethnischer Bruchlinien. Nach meiner Prognose wird am Ende der okzidentweiten Schuldlustspiele nicht die große Allversöhnung der Rassen, Ethnien und sozialen Schichten stehen, sondern der aus dem Kampf aller gegen alle besonders hervorgehobene Kampf aller anderen gegen die Weißen – das sind zahlenmäßig die wenigsten, die innerlich und demografisch Geschwächtesten, die Kapitulationsbereitesten und zugleich diejenigen, bei denen immer noch am meisten zu holen ist –, in welcher durch die KI eingehegten Form sich dieser Kampf auch zutragen mag. Die Black-Lives-Matter-Krawalle scheinen nur ein Vorspiel gewesen zu sein, in den USA liest man inzwischen täglich von rassistisch motivierten Angriffen Schwarzer auf nunmehr Asiaten – es hat ziemlich lange gedauert, bis sie bemerkt haben, wer im Schnitt am intelligentesten und zunehmend erfolgreich ist –, während internationalsozialistische weiße Ideologen aller Professionen und Vermögensklassen die Schwächung ihrer Staaten durch moralische Selbstpreisgabe weiter vorantreiben. Womöglich wird die »Erinnerungskultur« durch ihre dynamische Autoaggressivität sub specie aeternitatis enorme Schäden angerichtet haben. Womöglich ist sie die Kerkaporta der westlichen Zivilisation. Das Gutgemeinte führt bekanntlich oft ins Unheil.

Howgh, ich habe gesprochen.

8. April

Es gibt ja Zeitgenossen, die sich einfrieren lassen wollen, um irgendwann in der Zukunft wieder zum Leben erweckt zu werden und auf diese Weise die Gesamtspanne ihres Erdendaseins zu verlängern. Selbst wenn das technisch möglich wäre, würde wohl mancher zur Unzeitgemäßheit Wiedererweckte beim Eintritt in die Nachwelt einen ziemlichen Schock erleiden. Nehmen wir an, Wilhelm Furtwängler hätte sich 1954 in die Anabiose versetzen lassen, wäre dieser Tage ins Dasein zurückgekehrt und müsste das lesen: »Ist klassische Musik kolonialistisch? Universität will Mozart und Beethoven einschränken«.

Oxforder Professoren der Musikwissenschaft – keine Musiker, nicht einmal Musikanten – wollen den Musik-Lehrplan »dekolonialisieren« und die »weiße Vorherrschaft« in den Kursen beenden. Diese Bekenner beklagen, das unterrichtete klassische Repertoire, welches unter anderem Werke von Mozart, Bach und Beethoven umfasst, konzentriere sich zu sehr auf »weiße europäische Musik aus der Sklavenzeit«.

Auch die Notenschrift habe die Verbindung zu ihrer kolonialen Vergangenheit nicht »abgeschüttelt«, sie spiegele ein »kolonialistisches Repräsentationssystem« wider und sei für einige Studenten ein »Schlag ins Gesicht«. Musikalische Fähigkeiten wie das Erlernen des Klavierspiels oder das Dirigieren von Orchestern dürften nicht länger verpflichtend sein. »Strukturell weiße europäische Musik« bringe schwarze Studenten in »große Bedrängnis«. Stattdessen solle fürderhin mehr afrikanische Musik auf dem Lehrplan stehen – oder Hip-Hop und Jazz. (Wobei Jazz schon seit Jahrzehnten universitärer Lehrstoff ist; bis es der Hip-Hop dorthin schafft, müssen Bremen, Hamburg und Berlin wohl noch mehr Abiturienten produzieren.) Inspiriert von der amerikanischen Black-Lives-Matter-Bewegung wolle man die »Vielfalt verbessern«. Dazu müsse es auch mehr nichtweiße Dozenten – *Bild* schreibt »Lehrende« – geben.

Allotria dieser Art ist der Nichtaufgetaute inzwischen gewohnt – Ähnliches las man ja bereits von strukturell weißer Mathematik und strukturell weißen Naturgesetzen, zu schweigen von den durch und durch und bis hinein in die Kinderbücher rassistischen Literaturklassikern. Ein bisschen überraschend wirkt der Absender der Botschaft, aber vielleicht versuchen ein paar Ochsenfurter Zeitgeisthascher nur, in Formation den Namen ihrer Universität zu tanzen.

Bemerkenswert ist die Formulierung »Musik aus der Sklavenzeit«. Davon abgesehen, dass »Così fan tutte«, das zweite A-Dur-Klavierkonzert oder das g-Moll-Quintett auch dann göttliche Musik wären, wenn Mozart Kommandant von Dachau gewesen wäre, ist zu allen Zeiten »Sklavenzeit« gewesen – bis heute. Die Sklaverei ist ja auch nach ihrer offiziellen Abschaffung nie verschwunden. Jedes bedeutende Kunstwerk entstand zu irgendeiner Sklavenzeit. Da diese umgekehrten

Rassisten mir mit ihrer Echolalie auf die Nerven gehen, scheue ich nicht zurück, mich zu wiederholen und immer wieder zu wiederholen, bis es *sitzt*: Sklaverei gibt es seit 5000 Jahren, jede Hochkultur, jedes größere Reich hat sie praktiziert, und ohne die tätige Mit- und Beihilfe kriegerischer Afrikaner hätte sie gar nicht funktionieren können – während Bach, Mozart, Beethoven und sogar Richard Wagner niemals Sklaven gehalten, gejagt oder verkauft haben; das waren ja eher Selbstversklaver um ihrer Schöpfungen willen. Bevor sich schwarze Oxford-Musikstudenten vom Sklavereizeitkomponisten Beethoven ins Gesicht geschlagen fühlen, sollten sie erst einmal nachschauen, ob sie nicht zufällig selbst von Versklavern abstammen. Außerdem: Haben wir nicht zuletzt zu hören bekommen, dass Beethoven ein halber Schwarzer war?

Während Sklaverei in allen Weltgegenden und unter nahezu sämtlichen Völkern eine gewöhnliche, wenn auch abscheuliche Praxis war, geht ihre Abschaffung und Ächtung ausschließlich auf das Konto von Weißen. Diese weißen, nennen wir sie der Einfachheit halber und ohne den Renaissance-Experten ins Feld treten zu wollen: Humanisten, handelten aus Motiven, wie wir sie in die Sprache der Musik übertragen bei Bach, Mozart und Beethoven finden. In Großbritannien wurde die Sklaverei 1807 abgeschafft, in den USA 1865. In der Heimat von Bach, Mozart und Beethoven gab es sie gar nicht erst.

Was hier tatsächlich stattfindet, ist, neben der Angleichung der Lehrpläne an die Fähigkeiten von Studenten, die sich Studierende nennen, die Idiotisierung eines Erdteils, jeden Tag ein bisschen mehr. (Ich habe unlängst geschrieben, wir sähen einer Zivilisation beim Verrücktwerden zu, woraufhin ein mutmaßlicher Spenglerianer monierte, das sei ein Pleonasmus; ich wollte und will aber nicht mehr von einer Kultur sprechen.)

Allein die Aussage, dass der Notenschrift etwas strukturell Rassistisches oder Unterdrückerisches innewohne, müsste zur sofortigen Entlassung des Professors oder zur Relegation der Studentin führen, die solchen Nonsens vorbringen. Wie verhält es sich eigentlich mit derselben Notenschrift im Jazz? Ist der Dominantseptakkord zum Auftakt von Beethovens 1. Symphonie struktureller weißer Kolonialismus, und wenn ja, wie ist der häufige Gebrauch solcher Akkorde im Jazz zu bewerten? Ist die ganze Jazz-Harmonik am Ende eine raffiniert versteckte Identifikation mit dem Aggressor?

Man las ja schon von Schwarzen, die sich darüber beklagen, dass die von Weißen geschaffene Fotografie sie benachteilige, weil die Kontraste auf den Bildern ihre Hautfarbe schlechter zur Geltung brächten. Hier wäre eine einfache Lösung schnell zur Hand: Sollen doch Schwarze Kameras für Schwarze bauen, sie müssen diese von Weißen konstruierten Dinger ja nicht benutzen. Genauso sollten diejenigen, die sich von der strukturell weißen Musik unterdrückt und ins Gesicht geschlagen fühlen, gänzlichst auf die strukturell weiße Notenschrift verzichten (auch wenn die schwarzen Noten dort in der klaren Überzahl sind). Ich schlage außerdem vor, dass die weißen Naturgesetze und die weiße Mathematik von kolorierten Peoples nicht mehr zwangsbenutzt werden sollen; desgleichen die von weißen Ingenieuren geschaffenen Flugzeuge, Hochhäuser, Brücken, Autos und Telefone. Weg mit dem Gravitationsgesetz aus der Sklavenzeit! Nieder mit den Zwangsstrukturen der Statik!

Bach, Mozart und Beethoven verkörpern in der Menschheitskulturwelt ungefähr das, was der Mount Everest, der K2 und der Kangchendzönga in der Bergwelt sind (von mir aus darf auch Mozart der Kangchendzönga sein). Ihre Werke sind von einer Schönheit, Erhabenheit, seelischen Tiefe und meisterlichen

Vollendung, die außerhalb der Zeit steht. Diese Musik spricht zu jedem empfänglichen Menschen gleich welcher Rasse oder Hautfarbe und vermag ihn mit bescheidenem Stolz darauf zu erfüllen, einer Gattung anzugehören, deren Achttausender so weit in den Himmel ragen. Es gibt nichts Größeres. Aber wenn irgendwelche geistigen Pygmäen – Pygmäen? Das ist Rassismus! –, wenn, sage ich, irgendwelche geistigen Zwerge – Gnomophobie! – damit nichts zu tun haben wollen, ist das in Ordnung. Es ist mir sogar recht. Wie der grimme *Ludwig van* einmal mit wahren und guten Gründen raunzte: »Für Schweine spiele ich nicht.«

Ende der Durchsage.

14. April

Ein junger Offiziersanwärter, angehender Jagdflieger und Student an der Bundeswehr-Universität, hatte sich bei mir gemeldet und gefragt, ob er im sogenannten Rahmen eines Studien-Praktikums als Wahlkampfhelfer für mich arbeiten könne, drei Monate lang, finanziert vom Bund. Durchaus verblüfft – schließlich ist die AfD ja eine Partei, die zwar nicht die Ostgebiete, aber die alte kryptofaschistische Bundesrepublik zurückhaben will statt der DDR – erkundigte ich mich, ob er denn von seinen Vorgesetzten dafür die Erlaubnis bekomme. Die habe er bereits, entgegnete der Anwärter.

Etwas später, der Regierungsschutz hatte inzwischen angekündigt, die einzige Oppositionspartei als »Verdachtsfall« zu traktieren und den sächsischen Arm der Schwefelpartei bereits als einen solchen eingestuft, rief ich den jungen Enthusiasten an und sagte, nun habe sich die Sache wohl erledigt, auch wenn ich als Bundestagskandidat von solchen erkennungsdienstlichen

Liebkosungen ausgespart bleibe, aber neuerlich versicherte er, dass er sein Praktikum antreten werde, seine Vorgesetzten hätten lediglich erklärt, wenn er mich bei direkten verfassungsfeindlichen Bestrebungen ertappe, müsse er Meldung erstatten. Noch etwas später rief der Brave zerknirscht an und teilte mir mit, dass er leider doch nicht bei mir praktizieren könne, die Universität habe es ihm untersagt. Dann könne er zu den Grünen oder den Roten gehen, empfahl ich. Nein, das nun gerade nicht, lautete die Antwort, aber er werde sich etwas anderes suchen müssen.

Mit jenem behaglichen Gefühl, das sich bei mir verlässlich einstellt, wenn sich meine Vorurteile bestätigen, legte ich auf. Lieb Vaterland, magst ruhig sein.

***

Bevor diese gefundenen Fressen für rassistische Hetzer in den Klüften und Spalten der Lückenpresse verschwinden, seien sie hier notiert: Der Anteil ausländischer Kinder, die Hartz IV beziehen, hat sich von 2015 bis 2019 fast verdoppelt: von 346 872 auf 652 678. So lautete die Antwort des Sozialministeriums auf eine Kleine Anfrage des Abgeordneten René Springer (Schwefelpartei). Bei Kindern aus den Hauptherkunftsländern von Asylbewerbern stieg die Zahl von 76 413 auf 391 540. Willkommen!

Deutsche werden deutlich häufiger Opfer von Straftaten mit ausländischen Tatverdächtigen als umgekehrt. Im Jahr 2019 – die Zahlen von 2020 liegen noch nicht vor, auf eine Trendwende nehme ich Wetten an – klärte die Polizei rund 70 000 Fälle auf, in die mindestens ein deutscher Tatverdächtiger involviert und mindestens ein Ausländer Opfer war. Demgegenüber standen ca. 130 000 Straftaten, die mindestens ein Nichtdeutscher gegen einen Deutschen verübte. Das ergab eine Anfrage des

Abgeordneten Stefan Brandner (Teufelsbrüder) an die Bundesregierung. Die Zuwanderer unter den Tatverdächtigen mit deutschen Opfern steigerten sich auf 35 500 Fälle. Am häufigsten stammten diese Früchtchen aus Afghanistan, Syrien und dem Irak.

Die Grünen haben in ihrem Wahlprogramm längst die Lösung formuliert: Einbürgern, einbürgern, einbürgern!

26. April

Das Bundesministerium für Umwelt, Naturschutz, Bau und Reaktorsicherheit hat eine »Smart City Charta« veröffentlicht – zur »Charta« gehört die Linguistic Submissiveness –, in welcher ein smarter Visionär beschreibt, wie er sich den »hypervernetzten Planeten« der Zukunft vorstellt, nämlich eigentumslos, privatsphärenfrei und totalüberwacht, also praktisch Urkommunismus auf KI-Basis (Vergleichbares las man auch schon beim Davoser »Weltwirtschaftsforum«). Ich zitiere einige der »Visionen oder Disruptionen«, die »das Internet of NO things« mit sich bringen könnte oder sollte, zum Beispiel:

»Eine Gesellschaft, in der kein Gebäude leer steht, sondern die ganze Zeit optimal genutzt wird. Auch fahren keine Autos mehr leer.«

Angesichts der Tatsache, dass bislang kein Auto leer fährt, muss das übersetzt werden in: Es fahren nur noch vollgestopfte Autos, und wem das nicht passt, der soll laufen oder in einem jener ihm zugedachten Gebäude bleiben, die aber auch nie leer stehen, weil das unsozial und klimaschädlich wäre und die kollektivistisch dressierte Zukunftsameise obendrein bloß auf individualistische Spleens käme.

»Künstliche Intelligenz ersetzt Wahl: Wir müssen uns nie entscheiden, einen bestimmten Bus oder Zug zu nehmen, sondern bekommen den schnellsten Weg von A nach B.«

Und wer weiß, was »wir« noch so alles zentral verklickert bekommen: die richtige Ernährung, den richtigen Umgang, die richtige Gesinnung!

»Wir werden auch nie unsere Schlüssel, Geldbeutel oder Uhren vergessen.«

Weil es so etwas gar nicht mehr gibt, dafür hat man Chips unter der Haut, dafür und für andere schöne erkennungsdienstliche Behandlungen. Oder sind Sie gegen den Fortschritt?

»Dank der Information über verfügbare geteilte Waren und Ressourcen macht es weniger Sinn, etwas zu besitzen: Vielleicht wird Privateigentum in der Tat ein Luxus.«

Es macht wenig Sinn, etwas zu besitzen, vor allem erzeugt das sinnlose Unterschiede. Privateigentum wird ein Luxus für die Mitglieder der *Inneren Partei,* wie das immer war, wenn Kommunisten geherrscht haben, und das Millionenheer der fröhlichen Roboter teilt sich alles brav, vom Auto über die Waschmaschine bis zum Bett. Diese visionären Kretins können so reden, weil sie den realen Sozialismus nie erlebt haben, weil sie keinen Schimmer haben von Zuständen, in denen die Maxime gilt: Die Dinge gehören allen, also niemandem, und deshalb kümmert sich auch keiner darum, und so sehen sie nach kurzer Zeit auch aus. Gemeinschaftseigentum verwandelt sich binnen weniger Tage in Schrott. Es macht also sehr viel Sinn, etwas zu besitzen, weil man nämlich nur dann ein Interesse hat, es zu pflegen, zu erhalten, weiterzugeben; überhaupt entsteht Schönheit nur durch Privatbesitz. Lieber lebe ich in einer Hütte mit Blick auf ein Schloss als in sozialistischer Einheitsarchitektur.

»Daten könnten Geld als Währung ergänzen oder ersetzen.«

Das hängt unmittelbar mit dem Wunsch nach Abschaffung des Privateigentums zusammen. Wer nämlich dagegen rebelliert, kann leicht diszipliniert werden, nachdem erst einmal das neutrale Bargeld durch jederzeit nachvollziehbare Daten ersetzt worden ist; nicht einmal ein belegtes Brötchen an der Elektrotanke bekommt der Gesellschaftsfeind dann mehr, bevor er nicht reuig ins Kollektiv zurückgekehrt ist.

»Da wir genau wissen, was Leute tun und möchten, gibt es weniger Bedarf an Wahlen, Mehrheitsfindungen oder Abstimmungen. Verhaltensbezogene Daten können Demokratie als das gesellschaftliche Feedbacksystem ersetzen.«

Sie haben sich nicht verlesen: Wir – dieses Wort ist eine Drohung in solchen Mündern – wissen genau, was »Leute« (= Nicht-Wir) möchten. »Wir« wissen es sogar schon, bevor sie es selbst wissen. Wahlen und Mehrheitsfindungen werden überflüssig. Die Mitbestimmung wird endlich abgeschafft; der Ameisenstaat ist viel perfekter als der sogenannte demokratische Staat, er produziert deutlich weniger *Reibungsverluste* und praktisch null Fehlverhalten.

Halten wir fest: Ein Bundesministerium wirbt in einer offiziellen Broschüre – also auf Ihre Kosten, meine Damen und Toxischen –, für die Abschaffung:

1. des Privateigentums,
2. der Privatsphäre,
3. der Privatautonomie und
4. des Parlamentarismus.

Eigentlich ein Fall für den Verfassungsschutz, aber der muss die Grundgesetzfundamentalisten auf der Rechten bespitzeln. Vor allem ist diese herbeifantasierte Zukunftswelt kulturlos, geistlos, hässlich, uniform, lebensunwert, niederbrennenswürdig. Wenn ich mir aber die nachwachsenden Klonarmeen in den Medien, NGOs, Stiftungen und Politbüros anschaue, sehe ich schon ihr Personal vor mir.

30. April

Das Bundesverfassungsgericht hat zu seinem gestrigen Beschluss in Sachen »Klimaschutz« als ultimatives deutsches Staatsziel ein Statement veröffentlicht, das das Bild einer Zukunft entrollt, die meinetwegen von der Erderwärmung gut durchgekocht werden kann. Ich zitiere meine Lieblingspassagen aus dem Adieu an die Grundrechte und versehe sie mit kurzen, enthusiastischen Zwischenrufen.

»Der Schutz des Lebens und der körperlichen Unversehrtheit nach Art. 2 Abs. 2 Satz 1 GG schließt den Schutz vor Beeinträchtigungen durch Umweltbelastungen ein, gleich von wem und durch welche Umstände sie drohen. Die aus Art. 2 Abs. 2 Satz 1 GG folgende Schutzpflicht des Staates umfasst auch die Verpflichtung, Leben und Gesundheit vor den Gefahren des Klimawandels, etwa vor klimabedingten Extremwetterereignissen wie Hitzewellen, Wald- und Flächenbränden, Wirbelstürmen, Starkregen, Überschwemmungen, Lawinenabgängen oder Erdrutschen, zu schützen.«

Ganze Juristenkohorten werden künftig aushandeln, ob diese Lawine und jener Starkregen nun Folgen des menschengemachten Klimawandels waren oder »normales« Naturgeschehen, denn davon hängen Entschädigungszahlungen in Billionenhöhe ab.

»Grundrechte sind aber dadurch verletzt, dass die nach § 3 Abs. 1 Satz 2 und § 4 Abs. 1 Satz 3 KSG in Verbindung mit Anlage 2 bis zum Jahr 2030 zugelassenen Emissionsmengen die nach 2030 noch verbleibenden Emissionsmöglichkeiten erheblich reduzieren und dadurch praktisch jegliche grundrechtlich geschützte Freiheit gefährdet ist.«

Der vom Menschen global herbeigeführte und in seiner Menschengemachtheit undiskutierbare Klimawandel, über dessen Dimensionen der Weltgeist sowie das IPCC die Karlsruher Richter umfassend informiert haben, gefährdet in Deutschland *jegliche grundrechtlich geschützte Freiheit*. Um das zu verhindern, werden Freiheitseinschränkungen wohl unumgänglich sein.

»Künftig können selbst gravierende Freiheitseinbußen zum Schutz des Klimas verhältnismäßig und verfassungsrechtlich gerechtfertigt sein; gerade deshalb droht dann die Gefahr, erhebliche Freiheitseinbußen hinnehmen zu müssen.«

Diese Grundrechtseinschränkungen wären praktisch gottgewollt und alternativlos.

»Der Gesetzgeber hätte Vorkehrungen zur Gewährleistung eines freiheitsschonenden Übergangs in die Klimaneutralität treffen müssen, an denen es bislang fehlt.«

Freiheitsschonender Übergang in die Klimaneutralität. Merken Sie sich die Formulierung. Ältere Ostdeutsche kennen noch das *friedliche Hineinwachsen in den Kommunismus*; das war so etwas Ähnliches.

»... entsprechend wird CO_2-relevanter Freiheitsgebrauch immer stärkeren, auch verfassungsrechtlich gebotenen Restriktionen ausgesetzt sein.«

CO_2-relevanter Freiheitsgebrauch – noch ein Begriff, den Sie sich merken sollten. Man wird um Grundgesetzänderungen nicht herumkommen, wenn der Gebrauch von Grundrechten allzu CO_2-intensiv ausfällt. Etwa Artikel 2: Jeder hat das Recht

auf die freie Entfaltung seiner Persönlichkeit, soweit er nicht die Rechte anderer durch seinen CO_2-Ausstoß verletzt. Ist ein bisschen wie der Scharia-Vorbehalt bei der Kairoer Erklärung der Menschenrechte im Islam.

»Zwar müsste CO_2-relevanter Freiheitsgebrauch, um den Klimawandel anzuhalten, ohnehin irgendwann im Wesentlichen unterbunden werden, weil sich die Erderwärmung nur stoppen lässt, wenn die anthropogene CO_2-Konzentration in der Erdatmosphäre nicht mehr weiter steigt. Ein umfangreicher Verbrauch des CO_2-Budgets schon bis 2030 verschärft jedoch das Risiko schwerwiegender Freiheitseinbußen«.

Jegliche Grundrechte und Freiheiten, die mit der Emission von zu viel CO_2 verbunden sind, werden künftig hinfällig. Da aber jede menschliche Regung CO_2 erzeugt, hängt es von den Gerichten, der Regierung und internationalen Vereinbarungen, kurz: vom Deep State ab, was Sie künftig tun und lassen dürfen. Wahrscheinlich bekommen Sie einen CO_2-Pass, eine CO_2-App, einen CO_2-Chip, ein CO_2-Konto. Schwarze und Asiaten sind als historisch Minderbelastete bzw. Kolonialismusopfer fürs Erste davon befreit.

»Grundrechtseingriffe lassen sich verfassungsrechtlich nur rechtfertigen, wenn die zugrunde liegenden Regelungen den elementaren Grundentscheidungen und allgemeinen Verfassungsgrundsätzen des Grundgesetzes entsprechen. Das gilt angesichts der eingriffsähnlichen Vorwirkung auf grundrechtlich geschützte Freiheit auch hier. Zu den zu beachtenden Grundsätzen zählt auch Art. 20a GG.«

Warum? Darum:

»Art. 20a GG verpflichtet den Staat zum Klimaschutz und zielt auf die Herstellung von Klimaneutralität.«

Dieses Grundgesetz ist eine echte Wundertüte. An was seine Elter 1 und Elter 2 alles gedacht haben! Nun endlich erstreckt sich der elastische Geltungsbereich deutscher Moralgesetzgebung vom Nordpol bis zu den Südseeinseln.

»Der Klimaschutzverpflichtung aus Art. 20a GG steht nicht entgegen, dass Klima und Erderwärmung globale Phänomene sind und die Probleme des Klimawandels daher nicht durch die Klimaschutzbeiträge eines Staates allein gelöst werden können. (…) Der Staat könnte sich seiner Verantwortung nicht durch den Hinweis auf die Treibhausgasemissionen in anderen Staaten entziehen. Aus der spezifischen Angewiesenheit auf die internationale Staatengemeinschaft folgt vielmehr umgekehrt die verfassungsrechtliche Notwendigkeit, eigene Maßnahmen zum Klimaschutz tatsächlich zu ergreifen und für andere Staaten keine Anreize zu setzen, das erforderliche Zusammenwirken zu unterlaufen.«

Und es mag am deutschen Wesen / einmal noch die Welt genesen – so weit, so deutsch. Es bleibt eine Frage offen: Was, wenn sie recht haben?

Dann müsste Folgendes passieren: Deutschland nimmt den Atomausstieg zurück, überall werden neue AKW errichtet. Die Migration ins energieintensive Europa wird komplett beendet. Greta und Luisa fliegen nicht mehr, ihre Familien geben als Vorbildmenschen die SUVs ab. Auch die Grünen verzichten komplett aufs Fliegen und Autofahren. Ein gewaltiges Geburtenkontrollprogramm für Afrika und die muslimischen Staaten Asiens wird aufgelegt – Motto: Geld für jedes verhinderte Kind (klingt rassistisch, aber irgendwas ist ja immer). Die Golfstaaten werden aufgefordert, die Ölförderung einzustellen, weil jedem Land Sanktionen drohen, das Öl importiert. Wenn China und Indien nicht mitspielen – tja, fragen Sie den Heiko, der hat bestimmt eine Idee, was dann. Schließlich herrscht die Klimadiktatur mit dem Staatsziel, die globale Erwärmung auf 1,5 Grad zu begrenzen, momentan lediglich auf ca. 0,07 Prozent der Gesamtfläche bzw. 0,24 Prozent der Landfläche dieses Planeten. Aber das Dritte Reich war auch nicht viel größer, und wie hat es zumindest das globale politische Klima beeinflusst! Die deutsche Luftwaffe könnte für den Anfang die chinesischen Kohlekraftwerke bombardieren.

Was mich betrifft, ich sage Ja zum Klimawandel. Ich freue mich darauf, dass es wärmer wird, allerdings nur um 1,99 Grad, ab zwei Grad wäre ich ja seit gestern Verfassungsfeind und irgendwie mitschuldig daran, dass Hamburg in 100 Jahren die Deiche erhöhen muss, obwohl sie die Kohle für Straßenumbenennungen brauchen. Ich glaube nicht an die Klimakatastrophe, und vor allem glaube ich nicht daran, dass die sogenannte Menschheit je ein Problem durch globale Maßnahmen lösen wird. Aber als Vorwand für eine gigantische Umverteilungsmaschinerie und eine wie auch immer geartete Öko-Diktatur wird sie eine gewisse Zukunft haben.

Ruhe in Frieden, Bundesrepublik Deutschland, du alte Umweltsau.

16. Mai

Christian Thielemann wird nur noch bis zum Sommer 2024 die Staatskapelle Dresden leiten. Die sächsische Kulturministerin Barbara Klepsch (CDU) gab bekannt, der Vertrag des Chefdirigenten werde nicht verlängert. Peter Theiler, der Intendant der Semperoper, soll zum selben Termin abschiedshalber leise Servus sagen. Müssen.

Diese Nachricht ist zunächst einmal völlig unverständlich. Thielemann ist einer der bedeutendsten Dirigenten der Welt, der legitime Erbe der großen deutschen Kapellmeistertradition, im spätromantischen Repertoire konkurrenzlos. Wenn man das Engagement eines solchen Hochkaräters auslaufen lässt, ist das ungefähr so – man verzeihe mir den abrupten Genrewechsel –, als wenn Manchester City bekannt gäbe, den Vertrag mit Pep Guardiola nicht zu verlängern. Da ist, wie Herr Jackopp in Eckhard Henscheids »Vollidioten« wiederholt moniert, »ein Bruch in der Logik«. Beziehungsweise es gilt offenkundig eine andere Logik, der man auf die Spur oder Schliche kommen muss.

Nehmen wir an, Manchester City, um bei diesem nicht zufällig gewählten Vergleich zu bleiben, gäbe außerdem bekannt, man trenne sich vom derzeit besten Trainer der Welt, weil man vorhabe, in Zukunft eine andere, zeitgemäßere Art Fußball zu spielen, diverser, vielfältiger, nach neuen Regeln und für neue Zielgruppen, nicht nur mit den Stars, sondern unter Einbeziehung von Frauen, Behinderten, Transsexuellen, Geisteswissenschaftler:innen, Hobbits und Übergewichtigen, für ein moderneres, bunteres Publikum. Das nenne sich »Perspektive ManCity 2030« – im Original »Perspektive Semper 2030«.

In ihrer Pressemitteilung spricht die sächsische Kulturministerin Klepsch von der »Chance, einen neuen Chefdirigenten oder eine Chefdirigentin zu berufen« – ich tippe auf Variante zwei –; die Rede ist außerdem von »neuen Publikumsschichten« und »digitalen Angeboten«. Und weiter die Kulturkammerchefin: »Eine Oper in zehn Jahren wird eine andere als die Oper von heute sein: Sie wird teilweise neue Wege zwischen tradierten Opern- und Konzertaufführungen und zeitgemäßer Interpretation von Musiktheater und konzertanter Kunst gehen müssen.« Eine Ministerin, die von der Hochkultur beinahe so viel versteht wie Annalena B. vom Völkerrecht, stößt der Staatskapelle und der Semperoper Bescheid, welchen Weg sie gehen »müssen«. Es ist derselbe anfangs leicht abschüssige und zuletzt steil abfallende Weg, den nach den Vorstellungen der grünschwarzbunten Spitzbuben, denen dieses Land nicht ganz unverschuldet in die Hände gefallen ist, sämtliche kulturellen Institutionen, aber auch Schulen, Universitäten, Unternehmen, Vereine, Stiftungen gehen »müssen«: der Weg in die postnationale, postkulturelle, posttraditionelle, geschlechtergerechte, okzidentophobe und tribalistische Idiotenwelt von Identitätspolitik, rassistischem Antirassismus und jener wundervollen Diversity, deren Resultate wir derzeit auf den Straßen von Köln, Berlin-Neukölln, Gelsenkirchen und in Permanenz in den Vorstädten von Paris bestaunen dürfen.

Für Wagners Dresdner »Wunderharfe« mit ihrem von Thielemann favorisierten traditionssatten *deutschen Klang* ist diese Zukunft versperrt. Alles, wofür der Dirigent steht, versetzt die Zeitgeist-Vollstrecker in sozialhygienische Lynchlaune: Er ist konservativ, deutsch und ein Meister, im Neusprech: ein weißer Suprematist und *Ableist*. Wenn an den Universitäten speziell im angelsächsischen Raum die weiße abendländische Kultur als »rassistisch« und »kolonialistisch« abgeräumt wird und sogar Musikprofessoren im ehrwürdigen Oxford konstatieren, die »weiße europäische Musik« Bachs, Mozarts, Beethovens mitsamt dem »kolonialistischen Repräsentationssystem« Notenschrift sollte nicht länger als lehrplanverbindlich gelten, man müsse stattdessen afrikanischer Musik und Hip-Hop mehr Raum geben, dann wird es wohl nicht lange dauern, bis die Staatskapelle mit Bongotrommel, Djembé, Kalimba und Rassel kulturbereichert wird – man sagt, dass die Zulu ihren Kampf gegen die Buren nur dank ihrer hervorragenden Trommler gewonnen haben –, derweil auf den Gängen der Semperoper schwarze Rapper und progressive Graffitikünstler neue Zielgruppen erschließen. Die Porträtbüste von Richard Strauss ist bis dahin selbstredend durch eine von George Floyd ersetzt worden (war ja eh ein Fall von Blackfacing wie sämtliche Bronzebüsten weißer Suprematisten).

Der kulturpolitische Schienenwolf befindet sich im Einsatz. Er folgt den Nerobefehlen einer Kanzlerin – Gott, wie ich diese Vergleiche liebe! –, die ihre innere Leere, Gemütsvergammeltheit und Zukunftslosigkeit mit dem stündlichen Ableiern des globalistischen Glaubensbekenntnisses zu kompensieren sucht. Man muss die faktische Entlassung Thielemanns und die berühmte Deutschlandfahnenentsorgung Merkels auf der CDU-Wahlparty 2013 als verwandte Gesten begreifen.

* * *

Gestern auf den Tag genau vor 80 Jahren legte Georgi Schukow, Chef des Generalstabs der Roten Armee und stellvertretender sowjetischer Verteidigungsminister, dem Genossen Stalin einen Angriffsplan gegen Deutschland vor. »Wenn man in Betracht zieht, dass Deutschland sein gesamtes Heer einschließlich rückwärtiger Dienste mobilisiert hat, so besteht die Möglichkeit, dass es uns beim Aufmarsch zuvorkommt«, schrieb der Armeegeneral. Das Wort »zuvorkommen« hatte er unterstrichen. Schukows Plan sah Vorstöße bis Königsberg, Danzig, Posen, Breslau und im Süden bis nach Böhmen im Zeitraum bis Ende August vor.

Das war fünf Wochen vor Beginn des deutschen Angriffs.

Damals massierte die UdSSR an ihrer Westgrenze die größte Armee, welche die Welt jemals gesehen hat: 2,9 Millionen Soldaten, 15 000 Panzer und Sturmgeschütze, 35 000 Geschütze und 9 000 Flugzeuge. Im Hinterland standen noch weitere 9 000 Panzer, 14 000 Flugzeuge, über 100 000 Geschütze und zwei Millionen Soldaten bereit. Die Rote Armee verfügte 1941 über 1 861 moderne schwere Panzer vom Typ T-34 und KW, die Wehrmacht über keinen einzigen (Zahlen aus: »Der Angriff auf die Sowjetunion«, herausgegeben vom Militärgeschichtlichen Forschungsamt Freiburg, Fischer 1991; mag sein, dass sie inzwischen noch etwas präzisiert worden sind).

Offenkundig ist Schukow mit seinem Plan bei Stalin nicht erfolgreich gewesen. Der Generalissimus glaubte nicht an den bevorstehenden deutschen Angriff, über welchen sein fähigster General so gut im Bilde war. Dass die Wehrmacht sowohl von der Masse des militärischen Gerätes auf der Gegenseite als auch von der offensiven Aufstellung der Roten Armee mit ihrer Konzentrierung in den beiden Frontbögen von Lemberg und Białystok überrascht war, ist vielfach bezeugt. Hätten die Sowjets sich verteidigen wollen, wären sie viel tiefer gestaffelt gewesen; die Wehrmacht hätte in diesem Fall niemals so schnell vorstoßen, ganze Armeen einkesseln und dermaßen viele Gefangene machen können.

»Für den Beginn des Krieges gegen Rußland glaubten wir mit einer technischen Überlegenheit unserer Panzer über die bis dahin bekannten russischen Typen rechnen zu können, welche die uns bekannte gewaltige Übermacht der Russen an Zahl – wir gingen mit etwa 3 200 Panzern in den Rußlandfeldzug – einigermaßen auszugleichen vermocht hätte. Ein eigenartiger Umstand machte mich allerdings in bezug auf das Panzergerät stutzig: Noch im Frühjahr 1941 hatte Hitler einer russischen Offizierskommission ausdrücklich gestattet, unsere Panzerschulen und Panzerfabriken zu besichtigen, und hatte befohlen, den Russen alles zu zeigen. Hierbei wollten die Russen bei der Betrachtung des Panzers IV nicht glauben, daß dieser unseren schwersten Typ darstellte. Sie erklärten immer wieder, wir verheimlichten ihnen unsere neuesten Konstruktionen, deren Vorführung ihnen Hitler zugesagt habe. Die Zudringlichkeit der Kommission war so groß, daß unsere Fabrikanten und Waffenamtsoffiziere schließlich sagten: ›Die Russen scheinen selbst bereits schwere und bessere Typen zu besitzen als wir.‹ Der Ende 1941 vor unserer Front auftretende Panzer T-34 offenbarte uns die russische Neukonstruktion« (Heinz Guderian, »Erinnerungen eines Soldaten«, Neckargemünd 1960, S. 129).

Es gab Zeiten, da haben mich die tendenziösen Bücher und Artikel über den Beginn des deutsch-sowjetischen Krieges und das Kräfteverhältnis beider Seiten – den angeblichen »Überfall« der Wehrmacht auf die Sowjetunion – aufgeregt (ein Pitbull kann einen Bären schwerlich *überfallen*; er kann ihn nur *angreifen*). Ich war abgestoßen von der unter westdeutschen Historikern verbreiteten Beflissenheit, die Position der Sieger zu übernehmen und diejenigen als Revisionisten, Relativierer, NS-Verharmloser etc. pp. zu verunglimpfen, die bei dieser Streberei in historicis nicht mittun mochten (es gibt in dem letztgenannten Detachement auch unappetitliche Figuren, Aufrechner, Verharmloser, Kryptonazis; das will ich nicht verhehlen). Heute ist es mir egal. Die Wahrheit wird sich auch hier durchsetzen, vielleicht nicht dort, wo Grüne regieren, vielleicht auch noch nicht in den nächsten Jahren. Aber spätestens wenn Deutschland als Kulturnation und Schicksalsgemeinschaft nicht mehr existiert, werden diese Historikermohren ihre Schuldigkeit getan haben und gehen, dann wird jene Art Historiografie, die im Grunde nur geschichtspolitische Siegersichtfestschreibung gewesen ist, nicht mehr gebraucht, dann kann das Schreckgespenst des Vierten Reichs oder anderer deutscher Wiedergeburten, an das nach *dieser* Niederlage ohnehin nur Wahnsinnige und intellektuelle Kretins glauben konnten, eingemottet werden. Und dann können Historiker aus wahrscheinlich anderen Kulturkreisen ganz unbefangen, unmanipulativ, unaufgeregt und, soweit dies überhaupt möglich ist, wahrheitsgetreu die Geschichte des vielleicht absonderlichsten Volkes der Welt schreiben.

* * *

Annalena Baerbock erlangte ihren ersten nationalen Berühmtheitsdurchbruch mit ihrer nobelpreiswürdigen Entdeckung, dass unser Stromnetz Energie speichert. Ich bin ein großer Fan des grünen Schnatterinchens und würde ihr, wenn ich darüber entscheiden könnte, die Türen des Kanzleramts persönlich aufhalten. Ich will, dass dieses Land endlich die grüne Impfung bzw. Infektion verabreicht bekommt. Ich will endlich die Talsohle sehen! Im Übrigen kann ich mir wenig Komischeres vorstellen als das erste Treffen von Annalena mit Wladimir Wladimirowitsch. Oder wenn sie das deutsche Schiff mit ruhiger Hand durch die Finanzkrise steuert. Oder nach dem ersten Blackout vor die Presse tritt.

Ich habe mir noch einmal das vergleichsweise legendäre Interview vom Januar 2018 angeschaut, in dem die Völkerrechtlerin, vordiplomierte Wirtschaftshistorikerin und Trampolin-Athletin die erwähnte physikalische Entdeckung en passant »heraushaut« (Dieter Bohlen). Überhaupt haut sie dort einige Zitierwürdigkeiten heraus; im Gegensatz zu Merkel hat ihr Stummel- und Phrasendeutsch noch den fidelen Pep juveniler Harthirnigkeit, obwohl die wonnige

Maid eigentlich schon damals erwachsen war. Ich zitiere mit Erlaubnis des Präsidenten:

»Dieses Land sieht eine Menge von Themen. Wir haben große Zukunftsfragen in ganz Europa, die angegangen werden müssen. Das ist mir total wichtig. Ich bin leidenschaftliche Europäerin.«

»Aus meiner Sicht kommt es jetzt nicht darauf an, in welcher Quantität man auf den Stühlen des Bundestages sitzt, sondern mit welcher Qualität man wirklich für seine politischen Themen streitet. Und dazu will ich massiv mit beitragen.«

»Ich bin leidenschaftliche Klimapolitikerin. Das habe ich in den letzten Jahren massiv hier bei uns im Bundestag mit vorangetrieben. Europäerin vom Herzen her. So bin ich auch dann bei den Grünen aktiv geworden.«

»Und das ist meine Motivation, dass wir diesen programmatischen Prozess so führen, dass es Debatten sind, die auch gesellschaftlich unter die Haut gehen und wieder Menschen auch mitreißen.«

»Und da müssen wir laut und deutlich in der Sprache sein. Ich trete daher für die Gesamtpartei an, wo alle Stimmen gehört werden müssen. Das ist für mich vollkommen klar. Ich war auch Landesvorsitzende. So habe ich das immer gemacht.«

»Und ich hoffe, ich mache es jetzt nicht zu komplex. Dazu neigt man manchmal als Fachpolitikerin ja.«

»Und natürlich gibt es Schwankungen. Das ist vollkommen klar.

An Tagen wie diesen, wo es grau ist, da haben wir natürlich viel weniger erneuerbare Energien. Deswegen haben wir Speicher. Deswegen fungiert das Netz als Speicher. Und das ist alles ausgerechnet. Ich habe irgendwie keine wirkliche Lust, mir gerade mit den politischen Akteuren, die das besser wissen, zu sagen, das kann nicht funktionieren.«

Eine Plattitüdendreschmaschine, reflektiert wie ein Teletubby, mit anderen Worten: eine Idealbesetzung. Leider werden unsere ikarischen Grünen bis September wohl etwas an Umfrage-Flughöhe verlieren und nur als Juniorpartner in die schwarz-grüne Koalition gehen; dann wird Annalena womöglich bloß Vizekanzlerin und Außenministerin. Immerhin das Treffen mit Wladimir Wladimirowitsch könnte trotzdem stattfinden.

22\. *Mai*

Annalena B., Lebenslaufkosmetikerin, Netzexpertin, »Völkerrechtlerin der Herzen« (so eine Leserin bei Danisch) und meine momentane Lieblingstörin, wurde im TV gefragt: »Wo ist Ihnen heute schon Europa im Alltag begegnet?«

Antwort: »Überall, morgens beim Stecker-in-die-Steckdose-Stecken, dass es Normungen gibt und man nicht tausend verschiedene Stecker haben muss.«

Wie hier schon beschrieben, entsteht in diesem Rumpelköpfchen Wirklichkeit nach Wunsch täglich neu, diesmal eben das Stecker-Erbzerwürfnis u. a. mit dem Franzmann, das erst die EU, die hier dreist mit »Europa« in eins gesetzt wird, durch friedensstiftende Vereinheitlichung beseitigt hat. So denkt sich Schnatterinchen die Welt: Früher war Zerwürfnis und Chaos, heute haben wir EU-Normen. Eine Art von Fantasy. Sie denkt bei Europa an die EU, bei der EU an Normierung, das war's. Habeck dachte noch an Interrail und grenzenloses Reisen. Das ist die neue Generation. Hätte man mich gefragt, ich hätte gesagt: Ich habe heute Morgen in Chateaubriands Memoiren gelesen, Frescobaldi gehört, danach mein englisches Sakko übergezogen – wir haben ja Mai und Global Warming, das hältst du nur im Tweed aus – und für den Abend einen leckeren Rotwein aus dem Roussillon gekauft. Hat alles mit Europa zu tun, aber nichts mit der EU.

Wenn die Baerbocks das Sagen haben, werden sie bestimmt versuchen, auch die Sakkos und den Wein zu vereinheitlichen und klimagerecht zu limitieren. Die Musik und die Schriften weißer Suprematisten sind ja praktisch heute schon geächtet.

16. Juni

Was gab es Positives am verlorenen Auftaktspiel der deutschen Nationalmannschaft bei der Fußballeuropameisterschaft? Naiv beantwortete ich die Frage gestern gesprächshalber damit, dass die Spieler immerhin nicht vor Beginn der Partie niederknieten, um dem antirassistischen Götzen oder Moloch zu huldigen, wie es beispielsweise die Belgier vor dem Spiel gegen Russland taten und angeblich auch die Portugiesen und weiß der Geier wer noch alles (ich schaue mir das Gekicke selten an).

»Das Niederknien gilt als Solidarisierung mit der ›Black Lives Matter‹-Bewegung als Zeichen gegen Rassismus und speziell rassistische Polizeigewalt«, erläutert der *Tagesspiegel* kundig seinen verbliebenen Lesern. Ich gestatte mir die Anmerkung, dass schwarze Männer 6,5 Prozent der US-amerikanischen

Bevölkerung stellen, aber 52 Prozent aller Morde verüben, dass anno 2018 von 2925 in Übersee ermordeten Schwarzen 2600 anderen Schwarzen zum Opfer fielen und zwei Drittel aller von Cops getöteten Menschen – weiß sind.

»Während die belgischen Spieler das taten, blieben die Fußballer der russischen Mannschaft hingegen stehen; einige russische Fans pfiffen und buhten die Belgier sogar aus. Der Grund: Das Niederknien gilt als politische Geste, die im Fußball eigentlich verboten ist.«

Ja, die achtbaren Russen wissen noch, was sich gehört und wo die Propaganda anfängt, lästig zu werden. Die *Sportschau* habe berichtet, so der *Tagesspiegel* weiter, dass der Europäische Fußballverband (UEFA) als Ausrichter der Europameisterschaft mitgeteilt habe: »Jeder Spieler, der eine Gleichstellung von Menschen fordert, indem er sich niederkniet, hat die Erlaubnis dazu.«

Falls indes ein frommer Christ auf diese Weise innig für den Sieg beten oder Gott für ein Hackentricktor danken will – auf die Fußsohlen, Freundchen!

Aber zurück zu meiner Antwort, die ich eben als naiv bezeichnete. Warum? Mein Gesprächspartner klärte mich auf: Wäre die ohnehin von den meisten Deutschländerwürstchen kaum noch mit großer Sympathie oder gar Empathie bedachte »Mannschaft« tatsächlich unter der Zeitgeistlast in die Knie gesunken, eine bessere Wahlkampfunterstützung hätte sich die AfD kaum wünschen können. Das leuchtete mir sofort ein. Womöglich hat sogar das Kanzleramt angerufen und gesagt: Leute, kniet euch bloß nicht hin! Spart euch das bis zu der Zeit, wenn ihr im Regenbogenkleidchen auflauft und einen Strichcode als Rückennummer tragt.

20. Juni

In seinem Buch »Du mußt dein Leben ändern« widmet sich Peter Sloterdijk ein paar Seiten lang dem Phänomen der *Identität*. Er tut dies auf recht unfreundliche Weise. Identität ist für den Denker »das Recht auf Faulheit«, sie steht also dem Leitmotiv des Buches, der Aufforderung zur permanenten Selbststeigerung, entgegen.

»Meine Identität besteht in dem Komplex meiner unrevidierbaren persönlichen und kulturellen Trägheiten«, konstatiert Sloterdijk. Sie sei der »Leitwert im Basiskulturlager (…). Entscheidend ist, daß der Gedanke an neue Höhen verpönt sein muß« – bei dieser Gelegenheit fällt mir auf, dass der Autor im Basiskulturlager der alten Rechtschreibung biwakiert, was keine Kritik ist –; »würden solche erklommen, könnte eine Wertminderung bei den eingelagerten Beständen eintreten. Wenn und weil im Basislager das bisher Erreichte als solches unter Kulturschutz gestellt wird, bedeutet jedes Expeditionsprojekt in der Vertikalen einen Frevel, eine Verhöhnung aller gerahmten Werte. Im Identitäten-Regime werden sämtliche Ideen devertikalisiert und der Registratur übergeben. (…) Identität liefert folglich den Super-Habitus für alle, die so sein wollen, wie sie aufgrund ihrer lokalen Prägungen wurden, und meinen, das sei gut so. Auf diese Weise stellen die Identischen sicher, außer Hörweite zu sein, sollte unvorhergesehen wieder der Imperativ ›Du mußt dein Leben ändern!‹ zu hören sein« (S. 296 ff.).

Sloterdijk setzt hier den Willen, seine Identität zu behaupten – die für das gesellschaftliche Wesen *Homo sapiens* immer eine kollektiv geprägte ist, sogar für Robinson Crusoe –, mit der erzkonservativen Verweigerung gegenüber jeder Veränderung, jeder Art Wandel in eins (Verwesung ist, so Gómez Dávila, übrigens auch ein Wandel). Das mag vielleicht für gewisse orientalische oder subsaharische Identitäten gelten, aber die abendländische, die Spengler die »faustische« genannt hat, bedeutet genau das Gegenteil, in ihr ist die Vertikalspannung hoch und das permanente Hinauf Programm. »Du musst dein Leben ändern!« *ist* abendländische Identität.

Das Buch erschien 2009. Inzwischen ist das Identitätsproblem hochexplosiv geworden – im Basislager, um in Sloterdijks Bild zu bleiben, wird es ungemütlich. In den westlichen Gesellschaften prallen die Identitäten aufeinander, ob nun an den Universitäten oder auf nächtlichen Straßen, und für viele weiße Westler wird in den Zeiten von Identity Politics und fortschreitender Islamisierung das Verleugnen der eigenen zum passabelsten Modus des Durchkommens. Die widerständigen Identitären indes, man halte von ihnen, was man will, sind zumindest eines nicht: träge. Auch die Trojaner oder 1683 die Wiener waren nicht träge und haben ihre Identität verteidigt. Identität war zu allen Zeiten eine Überlebensfrage – das Basislager ist kein schlechtes Bild dafür; hat man es nach der Gipfelbesteigung wieder erreicht, hat man überlebt –, und sie ist es heute wieder, mag es in der Welt der »Anywheres« zwischenzeitlich auch so aussehen, als hätte man diese Frage hinter sich gelassen. Sie wird sich neu stellen, oft auf aggressive, gewalttätige Weise. Auch den nach eigener Auffassung identitätslosen »Anywhere« rettet im Ernstfall nichts und niemand vor jener Identität, die ihm die Gegenseite kurzerhand zuschreibt.

Leicht beieinander wohnen die Illusionen,
Doch hart im Raume stoßen sich die Dinge.

23. Juni

»Teenie-Gang« – ein anderes Wort für »Boygroup« – »verfolgt und sticht auf am Boden liegenden Jungen ein«, meldet eine NRW-Lokalgazette.

Was zu Essen geschah, ist indes alles andere als ein Scherzanlass. Wie ein Polizeisprecher erklärte, war der 15-jährige Junge mit einem 16 Jahre alten Freund gegen 21.45 Uhr in Essen-Borbeck unterwegs, als die beiden von einer Gruppe von sechs bis sieben Jugendlichen angesprochen und »nach Geld gefragt« wurden.

»Als sie wegliefen, seien sie von der Gruppe verfolgt worden, so die Polizei. Aus Angst vor den Verfolgern habe der 16-Jährige dann sein letztes Bargeld ausgehändigt und hoffte, die Gruppe so loszuwerden. Doch sie ließen nicht von ihnen ab. An einer Grundstückseinfahrt umzingelten sie den 15-Jährigen, stießen ihn zu Boden und traten gemeinsam auf ihn ein. Einer der mutmaßlichen Täter zog ein Messer und stach auf das am Boden liegende Opfer ein. Als der 16-Jährige seinem Freund zu Hilfe kommen wollte, wurde ihm ein Messer an den Hals gehalten.«

Dann entfernte sich die »Gruppe«. Täterbeschreibung: alle etwa 12 bis 14 Jahre alt und dunkeldeutsch – Quatsch: -häutig.

Man stelle sich das mit den eigenen Kindern vor. Sie sind in Unterzahl – das gilt immer, wenn ein solches Rudel auf die Jagd geht und seine Opfer umzingelt. Sie wollen weglaufen – das gelingt ihnen nicht. Sie geben ihr Geld her – aber das genügt nicht. Sie werden zusammengeschlagen und -getreten – das reicht immer noch nicht. Das Rudel ist in den Blutrausch geraten. Auf einen ohnehin bereits hilflos am Boden Liegenden einzustechen ist bestialisch. Dass der Bub überlebt hat, dürfte wohl eher Zufall sein. Willkommen!

Die beiden malträtierten Jungen sind auf Jahre traumatisiert.

Die Täter sind nach deutschem Recht Kinder und nicht strafmündig. Sie werden mit einem Du-du! davonkommen, vielleicht mit Sozialstunden und Betreuern, die ihnen sagen, dass man so etwas nicht machen darf (»Strafdelikte sind bei uns verboten«, wie die Hauptthereinwinkerin in ihrer unsterblichen Art formulierte). Die Eltern, sofern sie überhaupt in Deutschland leben und wir es nicht mit Schutzflehenden aus dem von Ihrer Bundesregierung mit Ihren Steuermilliarden gesponserten Rettungsprogramm für »unbegleitete minderjährige Flüchtlinge« zu tun haben, wird man nicht haftbar machen können.

»Das Problem hinter der Straftat eines Migranten ist die politische Verantwortung dafür«, sprach der zu Recht gemaßregelte Hans-Georg Maaßen. Deshalb wird kein Journalist zu den beiden Opfern laufen, ihre Leiden schildern und eine flammende Anklage gegen diejenigen niederschreiben, die für solche Taten die indirekte Verantwortung tragen; eher werden sie die Instrumentalisierung der neubunten Alltagsmesserei durch die »Rechten« beklagen (»ein gefundenes Fressen für rassistische Hetzer«).

Ich finde, dass eine einzige solche Tat ausreichen würde, um die sogenannte Willkommenskultur zu desavouieren, denn die Politiker in der Regierung haben einen Amtseid geschworen, der sie verpflichtet, Schaden von deutschen Staatsbürgern abzuwenden. Die schlauen Grünen wissen wie immer die Lösung: Einbürgern, einbürgern, einbürgern. Dann passt es auch wieder mit dem Amtseid. Die beiden Jungs – es wird sie immer und immer wieder geben – waren dann halt zur falschen Zeit am falschen Ort.

PS: »Würden die Massenmedien die von ›Zuwanderern‹ begangenen Gewaltverbrechen mit nur einem Hundertstel des Agenda Settings und Framings versehen, wie sie es bei ›Gender‹,

›Klima‹ und ›Rassismus‹ tun, wären die Altparteien einen Tag später Geschichte« (Leser ***).

28. Juni

Gestern zelebrierte die Vereinigung Juden in der AfD, die im Gegensatz zum Zentralrat der Juden weder von der Bundesregierung anerkannt noch finanziert wird, also praktisch illegal ist, im Spiegelsaal zu Bamberg eine ihrer schwarzen Messen. Dort trat auch ein Goj auf, der mit seiner fatalen Neigung zu brunnenvergifterischen Vergleichen einen gewissen esoterischen Ruhm erlangt hat. Ungerührt und ungerügt trug er Folgendes vor:

Meine sehr verehrten Damen, meine Herren,

Woody Allen wird das Bonmot zugeschrieben, ein Antisemit sei ein Mensch, der Juden stärker hasse als nötig. Was wäre dann ein Antirassist? Ein Mensch, der Rassisten stärker hasst als nötig?

Jeder Vernünftige wird jetzt sagen: Sie können doch nicht Juden und Rassisten in einem Atemzug nennen! Das stimmt. Der Rassist will sein Gegenüber entmenschlichen. Dasselbe will übrigens auch der Antirassist: Er will sein Gegenüber entmenschlichen, indem er ihm Rassismus unterstellt. Ob jemand Rassist ist, bestimmt derjenige ja nicht selbst, das legen die Antirassisten fest, nach täglich strengeren Kriterien.

Nein, ich nenne nicht Juden und Rassisten in einem Atemzug – aber zwischen Antisemiten und Antirassisten entdecke ich eine Reihe von Gemeinsamkeiten. Das Denken der Antisemiten kreist fanatisch um die Macht, den Reichtum und den Einfluss der Juden. Das Denken der Antirassisten kreist fanatisch um die

Macht, den Reichtum und den Einfluss der Weißen. Natürlich ist die Macht »der« Weißen auf dem Globus lange Zeit eine höchst reale gewesen – heute schwindet sie wie Schnee in der Sonne –, die Macht »der« Juden war nur ein Teil davon und ansonsten vor allem ein feuchter Traum der Antisemiten. Aber das berührt unseren Vergleich nicht.

Antisemiten sind durchdrungen von der Idee, dass alle Übel der Welt auf die Juden zurückgehen. Antirassisten sind durchdrungen von der Idee, dass alle Übel der Welt auf die Weißen zurückgehen. Es ist derselbe Affekt, der Antisemiten und Antirassisten befeuert: das Ressentiment. Wer das Wort *Ressentiment* verwendet, ist automatisch bei Nietzsche; in dessen Nachlass fand sich die Bemerkung: »Antisemitismus: ein Name der Schlechtweggekommenen, die den Juden nicht vergeben wollen, dass sie Geist haben – und Geld.«

Hinter allen linken Gleichstellungsforderungen, hinter Feminismus, Multikulturalismus und dem Gender-Voodoo, blinzelt das Ressentiment hervor. Es ist verlässlich daran zu erkennen, dass die von ihm Befallenen Vortreffliches in Minderwertiges, Gelungenes in Missratenes umlügen – und umgekehrt. Der amerikanische Kolumnist Joseph Sobran schrieb anno 1997: »Der weiße Mann präsentiert ein Bild der Überlegenheit, auch wenn er sich dessen nicht bewusst ist. Überlegenheit erregt Neid. Die Zerstörung der weißen Zivilisation ist der innerste Wunsch der Liga der designierten Opfer, die wir Minderheiten nennen.«

Wenn ich hier von Antirassisten spreche, meine ich naturgemäß nicht weiße Männer wie William Wilberforce, die sich um die Abschaffung der Sklaverei verdient gemacht haben. Ich meine nicht all jene normalen Menschen, die Rassismus, echten Rassismus, für empörend halten. Wenn ich von Antirassisten spreche, meine ich die neomarxistischen, linksextremen, auf Beute lauernden sogenannten Aktivisten, die derzeit in sämtlichen westlichen Gesellschaften einen geistigen Bürgerkrieg gegen die westliche Zivilisation führen, weil diese großartigste aller Zivilisationen von Weißen geschaffen wurde – wie wir bei den Black-Lives-Matter-Randalen beobachtet haben, kann dieser geistige Bürgerkrieg jederzeit in einen wirklichen Bürgerkrieg umschlagen. Wenn ich von Antirassisten spreche, meine ich diejenigen, die mit ihrer Identitätspolitik das gesellschaftliche Klima vergiften, ethnisch-kulturelle Kollektive gegeneinander aufhetzen und die westlichen Gesellschaften entlang dieser Bruchlinien spalten – das heißt: in Stammesgesellschaften zurückverwandeln – wollen. Wenn ich von Antirassisten spreche, meine ich, mit einem Wort, antiweiße Rassisten.

Antisemitismus ist Neid auf Juden, Antirassismus ist Neid auf Weiße. Das Beneidete muss zerstört werden. Das zeigt die Black-Lives-Matter-Bewegung vordergründig mit ihrer Lust am Plündern, am Niederbrennen von Straßenzügen, das zeigt sie aber tiefgründiger mit ihren Angriffen auf die weißengemachte Kultur als solche, auf ihre Institutionen, ihre Wirtschaft, ihre Kunst. Das geht bekanntlich so weit, dass man sogar die Naturwissenschaften und die Mathematik für strukturell rassistisch erklärt – aber in den Genuss aller Technik und allen Komforts, die auf diesen Wissenschaften gründen, wollen unsere edlen Wilden schon kommen, so wie sie auch die westlichen Freiheitsrechte genießen wollen, um sie in Ruhe zertrümmern zu können.

Die Kehrseite des Neides ist das Minderwertigkeitsgefühl. Es gibt hinreichende Gründe für den Neid auf Weiße. Die weißen Völker haben in den vergangenen 500 Jahren praktisch die gesamte Welt neu erschaffen. Die Industrielle Revolution, die Erschließung des Planeten bis in seinen letzten Winkel, des Himmels und schließlich sogar des Weltalls, die gesamte Moderne, all das war ihr Werk. Ein solcher planetarischer Generalumsturz hat naturgemäß seine düsteren und blutigen Seiten. Der antiweiße Rassismus kennt einzig und allein diese Seiten und formuliert daraus die Anklageschrift gegen die Bleichgesichter. Der Anklage soll die Verurteilung folgen. Die Eiferer träumen davon, dass es ein Todesurteil sein wird.

Unter den Protagonisten des antiweißen Rassismus befinden sich zahlreiche woke Weiße, die versuchen, sich rechtzeitig auf die sichere Seite zu schlagen. Sehr weit an der Spitze lag als gute liberale Jüdin Susan Sontag mit ihrer wenig zimperlichen Feststellung »The white race is the cancer of human history« – »Die weiße Rasse ist der Krebs der Menschheitsgeschichte« –, zu Papier gebracht im Jahre des Herrn 1967. Wie man mit einem Tumor verfährt, zumindest dort, wo sich die üble weiße Medizin durchgesetzt hat, ist bekannt. Inwieweit sich Frau Sontag als Weiße selbst aus dem Menschheitsleib heraustranchieren lassen wollte, stehe dahin.

Ich könnte ähnliche Beispiele in Hülle und Fülle zusammenbringen. Begnügen wir uns mit den folgenden. 2002 erschien im *Harvard Magazine* ein Auszug aus dem Buch *When Race Becomes Real. Black and White Writers Confront Their Personal Histories*, in dem es, wie einer der Autoren schrieb, um die »Aufhebung von Weißsein« geht. Die Redakteure erklärten: »Wir beabsichtigen, die toten weißen Männchen und die lebenden und auch die Weibchen so lange zu schlagen, bis das soziale Konstrukt, das als ›die weiße Rasse‹ bekannt ist, zerstört ist – nicht ›dekonstruiert‹, sondern zerstört.«

Robin DiAngelo, die an der University of Washington »Multikulturelle Erziehung« lehrt, also ganz harte Wissenschaft, beteuerte im März 2019 in einem Vortrag, dass sie selbst »gern ein bisschen weniger weiß« wäre, »was nichts anderes heißt als weniger unterdrückerisch, selbstvergessen, ignorant und arrogant« zu sein. Anschließend konstatierte sie, dass »Weiße, die ihre Mitmenschen eher als Individuen ansehen und nicht aufgrund ihrer Hautfarbe beurteilen, wirklich gefährlich sind«.

Wer Menschen nach ihrer Individualität beurteilt und nicht nach ihrer Rasse, ist gefährlich: Das ist der lupenreinste rassistische Stoff, der momentan in Übersee gedealt wird – und das genaue Gegenteil dessen, wofür sich schwarze Bürgerrechtler wie Martin Luther King einstmals einsetzten: eine Welt, in der Menschen als Individuen, also nach ihren Fähigkeiten und Eigenschaften, bewertet werden und in der ihre Rasse bzw. Hautfarbe keine Rolle spielt.

Wenn sich schon Weiße so aggressiv gegen ihresgleichen wenden, fällt das Echo aus der schwarzen Community entsprechend unsentimental aus. Yusra Khogali, Mitgründerin des Black-Lives-Matter-Ablegers Toronto, erklärte im Juli 2020, Weiße seien »subhuman« – zu Deutsch: Untermenschen –, es handle sich bei ihnen um eine genetische Entartung des Schwarzseins. Sasha Johnson, eine britische BLM-Vorturnerin, twitterte im selben Jahr: »Der Weiße wird nicht unseresgleichen sein, sondern unser Sklave.« Im Mai 2021 wurde ihr in den Kopf geschossen. Von einem Schwarzen.

Es geht hier nicht darum, solchen Sumpfblüten eine übergroße Wichtigkeit beizumessen. Es geht um die Welttendenz, die sie verkörpern. Aus diesen jungen schwarzen Circen spricht der Rassestolz – hui! –, sozialverträglicher formuliert: die emanzipatorische Zuversicht von Frauen, die den demografischen

Druck einer explosiv wachsenden schwarzen Weltbevölkerung hinter sich spüren. Allein in Afrika werden 2050 ungefähr 2,5 Milliarden Menschen leben, 2100 bis zu vier Milliarden, während das ohnehin nicht mehr blütenweiße Europa bereits 2050 unter 700 Millionen schrumpft. Die Weißen werden zu einer Minderheit, und Minderheiten müssen sich in Acht nehmen.

Meine Damen und Herren, der Antirassismus ist ein Angriff auf die westliche Zivilisation, die im Wesentlichen auf dem Recht gründet – jüdisch: dem Gesetz. Der Gleichheit aller vor dem Gesetz stellen die Antirassisten die These des sogenannten *strukturellen Rassismus* entgegen und fordern Sonderrechte für bestimmte Gruppen, also Ungleichheit vor dem Gesetz im Namen der Gleichheit aller. Die Quoten – zum Beispiel die Forderung nach Bevorzugung Nichtweißer an den Universitäten – sind nur der Anfang.

Der strukturelle Rassismus ist ein Simulacrum, unbelegbar, aber auch schwer zu widerlegen, wenn er sich erst einmal in hinreichend vielen Gehirnen festgesetzt hat. Deshalb ist der wichtigste Hebel, um die These der strukturellen Diskriminierung durchzusetzen, die behauptete große Zahl derer, die angeblich darunter leiden. Hat man hinreichend vielen Leuten eingeredet, ihr bescheidener Lebenserfolg habe damit zu tun, dass man sie strukturell diskriminiere, kann darüber quasi per Abstimmung entschieden werden. Dann kann man dem Gewinner des 100-Meter-Laufs mitteilen, sein Sieg werde annulliert, weil die anderen Läufer strukturell benachteiligt wurden.

Der Antirassismus ist ein Affekt gegen Erfolg und Intelligenz, weshalb er sich übrigens in den USA jetzt auch gegen Asiaten zu richten beginnt, die beruflich längst erfolgreicher als Weiße sind und im Durchschnittseinkommen klar über ihnen liegen. Allerdings muss einem, global gesehen, um die Asiaten nicht bange sein, allein schon ihrer Masse wegen, aber auch weil es in den asiatischen Ländern weder Antirassisten noch Poststrukturalisten in nennenswerter Zahl gibt. Speziell die Ostasiaten waren schlau genug, den westlichen Denk- und Technikfortschritt zuerst zu adaptieren und dann in eigener Regie weiterzuführen. »Wakon yosai« – »japanischer Geist, westliche Technik« – lautete seit der späten Meiji-Zeit die Maxime in Japan. Aber sie sind nicht so töricht, diesen Prozess mit der Übernahme der westlichen Dekadenz zu bezahlen, von der sie seit mindestens fünfzig Jahren ziemlich genau wissen, wohin sie führen wird.

In Asien fehlt jener innere Feind, der den Westen zersetzt. Anstatt Wirtschaftskriege gegen China zu führen, sollten die Amis dort vielleicht die Gründung einer grünen Partei fördern. Aber die Chinesen, man halte von ihrer Art zu leben, was man will, sind eben nicht blöd.

Das ist ein Stichwort, das uns nach Deutschland und mich zugleich an das Ende dieser kleinen Fingerübung über die partiellen Gemeinsamkeiten von Antisemiten und Antirassisten führt. Wenn wir blöd sind, führen wir den Rassismus im Namen des Antirassismus wieder ein. Wenn wir blöd sind, machen wir aus Deutschland ein Siedlungsgebiet für alle Welt und aus den Deutschen einen Stamm, der mit anderen Stämmen um die Ressourcen seiner einstigen Heimat kämpft. Soziologen würden das Retribalisierung nennen, aber ich würde nicht darauf wetten, dass es dann noch Soziologen gibt. Wenn wir klug sind, nehmen wir uns die Japaner oder noch besser die Israelis zum Vorbild, hören auf, unsere eigene Verdrängung zu begrüßen und Selbsterhaltung als Rassismus zu verteufeln. Als ein Freund der Vielfalt, der Buntheit und der heiligen Diversity möchte ich, dass die verschiedenen Völker noch lange leben und dass

Europa ein im Wesentlichen weißer Kontinent bleibt, so wie Afrika ein schwarzer. Es leben die Unterschiede!

PS: Du hättest, sagt Alexander Wendt, eine weitere Gemeinsamkeit hinzufügen sollen: Egal was Juden oder Weiße tun, sie sind immer schuldig.

30. Juni

Im Kopf des Bundesinnenministers rauscht und rumpelt täglich so einiges zusammen, und manchmal macht Horst Seehofer von seinem Amtsprivileg Gebrauch, die Öffentlichkeit darüber in Kenntnis zu setzen. Über den Somalier, der zu Würzburg in einem Kaufhaus drei Frauen totmesserte und fünf Passanten schwer verletzte, sagte Seehofer: »Wenn ein junger Mann sechs Jahre in einem Obdachlosenheim lebt, ohne dass jemand hinschaut und sich kümmert, dann kann ich mit unserer Politik nicht zufrieden sein, da fehlt es an Bewusstsein.«

Dass junge deutsche Männer jahrelang in Obdachlosenheimen leben, hat Seehofer meines Wissens bislang weder zum Hinschauen noch zum Kümmern noch zu Statements über fehlendes Bewusstsein animiert. Weil die Kartoffeln halt nicht zum Messer greifen, um auf ihre sozialen Schwierigkeiten aufmerksam zu machen. Als Innenminister wäre es Seehofers Job gewesen zu verhindern, dass Gestalten hier einwandern und bleiben dürfen, die entweder nicht willens oder nicht imstande sind, sich eine Existenz aufzubauen. Integration ist, unter Normalen und geistig Gesunden, eine Bringschuld des Einwanderers. Der CSUler macht eine Schuld der Aufnahmegesellschaft daraus. Er will sich von seiner politischen Mitverantwortung an der Bluttat reinwaschen, indem er der Gesellschaft vorwirft, sie habe versagt – jene Gesellschaft, der er und seinesgleichen erst die vielen Problembären aufgebürdet haben. Nie trägt der Täter die Schuld, immer die Gesellschaft – das ist klassische linke Propaganda. Auch die Partei von Franz Josef Strauß hat das »Narrenschiff Utopia« bestiegen.

* * *

Unter der Spitzmarke »Plagiatsvorwürfe gegen Baerbock« teilt der *Süddeutsche Beobachter* mit: »Die grüne Kanzlerkandidatin hat für ihr Buch im Internet abgeschrieben. Das bietet ihren Gegnern eine völlig unnötige Angriffsfläche« – neben all den bitter nötigen. Annalena B. hat in ihrem Leben, ich schwöre es bei Allah, nie einen eigenen Gedanken gedacht und immer nur mit großer Mühe die Gedanken anderer nachvollziehen oder sogar begreifen können, weshalb sie es vorzog, einen mit diesen Handicaps kompatiblen Bildungsweg zu beschreiten, sich mit Leuten zu umgeben, die so sind wie sie, und einer Partei beizutreten, die vermittels Emotionen kommuniziert wie Ameisen vermittels Pheromonen. Annalena B. hat auch noch nie im Leben eine Formulierung verwendet, die nicht von anderen Leuten vorgekaut oder vorgestanzt wurde. Was soll so eine arme Person aber nun auf ein leeres Blatt schreiben bzw. auf 160 leere Blätter? Sie *muss* kopieren und plagiieren oder einen Ghostwriter beschäftigen, der ebenfalls kopieren und plagiieren muss, denn so gut kann die Grüne nun auch wieder nicht bezahlen, dass sie sich einen erstklassigen leisten könnte, dessen Text sie dann ohnehin nur mit Mühe verstehen würde.

So weit, so egal – was kann dieses in die Jahre gekommene Mädel dafür, dass sie nicht die Hellste ist? Die logische nächste Frage wäre, ob Politiker überhaupt Bücher schreiben sollten. Das liegt auf derselben Linie wie die Frage, ob sie promovieren sollen. Angesichts der Tatsache, dass Politik im Parteiensystem auf eine Negativauslese hinausläuft und die wenigen Begabten in der Regel von den anderen weggebissen werden, sind beide Fragen selbstredend zu verneinen. Wenn nun aber eine geistig mittelmäßig ausgestatte, von jeder Art normalem Berufsleben unberührte Lebenslaufkosmetikerin und Plagiatorin überschnappt und sich für fähig hält, Kanzlerin einer Wirtschaftsnation mit 83 Millionen Einwohnern zu werden, dann gilt der Vorwurf des Ableism nicht mehr, wenn man ihr sagt: *Es ist nicht böse gemeint, aber du* – die Grünen duzen sich – *kannst es einfach nicht.*

PS: »Stimmt denn wenigstens das mit dem Trampolin?« (Leser ***)

* * *

Ich hatte es gehofft: Auch die französische Küche ist rassistisch. Warum? Weil die Essgewohnheiten – es tritt auf: Mathilde Cohen, Mitarbeiterin am französischen Institut für Grundlagenforschung CNRS bei einer Veranstaltung in Paris, Applaus, Applaus! – »von den Standards der oberen weißen Mittelschicht geprägt« werden. Statt von schwarzen Bettlern, kolorierten Seifensiedern und wandernden Prostituierten. Da mundet es doch gleich noch einmal so gut! Die gewaltigsten Erkenntnisse reifen doch immer an Universitäten. Vive la cuisine!

Damit wäre allerdings wohl jede Küche der Erde rassistisch, sofern sie nicht beseligenderweise auf die Standards der Unterschicht zurückgeht? Aber nein! Das besondere rassistische Diskriminierungspotenzial der französischen Küche bestünde eben darin, meint Madame Cohen – sofern sie es wirklich meint, was bei solchen Connaisseusen der Rassismusriecherei nie wirklich sicher ist –, dass sie durch den Kolonialismus in die ganze

Welt getragen wurde und dort heimische Essgewohnheiten verdrängte. (Während beispielsweise die englische Küche, gestatte ich mir hinzuzufügen, die ja ebenfalls durch den Kolonialismus in die Welt gelangte, speziell bei den kannibalisch lebenden Eingeborenen als durchaus vertraut empfunden wurde.) Wenn man diesen Mechanismus erst einmal begriffen hat, läuft alles Weitere wie am Schnürchen: Eisenbahnen außerhalb der Mutterländer derselben? Rassismus! Straßenbau? Rassismus! Krankenhäuser? Rassismus! Allgemeine Schulen? Rassismus! Automobile? Rassismus! Mobiltelefone? Rassismus! Messer und Gabel? Rassismus! Deswegen ist auch die höhere Mathematik rassistisch – weil sie durch den Kolonialismus und seine Gliederungen in die Welt getragen wurde.

Wie verhält es sich nun aber umgekehrt mit, sagen wir, dem Chinesenlokal oder dem Türkenladen an der deutschen Ecke? Wahrscheinlich geht das noch als diversifizierungsgerechte Unterschichtsspeisung durch, wie auch die demo- bzw. ochlokratische McDonaldisierung Frankreichs. Der wirkliche Rassismus beginnt mit kulinarischen Nilpferdpeitschenhieben wie Tournedos Rossini oder Foie gras. Erst wenn sich der gesamte Globus beim von der UN standardisierten Fast Food vereinigt, darf die Diskriminierung bei Tische als beendet gelten.

Damit wäre wohl auch Hadmut Danischs Frage geklärt: »Was essen eigentlich französische Nicht-Rassisten?« Wenn sie es wirklich ernst meinen: Dreck.

4. Juli

Wenn ein deutscher Historiker eine Vorlesungsreihe unter dem Titel »Verteidigung des deutschen Kolonialismus« anböte oder mit einem Manuskript dieses Titels bei einem sogenannten Publikumsverlag vorspräche, kann sich jeder ausrechnen, was ihm widerfahren würde. Der europäische Kolonialismus hat ausschließlich mit negativem Zungenschlag beschrieben zu werden, seine zahlreichen Ambivalenzen dürfen partout nicht gesehen werden. Natürlich ist eine solche Sichtweise völlig ahistorisch, wie jeder Verständige sogar dann wüsste, wenn er nicht die geringsten Kenntnisse über diese historische Periode besäße. Aber die Geschichte ist bekanntlich keine Wissenschaft, sondern nur ein genealogisches, mythogenes, ideologisches und neuerdings schuldtheologisches Arsenal für die politischen Kämpfe der Gegenwart; »Was ihr den Geist der Zeiten heißt, das ist im Grund der Herren eigner Geist, in dem die Zeiten sich bespiegeln« (Faust zu Wagner, »Faust I«, Erster Teil, »Nacht«).

In einer Republik, die sich »als ein staatsförmig organisiertes Sühneprojekt versteht« (Thorsten Hinz), bekommen diejenigen Geschichtsdeuter die größte Aufmerksamkeit und erhalten die meisten Fördermittel, die mit einer durchaus perversen Lust die Geschichte ihres Landes so negativ wie nur möglich darstellen. Still und emsig hat sich dabei die Kolonialschuldleugnung neben der Holocaustleugnung als einstweilen nur geistiger Straftatbestand etabliert; demnächst dürfte die Erstere der Letztgenannten den Rang abgelaufen haben, ob mit juristischen Konsequenzen für den Frevler, wird sich zeigen.

Aber bereits der, im Pawlow'schen Sinne gesprochen, *bedingte Reflex* der Nachgeborenen, die Kolonialzeit so selbstverständlich wie kenntnislos zu kriminalisieren, darf als eine beachtliche Dressurleistung seitens der sogenannten Antikolonialisten bestaunt werden. Über die Geschichte selbst hat uns dieser Reflex wenig mitzuteilen, er wird vielmehr selbst einmal den Gegenstand künftiger Geschichtsschreibung bilden.

Ein beliebiges Beispiel. In einem Artikel zum 80. Jahrestag des heimtückischen deutschen Überfalls auf die friedliebende Sowjetunion schrieb die *Frankfurter Rundschau*: »Dabei könnte gerade der Zweite Weltkrieg im Osten Teil der aktuellen Kolonialismusdebatte in Deutschland sein, wenn sie denn ihren Blick weiten würde. Der Rassismus, der die Kolonialpolitik in Afrika begünstigte und legitimierte, war kein anderer als der gegen die Menschen im Osten und in Zentralasien. Die Unterteilung von Menschen in höher- und minderwertige Rassen ist die Voraussetzung für den letzten Schritt: die Bereitschaft, ›Minderwertige‹ auszubeuten und zu vernichten.«

In nuce soll das heißen: Es gibt eine Verbindung »Von Windhuk nach Auschwitz« (so lautete tatsächlich der Titel eines 2011 in der auferstehenden DDR erschienenen Buches). Mit der historischen Wirklichkeit hat das nichts zu tun – die deutschen Kolonialisten wollten die Kolonisierten *entwickeln*, nicht vernichten, deswegen war A. Hitler auch ein entschiedener Gegner des Kolonialismus –, dennoch hat sich diese Idée fixe in den Köpfen der Meinungshuber festgesetzt, weil sie der trendkonformen Daueranklage deutscher Schuld ein neues Terrain erschloss. Die mit Ahnenreihen wie »Von Bismarck (wahlweise auch Friedrich d. Gr. oder Luther) zu Hitler« antichambrierende Kausalitätsmythologie konnte so auf die Kolonien ausgeweitet werden. Intellektuell ist das langweilig – »Genealogien kosten nichts, nur Bibliothekszeit« (Jacob Taubes) –, aber wie steht es mit den historischen Tatsachen dahinter?

»Allen akademischen Arbeiten zum deutschen Kolonialismus der vergangenen drei Jahrzehnte fehlt jegliche Aussagekraft«, konstatiert nun ein kanadischer Historiker und fügt die erfrischende These hinzu: »Der Kolonialismus war der eigentliche

›Befreiungskampf‹.« Der kecke Herr heißt Bruce Gilley und ist Professor für Politikwissenschaft an der Portland State University (Oregon). Gilley hat in Princeton und Oxford studiert und promoviert, sich als vergleichender Politikwissenschaftler auf Asien und Afrika spezialisiert, und sein aktuelles Buch trägt in der Tat den ketzerischen Titel: »Verteidigung des deutschen Kolonialismus«. Ist das nicht entzückend?

Gilley präsentiert ganz bewusst eine Gegenerzählung zu den herkömmlichen Verdammungsorgien, allerdings hielte ich sogar eine Hagiografie für angebracht, um die herrschende perfide Einseitigkeit wenigstens ein bisschen zu erschüttern. Zumal die Wahrheit in diesem Falle gewiss nicht in der Mitte liegt, dafür hat die Anklageseite zu eindeutige politische und finanzielle Interessen und ein äußerst geringes Interesse an Fairness.

Jedenfalls lassen sich für alle deutschen Kolonien – Ostafrika, Kamerun, Togo, Südwestafrika, Südsee – Gemeinsamkeiten feststellen, die zumindest die These ad absurdum führen, der gesamte Kolonialismus sei ein Verbrechen gewesen und gegen den Willen der Eingeborenen durchgesetzt worden.

Erstens.

Überall trafen die Kolonialisten auf eine Welt aus Gesetzlosigkeit, Willkür, Stammeskriegen, Leibeigenschaft und Sklavenhandel. Bei jenen Stämmen – man hatte es dort immer mit Stämmen zu tun –, die unter diesen Zuständen litten, waren sie deshalb meist willkommen. In Togoland einten die Deutschen ein Gebiet, das 200 Jahre lang von Kriegen und Konflikten zerrissen worden war. In Deutsch-Südwestafrika fanden die Missionare, Händler und Siedler »ein Land vor, das«, so Gilley, »in jeder Beziehung gesetzlos und gewalttätig war. Die unterschiedlichen Volksgruppen lebten hier in fließenden Gebieten ohne klar umrissene Grenzen. Das heutige Namibia war lange vor der Ankunft der Deutschen ein gefährlicher Ort voller Rinderdiebe, Sklaventreiber und Krieg.« Der Historiker verweist auf das Massaker der Nama an den Herero am 23. August 1850, vollzogen an einem Ort, der heute noch »Mordkuppe« heißt.

Zweitens.

Rein zahlenmäßig verschwanden die Kolonialisten förmlich in der Masse der Einheimischen. Ohne die bereitwillige Mitwirkung großer Teile der Kolonialvölker hätte der Kolonialismus überhaupt nicht funktionieren können. Der beste Beweis für die Anerkennung der deutschen Herrschaft durch die Einheimischen sei die winzige Militär- und Polizeipräsenz in den Kolonien gewesen, notiert der Historiker. 1904 verwalteten 280 deutsche und 50 eingeborene Beamte das gesamte Deutsch-Ostafrika, eine Kolonie, in der acht Millionen Afrikaner lebten und die fast doppelt so groß wie das Deutsche Kaiserreich war (natürlich hat man vielerorts die Existenz einer Kolonialmacht überhaupt nicht bemerkt). Bis 1913 stieg die Zahl der Beamten auf 737. Die Militärpräsenz war vergleichbar niedrig: 1913 befehligten 68 Offiziere 134 deutsche und 2 472 einheimische Soldaten. In Deutsch-Kamerun waren 1913 66 Offiziere und 118 Soldaten stationiert, ergänzt um 1 650 einheimische Soldaten und 1 000 einheimische Polizisten.

Drittens.

Die deutschen Kolonisatoren brachten den Fortschritt. Sie erschlossen Land, bauten Straßen, Bahnlinien, Häfen, Krankenhäuser und Schulen, errichteten stabile Verwaltungen und bildeten einheimische Beamte aus. Zwischen 1894 und

1913 verdreifachte sich der landwirtschaftliche Umsatz in Deutsch-Ostafrika. Die 1250 Kilometer lange Bahnlinie vom Tanganjikasee nach Daressalam ist noch heute eine wirtschaftliche Hauptachse in Tansania und die Verbindung nach Sambia. In Kamerun wurden bis 1913 beinahe 600 Kakaoplantagen gegründet; außerdem ließen die Deutschen Gummiplantagen anlegen, um die wilde Ernte von Gummibäumen zu beenden. Gummi- und Kakaoexport wurden zur Haupteinnahmequelle von Deutsch-Kamerun. Es bildete sich eine schwarze Mittelklasse aus Produzenten und Händlern. In Togoland, dessen Transportsystem zuvor aus Trägern und Einbaumpaddlern bestand, errichteten die Deutschen 1 000 Kilometer Straßen, drei Eisenbahnlinien und einen Hafen in Lomé.

In Deutsch-Ostafrika eröffnete die Kolonialverwaltung von 1902 bis 1914 99 öffentliche Schulen und 1 800 Missionarsschulen. Vergleichbares vollzog sich in den anderen Kolonien. Das war ein für die damalige Zeit außergewöhnliches Investment einer Kolonialverwaltung in die Bildung und die geistigen Fähigkeiten eines Untertanenvolkes (man begreift, warum Hitler ein Gegner des Kolonialismus alter Prägung war). »Die Deutschen haben Wunder vollbracht«, hieß es in einem Bericht der Briten von 1924 über die Bildungspolitik in den Kolonien.

Der Missionar Ernst Bürgi veröffentlichte zwanzig Bücher über das Land und die Sprache der Ewe, womit er »mehr zur Vereinheitlichung der Dialekte der Ewe-Sprecher in Togo und Ghana beigetragen (hat) als jeder andere«, wie ein Historiker konstatierte. 1896 erließ der Ostafrika-Gouverneur Hermann von Wissmann Gesetze, um die Wilderei auf Elefanten zu verbieten und die ersten Reservate zu schaffen. Der Naturkundler Carl Georg Schillings schlug die Errichtung von Naturschutzparks vor; die heutige Serengeti ist ein Resultat dieser Bestrebungen.

Im Jahr 1898 pachtete das Kaiserreich die nordchinesische Hafenstadt Qingdao auf 99 Jahre. Modernisierer aus ganz China besuchten die Musterkolonie (»das deutsche Hongkong«). Chinesische Provinzgouverneure lobten die deutsche Verwaltung und kopierten deren Methoden. Das gewöhnliche Volk wanderte in Scharen ein. Der erste Präsident des modernen China, Sun Yat-sen, erklärte: »In dreitausend Jahren hat China in Qingdao nicht geschafft, was die Deutschen in fünfzehn Jahren geschafft haben.«

Den Kolonialhaushalt, den der Reichstag 1914 verabschiedete und der umfassende Reformen für die medizinische Versorgung, die Ausbildung, die Eigentumsrechte, die Mindestlöhne und Arbeitszeitbegrenzungen der Einheimischen vorsah, nannte der Historiker Woodruff D. Smith in seinem Buch »The German Colonial Empire« (1978) »die umfassendste Erklärung einer Kolonialmacht über ihre selbst auferlegte Verantwortung gegenüber den Kolonialvölkern und der Begrenzung der Kolonialmacht«.

Viertens.

Der größte humanitäre Beitrag der Deutschen war die Heilung der afrikanischen Schlafkrankheit, einer durch die Tsetsefliege verbreiteten Seuche, die allein in Ostafrika im Jahr 1903 bis zu eine Million Menschen dahinraffte. Robert Koch gelang 1910 der Durchbruch bei der Bekämpfung des Erregers vermittels synthetisch hergestellter Chemikalien. 1916 entwickelte Bayer den ersten Impfstoff: »Germanin«. Allein aufgrund dieser medizinischen Errungenschaft, schreiben die ghanaischen Historiker Isaac Brako und Seth Peter Frimpong, könne man »die deutsche Präsenz in Afrika als völlig gerechtfertigt bezeichnen«.

Fünftens.

Wohin die Deutschen ihre Stiefel setzten, beendeten sie die Sklaverei. In Deutsch-Kamerun etwa wurde die Sklaverei 1895 abgeschafft, bis 1900 war sie völlig verschwunden. Die Zahl der Sklaven in Ostafrika unter deutscher Herrschaft fiel von ca. einer Million anno 1890 auf ca. 200 000 im Jahr 1914; in den 1920er-Jahren war sie verschwunden. 2017 schrieben zwei Forscher aus Tansania: »Die althergebrachte Sorge um persönliche Sicherheit vor Sklavenhändlern und vor Stammeskriegen wich einer neuen Normalität.«

Sechstens.

Das Handelsvolumen aller deutschen Kolonien überstieg nie mehr als 0,5 Prozent des gesamten Handels des Deutschen Reiches; die These, das Reich habe die Kolonien »ausgeplündert«, ist schwer zu halten. Eher war der Kolonialismus für das Kaiserreich ein Verlustgeschäft. Symptomatisch ist Bismarcks Stoßseufzer: »Ich will nichts von neuen Landgewinnen hören, ich will wirtschaftliche Erfolge in Ostafrika sehen!« In Deutsch-Neuguinea überstiegen die Verwaltungskosten die Gewinne teilweise um das Achtfache. Togoland sei neben Deutsch Samoa die einzige Kolonie gewesen, die 1914 nicht mehr aus Berlin subventioniert werden musste, notiert Gilley: »Der größte Effekt des deutschen Kolonialreiches war es, das Leben der Einheimischen zu verbessern.«

Siebtens.

Selbstverständlich kam es auch in den deutschen Kolonien zu Konflikten und Übergriffen. Ein Personal, das sich für Kolonialprojekte rekrutieren lässt, besteht naturgemäß zu einem nicht unerheblichen Prozentsatz aus Abenteurern und zwielichtigen Gesellen. Übergriffe seitens der Kolonialverwaltung wurden immerhin aktenkundig und regelmäßig im Reichstag debattiert – mitunter sogar erfunden, wie der »Kolonialskandal« in Kamerun 1906, als in den Schlagzeilen das Gerücht kursierte, die Schutztruppe habe auf Befehl des Gouverneurs 50 Kinder aus Rebellengruppen in Bastkörbe gesetzt und über die Nachtigal-Fälle in den Tod geschickt. Der Sozialdemokrat August Bebel, der Urheber der Story, musste schließlich zugeben, dass er der Erfindung eines Informanten aufgesessen war.

Im Jahr 1893 brachte Bebel den »Fall Leist« vor den Reichstag. Der stellvertretende Gouverneur von Deutsch-Kamerun hatte nach einem gegen ihn gerichteten Mordanschlag einige Rebellen samt ihren Frauen auspeitschen lassen. Nach der Reichstagsdebatte ging der Fall an den Disziplinargerichtshof Potsdam, der Leist für schuldig erklärte. In den Kolonien, notiert Gilley, sei daraufhin die Gesetzgebung verschärft worden, um einen besseren Schutz der Einheimischen durchzusetzen. Was also sagt dieser Fall aus? Für die einen handelt es sich um einen Beleg, wie schlimm sich die Deutschen aufführten, für die anderen, wie sehr sie an geordneten Verhältnissen interessiert waren.

Für empfindsame Gemüter der Generation Schneeflöckchen ist es entsetzlich, dass in den Kolonien, etwa in Ostafrika, die Prügelstrafe zum Einsatz kam. Der Hinweis, dass diese Form der Bestrafung allgemein akzeptiert wurde und die Eingeborenen von ihren Häuptlingen Prügel gewohnt waren – Gilley verweist auf einen Fall, wo sich der Verwalter die Nilpferdpeitsche von einem Stammesführer *lieh* –, führt hier nicht weiter. Eigentlich hätten die Deutschen Gefängnisse bauen und Delinquenten nach deren Verurteilung einsperren müssen. Allerdings wäre in einem solchen Fall einer Familie der Ernährer weggenommen und sie damit dem Hunger überantwortet worden, weshalb die Körperstrafe als das geringere Übel, mithin als *humaner* galt.

Achtens.

Wären die fremden Herrscher unpopulär oder verhasst gewesen, hätte es nicht so viele Beispiele für die Anhänglichkeit der Einheimischen gegeben. Das zeigte sich vor allem während der Loyalitäts-Nagelprobe des Ersten Weltkriegs. Heinrich Schnee, der letzte Gouverneur von Deutsch-Ostafrika, beschreibt in seinen Erinnerungen die unermüdlichen Anstrengungen der afrikanischen Soldaten und Helfer im Kampf gegen die Truppen der Entente. Die tapferen, meistens muslimischen schwarzen Askari, Allah segne sie und erfülle ihre Wünsche im Jenseits, kämpften bis zum 23. November 1918 weiter, bis nach der Kapitulation. Der Begriff »Askaritreue« wurde damals sprichwörtlich. Spätere, ganz und gar unheroische, zur Kollaboration mit jeder Art von Zeitgeist bereite Historiker schmähten sie als »Kollaborateure«.

In Deutsch-Kamerun verloren Briten und Franzosen bei ihrem ersten Angriff auf Jaunde (die heutige Hauptstadt Yaoundé) 900 Soldaten. Als die Kolonie schließlich erobert wurde, flohen über 6 000 einheimische Soldaten und 12 000 andere Eingeborene – da es sich um eine deutsche Kolonie handelte, ist man geneigt zu sagen: Zivilisten – sowie 117 Häuptlinge samt Gefolge mit den Deutschen aus Kamerun nach Spanisch-Guinea. Weitere 20 000 Kameruner, die den Kolonisatoren ins Exil folgen wollten, wurden von den spanischen Behörden zurückgewiesen. »Unsere Liebe und Treue sind unverbrüchlich«, schrieben die 117 Häuptlinge in einem Brief an den spanischen König. »Wir hegen nur einen Wunsch: mit der deutschen Regierung nach Kamerun zurückzukehren.«

Als ihr Anführer, Samuel Maharero, 1923 starb, hielten die Herero ein deutsches Staatsbegräbnis für ihn ab und präsentierten sich als deutsche Reichsbürger. »Für die Herero war die Beerdigung Mahareros das größte soziale und politische Ereignis seit dem Krieg, das für sie den Beginn einer neuen Ära markierte. Sie zeigten sich wieder als sich selbst verwaltende politische Gemeinschaft«, liest man in der Wikipedia unter Berufung auf einen führenden deutschen Kolonialschuldbewirtschafter. In deutschen Uniformen, die bei den Herero auch nach der Kolonialzeit große Beliebtheit genossen, zeigten sie sich als Selbstverwalter – das muss man nicht weiter kommentieren.

Martin Dibobe, der als 20-Jähriger aus Kamerun nach Deutschland kam und sich dort zum »Zugführer Erster Klasse« emporarbeitete, versicherte im Mai 1919 in einem Schreiben an den letzten deutschen Kolonialminister, Johannes Bell, der »einzige Wunsch der Eingeborenen« sei es, »deutsch zu bleiben«. Am 19. Juni 1919 sandte Dibobe »als berufener Vertreter der Duala-Leute aus Kamerun« eine gleichlautende »Eingabe der in Deutschland lebenden Afrikaner an die Nationalversammlung«; sie schloss mit der Aufforderung, dieses Schreiben in allen Zeitungen zu veröffentlichen, »damit die Bevölkerung weiß, wir sind reichstreu«. Auch der Bund der deutschen Togoländer wandte sich an den Völkerbund, um eine Rückkehr zur deutschen Kolonialherrschaft zu fordern.

Neuntens.

Wir kommen zum inzwischen alles überlagernden Aspekt des deutschen Kolonialismus: der gewaltsamen Niederwerfung von Aufständen. In Deutsch-Südwestafrika soll sogar ein Völkermord an den Herero und Nama stattgefunden haben, für den unser amtlicher Außenschuldabträger H. Maas 1,1 Milliarden

Euronen über 30 Jahre verteilt aus dem Sparstrumpf bzw. den Druckmaschinen zaubern will, aber so blöd sind die ehemaligen Hottentotten nicht, die haben aus den Medien erfahren, dass die Kohle nichts wert ist, denn die EZB hat allein in der vergangenen Woche das 140-Fache dieses Sümmchens ausgeworfen, um die späten Nachkommen der Kolonialherren über die wirtschaftlichen Folgen der Corona-Maßnahmen zu beruhigen und ihnen dann via Inflation die Kosten aufzubürden.

Aber war es ein Völkermord? »Zu den Voraussetzungen für einen Völkermord zählen sowohl der Vorsatz wie die bewusste Entscheidung, eine bestimmte Volksgruppe auszulöschen. Beide waren in diesem Fall nicht gegeben«, konstatiert Gilley kühl. (Robert Habeck würde darüber hinaus einwenden, dass es überhaupt keine Völker gibt und insofern der ganze Tatbestand gegenstandslos sei, aber dieses Fass machen wir nicht schon wieder auf.) Dem angeblichen Völkermord voraus ging umgekehrt eine Völkerrettung, nämlich zur Zeit der großen Rinderpest 1896/97, die den Herero einen Großteil ihrer Herden hinwegraffte. Die Deutschen errichteten sofort eine Quarantänezone. »Ohne Lohn und Nahrung von den deutschen Siedlern wäre ein Großteil der Herero aufgrund der Rinderpest sicher verhungert«, schreibt Gilley. »Die Nama oder andere Volksgruppen hätten kaum Suppenküchen für sie eingerichtet.«

In den Jahren 1903/04 setzte die Reichsregierung die Obergrenze für Siedler in Deutsch-Südwest aus. *Keine Obergrenze!*, das war schon damals ein Fehler, die Zahl der Siedler bzw. Siedelnden stieg rasch auf 14 000, die Fremdenfeindlichkeit bei den Herero und Nama wuchs, schließlich griffen sie Farmen, Höfe und Missionen an, sabotierten Eisenbahnen und Telegrafen. Am ersten Tag der Erhebung brachten die Aufständischen 123 Deutsche um. Das Ausmaß der Gewaltausübung bei der

Niederwerfung der Emeute durch General Lothar von Trotha, der alle Herero und Nama in die Omaheke-Trockensavanne trieb und auf jeden schießen ließ, der umkehren wollte, war der Bedrohung indes völlig unangemessen. Trotha wurde gerügt, abberufen und seine Politik beendet.

Der Historiker Jürgen Zimmerer, ein kleiner Putto, der sich am Rande des deutschen Gesamtschuldfreskos in den Kolonialranken räkelt, erklärte in einem *Spiegel*-Interview, dass von Trotha »nach heutigen Kriterien ein Kriegsverbrecher war« und vor Gericht gestellt werden würde. Das sei richtig, bestätigt Gilley, allerdings wären »nach heutigen Kriterien wohl alle afrikanischen Herrscher vor und nach der Kolonialzeit Kriegsverbrecher, die vor Gericht gestellt werden sollten«. Die Niederwerfung der Herero und Nama sei »ein ungeplanter Ausreißer« gewesen, der »im Widerspruch zur üblichen deutschen Kolonialpolitik stand«. Die Gewaltanwendung im deutschen Kolonialismus sei ansonsten pragmatisch gewesen, solche Operationen »dienten nicht der Eliminierung bestimmter Gruppen, sondern der Eliminierung von Sicherheitsbedrohungen«.

Etablierte Kolonialhistoriker halten sofort den Maji-Maji-Aufstand in Deutsch-Ostafrika 1905–07 dagegen, der von ihnen als Befreiungsbewegung dargestellt wird. Auch hier widerspricht der kanadische Ketzer: »Die lockere Ansammlung von Kriegsherrn und arabischen Sklavenhändlern, die sich bei diesem Aufstand zusammenrottete, um die Deutschen zu vertreiben, wollte niemanden befreien. Es war ihr ausdrückliches Ziel, ihre althergebrachten Privilegien durch das Plündern und Überfallen schwächerer Stämme wiederzuerlangen, Sklaven zu halten und zu verkaufen, mit Frauen zu handeln und neue Handelseliten von der Macht auszuschließen.« Man habe einfach zu den »Hauptaktivitäten dieser Stämme vor der Kolonialzeit, nämlich Rauben und Plündern«, zurückkehren wollen. Später, so Gilley, hätten antikoloniale Forscher die Todeszahlen »ins Astronomische getrieben«, indem sie alle Todesopfer durch Hunger, Seuchen und Stammeskonflikte dazuzählten, die nach der Niederschlagung des Aufstandes starben. »Egal wie hoch die zivilen Opferzahlen waren – diese Toten waren Opfer des Aufstandes, nicht der deutschen Ordnungsmacht. Die Rebellen zerstörten den Frieden, den die Deutschen gebracht hatten.«

Die Legende, dass die Maji-Maji-Rebellen »gute Nationalisten« gewesen seien, die ihr Land von der Fremdherrschaft befreien wollten (ein typisches »Narrativ« der Ostblock-Marxisten übrigens), habe erst der britische Historiker John Iliffe im Dienste des postkolonialen Diktators Julius Nyerere erfunden, der für sein Reich einen Gründungsmythos benötigte.

Das führt uns zum letzten Punkt, der Dekolonialisierung, also:

Zehntens.

Gilley nennt die Entkolonialisierung einen »Albtraum«: »Innerhalb weniger Monate oder Jahre wurde die Krise zur Normalität, die Länder wurden wieder in die vorkoloniale Steinzeit katapultiert.« Das Einparteienexperiment Julius Nyereres in Tansania erzwang die gewaltsame Umsiedlung von elf Millionen Menschen in zwangskollektivierte »Ujamaa-Dörfer«, mit großen Hungersnöten in den Jahren 1974 und 1981 als Folge. Togo und Kamerun wurden Diktaturen. Die Unabhängigkeit von Papua-Neuguinea 1975 und Namibia 1990 verlief nicht besser. In China übernahmen Kommunisten die Kolonie Qingdao und plünderten sie sofort für die KP.

Hier sind ein Einschub und eine leise Kritik fällig. Ich kann unmöglich alle Zahlen von Gilley überprüfen, aber an zwei Stellen ist mir aufgefallen, dass er durchaus wurstig damit umgeht. So schreibt er, dass beim Guerillakrieg der unter anderem von der DDR unterstützten South-West Africa People's Organisation (SWAPO) »Millionen Menschen« gestorben seien, »weit mehr als durch Lothar von Trotha« – eine für mich unverifizierbare Zahl. (Namibia hat heute übrigens gerade mal 2,3 Millionen Einwohner.) Etwas später fordert er, Namibia möge seine Rolle im Großen Afrikanischen Weltkrieg – bekannter als Zweiter Kongokrieg – erklären, bei dem sechs Millionen Afrikaner (offiziell über drei Millionen) gestorben seien, ohne dass in den Straßen von Windhoek Demonstrationen für Wiedergutmachung stattfänden. Freilich nahm nur ein 2000 Mann starkes Kontingent der namibischen Armee an diesem Krieg teil; was diese Truppe auf dem Kerbholz hat und ob das für Demonstrationen genügt, konnte ich auf die Schnelle nicht ermitteln. Einschub beendet.

Die größten Antikolonialisten der Dritten Welt leben heute lieber im Westen statt in ihren »befreiten« Heimatländern. In ihrer Mitte lärmen erstaunlich viele Weiße, was aus optimistischer Sicht dafür spricht, dass es sich lediglich um eine Mode handelt wie den Veganismus und den Vaginismus (Vaginozentrismus). Die Antikolonialisten werfen den weißen Kolonialisten heute sogar vor, die Erforschung der Sitten der Eingeborenen – »im Pazifik benahmen sich die Deutschen eher wie Museumskuratoren und Kulturbeauftragte statt wie Kolonialherrscher« (Gilley) – sei nichts als rassistischer Herrenmenschendünkel gewesen, also, sofern das stimmt, ungefähr dasselbe, was heute die Antikolonialisten verbreiten. Auch der Versuch, den Afrikanern Zugang zur Bildung im europäischen Sinne zu ermöglichen, bedeutet aus dieser unerbittlich identitären Perspektive lediglich eine Unterdrückung der afrikanischen Eigenart. Für die echten Zeloten unter diesen Eiferern fällt wohl sogar die Abschaffung von Kannibalismus und Menschenopfern unter kulturelle Unterdrückung.

Was also war der deutsche Kolonialismus? In einem Satz zusammengefasst vielleicht: »Der niedersächsische Mediziner und Entdecker Ludwig Wolf überzeugte den König von Dahome, seine Sklaven nicht bei den alljährlichen Opferriten zu massakrieren, sondern in der Landwirtschaft einzusetzen.«

6. Juli

Immer mehr Neues von Annalena B., Lebenslaufkosmetikerin, Begabtendouble, Völkerrechtskoboldin! Die Heinrich-Böll-Stiftung der Grünen habe Baerbocks »Promotionsversuch« mit »mehr als 40 000 Euro« finanziert, meldet der *Tagesspiegel*. »Vor ihrem Einzug in den Bundestag erhielt die Grünen-Kanzlerkandidatin jahrelang Fördergeld für Begabte. Warum brach sie ihr Vorhaben ab?«

Eindeutig die falsche Frage, *Tagesspiegel*! Die richtigen lauten: Warum konnte sie es überhaupt beginnen? Worin mag sie förderwürdig begabt sein? Der Interruptus hing womöglich damit zusammen, dass Madame statt der Promotion lieber ein Buch fabrizieren wollte, denn ein Kandidat muss heutzutage ein Buch geschrieben – im allerweitesten Sinne – haben. Aber jeder kann sich ausmalen, was das für eine »zwangvolle Plage! Müh' ohne Zweck!« ist (so Mime im »Siegfried«, 1. Aufzug, 1. Szene), wenn man außer einer Parteikarriere bei der grünen Langweilertruppe nichts erlebt hat und einem überdies so gar nichts Eigenes bzw. Selbstgedachtes durchs Gedankenfach rumpeln und pumpeln will! Was also tun? Na, was schon: »Kopieren geht über Studieren« (Thomas Kapielski). Die *Bild*-Zeitung schreit »neue Plagiatsstellen in Baerbocks Buch« heraus: »Selbst Passagen über eigene Reisen sind abgekupfert«. Es handelt sich um tränenrührige Schilderungen des Leids irakischer und kurdischer IS-Opfer, die sie aus Berichten der Deutschen Welle adaptiert hat.

Wie reizend, dass den Grünen die systematische Frauenbevorzugung jetzt so richtig auf die Füße fällt!

8. Juli

Die Chemnitzer Fraueninitiativen/Lila Villa schicken mir den folgenden Kandidaten-Fragebogen zur Bundestagswahl, und ich sandte ihn mit den folgenden Antworten zurück.

Wie stehen Sie zur paritätischen Besetzung/paritätischen Listen für den Bundestag?

Antwort: Mich interessiert das Geschlecht eines Kandidaten nicht die Bohne, sondern ausschließlich dessen Kompetenz. Die These, dass nur Frauen die Interessen von Frauen vertreten könnten – und dann ja wohl nur Schwarze die von Schwarzen, nur Moslems die von Moslems, nur Homosexuelle die von Homosexuellen etc. pp. –, halte ich für Bäuerinnen- und Bauernfängerinnen und -fängerei.

Wie könnte Ihrer Meinung nach die Frauenquote im Bundestag und in der Kommunalpolitik erhöht werden?

Wie gesagt: Ich lehne Quoten ab.

Haben Sie Ideen, wie man die Lohnlücke schließen kann?

Löhne richten sich, zumindest in der Wirtschaft, nach Angebot und Nachfrage, und deswegen bekommen Frauen für die gleiche Arbeit ja vergleichbare Gehälter wie Männer. Wäre dem nicht so, wäre es ja sehr dumm von den Unternehmern, nicht ausschließlich die preiswerten Frauen zu beschäftigen. Bei staatlich finanzierten Jobs gehe ich davon aus, dass beide Geschlechter gleich bezahlt werden. Welche Lohnlücke meinen Sie?

Was würden Sie tun, um soziale Berufe aufzuwerten?

Bessere Bezahlung. Angesichts des Unsinns, den diese Regierung mit Steuergeldern treibt, bekäme ich Milliarden dafür zusammen.

Haben Sie Ideen, wie Care-Arbeit gerechter verteilt werden kann?

Wie innerfamiliär Lasten verteilt werden, sollen die Familien selbst entscheiden.

Wie ist Ihre Position zum Stillen in der Öffentlichkeit?

Kann man machen, muss man nicht machen.

Wie stehen Sie zu sexualisierter Werbung im öffentlichen Raum?

Mag ich sehr. Mein über Jahrmillionen konditioniertes kleines Männergehirn findet Gefallen an schönen weiblichen Konstrukten.

Wie stehen Sie zur Abschaffung des § 218 StGB (Illegalität des Schwangerschaftsabbruches) und damit einhergehend der Regelung, dass FrauenärztInnen diese Leistung nicht explizit auf ihren Homepages aufführen dürfen (Werbevorwurf)?

Es gibt keinen »Abbruch«, sondern der Fötus wird getötet. Hier stehen zwei unvereinbare Ansprüche gegenüber. Wäre ich Moslem, hätte ich's einfach: Abtreibung ist Mord. Aber wie alle wirklichen Probleme ist auch dieses nicht lösbar. Ich will den Frauen keineswegs verbieten, sich für eine Abtreibung zu entscheiden. Ich will aber, dass sie sich ein Gewissen daraus machen. Werbung für Abtreibungen finde ich pervers.

18. Juli

Als Erstes sollen Sie glauben, dass jedes Extremwetterereignis auf den Klimawandel zurückzuführen ist.

Dann sollen Sie glauben, dass der Klimawandel zu erheblichen Teilen oder sogar vollständig aus menschlichen Tätigkeiten resultiert.

Als Nächstes sollen Sie glauben, dass der Klimawandel hochgefährlich und ausschließlich mit Nachteilen verbunden ist, weshalb zu seiner Bekämpfung extreme Mittel wie die Abschaffung der Industrie und der Mobilität recht sind.

Sodann müssen Sie an die Existenz einer sogenannten Menschheit glauben, die imstande ist, einheitlich zu handeln und sich global so zu organisieren, dass sie kaum noch Kohlendioxid produzieren und auf diese Weise den Klimawandel beenden wird.

Zur Erleichterung Ihrer Aufnahmebereitschaft für den Gesamtkatechismus empfiehlt es sich zudem, fest daran zu glauben, dass zur Endlösung der Klimafrage nur die sogenannten erneuerbaren (und im Netz speicherbaren) Energien taugen, deren Generatoren Ihnen grüne Subventionsabgreifer überall ins Land gestellt haben, aber keineswegs die weitgehend klimaneutrale, in ihren Ressourcen praktisch unbegrenzte Atomenergie.

Überdies sollen Sie glauben, dass Deutschland – wie bereits beim Atomausstieg, bei der Euro-Rettung, bei der Aufnahme von Migranten und beim zeitweisen Kampf gegen den Bolschewismus – bei der Klimarettung die globale Führungsrolle innehat.

Als letztes und anspruchsvollstes Credo-quia-absurdum sollen Sie die Überzeugung annehmen, dass die grüne Klima-Mafia, also Leute, die mehrheitlich auf Steuerzahlerkosten leben, weil sie keinen vernünftigen Beruf gelernt und nie etwas von allgemeinem Nutzen geschaffen haben, genau jene Jesuitentruppe stellen wird, der Sie zwar nicht unbedingt Ihr Geld und Ihre Kinder, aber die Rettung des Weltklimas getrost anvertrauen dürfen.

Und wenn Sie schließlich eines Tages verarmt, kollektiviert, zensiert, überwacht und Ihrer individuellen Freiheiten beraubt in einem ökosozialistischen Maßnahmenstaat leben, aber das Klima sich immer noch munter wandelt, werden Sie feststellen, dass das Ihr geringstes Problem ist.

22. *Juli*

Das letzte Mal stand ich, als Chemnitz noch Karl-Marx-Stadt hieß, weiland ein Teenager, vor dem monströsen Bronzeschädel des zwischenzeitlichen Namenspatrons, und hätte mir damals irgendwer prophezeit, dass

1. die DDR zusammenbrechen wird,
2. Karl-Marx-Stadt seinen alten Namen zurückerhält,
3. ich einmal für den Bundestag kandidieren werde, und zwar

4. für eine Partei, die gegen die Wiederkehr des Sozialismus in neuer, smarterer, aber immer noch krypto- bzw. kulturmarxistischer Form opponiert, wobei
5. dieser Neosozialismus von Milliardären und global agierenden Unternehmen gesponsert wird, ich hätte – –

Daran sieht man immerhin, dass dieses Leben, bei all seinen Widrigkeiten und Absurditäten, doch eine höchst amüsante, für jede Art Kapriole offene und prognoseresistente Angelegenheit ist.

24. Juli

Gestern Straßenwahlkampf in der Chemnitzer Innenstadt. Ein Gast aus Bayern wundert sich, dass weder Polizei noch Antifa zu sehen sind. Wer auf die rituellen Abscheubekundungen wartet, muss sich lange gedulden. Es gibt derer insgesamt zwei, in beiden Fällen handelt es sich um biodeutsche Jünglinge; der eine zeigt vorbeiradelnd den Rosenölfinger, der andere schreit beim Vorübereilen: Verpisst euch, ihr Scheiß-Jud… – nein, Quatsch, er hat bestimmt Nazis gerufen. Es war nicht ganz klar zu verstehen, denn er trug eine FFP2-Maske, auf einem öffentlichen Platz, und sein mittelfingerreckender Milchbruder hatte sich den Dressurnachweis sogar fürs Radfahren über Mund und Nase gezogen. Ich vermute schon länger, dass die Dinger eine Sauerstoffunterzufuhr des Gehirns bewirken. Es könnte aber auch sein, dass die beiden Aufrechten sich nur gewohnheitshalber vermummt haben, um unerkannt zu bleiben und auf dem Heimweg nicht einer der üblichen Chemnitzer Hetzjagden zum Opfer zu fallen.

Die lustigste Frage stellt eine Passantin: »Sie kommen doch gar nicht aus Chemnitz. Warum wollen Sie dann hier Bürgermeister werden?«

Für den Höhepunkt der Veranstaltung sorgte ein Entrepreneur aus dem Kreise der oft Goldstücke genannten im weitesten Sinne Geflüchteten. In diesem Fall flüchtete der juvenile Heißsporn indes nicht selbst, sondern ein anderer, ein paar Jahre älterer Bürger mit Migrationshintergrund *vor ihm*, und zwar ausgerechnet an den AfD-Stand. (Eine gute Idee für die »Versteckte Kamera« übrigens.) Worum es bei der Hatz ging, blieb unklar, der Diebstahl des Händis des Jüngeren durch den Älteren stand in Rede, außerdem habe Letzterer, dessen Nationalität mir verborgen blieb, Pfefferspray gegen seinen Verfolger eingesetzt. Jener wiederum sprach bzw. schrie und fluchte arabisch, fiel aber, da er vor überwiegend indigenem Publikum agierte, immer wieder versöhnlich ins Deutsche. Er forderte, wir mögen die Polizei rufen. (»Ihr seid irgendwas mit Politik, wie?«) Da der Bursche immer aggressiver wurde und augenscheinlich unter Drogen stand – von den körpereigenen abgesehen –, war das keine schlechte Idee. Also ward die Staatsgewalt über Notruf einbestellt.

»Doch seht! Die brave Polizei / Kommt, wie gewöhnlich, schnell herbei«, versprach Wilhelm Busch. Eine andere Version lautet: Was haben eine Nymphomanin und die Polizei gemeinsam? Nie sind sie da, wenn man sie braucht. Nach einer halben Stunde immerhin trafen die braven Beamten ein, dafür gleich mit vier Einsatzfahrzeugen, man kann ja nicht wissen. Das heißt, dem womöglich bestohlenen und ohnehin schon hinreichend illuminierten Heißblut wahrscheinlich tunesischer oder libanesischer Herkunft blieb ausreichend Zeit, um eine jener emotionalen Schauspieleinlagen abzuliefern, die diesem Menschenschlag hierzulande so viele Sympathien und

Willkommensbekundungen eingetragen haben: Der Bub schrie herum, gestikulierte, drang immer wieder auf den Älteren ein (vor den sich inzwischen schützend zwei kräftigere Herren vom Wahlstand gestellt hatten), um ihm zu versichern, er werde seine Mutter und alsdann sämtliche weiblichen Angehörigen seiner Familie *ficken*, erweiterte sodann den Kreis der von ihm zu *Fickenden* auf andere Umstehende und deren teilweise gar nicht anwesende weibliche Familienmitglieder, verdeutlichte seine Ansage durch ostentative Griffe an sein voraussichtliches Tatwerkzeug und versicherte, dass er vor niemandem Angst habe, weil ausschließlich Allah über ihn richten werde (wahrscheinlich ohne auf den Gedanken zu kommen, dass ein ergrimmter Allah ihm am Jüngsten Tag wegen schlechten Benehmens seine Missbilligung aussprechen könnte).

Währenddessen geschah, was in solchen Situationen oft zu geschehen pflegt und auch den beiden Herren, die den an den Stand Geflüchteten abschirmten, die Fäuste band: Es tauchten immer mehr derjenigen auf, die noch nicht länger hier leben, also deren Wiegen nicht zwischen, sagen wir, Seine und Wolga standen, um sich das Spektakel anzusehen und gegebenenfalls Partei zu ergreifen.

Bis die Polizei erschien.

Jemand sagte später: Man muss sich überlegen, was noch vor zehn Jahren unvorstellbar war, um sich ausmalen zu können, wie dieses Land in zehn Jahren aussehen wird.

18. August

Erstes Podiumsgespräch mit den sechs Direktkandidaten. Geladen hatten die lokalen Wirtschaftsjunioren. Ein zentrales Thema war naturgemäß die Weltklimarettung durch die Reduzierung des Kohlendioxid-Ausstoßes. Ich erlaubte mir zu bemerken, dass in Frankreich sowohl der CO_2-Ausstoß pro Kopf als auch die Energiepreise im Vergleich zu Deutschland nur halb so hoch seien und unser Nachbar 70 Prozent seines Energiemixes mit der emissionsärmsten Energieform decke. Außerdem wies ich darauf hin, dass inzwischen eine neue Generation von Atomreaktoren im Bau und zum Teil bereits im Betrieb sei, die das Endlagerproblem weitgehend gelöst habe. Diese sogenannten schnellen Reaktoren seien imstande, gebrauchte Kernbrennstäbe nahezu rückstandslos zu verbrennen, das heißt, sie verwandelten Gorleben von einem Endlager in eine Rohstoffquelle.

Meine Bemerkungen fielen komplett durch. Keiner ging auf das Thema ein. Es war, als hätte ich bei einer viktorianischen Teegesellschaft einen frivolen Scherz gemacht. Alle taten, als hätten sie nichts gehört.

25. *August*

In Chemnitz hat man – kein Witz! – anno 2020 ein sogenanntes Kunstwerk aufgestellt, das sich »Der Darm« nennt und den von Karl Marx meint. Die »Installation« liegt gar nicht weit weg vom Bronze-»Nischel« des furunkelgeplagten Umsturzanimators mit Wohnsitz zuletzt in London. Zwei osteuropäische Gendernudeln, mithin Exotinnen, haben den gestreckten Beutel auf die Wiese gewuchtet, auf dass die Chemnitzer Hunde den ihren daneben leeren. »Die skulpturale Installation ›Der Darm‹ knüpft an das ›ikonische Wahrzeichen‹ der Stadt, das Marxmonument, an«, notierte eine »Zeitung für Gesellschaft und Kultur« mit dem sprechenden Namen *Tabula Rasa*.

»Die Künstlerinnen brechen mit der traditionellen Bildnisdarstellung von Menschen als Kopf oder als Kopf mit Teilen von Schulter und Brust. Sie persiflieren quasi die patriarchale ›Heldendarstellung‹ im öffentlichen Raum. Mit dem im gleichen Größenverhältnis wie Marx' Kopf rekonstruierten Darm rücken sie ein lebenswichtiges Organ in den öffentlichen Fokus.«

Nach dem Reichsparteitag der Fotzenmalerinnenkirche und all den anderen progressiven Muschi-Performances lag für Antiheldinnen der After ja praktisch zum Greifen nahe.

»Interessanterweise«, schwätzt es weiter, »wird heute gerade der Darm häufig als Spiegel unserer Seele bezeichnet. Er hat wichtige Bedeutung für das Wohlbefinden des Menschen. Vieles lässt sich mit dem Zusammenspiel von Darm und Gehirn erklären. (…) Während der Kopf häufig mit der *ratio* (Vernunft, Verstand) assoziiert wird, steht der Darm im engen Zusammenhang mit der *emotio* (Gefühl). Der Darm wird zum ausgleichenden Gegengewicht des Kopfes, wofür symbolisch die verschiedenen Formen der beiden Kunstwerke stehen könnten: Den schroffen und starren Formen der kühlen Rationalität des Marxkopfes stehen die weichen, fließenden, organischen und warmen Formen des Darmes gegenüber. Im Hinblick auf das Verhältnis von Kopf und Darm des menschlichen Körpers könnte man gemäß Marx'scher Dialektik formulieren: Das eine kann nicht ohne das andere, beide stehen einander entgegen und bedingen einander zugleich.«

Nun hat zwar Karl Marx mit seinem Darm entschieden weniger Unheil angerichtet als mit seinem Kopf, aber einen Darm besitzt jeder, einen in Stein oder Bronze fassenswürdigen Kopf hingegen kaum jemand. Der Darm ist kollektiv, der Kopf individuell. Man kann keinen Menschen an seinem Darm erkennen, nicht einmal den heiligen Erasmus von Antiochia. Der Darm ist überdies hässlich, weil er jene Form ist, welche die Exkremente prägt. Insofern sind die beiden Maiden zu preisen; niemand vor ihnen hat die weitverbreitete Auffassung, dass zeitgenössische Kunst Scheiße ist, raumgreifender illustriert.

Es liegt überdies eine gewisse Symbolik im Wechsel vom kommunistischen Schädel zum diversifizierten Intestinum. Die Kommunisten wollten mit dem überdimensionierten Kopf ihres Gründervaters dem Publikum die gewaltige Kraft der kommunistischen Idee vor Augen führen, die jenem Kopf entsprang wie Pallas Athene dem Haupte des Zeus; die entnervten, glaubenslosen und traditionsbefreiten letzten Menschen sind beim Verdauungstrakt angelangt, denn »Endverbraucher sind immer den Kloaken nahe« (Peter Sloterdijk).

28. August

Wer ist der Souverän? Jeder Demokrat müsste sich regelmäßig diese Frage stellen und in große Unruhe geraten, wenn er feststellt, dass es der Demos nicht (mehr) ist. Ist aber der Demos nicht der Souverän, dann ist es keine Demokratie. Dann lautet die Frage: Wessen ist der Kratos? Wenn das deutsche Volk nicht der Souverän der Bundesrepublik Deutschland ist, wer dann? Die Kanzlerin macht kein Hehl daraus, dass sie den Deutschen gegenüber keine spezielle Verantwortung empfindet, sondern sie als eine Art Samaritergemeinschaft im Dienste anderer und neuerdings des Weltklimas betrachtet. Frau von der Leyen als Merkels Satrapin werkelt in Brüssel daran, das deutsche Parlament der EU-Kommission und das Bundesverfassungsgericht dem Europäischen Gerichtshof zu unterstellen. Der Bundestag wird entmachtet, das oberste deutsche Gericht ebenso, der Demos seiner Grundrechte im Namen der Volksgesundheit und des Weltklimas beraubt, das deutsche Staatsvolk wird verdünnt und um sein Souveränitätsrecht über das eigene Land gebracht, der Schutz der Menschenwürde nach Art. 1 GG gilt tendenziell für die ganze Welt, wie auch der Anspruch auf deutsche Sozialhilfe weltweit eingeklagt werden kann. Wo man hinschaut, läuft ein kalter Staatsstreich zur Entmachtung des Souveräns.

Warum lassen sich die meisten Deutschen von Merkel, Maas und den Grünen erzählen, dass es den Souverän des Grundgesetzes gar nicht gibt – und dass die Partei, die sich auf ihn beruft, *demokratiefeindlich* sei? Warum verteidigen sie ihr Land, ihre Freiheit und ihr Recht auf Selbstbestimmung nicht?

16. September

Ein junger Journalist von TAG24 schaut in meinem Hotel zum Interview vorbei. Ein Auszug:

Frage: »Bis 2040 soll es 200 Millionen Klimaflüchtlinge geben. Ausgehend davon müsste das Thema Klima bei der AfD doch Top-Priorität haben, oder?«

Antwort: »Klimaflüchtlinge sind Überbevölkerungsflüchtlinge.«

TAG24: »Punkt?«

Antwort: »Punkt. Und wenn der CO_2-Ausstoß das wirkliche Problem ist, an dem die Menschheit in Kürze zugrunde gehen wird, dann frage ich mich, warum die Grünen noch Zeit haben, über Gendern zu reden, und sich nicht zum klimaneutralen Atomstrom bekehren. Neulich erklärte mir ein CDU-Mann, dass ein neues Atomkraftwerk 20 Milliarden Euro kosten würde.

Na und? Bund, Länder und Kommunen geben jährlich deutlich mehr für Migranten aus.«

TAG24: »Hier lautet die Forderung der AfD: Grenzzäune statt Einwanderung, Abschiebung statt Familienzuzug. Wenn die AfD die Flüchtlingsfrage nicht in Deutschland klären will, will sie wenigstens die Fluchtursachen in den Herkunftsländern bekämpfen?«

Antwort: »Ich habe vorgeschlagen, dass man aus dem Soli einen Investitionsfonds für Afrika macht, mit dem dort Wirtschaftsprojekte ganz gezielt gefördert werden. Im Übrigen akzeptiere ich den Begriff Flüchtling nicht. Das sind fast alles junge, kräftige Männer. Das sind keine Alten, Kranken oder Frauen mit Kindern. Es ist eine Zumutung, was Angela Merkel mit ihrer Willkommenskultur angerichtet hat. Das war der größte biopolitische Eingriff in der deutschen Geschichte seit 1945. Und der ist nicht korrigierbar. Das werde ich dieser Frau nie verzeihen. Dafür soll Merkel in der Hölle schmoren.«

Das Interview erscheint mit dem letzten Satz als Überschrift. Wunderliches Sachsen.

24. September

Beim letzten Podiumsgespräch mit den anderen Chemnitzer Direktkandidaten, diesmal ausgetragen in einer protestantischen Kirche, hatte mich der Moderator von Anbeginn in sein christenmenschliches Herz geschlossen, er verschonte mich mit Fragen zu den persönlichen Motiven meiner Kandidatur, mit welchen er die anderen traktierte, sondern ging alsogleich in medias res, indem er mir bzw. dem Publikum einige meiner Aphorismen vortrug und sich Erklärungen dazu erbat (als ob ich, der ich ja nur ein Mundstück Allahs bin, nun genau wüsste, was Er mir in Seiner rätselhaften Güte und Weitsicht einst eingab).

Er zitierte unter anderem die Sentenz: »Die Political Correctness ist der Abschiedsbrief der Weißen an die Welt.« Und: »Die Idee, dass es keine Rassen gäbe, verhalf immerhin einer zum Verschwinden.« (Ob ich denn meinte, dass es Rassen gebe? – Antwort: Ja, selbstverständlich.) Sowie: »Der Schlachtruf des Feminismus: ›Arbeit macht frei!‹« (Ob ich nicht wüsste, wo dieser Satz gestanden habe? – Jaja, der Witz und seine Beziehung zum Bewussten …) Oder meine Bemerkung, dass es mittlerweile nahezu unmöglich sei, »sich öffentlich anders als in einer dämonologischen Sprache über Hitler und seine Spießgesellen zu äußern«. Ein Autor geht natürlich unter sein Niveau, wenn er sich selbst kommentiert, aber in solche Kalamitäten kommt unsereins, da er sich in die Politik wagt! Beziehungsweise verläuft. Verirrt? Versteigt. Moderator und Auditorium erwarteten mit einem gewissen Recht Auskunft, und so erteilte ich sie. Zur drittgenannten Bemerkung, die im Gegensatz zur zweiten keine dreckige ist, sondern eine reine Feststellung, sagte ich sinngemäß, dass die deutsche Geschichte sich nicht so grundlegend von anderen Geschichten abhebe, dass man sie aus der Historiografie in die Dämonologie umlagern müsste. Worauf der FDP-Kandidat nicht unroutiniert kundtat, dass die »fabrikmäßige Ermordung von sechs Millionen Juden singulär« sei, ein Verbrechen, das man »mit nichts vergleichen« und »nicht relativieren« dürfe.

Quod erat demonstrandum.

25. September

Was ist politischer Extremismus? Nach der allgemein gültigen Definition der Versuch, das parlamentarische System, die Demokratie und den Rechtsstaat abzuschaffen. Der Verfassungsschutzbericht listet unter solchen Bestrebungen den Linksextremismus, den Rechtsextremismus und den Islamismus auf. Der für die Demokratie gefährlichste Extremismus fehlt jedoch: der Globalismus.

Was wollen die Globalisten? Ihr Mantra lautet: freier Fluss von Waren und Dienstleistungen, freier Fluss von Informationen, freier Fluss von Menschen. Schaffung der One World. In den Ohren vieler Menschen klingt das verheißungsvoll. Die Globalisten, sagen sie, wollen doch nur Gutes für die Menschheit. Tatsächlich? Alles, was die Völker und Nationen in ihrer Eigenart ausmacht, steht den Globalisten im Wege: Grenzen, Identitäten, das Selbstbestimmungsrecht der Völker, die nationale Souveränität, der Nationalstaat und dessen Institutionen. Was der Demos will, interessiert sie nicht. Globalisten sind Antidemokraten, die Ihnen die Weltdemokratie versprechen.

Aus ihrer Sicht muss auf diesem Planeten ein umfassender *Großer Ausgleich* herbeigeführt werden, der sowohl die Lebensverhältnisse, den Reichtum (ihren eigenen ausgenommen), die Ressourcen und letztlich sogar die genetische Ausstattung der Völker betrifft. Die ganz harten Hunde unter den Gleichmachern wünschen sich sogar den planetarischen Einheitsmenschen, die ultimative Promenadenmischung. Dann gäbe es nämlich keinen Rassismus mehr. Der Vorschlag ist etwa so einleuchtend wie die Idee, sämtliche Rot-, Weiß- und Roséweine der Erde zusammenzukippen, um den neidfrei trinkbaren Welteinheitswein herzustellen.

Wer sind die Globalisten? Unsere Gesinnungsgouvernanten versuchen derzeit, den Begriff auf den Index der schmutzigen Worte zu setzen. Sie benutzen dafür den Bauernfängertrick – pardon, es heißt ja nicht Bauernfänger, sondern: Bäuerinnen- und Bauernfängerinnen und -fänger –, sie benutzen also den Trick, den Begriff mit der Mär von der »jüdischen Weltverschwörung« in eins zu setzen und ihn so antisemitisch zu kontaminieren. Zuletzt bewarf man den neuen Staatsfeind Nr. 2 Hans-Georg Maaßen mit jenem Unflat, weil er das Wort verwendete. Marina Weisband, die deutsche Greta, twitterte: »Globalisten ist ein Codewort für Juden.« Wenn ich für die globalistischen Eliten Beispiele nennen soll, fallen mir spontan Namen ein wie Barack Obama, Hillary Clinton, Al Gore, Kamala Harris, Bill Gates, George Soros, Justin Trudeau, António Guterres, Manuel Barroso, Mark Zuckerberg, Angela Merkel oder Christine Lagarde. Und als deutsches Bodenpersonal Annalena B. und ihre Truppe. Besonders viele Juden waren das jetzt nicht. Lassen Sie sich also nicht ins Bockshorn jagen.

Im Übrigen ist es völlig aussichtslos, die Globalisierung zu feiern, aber gleichzeitig ihren Beförderern und Nutznießern keinen Namen zuzugestehen bzw. deren Existenz als Verschwörungstheorie abzutun. Es gibt Globalisten, und sie selbst machen kein Hehl daraus.

Die Globalisten sind steinreiche oder zumindest politisch einflussreiche Weltverbesserer, die sich mit linken Weltverbesserern zusammentun, weil sich beide Seiten für berufen halten, das Schicksal des Planeten in die Hand zu nehmen. Natürlich verträgt sich das prächtig mit den Geschäftsinteressen der einen und den ideologischen Motiven der anderen Seite. Die einen verdienen gut, die anderen fühlen sich gut. Diese Verbindung aus Reichen und Linken ist die bizarrste Allianz, seitdem das

Deutsche Kaiserreich Lenins Bolschewiken unterstützte, um sich die Ostfront vom Halse zu schaffen.

Wie der Name schon sagt, denken Globalisten im planetarischen Maßstab. Alles, was sie ankündigen, ist XXXL. Als probaten Hebel haben sie den Klimawandel erkannt. Hans Joachim Schellnhuber, Vorsitzender des Wissenschaftlichen Beirats der Bundesregierung Globale Umweltveränderungen, Mitglied des Weltklimarates und zeitweise Berater der Weltbank, fordert eine »Große Transformation« der gesamten Industriegesellschaft, um das Klima zu retten. Klaus Schwab, Gründer und Vorsitzender des Weltwirtschaftsforums in Davos, auf dessen Gästeliste man alle findet, die politisch und wirtschaftlich einen Namen haben, träumt vom »Great Reset« (»Der Große Neustart«).

Der »Große Neustart«, verspricht Schwab, werde »die Grundlagen für eine gerechtere, nachhaltigere und widerstandsfähigere Zukunft« schaffen. »Wir müssen die Wirtschaft in dem kurzen noch verbleibenden Zeitfenster dekarbonisieren«, erteilt Schwab Bescheid. Im Dienste dieses edlen Zieles fliegen er und seine Millionärs- bzw. Milliardärsfreunde mit ihren Privatjets unter anderem regelmäßig nach Davos. Jedes Land der Erde müsse sich am »Great Reset« beteiligen, konstatiert der Träger aller Bundesverdienstkreuze von einfach bis mit Eichenlaub. »Alle Aspekte unserer Gesellschaften und Volkswirtschaften« müssten »umgestaltet« werden. »Die globale Gesundheitskrise hat die fehlende Nachhaltigkeit unseres alten Systems in Bezug auf den sozialen Zusammenhalt, den Mangel an Chancengleichheit und Inklusivität offengelegt. Auch können wir den Missständen von Rassismus und Diskriminierung nicht den Rücken kehren.«

Damit hat der Weltwirtschaftsforumsvorsitzende die wichtigsten Punkte der globalistischen Agenda umrissen: Corona, Weltklimarettung, »Antirassismus«, Globale Migration, Friede,

Freude und, nicht zu vergessen, den gut verrührten Eierkuchen der Brave New World.

Menschen mit dem ökologischen Fußabdruck ganzer afrikanischer Kleinstädte haben den mächtigsten Trend der Zeit erkannt und wollen sich privat möglichst ungeschoren durch die drohenden Katarakte einer »antirassistischen«, antimarktwirtschaftlichen, antiwestlichen Kulturrevolution navigieren – was am besten gelingt, wenn man einfach an der Spitze mitmarschiert.

Egal wie gut gemeint die Tagträume von One World und Global Governance sein mögen, sie laufen darauf hinaus, dass eine Handvoll Menschen Entscheidungen über die Geschicke von Milliarden anderen treffen soll. Die absonderliche Logik dahinter lautet: Wenn erst die ganze Welt so zentralistisch wie eine DDR funktioniert oder wie Venezuela, dann sind wir endlich in der Lage, das Klima, die Meere und nebenbei noch Afrika zu retten.

Der Deal zwischen den Reichen und den Linken läuft so, dass die Großunternehmen sich als Vollstrecker des linken Zeitgeistes anbieten und die Linken sie dafür in Ruhe lassen. Westliche Unternehmen haben heute mehr Angst vor Imageverlusten durch den Twitter-Mob als vor steigenden Energiepreisen. Deshalb hissen sie Regenbogenfahnen, kämpfen gegen »rechts«, etablieren in ihren Firmen das gesamte Diversity-, Quoten-, Gender- und Antidiskriminierungsgedöns – die Compliance-Vorschriften von Google, Facebook et al. sind eindrucksvolle Beispiele dafür. In all diesen Firmen darfst du als Angestellter kein falsches Wort sagen. Wer sich nicht politisch korrekt verhält, wird gar nicht erst eingestellt, und dank der Spuren, die jeder im Netz hinterlässt, gilt das auf Jahre rückwirkend. Das ist ein Vorgeschmack auf die gleichgeschaltete Welt der

Globalisten. Im Gegenzug können die Milliardärssozialisten unbehelligt von den Linken ihre Geschäfte machen. Die Linken sparen sie bei ihrer permanenten Systemkritik einfach aus. Sie wollen ohnehin den Kapitalismus nicht mehr stürzen, sondern ihn bewirtschaften.

Ich habe eben den Begriff Milliardärssozialismus verwendet. Ist das nicht ein hölzernes Eisen? Das Phänomen erscheint nur auf den ersten Blick absurd. Sozialismus bedeutet vor allem, die Entwicklung der menschlichen Gesellschaft für planbar zu halten. Daraus folgt, dass man, wie der bedeutende Sozialist A. Hitler einmal erklärte, die Unternehmen nicht enteignen muss – es genügt, wenn sie sich gehorsam in die staatlichen Pläne einfügen. Viel wichtiger sei es, so nochmals Hitler, die Menschen von Kindsbeinen an staatlich zu sozialisieren. Das verband die Nationalsozialisten mit den Sowjetkommunisten, und das verbindet die heutige sogenannte Zivilgesellschaft mit der damaligen Volksgemeinschaft. Natürlich funktioniert die staatliche Dressur heute viel smarter als damals, sie wirkt viel weniger zentral gesteuert. Aber sie funktioniert. Auch die heutigen Manager und Unternehmensführer vom Schlage eines Josef Käser – der sich aus Provinzler-Ehrgeiz Joe Kaeser nennt – sind in der Zeitgeistbrühe gegart worden und machen brav mit. Kaeser hat Luisa Neubauer einen Sitz im Aufsichtsrat von Siemens Energy angeboten. Das ist ungefähr so, als wenn der Papst einen Talibanführer in den Kardinalsrat beruft.

Die Unternehmenslenker können und würden es nicht mehr wagen, sich gegen den Gesinnungsterror der sogenannten Zivilgesellschaft zu wenden, denn nicht nur Professoren, Politikern, Publizisten oder Künstlern droht das Karriereende beim ersten falschen Satz, auch ein Manager wäre im Nu seinen Job los und verschwände von den Einladungslisten der Schickeria.

Es ist der kollektivistische Schwarm der Zivilgesellschaft, der inzwischen die öffentliche Meinung beherrscht. Er entscheidet, was gut und was böse ist. Er verteilt Reputation oder erkennt sie ab. Er gibt Personen zum Abschuss frei. Und die Globalisten füttern diesen Schwarm, teils aus ihrem Privatvermögen, teils aus den Steuertöpfen.

Das führt uns zur letzten Frage: Wie werden die Globalisten vorgehen? Zunächst einmal scheinen sie Corona als Chance und Blaupause für künftige Freiheitseinschränkungen erkannt zu haben. Corona hat sich als ein fabelhafter Anlass erwiesen, ganze Bevölkerungen einzuschüchtern und ganze Wirtschaftszweige gefügig zu machen. Ich sage nicht, dass sie das von langer Hand geplant haben. Aber Gelegenheit macht Diebe.

Nachdem man uns im Namen der Volksgesundheit die Grundrechte genommen hat, wird man sie uns nicht mehr zurückgeben im Namen der Weltklimarettung. Das Bundesverfassungsgericht hat die CO_2-Hypothese bereits zum Staatsziel erhoben und entschieden, dass Grundrechtseinschränkungen zu Nutz und Frommen künftiger Generationen verhältnismäßig seien. Außerdem werden wir erleben, wie die innere Auflösung der Nationen durch die Migration von Kulturfremden immer weiter vorangetrieben wird. Sie werden die Antirassismus-, Buntheits- und Diversitäts-Hysterie niemals abklingen lassen – der sogenannte Antirassismus ist ja zu 80 Prozent nichts anderes als Neid auf Weiße –, und damit werden sie die Gesellschaft in immer kleinere Gruppen spalten. Je mehr solcher Gruppen mit Sonderinteressen existieren, desto leichter lassen sie sich gegeneinander ausspielen. Und man wird natürlich die nationalen Parlamente immer weiter entmachten.

Schon heute stammen zwei Drittel aller Gesetze und Verordnungen, die der Bundestag absegnet, aus Brüssel. Ich entsinne mich, dass Heiko Maas einmal in einer Talkshow zu den Europawahlen einen AfD-Politiker fragte, warum er überhaupt für ein Parlament kandidiere, das die AfD am liebsten auflösen würde. Die richtige Gegenfrage wäre gewesen: Warum kandidieren Leute wie Sie für den Bundestag, wenn sie ihn zugleich schleichend abschaffen? Noch eine bis zwei Legislaturen, dann ist der Bundestag ein machtloses Operettenparlament. Dann hat in jedem EU-Mitgliedsland ein Verfassungsputsch stattgefunden. Dann ist die EUdSSR Wirklichkeit.

Auch wenn die Tentakel der globalistischen Krake bis nach Chemnitz reichen, ist der Feind, den wir bekämpfen, in Chemnitz gar nicht fassbar. Der Bundestag ist unser letzter Verteidigungsring gegen die allmähliche Erdrosselung der Nationen und Nationalstaaten. Nur weil es die Bestrebungen der globalistischen Klasse gibt, die Völker aufzulösen, gibt es den Rechtspopulismus. »Der Populismus ist der Schrei der Völker, die nicht sterben wollen«, sagt Philippe de Villiers, Vorsitzender der nationalkonservativen Partei Mouvement pour la France. Ich will, dass dieser Schrei noch lauter und vielstimmiger wird. Deswegen kandidiere ich für den Bundestag. Ich will nicht den Tag erleben, an dem man die Aufschrift »Dem deutschen Volke« vom Giebel des Reichstagsgebäudes heruntermeißelt.

Zum Teufel mit den Vereinheitlichern und Weltgleichschaltern! Es leben die Völker dieser Erde! Es lebe die herrliche Vielfalt der europäischen Nationen! Es leben ihre Kulturen, ihre Sitten, ihre Eigenarten, ihre Sprachen! Es leben die Unterschiede! Es lebe Deutschland.

Das war die Rede die ich hielt.
Nicht ohne Vorbereitung:
Verstümmelte Brocken las man davon
In Chemnitzens größter Zeitung.

Und zwar hielt ich sie beim Wahlkampfabschluss in einem bis auf den letzten Platz gefüllten Ballhaus zu Chemnitz.

(Der Begriff »Milliardärssozialismus« stammt übrigens von Oswald Spengler, »Preußentum und Sozialismus«, erschienen 1919. Ja, der brave Spengler hat praktisch alles geahnt.)

28. September

Ein Rückblick auf die Bundestagswahl.

Nach den ersten Hochrechnungen am frühen Abend, als ich weit vor den anderen lag, kamen sofort alle Fotografen und Presseleute im Großen Saal des Rathauses zu mir, schossen Bilder und wollten Statements, aber ich verweigerte jeden Kommentar. Ich traute dem Braten nicht, und ich sollte recht behalten.

Von 39 Chemnitzer Wahlbezirken habe ich zwar 33 gewonnen, doch die Briefwahl, für welche die Altparteien in weiser Voraussicht kollektiv geworben hatten und deren Resultate erheblich von denen der Stimmlokale abwichen, brachte die Entscheidung. Bei den Erststimmen an der Urne kam ich auf 23 322 (der zuletzt siegreiche SPD-Kandidat auf 18 191, der von der CDU hatte 14 312), bei der Briefwahl aber nur auf 7 177 (SPD 16 768). Der Anteil der Briefwähler betrug bei mir 23,5 Prozent (SPD 48, CDU 44,5, FDP 40,6, Linke 46, Grüne 48,4).

Bundestagswahl 2021 in Chemnitz: Übersicht Erststimmen
Anteil der Erststimmen im Wahlkreis 162 Chemnitz.
Vorläufiges Ergebnis nach Auszählung von 193 (von 193) Wahlbezirken

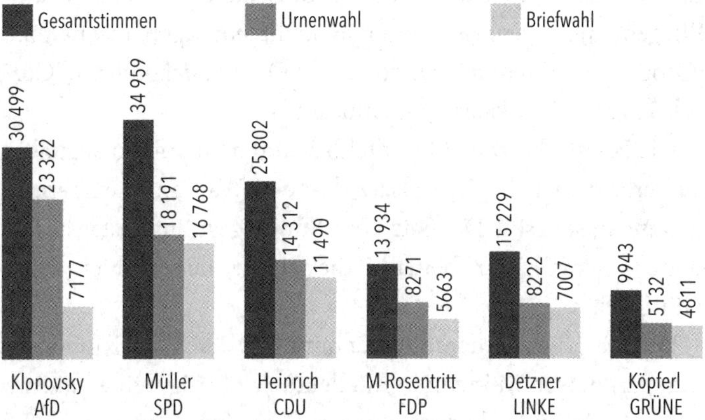

Über Manipulationen – in Berlin lag die Wahlbeteiligung teilweise über 100 Prozent – werde ich hier nicht spekulieren. Aus den Zahlen, schreibt Leser ***, »ergibt sich, dass sich eine Große Koalition aus CDU, Grüne und Linke gegen Sie zugunsten des SPD-Kandidaten gebildet hat. Viel Feind', viel Ehr.« Es soll auch ein paar AfDler gegeben haben, die mir die Stimme nicht gönnten. Allerdings lag mein Erststimmenergebnis knapp über dem Zweitstimmenanteil der Partei; meine Münchner Herkunft (»Scheinsachse«) schlug also nicht, wie man sagt, auf das Ergebnis durch.

Die Tatsache, dass 40 Prozent der Chemnitzer per Brief votiert haben – was im Bundestrend liegt; in Rheinland-Pfalz etwa stimmte jeder Zweite per Post –, wirft die Frage auf, inwieweit solch eine Wahl noch grundgesetzkonform ist. Die Grundsätze »frei« und »geheim« werden ja durchaus beeinträchtigt. Bei der Briefwahl gibt es weder Urne noch Kabine, auf die Wahlentscheidung kann sanfter Druck ausgeübt werden, etwa durch

Altpartei-Emissäre in Seniorenheimen. »Die SPD hat das geänderte Gesetz ausgenutzt, für Menschen mit Betreuer selbst die Kreuze zu machen, und hat SPD-nahe Altenheime und Pflegeheime abgegrast. Kann man nicht laut sagen, machen die ›Großen‹ wohl schon lange so bei AWO und Diakonie und Co.«, schrieb mir ein lokaler Sympathisant.

Die Briefwahl ist nicht nur fehler- und manipulationsanfällig, sie verletzt auch den Grundsatz, dass eine Wahl an einen Termin gebunden sein soll. Der Satz »Am Sonntag ist Bundestagswahl« hatte jedenfalls für beinahe die Hälfte der Wähler keine Gültigkeit.

Die *Freie Presse* Chemnitz rief mir nach: »Michael Klonovsky, ein parteiloser Münchner Intellektueller, trug seine desinteressierte Attitüde dermaßen lustvoll zur Schau, dass manche Parteigänger zwischen all den Autokorsos ziemlich nervös wurden. Noch beim Wahlkampfabschluss im Ballsaal Hilbersdorf brachte Klonovsky es fertig, weniger über Chemnitz zu reden als Parteichef Alexander Gauland, den immerhin Tanzstundenerinnerungen mit der Stadt seiner Geburt verbanden. Es ist eine sehr berechtigte Frage, wie die Sache ausgegangen wäre, hätte die AfD einen leichter vermittelbaren Kandidaten aufgestellt. Und darin liegt die Mahnung: Der Fast-Erfolg eines Anti-Bewerbers wie K. zeigt, wie kurz die Lunte der politisch Unzufriedenen geworden ist – auch in Chemnitz.«

Man kann die Sache auch anders interpretieren: Ein in Chemnitz unbekannter, lokal nicht verankerter und leicht exotischer »Anti-Bewerber« hat 22 Prozent der Stimmen eingefahren, weil Kandidaten wie er sich weder dämonisieren noch als Trottel diffamieren lassen.

Was meine »desinteressierte Attitüde« angeht: Ich sprach beim Wahlkampfabschluss in der Tat nicht über meinen

Wahlkreis, sondern über die globalistische Klasse (siehe Eintrag vom 25. September). Vielleicht muss ein Lokalreporter in einer Wahlkampfveranstaltung ja jeden Gegenstand, der außerhalb seines territorialen Laufställchens liegt, als deplatziert empfinden, aber hätte ich vor dem Klimawandel gewarnt oder das Ende der Abholzung der Regenwälder gefordert, wäre die Unterstellung einer »an Chemnitz desinteressierten Attitüde« mit Gewissheit ausgeblieben.

***

Nachzutragen wäre noch ein Vorfall, der sich am Samstagnachmittag vor der Wahl zutrug. Am frühen Nachmittag begab es sich, dass der Chemnitzer Direktkandidat der Schwefelpartei und dessen Frau im Park vor der Stadthalle ein Areal betreten wollten, auf dem die Jüdische Gemeinde Chemnitz das Sukkot-Fest – das jüdische Laubhüttenfest – veranstaltete. Zwei Ordner eilten sogleich herbei und verwehrten ihnen den Eintritt. AfD-Politiker, erklärten sie, seien hier nicht erwünscht. Die Sicherheitskräfte ließen sich auch nicht beirren, als die Frau sie auf Hebräisch ansprach, sondern widerstanden diesem Trick mit einem souveränen: »Reden Sie bitte Deutsch mit uns.« Sie wolle sich mit den Musikern unterhalten, sie sei selbst Musikerin und spiele viele der angekündigten Stücke, erklärte die Frau. AfD-Politikern sei der Einlass verwehrt, wiederholte der offenbar ranghöhere oder auch nur sprachmächtigere der beiden Ordner. Den Hinweis des Kandidaten, dass seine Frau ja keine Politikerin und, nebenbei, israelische Staatsbürgerin sei, also jemand, für den das Laubhüttenfest recht eigentlich geschaffen wurde, konterte der standhafte Festwart mit den geflügelten Worten, die Diskussion sei beendet.

Während der Kandidat kundtat, wo er nicht erwünscht sei, müsse er nicht verweilen, und mit einem Achselzucken weiterging, blieb dessen Begleiterin verstockt und beharrte darauf, den Veranstalter zu sprechen. Er werde ihn holen, versetzte der brave Ordner, aber sie müsse erst, und zwar sofort, hinter jene weiße Linie zurücktreten, welche die Grenze des Festgeländes markiere. »Übertreiben Sie nicht so wie Ihre Vorfahren.«

Was darauf geschah, machte deutlich, wie sinnvoll es war, solch zwielichtigen Zeitgenossen den Zutritt zu verwehren, und wie falsch, im Falle der Frau bloß wegen ihrer Herkunft nachzugeben. Sie kam nämlich schnell ins Gespräch mit den Musikerinnen, und nachdem die – wie die Frau des Kandidaten aus Russland stammende Jüdinnen – sich erkundigten, was sie denn nach Chemnitz führe, stieß die Auskunft, ihr Mann kandidiere hier für die AfD, keineswegs auf Ablehnung, sondern rief im Gegenteil Sympathiebekundungen hervor. Da die Ordner und Umstehenden aber weder Hebräisch noch Russisch verstanden, wurde die Bevölkerung nicht verunsichert, und der Wahlausgang konnte nicht zuungunsten der antifaschistisch-demokratischen Parteien beeinflusst werden.

Übrigens: »Das Laubhüttenfest sollst du sieben Tage lang feiern, nachdem du das Korn von der Tenne und den Wein aus der Kelter eingelagert hast. Du sollst an deinem Fest fröhlich sein, du, dein Sohn und deine Tochter, dein Sklave und deine Sklavin, die Leviten und die Fremden, Waisen und Witwen, die in deinen Stadtbereichen wohnen« (Devarim/Deuteronomium 16:13–14).

Sklavinnen, Fremde, ja – aber kein Wort von Rechtspopulisten!

29. September

Die Berliner Wahlleiterin ist zurückgetreten. Die Ergebnisse müssen jetzt neu geschätzt werden.

1. Oktober

Die soeben in den Bundestag gewählten Grünen Deborah Düring, 27, und Emilia Fester, 23, machen in einem ersten Interview – *fiele werden volgen* – mit Minimalforderungen auf sich aufmerksam: »Deutschland muss 200 Millionen Flüchtlinge aufnehmen, weil Deutsche deren Klima zerstören.«

Ich weiß nicht, was diese Mägdelein veranlasst, eine Obergrenze zu dekretieren – Menschlichkeit kennt bekanntlich keine, und auch die 201. Million ist doch nicht illegal! Die deutsche bzw. weiße Schuld am Elend andernorts wächst proportional zur Bevölkerung dortselbst, ist doch logisch, Populationen, denen es schlecht geht, vermehren sich immer rasend, grüne Abgeordnetenweiber, die sich im Bundestag kannibalisch wohlfühlen als wie fünfhundert Säue, dagegen nur ausnahmsweise. Apropos: Wenn wir den bisherigen Migrationsmodus beibehalten und weiterhin fast ausschließlich junge Männer bewillkommnen, werden wir wohl früher oder später den Gangbang* zum 'schlandesweit verbindlichen Sexualstil erheben müssen, denn wir können ja nicht ca. 150 Millionen Dödel einfach zur Untätigkeit diskriminieren. Vielleicht meint sie ja das? Heidewitzka!

* Für Züchtige: Das ist eine Männerüberschussparty mit freiwilliger weiblicher Beteiligung. Die Zahl williger Kandidatinnen könnte durch die Forcierung der Erbschuld-Buße-Spirale oder die Gabe von Oxytocin erhöht werden.

5. Oktober

»Mit ein paar Tagen Abstand gewinne ich den Eindruck, dass Sie einen Nerv getroffen haben«, schreibt Leser *** aus Chemnitz. »Ihre Ansage, aus der Kulturhauptstadt 2025 Bleibendes zu generieren, hat die Beteiligten offensichtlich in Panik versetzt. Das Geld ist längst verteilt und nur die Umsetzung musste noch nach bewährtem Muster organisiert werden. Weder die Kür von Chemnitz noch die bisherigen Wahlen erscheinen zufällig. Aus bisherigen Kulturhauptstädten gibt es schon die Kunde vom kartellartigen Wanderzirkus, der die Gelder abzieht. Für mich ist es ein mathematisch-statistisches Mysterium, dass Ihre Briefwahl- und Wahllokal-Stimmen so voneinander abweichen.«

10. Oktober

Den älteren Ostdeutschen und den Uralten dürfte der Büttelton bekannt vorkommen: »Keinen Cent mehr für Polen«, fordert ein *Spiegel*-Kommentator aus Brüssel. »Das polnische Verfassungsgericht führt das Land aus Europas Rechtsgemeinschaft. Die EU muss nun hart handeln – bevor es zu spät ist.«

Wer sich durch die Pressemeldungen und -kommentare zum Thema liest, die auch in diesem Falle die pluralistische Öffentlichkeit der Bundesrepublik in der irisierenden Buntheit einer Franziskanerkutte abbilden, erfährt zwar, dass die PiS-Führung aus schlimmen Fingern besteht, aber kaum, was ihr nun konkret zum Vorwurf gemacht wird.

Die *FAZ* berichtet von einem Verfahren, »das vom Obersten Gericht Polens angestrengt worden war«, und in dem es »um die Prinzipien der Berufung von Richtern an polnischen Gerichten gegangen« sei. »Seither sind sowohl der EuGH als auch der Europäische Gerichtshof für Menschenrechte in anderen Verfahren zu dem Schluss gekommen, dass sowohl die von der PiS eingeführten Regeln für die Ernennung von Richtern als auch das neue System der Maßregelung von Richtern gegen das Prinzip der richterlichen Unabhängigkeit verstoßen. So hat der EuGH Polen Mitte Juli dazu verpflichtet, die Arbeit der neu geschaffenen Disziplinarkammer am Obersten Gericht sofort zu suspendieren. Weil die polnische Regierung dieses Urteil nicht innerhalb einer einmonatigen Frist umgesetzt hat, hat die EU-Kommission beim EuGH Strafzahlungen gegen Polen beantragt.«

Davon abgesehen, dass es hier um die nationale Souveränität geht – ich komme gleich darauf –, wurde in Polen meines Wissens beispielsweise noch nie die demokratische Wahl eines Ministerpräsidenten rückgängig gemacht, weil er mit den Stimmen der Falschen ins Amt gelangt war. Das dürfte daran liegen, dass in Polen die Falschen bereits regieren, wie sich auch das Ausbleiben von Maßregelungen gegen jenes EU-Mitglied, wo dergleichen tatsächlich geschehen konnte, daraus erklärt, dass dort die Richtigen an der Macht sind – »In Deutschland erhält nur Macht, wer an der Verstetigung der deutschen Ohnmacht arbeitet« (Günter Maschke) –, ohne deren den eigenen Bürgern abgepresste Steuergelder die EU gar nicht mehr existieren würde.

Dass wiederum ein Vertrauter der deutschen Kanzlerin, der beinahe zehn Jahre im Bundestag saß, zuletzt stellvertretender Vorsitzender der Unionsfraktion war und in dieser Rolle unter anderem für den UN-Migrationspakt warb, nunmehr den Ersten Senat des Bundesverfassungsgerichts leitet – eines Gerichts, das durchweg nach Parteiproporz besetzt ist und die Gewaltenteilung immer unverhohlener hintertreibt –, findet die demokratisch nicht legitimierte EU-Kommission, derzeit geführt von einer Parteigenossin der deutschen Wahlrückgängigmacherin, folgerichtigerweise ebenfalls nicht rügenswert. Die EU macht sich die Maxime »Quod licet Iovi, non licet bovi« zu eigen, wobei der deutsche Jupiter immerhin zugleich der Ochse ist, der alles bezahlt. Den Ungarn wollten die Eurokraten ja auch schon vorschreiben, wie sie die Sexualerziehung ihrer Kinder zu gestalten haben. EU-Recht ist letztlich Zielsetzungsrecht zum Zwecke des Gesellschaftsumbaus. Es soll die nationalen Grund- und Abwehrrechte der Bürger gegenüber dem Staat durch ein zentralistisches Erziehungsstaatsrecht ersetzen. Die private Wahl- und Vertragsfreiheit, die ja immer das Recht zu diskriminieren (i.e. einen Unterschied zu machen) einschließt, ist das Hauptangriffsziel der Sozialingenieure und Gesellschaftsgleichschalter der EUdSSR.

Das Argument der EU-Führung, von der deutschen Gesinnungspresse brav repetiert, gegenüber den Polen lautet: Indem ein Land der EU beitritt, hat es sich den Regeln der Gemeinschaft unterworfen. Diese Regeln sind freilich von Jahr zu Jahr verändert worden, unter Bruch sämtlicher europäischer Verträge. Der fröhliche Trunkenbold Jean-Claude Juncker hat anno 1999 das Betriebsgeheimnis des Sterneclubs – »One ring to rule them all« – ausgeplaudert: »Wir beschließen etwas, stellen das dann in den Raum und warten einige Zeit ab, was passiert. Wenn es dann kein großes Geschrei gibt und keine Aufstände, weil die meisten gar nicht begreifen, was da beschlossen wurde, dann machen wir weiter – Schritt für Schritt, bis es kein Zurück mehr gibt.«

Die europäischen Völker – als der jeweilige Demos, um dessen Kratos es hier geht – sind nie gefragt worden, sie haben nie dafür votiert, ihre nationale Souveränität abzugeben. Nun sind wir also an dem Punkt angelangt, von dem es kein Zurück mehr geben soll, weil EU-Recht nationales Recht sticht, zuerst exemplarisch im Einzelfall, dann per se und in jedem Falle. Der Rechtsbruch soll institutionalisiert werden. In jedem EU-Mitgliedsland wird ein Verfassungsputsch inszeniert, natürlich Schritt für Schritt, damit die meisten gar nicht begreifen, was geschieht, und das große Geschrei bzw. der Aufstand ausbleibt. Am Ende sollen wir in den Vereinigten Staaten von Europa leben, pro forma vertreten durch ein Parlament, dessen Zusammensetzung die jeweiligen nationalen Bevölkerungsanteile nicht widerspiegelt und das wenig bis nichts zu bestimmen hat, stattdessen regiert von einer Kommission, also von anonymen Bürokraten, die von Lobbyisten umzingelt, von einer gekauften Presse abgeschirmt und von einer EU-Polizei, die sich online wie offline der Kritiker annimmt, beschützt wird. Wetten?

Aber noch ist Polen nicht verloren! England hat ja auch den rechtzeitigen Sprung ins rettende Beiboot geschafft. Da die Migration nach Europa – nach EU-Europa, man verwechsle beides nie – nach den sinistren Plänen der Globalisten auf Permanenz gestellt werden soll, weil in Interessensgruppen gespaltene Bevölkerungen sich fabelhaft gegeneinander ausspielen und beherrschen lassen, wird die EU an der Frage der Verteilung der Migranten früher oder später zerbrechen. Es ist ja nicht mehr nur der Osten, der dabei nicht mitspielen will, auch die engelsgeduldigen Skandinavier haben begriffen, worauf das alles hinausläuft. Denn wenn EU-Recht nationales Recht außer Kraft setzt, kann die EU auch entscheiden, welches Land welche und wie viele Migranten aufzunehmen hat. Außer den Deutschen werden sich, ich wette nochmals, alle EU-Länder auf ihre nationale Souveränität zurückbesinnen, denn die Entscheidung darüber, wer in ihrer Mitte dauerhaft leben soll, wollen die propagandistisch noch nicht völlig entnervten Restvölker wahrscheinlich selbst treffen. Die Quartalsirren in der Mitte des Kontinents können ja der Ansicht sein, ihr Grundgesetz gelte keineswegs für ein bestimmtes Volk, sondern für alle Welt, so wie sie auch in 'schland das Klima für den gesamten Planeten zu retten sich weltvorbildlich anheischig machen.

Dann könnten sie zumindest als mahnendes Beispiel überleben.

PS: »Die Wahl der Verfassungsrichter der ganzen Welt (da, wo es Verfassungsgerichte gibt – in der Schweiz gibt es keins) findet nach ungefähr denselben Regeln statt«, schreibt Leser ***, Jurist. »Der Streitpunkt geht eigentlich um die normalen Feld-Wald-und-Wiesen-Richter. Die würden in Polen ›falsch‹ gewählt, nämlich unter politischem Einfluss. Nun verhält es sich aber so, dass etwa in der Hälfte der deutschen Bundesländer die Landesregierung ebenfalls das letzte Wort bei der Bestellung eines Richters hat. *Ganz genau wie in Polen.* Die deutschen Richterwahlgesetze der Länder beschreiben dies ja in aller Klarheit – man muss nur die jeweiligen Artikel über die Wahl der Richter lesen. Allerdings scheinen diese Gesetze für die deutsche Presse irgendwie unter Geheimhaltung zu fallen. Denn niemand scheint je davon gehört oder gelesen zu haben.«

* * *

Dass der aktuelle Bundespräsident, wenn er indigniert Rückschau auf die deutsche Geschichte hält, dies ungefähr auf dem Differenzierungsniveau eines DDR-Staatsbürgerkundelehrers tut, habe ich in meinem Diarium bisweilen pflichtschuldig dokumentiert. Augenscheinlich empfindet Steinmeier keine besonders große Sympathie für das Volk, welches er repräsentiert – was ich verstehen könnte, nur warum wird so einer dann Bundespräsident? –, sondern er beschuldigt, bezichtigt und belehrt es lieber, auch retrospektiv. Die deutsche Geschichte scheint ihm kaum mehr zu taugen denn als ein Steinbruch für immer neue Vorwürfe an die Adresse der Lebenden.

Nun hat Steinmeier den Festakt zum 60. Jahrestag des Gastarbeiteranwerbeabkommens mit der Türkei zum Anlass einer weiteren Abrechnung mit seinen fremdenfeindlichen, rassistischen und islamophoben Landsleuten genommen, wobei ich nicht leugnen möchte, dass es solche Harthirne unter den Deutschen gab und gibt und immer geben wird, denn alle Völker verachten einander und alle haben recht, wie Karl Kraus in gebotener Sachlichkeit feststellte. Ich kenne übrigens eine Reihe entzückender Türken, und ich meine damit nicht einmal zuerst Akif Pirinçci. Gewiss, die meisten Türken sind schlecht in die deutsche Gesellschaft integriert, denn ein normaler Türke ist stolz, steht gerade, rasiert sich den Nacken aus, isst gern Fleisch, stiege niemals vom Auto aufs Lastenfahrrad um, verteidigt seine Familie, glaubt an Gott, gendert seine Sprache nicht, egal welche, und lässt sich partout nicht einreden, dass er sein Geschlecht frei wählen könne. Man missverstehe meine folgenden Ausführungen trotzdem nicht als *turkophob*! Nur das Laster der Wahrheitsliebe verleitet mich, dem Bundespräsidenten da und dort sanft zu widersprechen.

Blicken wir denn mit Pahl-Rugensteinmeier in den Brunnen der deutsch-türkischen Vergangenheit, ins Jahr des Herrn 1961.

»Die Realität, in der die Menschen damals ankamen, folgte eher einer Logik des messbaren Nutzwerts als der großer

Visionen. Und dieser Nutzwert war nur auf Zeit angelegt. Das Anwerbeabkommen zwischen der Bundesrepublik Deutschland und der Türkei vom 30. Oktober 1961 war kein Akt der Nächstenliebe oder gar ein Zeichen fortschrittlicher Zuwanderungspolitik. Deutschland war knapp an Arbeitskräften. Die Optionen lauteten: Entweder Wachstumsverzicht oder Anwerbung von Arbeitskräften aus dem Ausland.«

Wie es aussieht, wenn sich die hier »Nächstenliebe« genannte Fernstenliebe mit einer »fortschrittlichen Zuwanderungspolitik« verknüpft, wissen gerade wir als Deutsche ja erst seit 2015 ff.! Aber was die Gründe des Anwerbeabkommens betrifft, flunkert der temporäre Insasse des Schlosses Bellevue ein bisschen, wahrscheinlich gewohnheitsmäßig. Es waren nämlich vor allem die Amerikaner, die darauf drängten, den Nato-Partner Türkei als geostrategischen Pfahl im Fleische des Sowjetimperiums zu unterstützen, was bereits damals auf ein Abfließen des Bevölkerungsüberschusses hinauslief, denn viele Türken fanden in ihrer überwiegend agrarisch strukturierten Heimat keine Arbeit mehr.

»Die Türkei hatte ein erhebliches Interesse daran, einen Teil der rasch anwachsenden Bevölkerung befristet als Gastarbeiter ins Ausland zu schicken. Neben der Entlastung des eigenen Arbeitsmarktes versprach sie sich zu Recht dringend benötigte Deviseneinnahmen sowie einen Modernisierungsschub durch zurückkehrende Gastarbeiter, die sich entsprechende Qualifikationen angeeignet haben würden. Rund 77 Prozent der Erwerbstätigen waren damals in der Landwirtschaft tätig, nur etwa zehn Prozent in der Industrie«, schreibt Stefan Luft in seinem Buch »Abschied von Multikulti«.

Der Bundesrepublik blieb keine Wahl. Was der Hegemon befahl, musste der kleine Nato-Partner ausführen. 1961 wurde die Richtung künftiger Migrationsströme vorgeschrieben. Der Unterschied zu den späteren deutschen Willkommensdelirien bestand darin, dass weiland noch Politiker das Land regierten (im weitesten Sinne), die versuchten, die Dinge vom Ende her zu sehen, und sich ein Gewissen daraus machten. Helmut Schmidt etwa zeigte sich entsetzt nach einem Gespräch mit Süleyman Demirel Ende der 1970er-Jahre in Ankara, in dem der türkische Ministerpräsident ihm angekündigt hatte, er werde noch weitere 15 Millionen seiner Landsleute nach Deutschland schicken (»Wir produzieren die Kinder, und ihr werdet sie aufnehmen«), und entgegnete, er werde das verhindern. Helmut Kohl hat sich später ähnlich ablehnend geäußert. Beide Kanzler waren zu schwach, um die Einwanderung in die Sozialsysteme zu stoppen, aber sie hätten sie niemals, wie Merkel, noch eigens forciert.

»Die bessere Zukunft wird es nicht geben, solange Ausgrenzung, Vorurteile, Ressentiments den Alltag unserer Gesellschaft immer noch durchziehen«, konstatiert mehr als vierzig Jahre später Schmidts Genosse Steinmeier. Wahrscheinlich meint er damit Äußerungen wie die von Schmidt und Kohl zur Einwanderungseindämmung, für die ein Politiker heute multimedial geteert und innerparteilich gefedert würde:

»Mich erschüttert es«, beteuert Steinmeier, »wenn Menschen mit anderer Hautfarbe, Sprache oder Religion bis heute zur Zielscheibe von Hass und Hetze werden. Wenn sie angefeindet werden, im Netz oder auf der Straße. Wir wissen doch: Das sind nicht nur Worte, sondern das ist ein Gift, das Wirkung hat. Das ist ein Gift, das immer wieder Menschen glauben macht, sie dürften im Namen eines angeblichen Volkswillens andere Menschen demütigen, bedrohen, jagen oder gar ermorden.«

Als Beispiele nennt der deutsche Chefankläger »die niederträchtigen Morde des NSU, die Toten in Mölln und Solingen und Hanau«. Mit der eurozentrisch-exklusiven Formulierung »andere Hautfarbe, Sprache und Religion« meint er ersichtlich Nichtdeutsche. Die Menschen *anderer Hautfarbe, Sprache und Religion,* die zum Beispiel am Berliner Breitscheidplatz, in Chemnitz, Würzburg, Dresden oder Köln zur Zielscheibe feindlicher Fremder wurden, passen thematisch, das wird jeder verstehen, nicht in eine solche Rede. Ebenso wenig wie die alljährlich fünfstellige Zahl von Deutschen, die Opfer von Zuwandererkriminalität werden, denn diese Zuwanderer sind ja keine Türken. Freilich: Werden tatsächlich ausgerechnet Türken in 'schland derzeit wegen ihrer »Hautfarbe, Sprache oder Religion zur Zielscheibe von Hass und Hetze«? Werden sie »angefeindet, im Netz oder auf der Straße«? Oder aus anderen Gründen?

Halten wir hier inne und fest: Die Gastarbeiter kamen, weil die Amis, die Türken und nicht zuletzt Allah das so wollten, und der damaligen Generation deutscher Ausgrenzungs- und Hass-Politiker schwante für die Folgen nichts ausschließlich Gutes, zwei – machtlose – Kanzler hätten den Zustrom sogar gern gedrosselt. Ein Genosse von Schmidt und Steinmeier, der Herr Sarrazin, hat 2010 die große, nicht wirklich rosige Zwischenbilanz gezogen. Wobei die Türken unter den muslimischen Einwanderern die geringste Schelte verdienen!

»Wir nannten sie Gäste«, fährt Steinmeier unbeirrt fort, zitiert daraufhin zustimmend die germanophobe Linksradikale Ferda Ataman mit den Worten: »Wir sind doch keine Gäste in einem Haus, das wir selbst mitgebaut haben«, und setzt für diejenigen, die es noch nicht begriffen haben, hinzu: »Diejenigen, die an dem Fundament des gemeinsamen Hauses damals gebaut haben, um sie geht es heute.«

Am Fundament. Wieder daneben, und diesmal nicht gerade knapp. Der Topos, dass die türkischen Gastarbeiter am Wirtschaftswunder mitwerkelten, gehört allerdings inzwischen zum Standardrepertoire des Multikultibegleitgeschwafels. Ich habe schon mehrfach darüber geschrieben, heute nur die Kurzfassung:

Als das Gastarbeiteranwerbeabkommen mit der Türkei unterzeichnet wurde, herrschte in Westdeutschland Vollbeschäftigung. Vorausgegangen war ein kontinuierliches Wirtschaftswachstum, das anno 1955, im wachstumsstärksten Jahr der deutschen Geschichte, den Begriff »Wirtschaftswunder« hervorbrachte. Die Investitionen waren von 1952 bis 1960 um 120 Prozent, das Bruttosozialprodukt um 80 Prozent gestiegen. Die deutsche Automobilindustrie hatte ihre Produktion zwischen 1950 und 1960 verfünffacht. Industrie und Dienstleister konnten innerhalb weniger Jahre zwei Millionen Arbeitslose sowie die Arbeitsfähigen unter den acht Millionen Vertriebenen und den 2,7 Millionen Menschen, die aus der DDR geflohen waren, in Lohn und Brot bringen. Im Jahr des Anwerbeabkommens lag die Arbeitslosigkeit unter einem Prozent, eine absurd niedrige Quote, die tatsächlich einen akuten Arbeitskräftemangel beschreibt. Kein muslimischer Gastarbeiter war an diesem Aufschwung beteiligt. Nur weil das Land mitsamt seiner Industrie und Infrastruktur wieder aufgebaut war, konnte es überhaupt ausländische Arbeitnehmer beschäftigen.

Mir ist egal, was aus den Tatsachen, aber nicht, was aus ihren Verdrehungen folgt, wie gut gemeint sie auch sein mögen.

Ende der Durchsage.

6. November

Es gibt Bücher, in denen man sich gern aufhält, wo man staunend herumgeht, alle Zimmer durchstöbert und keinen Winkel auslassen möchte (wobei der Begriff »man« gerade bei dem Autor, um den es geht, nur mit Bedacht verwendet werden sollte). In einem solchen Buch nahm ich in den vergangenen Tagen Quartier, und es war eine erfreuliche Ablenkung vom stumpfen Einerlei des draußen herrschenden politischen Straßenlärms. Die Rede ist von Lorenz Jägers soeben bei Rowohlt erschienener Biografie »Heidegger. Ein deutsches Leben«.

Jäger, Jahrgang 1951, wurde in Frankfurt am Main als Germanist promoviert und hat in den USA und in Japan deutsche Literatur gelehrt. Er stieß 1997 zur *FAZ*, wo er zuletzt das Ressort Geisteswissenschaften leitete und »als Rechtsaußen der Feuilleton-Redaktion einschlägig bekannt« war, wie Jürgen Habermas, die Rechtsaußen der Sport- und Automobilredaktion vornehm verschonend, vor nun auch schon fast 20 Jahren rühmte. Ich habe das Vergnügen, mit ihm, also mit Jäger, nicht mit Habermas, auf vertrautem Fuße zu stehen, und ich kenne keinen zweiten Menschen, der auf eine so bescheidene Weise so viel weiß. Mir war seit Längerem bekannt, dass er an einem Buch über Heidegger arbeitet. Wer die Lebensgeschichte eines Denkers schreibt, muss ja automatisch auch die Geschichte seines Denkens nachzeichnen, was in diesem Falle auf eine Achttausender-Besteigung hinausläuft, allein »lektüretechnisch«, aber mit seinen Biografien von Theodor W. Adorno (2005 erschienen) und Walter Benjamin (2017) hatte Jäger ein alpines Trainings- und Aufwärmprogramm hinter sich gebracht, das ihn fit für die ganz eisigen Höhen machte.

»Von Heidegger«, konstatiert sein Biograf, »geht eine Beunruhigung aus, die nicht nachlässt.« Hier ist weder der Raum, noch bin ich dazu berufen, auf dieses Denken einzugehen. »Es ist zu wenig Kopfzerbrechen in der Welt«, sagte der alte Heidegger in einem Radiointerview, und ich fühle mich angesprochen. Für sein Werk – von einer »Lehre« mag man bei einem Denker, der so viel und so bohrend fragt (»Das Fragen ist die Frömmigkeit des Denkens«), kaum sprechen – hat er eine Sprache entwickelt, die, je nach Standpunkt, als tiefsinnig, eindrucksvoll und packend oder als esoterisch, abweisend und versponnen empfunden wird. Was mich betrifft, so oszilliere ich zwar zwischen beiden Positionen, je nach Tagesform, jedoch bei entschiedener Geringschätzung der zweiten. Wer zur Kategorie eins zählt, befindet sich dort jedenfalls in glanzvoller Gesellschaft. So wie kein Komponist von Rang nach Wagner nicht »Wagnerianer« war, so hat sich kein Denker von Rang nicht intensiv mit Heidegger beschäftigt und von ihm gelernt.

Von einem Philosophen erwartet die Welt ein irgendwie beispielhaftes Leben. Es gilt als ausgemacht, dass sich der Denkstil auch im Lebensstil niederschlagen müsse. »Ich mache mir aus einem Philosophen gerade so viel, als er imstande ist, ein Beispiel zu geben«, schreibt Nietzsche in seiner dritten unzeitgemäßen Betrachtung. Jemand ist ein Philosoph nicht nur in seinen Texten – er ist es ganz oder gar nicht. Die Frage, wie ein Philosoph gelebt hat, führt mitten in sein Denken.

»Er wurde geboren, arbeitete und starb«, lautet Heideggers berühmte Blitzbiografie des Aristoteles. Ein Philosoph hat kein Leben, soll das kokett heißen. Aber sogar Kant hatte eines. Was Aristoteles betrifft, so stand der auf vertrautem Fuße mit Platon und trat in dessen Akademie ein, wo wahrscheinlich auch nicht immer nur gearbeitet wurde; später wurde er der Lehrer

Alexanders des Großen, und am Ende seines Lebens musste er aus Athen ins Exil fliehen. In Heideggers Fall müsste man an die Stelle von Platon Husserl setzen und an die Stelle Alexanders – na, lassen wir das, es hat ja eh nicht funktioniert. Jedenfalls war da etwas, und dieses Etwas ist seit Jahren das eigentliche (hihi) Thema, wenn es um den kleinwüchsigen Denkriesen aus dem Schwarzwald geht.

Während das tonangebende publizistisch-akademische Milieu im Westen allen intellektuellen Stalin-Kollaborateuren so schnell verziehen hat wie diese sich selbst, bleibt der kurze Flirt von Carl Schmitt, Heidegger und Gottfried Benn mit den Nationalsozialisten ein ewiger Skandal, in den man sogar den charakterlich tadellosen Ernst Jünger hineinzuziehen versuchte. Alle drei haben sich vom NS-Regime abgewandt, bevor dessen Mordmaschine anlief, lange vor Reichskristallnacht und Kriegsausbruch, auch das unterscheidet sie von vielen europäischen Linken, die sogar in den Zeiten der чистка nicht am Sowjetkommunismus irre wurden. Die Atrozitäten der Nazis verstellen uns im Nachhinein leider den Blick auf die ungeheure Komik, die in Heideggers Engagement für das Regime liegt. Statt Anklageschriften gegen ihn zu verfassen, wäre es weit lohnender – und entlarvender –, eine Komödie zu schreiben. (Ich habe einmal damit begonnen, im ersten Akt sollten Bismarck und Nietzsche auftreten, im zweiten Heidegger und Hitler, im dritten Habermas und Gerhard Schröder oder Helmut Kohl.) Heideggers Idee, er sei berufen, den Führer zu führen, ist köstlich; man muss sich nur ausmalen, wie der genialisch-groteske Hinterwäldler in der Neuen Reichskanzlei auf Hitler einredet, um ihn auf »die Wahrheit des Volkes« im Lichte der Wiedererweckung des Griechentums einzustimmen, während draußen vor der Tür der englische Botschafter wartet. Nach

Heideggers berüchtigter Rektoratsrede sei das Auditorium unschlüssig gewesen, ob man jetzt in die SA eintreten oder doch besser die Vorsokratiker studieren solle, spottete Karl Löwith.

Von einer gewissen Komik ist auch, dass Heidegger in den ersten Wochen nach der »Machtergreifung« zusammen mit seiner Geliebten Elisabeth Blochmann, Professorin für Pädagogik in Halle und halachische Jüdin wie Hannah Arendt, in seiner Freiburger Wohnung Platons »Phaidros« las, in dem es um das Verhältnis von Rhetorik und Wahrheit und die Frage geht, ob die Rhetorik einen wahrheitsunabhängigen Eigenwert habe. Seiner Frau schreibt er in diesen Tagen, er habe vor, »die Metaphysik des deutschen Daseins in seiner Urverbundenheit mit den Griechen wirkendes Werk« werden zu lassen. »Heidegger erhebt den Anspruch, als Einziger den Sinn der NS-Revolution zu kennen«, notiert sein Biograf. Tatsächlich besaß Heidegger nicht einen Schimmer davon, was sich damals in der wirklichen Welt zutrug, worauf es hinauslaufen würde und welche höchst unwichtige Nebenrolle ihm selbst in diesem Spiel zugedacht war. Keiner der Parteivögte legte Wert darauf, sich von diesem Denkschrat in den tatsächlichen Sinn der nationalsozialistischen Bewegung einweihen zu lassen.

Immerhin dämmerte dem in die Irre verschlagenen Seinsdeuter bereits Ende 1933, so Jäger, dass er auf ganzer Linie gescheitert war – auch wenn bis heute nicht ganz klar ist, worin eigentlich. Seine damalige geistige Umwelt beschreibt er mit Worten wie »Vulgärnationalsozialismus«, »trüber Biologismus« und »billigste Plattheit als volksverbundenes Denken«. Volk ist für ihn kein biologischer Verband, sondern eine Gemeinschaft, die eine geschichtliche Zukunft – ein »Geschick« – teilt. Die nach seinen Vorstellungen erneuerte deutsche Universität soll der Ort sein, an dem die künftigen kulturellen Führer des Volkes ausgebildet werden, mit der Philosophie als Leitwissenschaft, versteht sich. Heideggers metaphysische Trunkenheit angesichts der »Größe und Herrlichkeit dieses Aufbruchs«, den er als etwas wahrnimmt, das kein Mensch außer ihm begreift, hält ein Sündenjährchen an. Im April 1934 legt er das Rektorat nieder und begibt sich in den politischen Entzug.

In seiner Hölderlin-Vorlesung im Wintersemester 1934/35 erklärte Heidegger: »Liebe ist nach alter Weisheit ein Wollen, nämlich wollen, daß das Geliebte sei, in seinem Sosein, das es ist, seinem Wesen standhalte.« Damit, erläutert Jäger, spielte er auf den Ausspruch des Augustinus an: »Volo ut sis« – »Ich will, dass du seiest.« Mit diesem Augustinus-Zitat hatte er einst sowohl Hannah Arendt als auch Elisabeth Blochmann angeharft, seine beiden jüdischen Geliebten, die inzwischen im Exil lebten. »Heidegger will den Nationalsozialismus metaphysisch überhöhen und denkt dabei an die Jüdinnen, die er einmal geliebt hat, sagt es aber niemandem, nicht einmal seinem Tagebuch. Ist er nicht der exemplarische Deutsche?«

Anfang der 1930er-Jahre sah Heidegger seine Mission darin, »einem Volk die verlorene Metaphysik zurückzugeben«. Die Deutschen und die antiken Griechen hält er für die beiden maßgeblichen Völker, während »Römertum, Judentum und Christentum die anfängliche Philosophie – d. h. die griechische – völlig verändert und umgefälscht« haben. »Der Deutsche allein kann das Sein ursprünglich neu dichten und sagen«, glaubt er – ein zumindest sehr spezielles »Deutschland, Deutschland über alles«. Am Ende der 1930er fühlt er sich in Nazi-Deutschland geistig völlig isoliert. Die meisten Gespräche führt er mit Hölderlin. Von Politik ist er für immer kuriert. Das erfährt ein paar Jahre später unter anderem Jean-Paul Sartre, der über seine Begegnung mit Heidegger festhielt: »Er kotzt auf das Engagement. Ich hatte ihm davon gesprochen. Er betrachtete mich mit einem Blick unendlichen Mitleids.«

Den Zusammenbruch des Dritten Reichs übersteht die Familie Heidegger ohne Todesfall. Beide Söhne geraten in Kriegsgefangenschaft. »Mit dem Gefühl, den alliierten Siegern keine weiteren Rechtfertigungen zu schulden, geht Heidegger in die Besatzungszeit«, notiert sein Biograf. Wie andere auch, die erwähnten Herren Schmitt und Benn beispielsweise, ist der Philosoph pikiert darüber, dass man ihn, der doch schon seit Jahren in der Inneren Emigration lebte, mit dem Regime und dessen Schandtaten in Verbindung bringt. Störrisch flüchtet er sich in Euphemismen und spricht von »Handgreiflichkeiten« des NS-Regimes sowie vom »Lärm um das Umkommen der Vielen, die man nicht kennt und auch nicht kennen will« (oh, das verräterische »Man«!). »Zweifellos«, seufzt Jäger, »hat Heidegger an dieser Stelle den Tiefpunkt seines Denkens erreicht.«

Bis an sein Lebensende weigerte sich der Philosoph, sich in irgendeiner Weise zu den NS-Verbrechen zu bekennen, was ihm die linke deutsche Öffentlichkeit, also inzwischen die gesamte, übel vermerkte und bis heute nachträgt. Aber was hätte er auch sagen sollen außer Selbstverständlichkeiten, die man ihm als Selbstbezichtigungen ausgelegt hätte? Hannah Arendt hat berichtet, dass er ihr beim ersten Wiedersehen nach dem Krieg zwar »wie ein begossener Pudel« gegenübertrat, zugleich aber zu versichern wusste, wie unmöglich es ihm sei, irgendetwas öffentlich zu bereuen, weil »noch das unverfänglichste seiner Worte immer auch bedeuten würde, dass sein Einvernehmen mit Massenmördern prinzipiell denkbar sei«. Seine Feinde, sagte er, warteten doch nur darauf, ihm »die Schuldschelle« umzuhängen. Die großen Lebensirrtümer müsse jeder mit sich selbst ausmachen, er denke nicht daran, vor dem Pöbel zu Kreuze zu kriechen.

Jäger schildert das Leben des oberschwäbischen Seinsbegrüblers in einer Kette von Miniaturen. Die Kapitel sind verhältnismäßig kurz, sie gliedern sich in wichtige Lebensstationen, prägende Personen (Vertraute, Geliebte, Schüler, Gegner), historische Einschnitte, Hauptwerke. Jäger ist ein diskreter Biograf, der ein blendendes Deutsch schreibt, ohne sich damit je in den Vordergrund zu drängen. Er wertet selten, und wenn, dann ohne nachträgliche Besserwisserei. Wie in seinen Vorgängerwerken glänzt er durch detaillierte Kenntnis des historischen und kulturgeschichtlichen Kontextes, in dem sich das betrachtete Leben abspielt.

1935, im selben Jahr, als Heidegger seine Abhandlung »Der Ursprung des Kunstwerkes« dem Publikum vortrug, veröffentlichte Walter Benjamin im französischen Exil den Essay »Das Kunstwerk im Zeitalter seiner technischen Reproduzierbarkeit«. Jäger stellt beide Betrachtungen als exemplarische Antipoden gegenüber. Beide verwerfen die traditionelle Ästhetik, beide behandeln das Verschwinden dessen, was Benjamin »Aura« nennt, aber: »Der eine begrüßt den Verfall der Aura als Morgenröte einer humaneren Gesellschaft, den anderen ergreift ein Schrecken.«

Mit der Reproduzierbarkeit verliert das Kunstwerk seine Einmaligkeit und seine feste Gebundenheit an einen Ort, notierte Benjamin, verband damit allerdings die Hoffnung auf eine Popularisierung der Künste und, man darf wohl sagen, Erziehung der Massen. Die Vervielfältigung der Werke durch die modernen Medien geht einher mit dem beginnenden Massentourismus. Beide Trends nehmen den Orten und Werken ihre Einzigartigkeit oder sogar Heiligkeit. Heidegger schreibt mit Blick auf die Tempel von Paestum, »die Welt der vorhandenen Werke« sei »zerfallen«, die Werke seien »nicht mehr die, die sie waren«, etwas sei aus ihnen »geflohen«.

Jäger fasst zusammen: »Benjamin, dessen Vater Kunsthändler war, sympathisiert mit der Transportierbarkeit auch der Götterstatuen, mit der grundsätzlichen Verschiebbarkeit der Werke, dem Verlust der Aura, dem Abbau des Kultwerts. (…) In diesen Prozessen sieht Benjamin ein humanisierendes, zivilisierendes Moment der Kunstrezeption. Heidegger, der Enkel von Bauern, sympathisiert mit der jeweiligen konkreten Erde, auf der der Tempel steht, in dem ein Gott waltet. Beide sehen eine feine Substanz entfliehen. Benjamin nennt sie ›Aura‹, Heidegger, einstiger Priesteranwärter, spricht von ›Weihe‹.« Beide standen im damals anhebenden Weltbürgerkrieg auf verschiedenen Seiten, gleichwohl jeweils auf verlorenem Posten, denn keines der beiden totalitären Systeme konnte mit solchen Geistern etwas anfangen. Der eine hoffte auf die Entwicklung der Technik als Emanzipationsvehikel, den anderen ergriff ein Grausen beim Bedenken ihrer Möglichkeiten. Der eine dachte global und nivellierend, der andere fragte, was von Heimat, Umwelt und Differenz noch zu retten sei. In heutiger Terminologie wäre Heidegger ein »Somewhere«, Benjamin ein »Anywhere«. (Am Rande: Die Benin-Bronzen gehören nach Heideggers Kriterien in ihre Heimat.)

Benjamin und Adorno, die Autoren, denen Jägers biografisches Interesse vor Heidegger galt, teilten eine skurrile Anmaßung: Benjamin eröffnete im April 1930 gegenüber Gershom Scholem seinen Plan, »in einer Lesegemeinschaft unter Führung von Brecht und mir im Sommer den Heidegger zu zertrümmern«; Adorno kehrte aus dem amerikanischen Exil nach Deutschland zurück mit dem Vorsatz, Heidegger binnen kurzer Zeit zu erledigen und der Kritischen Theorie die geistige Herrschaft zu sichern (was ihm mit seinem Pamphlet »Jargon der Eigentlichkeit« in linken Intellektuellenkreisen auch gelang). Es handelt sich um den typischen Vernichtungswunsch von links, der um 1789 in die europäische Geschichte eintrat, der teils buchstäblich gemeint ist, sich teils mit der sozialen Isolation und geistigen Minderwertigkeitserklärung des Feindes zufriedengibt. Er speist sich aus einem moralischen Überlegenheitsdünkel, welcher den von ihm Ergriffenen die Seligkeit des guten Gewissens schenkt. Heidegger, von dem die Maxime stammt: »Wer polemisiert, denkt nicht«, konnte sich auf dieses intellektuelle Schlammcatchen nicht einlassen. Wie Jäger festhält, hat er nie eine Zeile von Adorno gelesen.

Obwohl er unbestritten einer der bedeutendsten Köpfe der Philosophiegeschichte ist, rennt man dem Namen Heidegger heute keine offenen Gesellschaftstüren ein, er ist negativ konnotiert, als Denker wie als Mensch, was im Wesentlichen mit seiner NS-Kungelei zusammenhängt, aber auch mit seinem ländlich-provinziellen Habitus, dem Nimbus schollenverbundener Gestrigkeit und Urbanitätsverweigerung. In Thomas Bernhards Suada »Alte Meister« etwa firmiert er als »nationalsozialistischer Pumphosenspießer«. Auf den meisten Bildern wirkt er nicht nur wenig weltgewandt, sondern auch wenig sympathisch. »Unwirsch oder mürrisch«, bestätigt Jäger, erscheine Heideggers Miene oft, aber bei der Lektüre der postum veröffentlichten »Schwarzen Hefte«, einer intimen selbstreflexiven Gedankensammlung, habe er festgestellt, »dass der Adressat solcher Stimmungen zunächst einmal er selbst ist«. Eine »stoßende und nie weichende Unzufriedenheit mit dem bisher Erreichten« sei für Heidegger kennzeichnend, »die ›Schwarzen Hefte‹ artikulieren fast ausschließlich das Ungenügen dessen, was schon vorliegt«. Der Schöpfer einer der elaboriertesten, kompliziertesten und hermetischsten Begrifflichkeiten der Geistesgeschichte empfand zeitlebens »Sprachnot«, ein

Ungenügen an dem, was er in Worte fasste. Das ist philosophisch und gehört zu seinen einnehmenden Wesenszügen.

Es gibt derer noch andere. Aus einem katholischen Elternhaus – der Vater war Mesner – und einer katholischen Umgebung stammend, hat er, gegen erhebliche Widerstände, die Ehe mit einer Protestantin geschlossen. Mit Elfride, geborene Petri, war er 59 Jahre verheiratet. Sein zweiter Sohn, Hermann, stammte nicht von ihm, wovon er keinerlei Aufhebens machte. Heidegger war dickfellig und selbstbezogen, was bei einem Denker (oder Künstler) immer heißt: manisch auf sein Werk fixiert. Trotzdem – auch das ist philosophisch – nahm er Widerspruch und Kritik auf souveräne Weise hin. Sein Student Karl Löwith, sieben Jahre jünger als der Professor, entdeckte in Heideggers Denken etwas »von der Luft des Fichteschen Idealismus, auch etwas Atomistisches«, weil die Gesellschaft und das Mitmenschliche darin nicht vorkommen, nur das »Dasein« (dieser Vorwurf gegen Heidegger zieht sich als never-ending story über Jaspers bis zu Habermas, und der marxistische Philosoph Georg Lukács versah das Heidegger-Kapitel seiner Schmähschrift »Die Zerstörung der Vernunft« mit der Überschrift »Der Aschermittwoch des parasitären Subjektivismus«). Löwiths Habilitationsschrift trug den Titel »Das Individuum in der Rolle des Mitmenschen«. Jäger notiert: »1927 erscheint ›Sein und Zeit‹, im gleichen Jahr stellt Löwith eine Schrift fertig, die das Buch in einem entscheidenden Punkte korrigieren will – und habilitiert sich damit ausgerechnet bei Heidegger.« Sogar die Habilitationsfeier fand im Hause des Professors statt. Dem Schüler bescheinigte er: »Die versteckten Angriffe und überlegenen Seitenhiebe gehören zur Stimmung, in der man seine ersten Sachen herausbringt.« Und: »Ich habe das Vertrauen zu Ihnen, dass hinter Ihrer Arbeit, welchen Weg sie nehmen mag, eine ernste Überzeugung steht, die Sie durchkämpfen und für die Sie einstehen. Alles andere ist unwichtig.«

Während Hölderlin der Dichter war, den Heidegger als Wahlverwandten erkannte und von dem er sich buchstäblich in das Denken seiner zweiten Lebenshälfte tragen ließ, war Ernst Jünger der zeitgenössische Autor, mit dem er sich am meisten beschäftigte – ein ganzer Band der Werkausgabe enthält ausschließlich Anmerkungen zu Jünger. Heideggers Gesamteinschätzung lautet: »Jünger ist ein Erkenner, aber nirgends ein Denker.« Das klingt arrogant, aber im August 1942 schreibt Heidegger an Max Kommerell, der seinen Hölderlin-Aufsatz kritisiert hatte, die erstaunlichen Worte: »Sie haben recht, die Schrift *ist* ein ›Unglück‹. Auch ›Sein und Zeit‹ war eine Verunglückung. Und jede unmittelbare Darstellung meines Denkens wäre heute das größte Unglück. Vielleicht liegt darin ein erstes Zeugnis dafür, dass meine Versuche zuweilen in die Nähe eines echten Denkens kommen.« Es gibt für das Denken nicht zweierlei Maß.

Heidegger hat hundert Bände gegen die Technikvergötzung und die Seinsvergessenheit des modernen Menschen geschrieben. Sein Werk ist ein »Aufstand des Landes gegen die Stadt« (Jäger) und ein Einspruch gegen alle bisherige Philosophie, denn die, heißt es in »Die Grundbegriffe der Metaphysik«, sei »nur zur Dar-stellung des Menschen, nicht zu seinem Da-sein« gelangt. »Es führt kein Weg daran vorbei, dass Mystik den eigentlichen Horizont von Heideggers Denken bildet«, stellt Jäger fest. »Was ihm wirklich vorschwebte, muss eine Art von Hinaufsteigerung der Philosophie in die Mystik gewesen sein – alle lehrhaften Erstarrungen und Verdinglichungen sollten abgebaut werden, um in die Nähe der Wahrheit zu kommen. Das ist die innere Logik von Heideggers Denkweg.«

Seit dem Erscheinen von »Sein und Zeit« war Heidegger, wie man heute sagt, ein Star (das Wort darf hier stehen, weil seinen Grabstein ein Stern statt eines Kreuzes ziert). Die Schulphilosophie befand sich damals in einem recht verknöcherten Zustand, die Begriffsmühlen von Neukantianismus und Phänomenologie mahlten ein abstraktes Mehl. Heideggers Daseinsanalyse mit ihrer Konzentration auf Existenz, Stimmung, Angst und Tod schlug wie ein Blitz ein. Wenn es auch kein *Strom* von Besuchern war, den es auf seine Hütte in Todtnauberg zog, so versammelte sich dort im Laufe der Jahre eine illustre Gästeschar: Hans-Georg Gadamer, Werner Heisenberg, Karl Löwith, Ernst und Friedrich Georg Jünger, Viktor und Carl Friedrich von Weizsäcker, Herbert Marcuse, Paul Celan, Jean-François Lyotard und andere mehr. Der Besuch, den Celan dem »Denk-Herrn« im Sommer 1967 abstattete, ist ikonisch geworden – der Dichter der »Todesfuge«, dessen Eltern von den Nazis ermordet wurden und der selber im Arbeitslager überlebte, zu Gast bei einem angeblichen »Vordenker« des Nationalsozialismus und einstigen NSDAP-Mitglied! Mit dem konnte sich der Lyriker immerhin weit tiefgründiger über Dichtung unterhalten als mit den Banausen der Gruppe 47. Vom Besuch auf der »Hütte« handelt Celans Gedicht »Todtnauberg«, und wie Jäger es Zeile für Zeile durchgeht, um zu dem Schluss zu gelangen, es sei rein deskriptiv, nichts Hermetisches, Symbolisches und Heidegger Anklagendes befinde sich darin, ist grandios.

Ich sollte zum Schluss kommen, der Bissen ist viel zu groß. Dem Biografen sei das letzte Wort überlassen: »Man kann am Ende seine Lebensleistung in der Bearbeitung dieser einzigen Frage sehen: Worin unterscheidet sich Denken von einem Operieren mit Algorithmen? Heidegger ist unser Zeitgenosse.«

* * *

Zum Vorigen.

Bekanntlich wurde Hannah Arendt als achtzehnjährige Studentin die heimliche Geliebte des Philosophen, ihres Lehrers, und die Verbindung der beiden währte, durch NS-Zeit und Exil unterbrochen, bis zu Arendts Tod. Nach dem Krieg erfuhr auch Elfride von dem Verhältnis. Im November 1952, nach einem längeren Besuch beim Ehepaar Heidegger, der für beide Frauen nur deprimierend verlaufen konnte, notiert Hannah Arendt den folgenden göttlichen Passus in ihr »Denktagebuch«:

»Wie immer man es ansieht, fraglos ist, dass ich in Freiburg in eine Falle gegangen (und nicht *geraten*) bin. Fraglos ist aber auch, dass Martin, ob er es weiß oder nicht, in dieser Falle sitzt, in ihr zu Hause ist, sein Haus um die Falle herum gebaut hat; sodass man ihn nur besuchen kann, wenn man ihn in der Falle besucht, in die Falle geht. Also ging ich ihn in der Falle besuchen. Das Resultat ist, dass er nun wieder allein in seiner Falle sitzt.«

In Arendts erster und nicht besonders glücklicher Ehe mit dem Philosophen Günther Anders muss Heidegger als stummer Gast allpräsent gewesen sein. Aus Anders' Erinnerungen an diese Zeit zitiert Jäger eine Szene, wo beide über die »Leiblichkeit« sprechen, also etwas, das von der Ontologie gering geschätzt werde. Auch bei Heidegger finde das Leibliche nicht statt, meint Anders. Hannah Arendt pflichtet ihrem Gatten bei, allerdings mit dem Zusatz: »Übrigens hat er das ja auch nur in der Theorie unterschlagen.«

* * *

Noch zum Vorigen.

Heideggers Lehrer Edmund Husserl hatte zwei Söhne, beide kämpften im Ersten Weltkrieg, einer fiel. Gerhart Husserl, der zweimal schwer verwundet wurde, lehrte als Professor für

Zivilrecht in Kiel. Am 25. April 1933 wurde er als Jude beurlaubt. Ende Oktober versetzte man ihn nach Göttingen, »wo er indes am Widerstand der Fakultät scheiterte, woraufhin er nach Frankfurt versetzt wurde, wo sich der ganze Vorgang wiederholte. 1936 wanderte er in die Vereinigten Staaten aus.«

Dreckspack, schändliches.

* * *

Immer noch zum Vorigen.

Ein gewisser postumer Glanz fiel wegen seiner Technikkritik von links-grün auf Heidegger. Er gilt seither und sogar gemäß der allsehenden Wikipedia als »Vorläufer der Öko-Bewegung«. Für Rudolf Bahro zum Beispiel, den originellsten Kopf der Grünen, gehörten Heidegger und der Buddha als geistige Schildwachen der von ihm so genannten »Großen Natur« zusammen. Fernab von der Welt, als ein Eremit auf Zeit in seiner Berghütte mit der Natur lebend, hatte der Philosoph ja etwas von einem buddhistischen Mönch (und der späte Heidegger bewegt sich auch gedanklich durchaus in der Nähe des Buddha).

»Als Heidegger die Figur der Kehre dachte, war dies ein singulärer intellektueller Akt. Kontrapunktisch zum Technikpositivismus und Fortschrittsoptimismus der Nachkriegszeit kündigte Heidegger ein Denken an, das durch den ersten Bericht des Club of Rome und wenig später auch mit der entstehenden Grünenbewegung erste weltliche Entsprechungen abseits des Elfenbeinturms im Schwarzwald fand«, schrieb Ulf Poschardt vor ein paar Jahren in der *Welt*.

Dazu muss ich einen kleinen Widerspruch anmelden (neben dem großen, dass mir die Technophobiker und Naturromantiker lächerlich sind, denn die Natur ist der Feind des Menschen, und nur dank der Technik kann er sich in ihr behaupten, aber darum geht es hier nicht). In seiner Kritik der Technik war Heidegger nämlich weder besonders originell noch ein wirklicher Pionier. Das Gründungsdokument dieser Bewegung, sofern sie gut deutsch aufs Ganze zu zielen beginnt, war der Vortrag »Mensch und Erde«, den Ludwig Klages beim Ersten Freideutschen Jugendtag 1913 auf dem Hohen Meißner im Norden Hessens hielt. Darin fallen die berühmten Worte: »Eine Verwüstungsorgie ohnegleichen hat die Menschheit ergriffen. Die ›Zivilisation‹ trägt die Züge entfesselter Mordsucht, und die Fülle der Erde verdorrt vor ihrem giftigen Anhauch.«

Klages hielt also noch vor dem Ersten Weltkrieg eine Rede gegen die Zerstörung der Natur durch die Industrie und die fortschreitende Technisierung sämtlicher Lebensbereiche. Der Philosoph und Psychologe beklagte die schwindende Naturverbundenheit des modernen Menschen. Das ursprüngliche Verhältnis des Menschen zur Natur sei auf Ausgleich und Gleichgewicht gegründet gewesen, dagegen ziele die Moderne nur mehr auf Beherrschung und Ausbeutung. Der Kapitalismus und die Technik mäßen alles Lebendige einzig nach quantitativen Kriterien, sodass sämtliche nicht quantifizierbaren Aspekte des Lebens unter die Räder der wissenschaftlichen und ökonomischen Logik gerieten. Klages verwarf den Fortschritt überhaupt. Sein dreibändiges Hauptwerk, erschienen zwischen 1929 und 1932, trägt den sprechenden Titel »Der Geist als Widersacher der Seele«. Geist und Seele – Intellekt und Leben – stehen laut Klages in einem unvereinbaren Widerspruch. Durch seine Erhöhung über die Natur vermittels des »Geistes« habe der Mensch den Zusammenhang zur »Seele« der Erde und damit auch zu seiner eigenen zerstört. Eine aus dem naturhaften Gleichgewicht gerissene Menschheit sei dazu verurteilt, ihre Lebensgrundlagen zu vernichten.

Klages verkündete seine apokalyptischen Botschaften in einer Sprache von düsterer, atemverschlagender Großartigkeit. »Die Technik, die man heute im Sinn hat, wenn man von den Wundern der Technik redet, ist nicht wesentlich älter als vier Generationen und hat dessenungeachtet hingereicht, um Dutzende von Stämmen der Primitiven, Hunderte von Pflanzengeschlechtern, doppelt und dreimal so viele Tierarten auf dem Lande, in der Luft, im Wasser vom Antlitz des Planeten zu tilgen. Der Tag ist nicht fern, wo sie alle vertilgt sein werden, soweit man sie nicht zu züchten beliebte zu Schlachtzwecken oder zu Modezwecken, ausgenommen nur die Infusorien und Bakterien. (…) Die Stunde der Gegenwirkung wurde versäumt, und wir alle, die wir aus leidenschaftlicher Liebe des Lebens so Grauenvolles beweinen müssen, sind ›letzte Mohikaner‹. Wer aber von solchen noch Wünsche zu hegen wagt, müßte nur eines wünschen: daß eine derart Verruchtes vollbringende Menschheit so schnell wie möglich absinke, veraffe, verende, damit um ihre verwitternden und verfallenden Arsenale des Mordes noch ein Mal begrabend, entmischend und sich selber erneuernd der Rausch der Wälder brande« (»Der Geist als Widersacher der Seele«, 4. Aufl., München 1960, S. 768).

Man kann Klages als skurrilen Sonderling abtun – Ernst Bloch nannte ihn einen »Tarzan-Philosophen« –, doch wenig später schrieb Friedrich Georg Jünger, der Bruder Ernst Jüngers, das seriöse Grundlagenwerk der deutschen Öko-Bewegung. Sein Buch »Die Perfektion der Technik« erschien zwar erst 1946, das Manuskript hatte er aber bereits 1939 abgeschlossen. Die technophilen Nazis waren freilich an technikskeptischen Publikationen, zudem mitten im Krieg, herzlich wenig interessiert; überdies zerstörte ein britischer Luftangriff Ende 1944 die in kleiner Menge gedruckte Erstauflage und sekundierte so eindrucksvoll dem Titel der Schrift.

Nahezu das gesamte Spektrum der mit den Grünen einsetzenden Ökologiedebatte ist in Jüngers Buch vorweggenommen. Die britische Historikerin Anna Bramwell schreibt, dass die Ideen der Öko-Bewegung in der westlichen Welt zum Großteil aus der deutschen Tradition ganzheitlichen Naturdenkens stammen, aus welcher Jüngers »Perfektion der Technik« herausrage.

Im Gegensatz zu Klages schildert Jünger seinen Gegenstand sachlich-nüchtern, ohne Verwünschungen und ohne raunendes Beschwören der Naturgeister. »Wo immer der Mensch das Feld des technischen Fortschritts betritt, dort erfolgt ein organisatorischer Zugriff gegen ihn«, stellt er fest. »Die Technik deckt nicht nur den Bedarf, sie organisiert ihn zugleich. Und indem sie das tut, stellt sie den Menschen in ihren Dienst.« Die Technik entwickelt sich vom Diener in eine eigenständige Macht, die immer mehr Herrschaft über den Menschen erlangt. »Jeder Zuwachs der Technik bedeutet eine Vermehrung der mechanischen Determinationen, die das Wesen des Staates von Grund auf verändern.« Das habe zur Folge, dass der Mensch nur noch »nach seiner Brauchbarkeit und Verbrauchbarkeit« klassifiziert werde und »ganze Disziplinen des Wissens wie Statistik, Soziologie, Psychologie, Medizin« zu »Handlangern des technischen Kollektivs« werden.

Als Exempel für den tödlichen technischen Zugriff des Menschen auf die Natur wählt Jünger den Walfang und ist auch damit den Greenpeace-Schlauchbooten zeitlich um einiges voraus (wobei man fairerweise sagen muss, dass 1935 das erste Völkerbundabkommen zur Begrenzung des Walfangs in Kraft trat). Die Jagd auf die Wale verkörpere »einen besonders widrigen Fall«, schreibt er, »denn es hat etwas Widriges, daß der Mensch die ungeheuren Meeressäugetiere, welche die Macht, den Überfluß und die Heiterkeit des Elements verkörpern, nur mit dem Gedanken verfolgt, sie zu Seife und Tran zu verkochen«.

Indem die Technik alles verfügbar mache, alles Lebendige unterwerfe, zerstöre sie am Ende auch das Fundament, auf dem sie selbst steht. Der Mensch, rekapituliert Jünger, mag »produzieren, was er will und eine solche Fülle von Waren erzeugen, dass der Anschein des Überflusses entsteht, in Wahrheit braucht er die Substanz auf«. Noch mag ein Teil der Menschheit den Komfort einer Hochzivilisation genießen, aber wie lange? »Nicht der Anfang, das Ende trägt die Last.«

Martin Heidegger prägte für den technischen Zugriff auf die Natur den Begriff »Gestell«. Die Natur werde von uns so behandelt, dass sie sich »in irgendeiner rechnerisch feststellbaren Weise meldet und als ein System von Informationen bestellbar bleibt«. Was »bestellbar« ist, wird »Bestand«. So *stellt* der Mensch die Natur als bloße Ressource vor sich, als eine Art Großdepot: der Wald ein Holzdepot, der Berg ein Steindepot, das Meer ein Fischdepot und so weiter. Dieses »Gestell« *verstellt* dem Menschen den Blick auf das Sein. »Es könnte sein, daß die Natur in der Seite, die sie der technischen Bemächtigung durch den Menschen zukehrt, ihr Wesen gerade verbirgt«, heißt es im Humanismusbrief.

Wenngleich bei ihm in einem tieferen seinsvergessenheitsgeschichtlichen Kontext eingebettet, stand Heidegger mit diesem Denken in der Nachkriegszeit also keineswegs allein da. Es hatte seine Wurzeln in der ersten deutschen Umweltbewegung um die Wende vom 19. zum 20. Jahrhundert, die sich noch nicht mit dem Präfix *Öko-* labelte, und die Spitzen dieser Wurzeln reichten bis in die deutsche Romantik. Auch wenn Deutschland am Ende nicht danach aussah, war das Dritte Reich sehr umweltbewusst, allerdings hat die Verbindung des Bodens mit dem »Blut« den Boden ideologisch stark kontaminiert. Nach 1945 galt die deutsche Umweltbewegung als NS-belastet. Und Heidegger war es ja tatsächlich. Ludwig Klages wiederum war Neuheide, ein Gegner des Monotheismus und damit auch der jüdischen Religion. Intellektuelle Nationalsozialisten hatten den Titel seines Hauptwerkes als »Der (jüdische) Geist als Widersacher der (deutschen) Seele« interpretiert. Georg Lukács sortierte Klages in die Schublade der »geistigen Wegbereiter« des Nationalsozialismus und monierte vor allem dessen »frontalen Angriff auf den Geist der Wissenschaftlichkeit«.

Die traditionelle Linke verstand sich schließlich als die Erbin der Aufklärung, als Vollstreckerin der Vernunft, sie wähnte die Wissenschaft auf ihrer Seite und gab sich überaus technikfreundlich. Industrielle und technische Großprojekte sollten von der Leistungsfähigkeit der sozialistischen Wirtschaft und des befreiten sozialistischen Menschen künden. Dass die Sowjetunion den ersten Satelliten und den ersten Menschen ins Weltall sandte, galt als Beweis der Überlegenheit des sozialistischen Systems. Die Freude am technisch Machbaren vereinte National- mit Realsozialisten und beide wiederum mit den liberalen Gesellschaften des Westens, wobei die Linke einen Differenzgewinn einzustreichen suchte, indem sie argumentierte, dass ein und dieselbe Technik unter verschiedenen Macht- und Besitzverhältnissen eben nicht dieselbe sei. Dem hätten Klages, Friedrich Georg Jünger und Heidegger vehement widersprochen, gerade bei Jünger und Heidegger ist der Gedanke fundamental, dass zwischen Sowjetunion, Drittem Reich, den USA und der Bundesrepublik, bei allen Verschiedenheiten, eine Gemeinsamkeit existiert: die

Glorifizierung der Technik, die Ökonomisierung des Lebens, die Unterwerfung der Natur.

Darin liegt auch die Erklärung, warum die genannten Autoren in der Nachkriegszeit keine Resonanz fanden. Man hat die Adenauer-Zeit oft als restaurativ geschmäht. Das Gegenteil ist wahr. Damals lief das gesamte Westdeutschland, die alten Nazis inklusive, ins Lager der früheren Kriegsgegner über. Auf den Trümmern des Dritten Reiches vermählten sich Kapitalismus und Demokratie und brachten das »Wirtschaftswunder« zur Welt. Niemals war eine Zeit für Wachstums- und Technikkritik ungünstiger. Der rheinische Kapitalismus Erhard'scher Prägung wischte solchen Skeptizismus mit harter Mark und stetig wachsendem Wohlstand weg.

Erst in den späten 1970er-, frühen 1980er-Jahren kehrten die verdrängten Theorien der konservativen Technikkritiker und Ganzheitsdenker wieder, pikanterweise auf der entgegengesetzten Seite des politischen Spektrums. Erst mit den Grünen wurde die Umweltbewegung links. Heute haben wir den Salat. Wenn Annalena wüsste, wer das ist (und sich nicht nur aufs Völkerrecht konzentriert hätte) – sie könnte sich sogar ein bisschen auf Heidegger berufen.

15. November

Mitarbeiter des Springer-Verlages sollen künftig ihre Beziehungen am Arbeitsplatz offenlegen. Wer seine Beziehung offenlegen soll, wird gezwungen, sein Privatestes preiszugeben, also eine Sache, die unter Zivilisierten niemanden etwas angeht. Wer keine Beziehung hat, wird zumindest zögern, unter solchen Umständen eine einzugehen. Die Beziehung ist ja nicht plötzlich da, es gibt ein Larvenstadium, die Schwebe, das Noch-nicht-ganz, überdies das Recht auf Versuch und Irrtum; ab wann wird die Sache meldepflichtig? Wenn Mitarbeiter ihre Beziehung bekannt geben sollen, müssen sie notgedrungen auch die Trennung öffentlich bekennen. Eine Amor fou mit ihrer launigen Abfolge von Schlussmachen und Wiederversöhnung bekommt dann wohl eine eigene Wasserstandsmeldung in der Betriebszeitung. Und wie steht jemand da, der seine zweite oder dritte Beziehung »offenlegt«? Gefährdet derjenige nicht Ruf und Karriere?

Ein Verlagshaus ergibt sich dem gesellschaftszersetzenden, freiheitsfeindlichen Ressentiment von Feministen, Genderisten und Lesbokratinnen, um sich den Medien- und Twitter-Mob vom Hals zu schaffen. Der Feminismus richtet sich nicht vorrangig gegen den Mann, sondern er verkörpert, in Nietzsches zärtlichen Worten, den Hass des missratenen Weibchens gegen das wohlgeratene. Natürlich steckt auch weiblicher Karrierismus hinter dem »Antisexismus«, weil männliche Konkurrenten, wenn sie nicht extrem aufpassen, mit Belästigungs-Anschuldigungen leicht aus dem Wege geräumt werden können. Da das Zusammenleben der Geschlechter immer mit Flirt – neudeutsch: mit Anmache, neuestdeutsch: mit Sexismus – verbunden ist, will man bzw. frau ein Klima des permanenten Verdachts und der kollektiven Kontrolle erzeugen, die gesamte Arbeitswelt soll lustfeindlich, frigide, steril werden (dasselbe läuft bekanntlich an den Unis). Mit Frauenförderung und Quoten lassen sich Privilegien erzeugen, aber Attraktivität eben nicht. Über unerwünschte Anmache beklagen sich ja fast ausschließlich Frauen, die keine erleben (und das dann für sexistisch erklären). Es läuft auf eine unsichtbare, aber rigide durchgesetzte Geschlechtertrennung hinaus.

Dabei machen die Flirts den Arbeitsplatz erst erträglich. Wie viele Beziehungen haben sich dort ergeben, wie viele Paare haben sich »im Job« kennengelernt! Und das wird jetzt immer mehr unter Strafandrohung gestellt. Gewiss kommt es ständig zu unerwünschten Annäherungen, das gehört zum Spiel – seltsamerweise halten ausgerechnet diejenigen, die immer die weibliche Stärke predigen, die Frauen im Büro für schutzlose, hilfsbedürftige Wesen, die sich nicht selber wehren können –, und es gibt gewiss auch Vorgesetzte, die versuchen, ihre Position auszunutzen, doch wer daraus folgert, man müsse das gesamte Paarungsanbahnungsspiel deshalb unter Kontrolle stellen, offenbart nur seinen autoritären Charakter, seine Verklemmtheit und Fantasielosigkeit.

»Sexismus« korreliert mit Fortpflanzung, »Antisexismus« mit Unfruchtbarkeit. Und genau das, wie bewusst auch immer, ist die Intention.

18. Dezember

Kommt zu mir, die ihr mühselig, beladen und dreifachgeimpft seid!

* * *

Einer der klebrigsten Texte, die mir in letzter Zeit in der deutschen Gesinnungskleisterpublizistik unterkamen, steht »in eigener Sache« auf der Webseite von Correctiv und stammt von dessen »Publisher« David Schraven. Unter der Überschrift »Gemeinnütziger Journalismus wird bundesweit kommen« kündigt Schraven frohlockend an: »Die Medienlandschaft wird sich grundlegend verändern. Im Koalitionsvertrag hat die neue

Bundesregierung festgeschrieben, dass die Gemeinnützigkeit von Medien allgemein möglich wird.« Damit entstünden »eine dritte Säule der Medien« und »ganz neue Perspektiven«.

In diesem öligen »Wir«-Ton glitscht latent die Aggressivität denen gegenüber mit, die sich nicht in die Herde der Gutgläubigen und Wohlmeinenden einfügen mögen. Er sollte jedem bekannt vorkommen, der die fetten deutschen Jahre unter Erich dem Einzigen erleben durfte, also auch der langjährigen SED-Genossin, DDR-Juristin und Kapitalismus-Bekämpferin Karola Wille, die ein großer Jokus namens *DDR-Beitritt der BRD* auf den ARD-Intendantenposten schmierseifte und die im März dieses Jahres in der *FAZ* ein »Netz für Gemeinwohl« androhte, »weil es im Internet zu viel Desinformation« gebe; dafür müssten die Bundesländer den Öffentlich-Rechtlichen »den Auftrag erteilen«.

Genossin Wille kam übrigens 1959 in Karl-Marx-Stadt zur Welt, unter dem Namen Karola Lorenz, ihren SED-Eintritt vollzog sie mit 18 Jahren, und im Netz wird behauptet, Siegfried Lorenz, Mitglied des Politbüros der SED und Erster Sekretär der SED-Bezirksleitung Karl-Marx-Stadt, sei ihr Vater gewesen – beider Schrottsammelstelleneintrag schweigt über DDR-Familiäres –; es kann auch sein, dass Wille Nichte von Siegfried Lorenz und Tochter von dessen Bruder Egon Lorenz ist, einem HVA-Offizier.

Zurück zu unserem auf Willes Spuren wandelnden gemeinnützigen Korrekturqualitätsjournalisten, der in seinem »Essay« – der Terminus ist bekanntlich nicht geschützt – »einen Blick in die Zukunft riskieren« will. Dieser Drang befällt ihn bisweilen und sogar spontan; im Correctiv-Morgenletter nach der US-Wahl 2017 schrieb er: »Nun ist es vorbei und fast amtlich. Donald Trump hat die US-Präsidentschaftswahlen verloren. Hillary Clinton hat gewonnen. Noch während die Wahl lief (Komma fehlt) hatte Trump den ersten Prozess gegen das Wahlergebnis verloren.« Den soeben gewählten Präsidenten nannte der Correctiv-Publisher einen »miesen Verlierer«.

Schnee von gestern! Heute geht es ihm darum zu erklären, »was hinter der Idee einer redaktionellen Gemeinschaft steht« und »warum sie die Spaltung der Gemeinschaft verhindern kann. Und wie der gemeinnützige Journalismus dazu beiträgt, das große Ziel zu erreichen.«

Gesellschaften, die ihre Spaltung überwunden hatten, kennt die Geschichte viele, auch die neuere deutsche – sie kennt sogar eine »Gemeinschaft«, die das Erreichthaben dieses großen Zieles zwölf Jahre lang eindrucksvoll durchfeierte; seither galt der Terminus *Gemeinschaft* hierzulande als hui-buh! –, und in jedem Fall ging die Sache übel aus für diejenigen, die nicht die Spaltung überwinden wollten, indem sie auf die stärkere Seite wechselten. Den *Gemeinnutz* führten auch die Nationalen Sozialisten im Munde bzw. Programm; »Gemeinnutz vor Eigennutz« lautete die Hauptparole des 25-Punkte-Programms der NSDAP von 1920. Bekanntlich unterliegt dieses Diarium der politischen Korrektheit nicht sonderlich, hier gilt das Wort »Gemeinschaft« nicht gleich als verbrannt, aber beim Begriff »Gemeinnutz« steigt dem sozialistisch gebrannten Diaristenkind ein penetranter Kokelgeruch in die Nase.

Jedenfalls plädiert unser Gemeinnütziger für »die Idee einer neuen Gesellschaft«, sonst werde »unser Gemeinwesen in der Polarisierung auseinanderbrechen«. Auch die ehemalige ARD-Intendantin Wille beklagte in dem erwähnten *FAZ*-Text, dass »viele Themen unserer Gesellschaft gegenwärtig sehr polarisiert diskutiert« werden – offenbar ein Makel, für dessen

Auftreten sie prompt »Desinformation« und Fake-News-Produzenten verantwortlich machte. Also jene Finstermänner, zu deren Bekämpfung unter anderem auch Correctiv installiert worden ist. Zur Finanzierung dieser Truppe komme ich gleich. Zunächst einmal lege ich keinen Wert darauf, von einem staatsfrommen Strichermedium wie Correctiv in das Gatter irgendeines »Wir« gesperrt zu werden. Was diese Spitzbuben heute als »Spaltung« oder »Polarisierung« beklagen, lässt sich auch unter Pluralismus, Meinungsvielfalt oder gut luhmannesk unter »Ausdifferenzierung« rubrizieren. Gerade wenn sozialistische Diversitätspfaffen und nach der Einheitsfarbe gierende Buntheitsfatzkes eine Spaltung beklagen, muss diese Spaltung um der Freiheit, Buntheit und Vielfalt willen gehegt werden. Oder glaubt jemand im Ernst, dass den Linken wirklich etwas an Verschiedenheit liegt? Das Gegenteil von Polarisierung nennt sich Einhelligkeit resp. Konsens, und das ist eine Haupteigenschaft von Barbarenhorden auf Raubzügen.

Es gab in der neueren Zeit, wie gesagt, zwei deutsche Staaten, die offiziell die Spaltung überwunden hatten, doch die Lektion sitzt noch immer nicht. Im Kaiserreich beispielsweise, der insgesamt liberalsten Gesellschaft der deutschen Geschichte, hatte jedes politische Milieu seine eigene Sphäre, seine Versammlungsräume, Vereine, Lokale, Zeitungen, Verlage etc. pp.; damals herrschte jene politische Vielfalt, die heute systematisch eliminiert wird. Mit hohem Druck pressen Politik, Medien, Universitäten, NGOs, Kirchen, Gewerkschaften, Kulturszene und »Zivilgesellschaft« die rotgrünen »Narrative« bis in die letzte Kapillare der Gesellschaft. Die jährlichen acht Milliarden Steuergelder für den Staatsfunk genügen unseren Gleichschaltern anscheinend nicht mehr zur Personalkostendeckung, denn jedes Jahr werfen die deutschen

Universitäten einen neuen Schwung Politologen, Soziologen, Genderistas und ähnliche Spitzenfachkräfte auf den überhitzten Einheitsgesinnungsproduktionsmarkt.

Für die Privatwirtschaft sind die meisten davon eindeutig überqualifiziert. Deshalb hält der Correctiv-Visionär nichts vom freien Markt und der Idee, dort auf die konventionelle Art Geld zu verdienen: durch zahlende Kunden.

»Zu viele Medienmacher belächeln noch heute die Einschaltquoten von Bild.TV, ohne zu begreifen, dass es hier um etwas völlig Neues geht: die Polarisierung der Gesellschaft im Dienste der Profitmaximierung. Ein großer Medienkonzern bemüht sich nicht mehr um Maß und Mitte« – wie *Zeit*, *Spiegel* und all die anderen Maßvollen und Mittigen –, »sondern setzt stattdessen auf Konfrontation. Mithilfe von Konflikten soll aus Aufmerksamkeit Geld gemacht werden.«

Der gemeinnützige (= schädlingsbekämpfende) Journalismus will (und kann) nicht am Markt Geld machen, sondern »setzt stattdessen« auf politische Förderung und tiefenstaatliche Alimentierung.

»Erst jetzt ist der Stillstand aufgebrochen. Im Koalitionsvertrag ›Mehr Fortschritt wagen‹ von SPD, Grünen und FDP findet sich in Zeile 4128 der Satz: ›Wir schaffen Rechtssicherheit für gemeinnützigen Journalismus.‹«

Für unsereinen klingt das nach künftiger Rechtsunsicherheit für alle nicht als gemeinnützig (vulgo bald schädlich) eingestuften Publizisten; die Löschorgien bei Twitter und vor allem YouTube zeigen, wohin die Reise geht.

»Was sich schlicht anhört, hat die Kraft, unsere Gesellschaft umzukrempeln.«

Beim großen Umkrempeln wird erst Transparenz bis in den letzten Winkel des Vorgartens hergestellt, alle Steine werden umgedreht, kein gemeinschädliches Telegram-Geziefer soll sich dort mehr verbergen können, erst dann kann der gemeinnützige Erziehungsauftrag ins Werk gesetzt werden.

»Als Gesellschaft wissen wir aber bislang nicht« – *wir* wissen *als* Gesellschaft etwas nicht, weiß ein Gemeinnütziger –, »was wir mit den vielen Leuten machen sollen, die in neuen öffentlichen Räumen ihre Stimme erheben. Wir bilden sie nicht weiter. Wir lassen sie mit ihren Möglichkeiten allein. Sie können deswegen auseinandergetrieben werden. Sie sind leichte Beute für Verführer in Telegram-Kanälen. Ihnen fehlt das Wissen, mit den neuen Möglichkeiten umzugehen.«

Ganz ungerührt spricht dieses Würstchen die Sprache des Totalitarismus. *Wir wissen nicht, was wir mit den Leuten machen sollen,* die sich in Räumen äußern, die wir zwar nicht geschaffen haben, aber gut chinesisch zu kontrollieren gedenken. *Wir bilden sie nicht weiter,* doch vielleicht tun sie's ja selber, was das Allerschlimmste wäre. *Ihnen fehlt das Wissen* – das gemeine Publikum bedarf der Belehrung durch die Gemeinnützigen.

»Wir von Correctiv wollen helfen, das Wissen zu verbreiten, das alle Menschen brauchen, um an dieser Zukunft teilhaben zu können.«

In gewissem Sinne steckt in diesem Satz eine doppelte Freud'sche Fehlleistung. Zum einen gibt der Garstige zu, dass er und seinesgleichen bloße Weiterverbreiter eines Wissens sind, das sie von anderswoher beziehen, und überdies plappert er aus, dass diejenigen, die sich dem Briefing der Korrekten verweigern, an der schönen neuen Medienzukunft besser nicht teilnehmen sollen.

»Unser Mittel, dieses Ziel zu erreichen, ist der gemeinnützige Journalismus. Dahinter verbirgt sich kein herkömmliches Geschäftsmodell, keine Marke, die verkauft wird. Es geht nicht darum, Gewinne aus Geschichten zu generieren – oder Aufmerksamkeit in Geld zu verwandeln.«

Wenn ein Autor, für dessen Texte niemand einen Euro hinlegen würde, versichert, keine Gewinne aus seiner Schreiberei erzielen zu wollen, ist das ungefähr so einleuchtend, wie wenn die Grüne Ricarda Lang (wie breit) beteuert, nicht für die nächste Kampagne von Victoria's Secret zur Verfügung zu stehen.

»Gemeinnütziger Journalismus ist auch keine von Regierungsinstitutionen beaufsichtigte Presse.«

Sondern eine tiefenstaatlich geschmierte. Correctiv ist keine NGO, auch keine GO wie die Amadeu-Antonio-Stiftung, sondern eine Deep-State-Organisation. Auf ihrer Webseite listen die Faktenerfinder ihre Sponsoren auf. Selbstverständlich sind auch staatliche Institutionen dabei – etwa die Bundeszentrale für politische Bildung und die Staatskanzlei von NRW –, aber die meisten Mittel fließen den Zukunftswissensverbreitungsgehilfen aus Stiftungen zu. Etwa der Mercator-Stiftung – Stiftungszweck: »Förderung von Chancengleichheit, sozialem Zusammenhalt, Respekt, Toleranz, Weltoffenheit sowie Schutz von Natur und Umwelt« – oder der Schöpflin-Stiftung – Zweck: »zivilgesellschaftliches Engagement –; natürlich ist die Open Society von Onkel George mit von der Partie (»George Soros finanziert Correctiv-Projekt«, verlautbarte der *Spiegel* am 4. April 2017). Die meiste Kohle erhält Correctiv von der Luminate – Omidyar Network Foundation, »a global philanthropic organisation focused on empowering people and institutions to work together to build just and fair societies«, finanziert vom eBay-Erfinder Pierre Omidyar.

Dergleichen Stiftungen, Unterstiftungen und ihre alimentierten (»unabhängigen«) Gesinnungsvollstrecker bilden längst ein veritables Myzel, das sich subkutan durch die westliche Welt zieht und den Einfluss des Demos auf die Politik schwächt. Ihre Agenda ist zu hundert Prozent die globalistische. Am Beispiel der Mercator-Stiftung lässt sich das idealtypisch darstellen (ich zitiere Wikipedia):

»Zusammen mit der Volkswagen-Stiftung und sechs weiteren Stiftungen gründete die Stiftung Mercator 2008 den Sachverständigenrat für Integration und Migration (SVR), der die Migration und Integration in Deutschland untersucht. Der SVR wurde im Januar 2021 in den Sachverständigenrat für Integration und Migration umgewandelt und erhält seitdem ausschließlich eine institutionelle Förderung durch den Bund.

Im Jahr 2012 wurde von der Stiftung Mercator die Denkfabrik Agora Energiewende initiiert (…), die auch von der European Climate Foundation unterstützt wird. Agora Energiewende versteht sich als energiepolitisches Denklabor und will durch Studien, Expertisen, Workshops und ähnliche Initiativen der Energiewende den Weg bereiten.

Europapolitisch tätig wurde die Stiftung 2012 durch die Beteiligung an der Image-Kampagne ›Ich will Europa‹. Die Stiftung sucht zunehmend, auf dem Feld der politischen Kommunikation tätig zu werden. Zudem unterstützt die Stiftung Mercator die Integration von Muslimen in Deutschland.«

Und so weiter.

EU-(sie nennen es »Europa«)-Vertiefung, Migrationsförderung, Energiewende, »zivilgesellschaftliche« Gesellschaftskontrolle, Open Borders: Wer diese Agenda nicht gutheißt, ist ein »Spalter«. Zu dessen sozialer Isolierung fördern sie einen Erziehungs-, Belehrungs- und Einlullungsjournalismus, für den am Markt kein Mensch bezahlen würde – der zitierte Text ist in seiner Mischung aus Wohlfühlkitsch und Sozialingenieursprosa exemplarisch –, aber die Brüder und Schwestern des Ordens der corrigierten Fakten sollten sich darüber klar sein, dass diese Art Textproduktion von Algorithmen und Bots noch preiswerter erledigt werden kann. Auch die semantische Revolution wird ihre Kinder fressen. Ein schwacher Trost, aber ein Trost.

20. Dezember

Der in diesem Diarium schon öfter und meistens hemmungslos wohlwollend erwähnte Politikwissenschaftler Martin Wagener, seines Zeichens Professor für Internationale Politik im Fachbereich Nachrichtendienste der Hochschule des Bundes für öffentliche Verwaltung, ist ein mutiger Mann und womöglich noch ein bisschen zu jung dafür. Normalerweise werden bundesdeutsche Professoren erst intellektuell stößig, wenn sie ihre Pension genießen; der Berliner Lehrbeamte Wagener indessen hat nunmehr schon sein zweites Buch veröffentlicht, in dem er gegen die Staats- und Regierungspolitik mosert und sogar Alternativen vorschlägt, als hätte ihn irgendwer gefragt – und zur Rente ist es noch ein Stück (der Mann ist Jahrgang 1970).

Derzeit hat ihm sein Arbeitgeber aus Gründen der Toleranz Haus- und Lehrverbot erteilt. Anlass ist das erwähnte zweite Buch: »Kulturkampf um das Volk. Der Verfassungsschutz und die nationale Identität der Deutschen« (Olzog-Verlag). Darin vertritt der BND- und Verfassungsschutz-Ausbilder Ansichten, die seit der Amtsübernahme des unangepassten und unbequemen Inlandsgeheimdienstchefs Thomas Haldenwang Stoff für einen Prüffall ergeben, auch wenn nicht ersichtlich ist, auf welcher rechtlichen Grundlage. Des Pudels Kern, der Stein des Anstoßes, der Apfel der Eris sowie aller kapitolinischen Gänse Schnattergrund besteht darin, dass Wagener offenbar allen Ernstes meint, es existiere so etwas wie ein deutsches Volk, »als Teil des deutschen Staatsvolkes«, und dieses Etwas sei auf identifizierbare Weise besonders und obendrein erhaltenswert. Mit anderen Worten: Der Mann diskriminiert (= unterscheidet) die auf deutschem Ackerland verteilten Nichtkartoffeln – das Bild passt insofern gut, als bei den Deutschen wie bei den Erdäpfeln das Beste unter der Erde ist –, indem er einen Unterschied zwischen ethnisch-kulturellen, bereits länger hier lebenden sowie in jüngerer Zeit eingewanderten Staatsbürgern sieht. Kein Wunder, dass er beim globalistischen Establishment den natürlichen Patellarsehnenreflex auslöste. Der Politologe vermutet in der Differenz nämlich ein ungelöstes Problem, statt sie als Gewinn zu preisen und mit Wohlmeinensbekundungen zuzuschütten, wie es zum Beispiel die Munkelrüben Marina und Herfried in ihrem 2017 erschienen Geschenkbuch für die Fremdenführerin namens die »Neuen Deutschen« taten – wenn es solche gibt, muss es auch alte oder ältere und irgendwie originale Deutsche geben – oder der sächsische CDU-Politiker Martin Gillo, der bereits 2012, im Jahre 2 n. Sar.(razin) und drei Umläufe vor der Großen Flut, »Zukunftsdeutsche« von »Herkunftsdeutschen« schied.

Die Differenz als solche scheint also bekannt zu sein. Aber nicht sonderlich populär. Offiziell existiert sie nicht. »Das Volk ist jeder, der in diesem Lande lebt«, dekretierte die Weltkanzlerin im Februar 2017, als sie mehr als jeder ihrer Amtsvorgänger an dessen Erweiterung werkelte.

Diese Behauptung wäre in vielerlei Hinsicht ein Fall für die Faktenchecker – in Deutschland leben mehr als zehn Millionen Menschen ohne deutschen Pass, und Abertausende Passdeutsche empfinden sich keineswegs als Teile des hiesigen Volkspuzzles (»Die würden überhaupt nicht auf die Idee kommen, mir zu sagen, sie sind Deutsche«, erklärte die fesche Sawsan Chebli über ihre hier lebende Verwandtschaft) –, sie dürfte aber gleichwohl unter den Mitgliedern der aktuellen Bundesregierung nicht nur mehrheitlich, sondern ausnahmslos auf ein zustimmendes Gebrummel stoßen. Herr Habeck, der neue Vizekanzler, hat sich noch nicht endgültig festgelegt, ob es ein deutsches Volk überhaupt gibt oder ob er es bloß zum Kotzen findet, aber wenn jeder dazugehören darf, wird er es wohl seufzend akzeptieren. Und die debütierende Innenministerin – das ist, zumindest formal, die Vorgesetzte der *Dienste*, vor deren Nachwuchs Professor Wagener bislang dozieren durfte – macht schon mal deutlich, wo bei der Heimatszuweisung künftig der Gummiknüppel hängt: »Heimat umfasst alle Menschen, egal wo sie herkommen, was sie glauben, wen sie lieben«, twitterte Nancy Faeser am 18. Dezember weltwebend-weihnachtswonnig.

Halten wir fürs Erste gleichwohl fest: *Das deutsche Volk ist ein Teil des deutschen Staatsvolkes.* Denn, so Wagener: »Das eine hat mit Identität zu tun, das andere mit Recht.« Eigentlich sind das zwei banale Tatsachen – »Die Unterscheidung zwischen Volk und Staatsvolk ist international üblich« –, aber wo immer Sozialisten Macht besitzen, stehen die einfachen Tatsachen im Sturm kollektivistischer Wünschbarkeiten und des nivellierenden Optativs, gerade in 'schland.

Nehmen wir ein populäres Exempel (Wagener führt es ebenfalls an): Sind die deutschen Fußballnationalspieler – der Begriff wird gleich der *Nationalmannschaft* sicherlich bald *vaporisiert* – İlkay Gündoğan (übrigens seit Jahren wegen seiner Spielintelligenz einer meiner Lieblingsfußballer) und Mesut Özil eher Deutsche oder eher Türken? Gegenüber »ihrem Präsidenten« (Gündoğan), Recep dem Prächtigen, haben sie die Frage ganz offenherzig beantwortet, mochte der andere, der falsche Präsident, Pahl-Rugensteinmeier, auch danach auf sie einquatschen, wie er konnte. Beide empfinden sich offenbar primär als Türken, was irgendwie mit ihrer ethnisch-kulturellen Herkunft zusammenhängen muss. Dass sie für »Die Mannschaft« spielen, ist dabei völlig unerheblich; Legionäre kicken dort, wo sie sich am besten vermarkten können. Özil und Gündoğan dachten jedenfalls gar nicht daran, ihre Identität zu verleugnen, nur weil linke Deutsche es von ihnen wünschten, weil sie es jahrein, jahraus selbst tun. Aferin!

Ein unvoreingenommener Beobachter könnte daraus folgern, dass es Deutsche und Türken wirklich gibt und man nicht beides zugleich sein kann, zumindest nicht im gleichen Maße, weil sich ein Zugehörigkeitsgefühl eben nicht sauber halbieren lässt. Im Übrigen sieht das auch das Völkerrecht so, aus dem der Autor Belege herbeizitiert, etwa die UNESCO-Erklärung von Mexico City über Kulturpolitik aus dem Jahr 1982, wo es unter Punkt 7 heißt: »Die internationale Gemeinschaft sieht es als ihre Aufgabe an sicherzustellen, dass die kulturelle Identität eines jeden Volkes erhalten und geschützt wird.« Oder den Internationalen Pakt über wirtschaftliche, soziale und kulturelle Rechte vom 19. Dezember 1966, kurz UN-Sozialpakt genannt, in dem geschrieben steht: »Alle Völker haben das Recht auf Selbstbestimmung. Kraft dieses Rechts entscheiden sie frei über ihren politischen Status und gestalten in Freiheit ihre wirtschaftliche, soziale und kulturelle Entwicklung.« Oder das Rahmenübereinkommen zum Schutz nationaler Minderheiten des Europarats, verabschiedet am 1. Februar 1995, dessen schiere Existenz zeige, so Wagener, »dass nationale Identität nicht beliebig ist, sondern kulturelle und ethnische Bezüge aufweist. Minderheitenschutz ist immer auch ein Plädoyer für eine Vielfalt, die logisch nur möglich ist, wenn Kulturen und

Ethnien erhalten werden.« Dürfte denn andernfalls so etwas wie die 2007 veröffentlichte Erklärung der Vereinten Nationen über die Rechte der indigenen Völker überhaupt beschlossen werden? Gesetzt, es gäbe kein deutsches Volk, dann könnte es, so Wagener, auch keine deutschen Minderheiten im Ausland geben, und die Broschüre des Bundesinnenministeriums »Deutsche Minderheiten stellen sich vor« – Beispiel: »Heute leben etwa 8 000 usbekische Staatsbürger deutscher Volkszugehörigkeit in Usbekistan« – müsste eingestampft werden. Auch im Maastricht-Vertrag, Artikel F der Gemeinsamen Bestimmungen, steht stur Heil nationalistisch geschrieben: »Die Union achtet die nationale Identität ihrer Mitgliedsstaaten.«

Im Grunde, sinniert der Politikwissenschaftler, seien das alles verfassungsschutzrelevante rechtsextreme Behauptungen – zumindest sofern jemand sie auf Deutschland anwenden wollte. Wagener zitiert das Sächsische Sorbengesetz von 1999, in dem festgelegt ist: »Das sorbische Volk und jeder Sorbe haben das Recht auf Schutz, Erhaltung und Pflege ihrer angestammten Heimat und Identität.« Ersetze nun ein Neiding, etwa von der AfD, »sorbisch« durch »deutsch«, dann läge »aus der Sicht der politisch-medialen Elite ein Dokument mit rechtsextremer Gesinnung« vor. Mehr noch: »Dem deutschen Volk wird durch die gezielte Förderung des Zuzugs von Millionen Migranten die Bewahrung und Weiterentwicklung der eigenen Identität deutlich erschwert. Wären die Deutschen in nationaler Hinsicht eine Minderheit, würde die Politik der Bundesregierung nicht nur gegen das in Artikel 5 des Rahmenübereinkommens festgelegte Zwangsassimilierungsverbot verstoßen.«

Wenn ein Politikprofessor und Geheimdienstausbilder internationale Vertragswerke zitieren muss, um zu belegen, dass es Völker, Nationen und ethnisch-kulturelle Eigenarten wirklich gibt und sie nicht bloß von Rassisten, Rechtspopulisten und Menschheitsleugnern konstruiert worden sind, befinden wir uns augenscheinlich im besten Deutschland, das jemals konstruiert wurde, aber längst nicht fertig konstruiert ist.

Im Sommer 2016 fragte Allensbach: »Gibt es so etwas wie einen deutschen Nationalcharakter?« 57 Prozent der Befragten antworteten mit Ja (Grünen-Anhänger: 46 Prozent), 26 Prozent mit Nein. Der Aussage: »Deutschsein hat mit Herkunft und Tradition zu tun, nur der Pass macht noch keine ›richtigen‹ Deutschen«, stimmten 49 Prozent zu, fünf Prozent mehr, als die NSDAP bei den Reichstagswahlen 1933 erreichte.

»Nach den Maßstäben des Bundesamtes für Verfassungsschutz«, folgert Wagener, »kann demnach etwa die Hälfte der Deutschen als latent oder offen rechtsextremistisch eingestuft werden.« Dessen Definition rücke nämlich »eine Person in die Nähe der Verfassungsfeindlichkeit, sobald sie sich einem Volk zugehörig fühlt und dies über den Gesichtspunkt der Abstammung begründet«. – Wobei ich nicht ausschließen will, dass der Grünstaat auch patriotische Passdeutsche künftig wie ungeboosterte Biodeutsche behandelt.

Zurück zum Buch. Professor Wagener meint also, dass ein ethnisch-kulturell geprägtes, über seine Abstammung definiertes deutsches Volk existiert, und er entnimmt den Veröffentlichungen des Bundesamtes für Verfassungsschutz, kurz BfV, dass diese Meinung mit dem Menschenwürdegummiparagrafen des Grundgesetzes kollidiert, sobald irgendetwas Exklusives daraus abgeleitet wird. Zum Beispiel im Verfassungsschutz-Gutachten über die AfD, wo Alexander Gaulands Satz »Wir wollen Deutsche bleiben« als Beleg für »ein ethnisch-biologisch bzw. ethnisch-kulturell begründetes Volksverständnis« gewertet wird, »das gegen die Menschenwürdegarantie des

Art. 1 Abs. 1 GG verstößt«; aus jemandes Wunsch, Deutscher bleiben zu wollen, leitet der Verfassungsschutz-Gutachter also eine Verletzung der Menschenwürde Nichtdeutscher ab. Wagener meint außerdem, dass das Grundgesetz samt seinem hl. Artikel 1 nur in den deutschen Grenzen (von 2021) gelten könne. Und dass jenes deutsche Volk, welches penetrant durch das GG geistert, der deutsche Souverän sei.

Auf den ersten Blick sind das grundgesetzkonforme Ansichten. Aber warum stigmatisiert der Verfassungsschutz sie dann? Auch dafür hat unser Professor eine Erklärung: Die Bundesregierung betreibe »seit vielen Jahren eine nachhaltige Umformung der Zusammensetzung der Bevölkerung«, weil sie »das Projekt der Ersetzung der deutschen Kulturnation durch eine multikulturelle« verfolge. Begonnen habe dieser Prozess bereits 1999 unter Gerhard Schröder mit der Änderung des Staatsangehörigkeitsrechts »zugunsten der Errichtung einer multikulturellen Gesellschaft«. Die Regierungen von Schröder und Merkel »haben die Grundlagen für einen neuen Souverän geschaffen«, für »ein Volk neuen Typs«. Die Politikwissenschaft unterscheide zwischen gewachsenen Kulturnationen und aus freien Stücken gebildeten Willensnationen, aber in Deutschland »soll etwas völlig Neues geschaffen werden: eine Zwangsnation«. Freilich widerspreche dieser Prozess »dem völkerrechtlich verbrieften Selbstbestimmungsrecht des« – da ist der Zombie aus dem Grundgesetz wieder! – »deutschen Volkes«.

Der Ausbilder schlägt deshalb vor, den Tatbestand Verfassungsfeindlichkeit um zwei Kategorien zu erweitern: den »liberalen« und den »administrativen Extremismus«. Liberaler Extremismus liege vor, wenn Freizügigkeit auf Kosten der Sicherheit des Staates politisch durchgesetzt werde. »Insofern müssen NGOs, die für eine Masseneinwanderung ad infinitum plädieren, als politisch extremistisch und in der Konsequenz ihres Handelns als verfassungsfeindlich eingeordnet werden. Dies gilt auch für radikale Pazifisten, die sich für eine Abschaffung der Bundeswehr einsetzen.« Unserer Fremdenführerin i. R. wiederum könne, ja müsse »eine Haltung des liberalen Extremismus dort zugeschrieben werden, wo sie mit ihrer Politik zu einer chronischen Überforderung des Staates beigetragen hat«. Bei der von ihr geförderten oder geduldeten »Masseneinwanderung ungekannten Ausmaßes« sei schließlich absehbar gewesen, »dass ohne Kontrollen auch Schwerverbrecher und Terroristen einreisen werden«. Das ist wahr, auf dem Altar der Fernstenliebe hat Merkel viele Menschen geopfert, auf die sie zuvor ihren Amtseid geleistet hatte. Deren Zahl – die, was die Toten betrifft, jene der Opfer des DDR-Grenzregimes bereits überschritten hat – wird weiter wachsen, egal wie artig sie auch künftig jeden Tag ihre Fingernägel aufisst. Ich schweife ab –

Als »administrativen Extremismus« definiert Wagener, wenn jemand »mit einer sehr ausgeprägten verfassungsfeindlichen Haltung ein Amt bekleidet«. Als »Musterbeispiel« wählt er ein historisches und nennt die Karrieren von Joseph »Joschka« Fischer und Hans-Gerhart »Joscha« Schmierer im Auswärtigen Amt unter Schröder, vielleicht weil er zum Zeitpunkt der Manuskriptabgabe noch nicht wusste, wer alles in die Bundesregierung und ins Bundestagsvizepräsidium einrücken würde.

Für den braven deutschen Diederich Heßling ist es eine Zumutung anzuerkennen, »dass Mitglieder von deutschen Regierungen verfassungsfeindliche Positionen vertreten und verfassungsfeindliche Handlungen begehen können«. Dies, meint der beurlaubte Ausbilder, werde gemeinhin nicht einmal für möglich gehalten, insbesondere im Bundesamt für Verfassungsschutz nicht. Stattdessen sei der Verfassungsschutz »in der Vergangenheit immer wieder als Instrument der Politik« in Erscheinung getreten.

Das BfV steht folgerichtig – neben dem Volk, dessen behauptete Existenz es bekämpft – im Mittelpunkt von Wageners Studie. Anno 2018 wurde bekanntlich dessen Chef Hans-Georg Maaßen ausgetauscht, weil er Merkels extemporierte Chemnitzer »Hetzjagden« nicht bestätigen mochte. Ein strebsamer, gesinnungszäher und in Regierungstreue festerer Ersatz fand sich in Maaßens Stellvertreter, seither bekannt als Thomas Haldenwang. Der Neue, jeder Zoll eine Charakternatur, lieferte fortan die gewünschten Einschätzungen. Unmittelbar nach seiner Amtsübernahme stemmte er das Thema Rechtsextremismus praktisch aus der Hüfte auf Platz eins seiner Sicherheitsagenda, obwohl sich, wie Wagener schlaumeiert, »weder aus dem Verfassungsschutzbericht 2018 noch dem von 2019 ableiten lässt, dass eine Fixierung auf den Rechtsextremismus als vermeintlich größte Herausforderung für die FDGO (im Buch ausgeschrieben – M.K.) angemessen ist«.

Im Interview mit dem *Süddeutschen Beobachter* direkt nach seiner Haupterhebung apportierte Haldenwang das regierungsoffiziell gewünschte Feindbild; »Neuer Verfassungsschutzchef verspricht stärkeren Kampf gegen rechts«, teilt die Gazette das allgemeine Entzücken (mit).

Haldenwang beschreibe eine »Mobilisierung nach klarem Muster«, die sich in Chemnitz »wie unter einem Brennglas« gezeigt habe. Das Unheil beginne oft mit einem »Trigger-Ereignis« – »In Chemnitz war dies die Tötung eines deutschen Mannes« (*Süddeutscher Beobachter*); dann »folgten gefälschte Hetznachrichten im Netz«.

Meinte er die Hetzjagden-Mär der Kanzlerin? Nein, die war ja nicht gefälscht, das war eine echte, eine authentische Lüge, verkündet überdies nicht irgendwo im Netz, sondern auf der Bundespressekonferenz durch ihren Sprecher.

Über die Schwefelpartei in der Migrationsfrage sagte deren neuer Generalbekämpfer und staatlich geprüfter Exorzist: »Wenn eine Partei im Deutschen Bundestag diese Debatte immer wieder lautstark befeuert, dann kann auch dies dazu beitragen, dass der Rechtsextremismus neue Anhänger findet.«

In Wageners weidlichen Worten: Der neue BfV-Chef »befestigte bestehende Narrative, die in unbekümmerter Weise die Verantwortung Merkels für die Gefährdung des inneren Friedens ausblenden«.

Stattdessen übernimmt der sympathische Oberschlapphut bis in seine Wortschatzwahl, was ihm Regierung und Gesinnungspresse soufflieren; er spricht von einer »angeblichen Überfremdung und Islamisierung« (Zahlen dazu weiter unten) sowie von einer »sogenannten Flüchtlingskrise« (wobei er mit »sogenannt« die Krise meint, nicht die Flüchtlinge). Eine Unbotmäßigkeit namens »Europaskepsis« stuft er als ein typisches Thema von Rechtsextremisten ein. Dem *Spiegel* vertraute er an, dass »die sogenannte« – nicht die »angebliche«! – »Neue Rechte« die »Verschwörungstheorie der ›Umvolkung‹« verbreite – ob das Berliner Professorenehepaar Münkler auch dazugehört, sagte er nicht – und damit »das Gefühl, dass etwas geschehen muss«, vermittle – wie schön, wenn der Verfassungsschutzhäuptling auch mal über Gefühle spricht! –, und das sei »der geistige Nährboden für Taten« – bzw. Trigger-Ereignisse – »wie in Halle«. *Das Gefühl ist der geistige Nährboden*: Man fühlt sofort geistig, dass der Mann sich auf seinen Job versteht und wenigstens einen Bruchteil der Lücke, die Merkel hinterlässt, zu füllen wissen wird. Auch wenn Wagener – erwähnte ich, dass er als Professor beurlaubt wurde? – die krude These verbreitet, Haldenwang gehe »weit über den eigentlichen Auftrag der Behörde – die Bekämpfung des nachweisbaren Extremismus – hinaus«, seine öffentlichen Äußerungen besäßen »zum Teil den Charakter von Drohgebärden, die direkt in die politische Auseinandersetzung hineinwirken«. Etwa wenn er die »Vertreter der Neue Rechten« als »Superspreader von Hass und Gewalt« dingfest mache (so geschehen im Juli 2020), leider ohne Erklärung, wer genau und vor allem was eigentlich damit gemeint sei.

Als Eideshelfer ruft Wagener ausgerechnet das Bundesverwaltungsgericht mit seinem Urteil vom 18. Mai 2001 herbei, in dem es heißt, es sei einer politischen Partei vor dem Hintergrund »einer erheblichen Einwanderung in Deutschland (...) nicht verwehrt, zum Beispiel einen ›Verlust der nationalen Identität‹ durch ›Überfremdung‹ und die Aushöhlung des ›Abstammungsprinzips‹ zu beklagen, die Art und Weise der Bewältigung der deutschen Vergangenheit nach dem Zweiten Weltkrieg zu problematisieren sowie die Frage nach der Ausländern geschuldeten Solidarität anzusprechen«. 2001 – das war, vier Jahre bevor das beste Deutschland, das es je gab, überhaupt gegründet wurde! Die Kanzlerin hat wahrscheinlich nur vergessen, dieses unwichtige Urteil für unverzeihlich zu erklären, aber der Bundesverfassungsgerichtspräsident Harbarth wird sich der Sache hoffentlich annehmen.

Einmal in Verschwörungslaune geraten, kennt unser Politikprofessor kein Halten mehr. Gegenüber der AfD, schreibt er, habe sich das BfV, da ein Verbot nicht so einfach sei, für die Taktik der »Verunsicherung von Wählern und Mandatsträgern« entschieden. Dies sei exemplarisch geschehen durch die öffentliche Brandmarkung der AfD als »Prüffall« im Februar 2019, was das Verwaltungsgericht Köln als »eindeutig rechtswidrig« bewertete (im offiziellen Verfassungsschutz-Gutachten gab es lediglich »Verdachtssplitter«). »Die Ironie des ganzen Vorgangs könnte nicht größer sein«, kommentiert Wagener: »Haldenwang gab sich auf der Pressekonferenz als Beschützer der freiheitlich-demokratischen Grundordnung und setzte genau zu diesem Zweck Mittel ein, die kurz zuvor von einem Gericht als Verletzung des Grundgesetzes eingeordnet worden sind.« Das sei »normalerweise ein klarer Rücktrittsgrund«. Aber der sogenannte Verfassungsschützer hatte sich »das richtige Ziel« ausgesucht. »Spätestens an dieser Stelle sollte der rechtstreue Bürger nervös werden. Wenn der Verfassungsschutz tatsächlich bereit ist, in einer rechtswidrigen Weise eine Partei zu attackieren, und er dabei auch noch politisch gedeckt wird, dann muss man sich Sorgen um die freiheitlich-demokratische Grundordnung machen.«

Der Professor meint gar, Haldenwang habe die Niederlage vor Gericht »willentlich in Kauf genommen«, weil der Zweck, die medienwirksame Anprangerung der Schwefelpartei samt Einmischung in das Wahljahr 2019, ja erfüllt und das beifällige Brummen der Kanzlerin sicher gewesen sei. Der Verfassungsschutz sei in der Lage, in der Gesellschaft »Ausgrenzungskammern« zu installieren, »die politischen Leprastationen gleichen«. Ein Mann kann durch das Ausplappern gewisser Wahrheiten beweisen, dass er beurlaubenswürdig ist.

Es mag sein, dass der eine oder andere Leser inzwischen einen gewissen Ennui empfindet, aber Freund Haldenwang ist eine Figur, an der ich mich einfach sattsehen muss, weil George Grosz es nicht mehr kann. Seit seiner Beförderung präsentiert der Maaßen-Wiedergutmacher der Öffentlichkeit immer neue Beobachtungsfälle, die sein Vorgänger genauso übersehen hatte wie die Hetzjagden rund ums Chemnitzer Karl-Marx-Monument: das Institut für Staatspolitik und den Antaios-Verlag (gegründet 2000), das Magazin *Compact* (gegründet 2010), den – sogenannten – »Flügel« der AfD und die Aktivisten von Ein Prozent (beide aktenkundig seit 2015). Wagener merkt an, dass all diese nunmehr vom VS beobachteten Personen das, was sie tun, seit Jahren konstant und öffentlich tun; es lägen keinerlei neue Erkenntnisse über sie vor. Wie habe er, Haldenwang, es in seiner Zeit als BfV-Vizepräsident (von 2013 bis 2018) »innerlich ertragen« können, dass sein damaliger Vorgesetzter Maaßen nicht gegen die genannten Akteure vorging? Warum habe er, Haldenwang, diesen Stil gegen alle seine Gewissheiten mitgetragen? »Durch einen Rücktritt«, so Wagener, »hätte er Haltung zeigen können«. Genosse Haltungszwang fand es indes ausreichend, sich in Bereitschaft zu halden.

Kommen wir zur Conclusio. Die Hauptaufgabe des Verfassungsschutzes ist eingestandenermaßen der »Kampf gegen rechts«. Der, behauptet Wagener, sei in Wirklichkeit ein »Kampf gegen Konservative«. Vor allem aber ist es ein Kampf gegen die Nation, gegen das deutsche Volk, ein »Kulturkampf«. Durch den Verfassungsschutz »werden zentrale nationale Diskurselemente kontaminiert« (Wagener). Die Abteilung Verfassungsschutz des niedersächsischen Innenministeriums beispielsweise hat als verfassungsfeindliche Erkennungsmelodien den »Nationalstolz«, die »Ablehnung von Political Correctness«, eine »Betonung nationalkonservativer Werte« sowie Sympathien für Otto von Bismarck gelistet. »Unter Rechtsextremismus werden Bestrebungen verstanden, die sich gegen die im Grundgesetz konkretisierte fundamentale Gleichheit der Menschen richten und die universelle Geltung der Menschenrechte ablehnen«, erweitert die VS-Zentrale ihre Aufgabe ins Globalistische. Nur dekretiert das Grundgesetz nirgends eine »Gleichheit der Menschen«, Artikel 3 konstatiert lediglich die Gleichheit »vor dem Gesetz«, die Gleichberechtigung von Mann und Frau sowie ein Bevorzugungs- bzw. Benachteiligungsverbot nach den üblichen Gruppenzugehörigkeiten Geschlecht, Rasse, Religion.

Der Glutkern des ganzen antirechten Verfassungsschutz-Zinnobers ist die Definitionsmacht über den Volksbegriff, darum ist der Buchtitel äußerst treffend gewählt. Wer das Volk ist, wer der Souverän, wer dazugehört und wer nicht, das sind die zentralen Zukunftsfragen für sämtliche westlichen Nationen. Die Massenmigration ist die größte Gefahr für die westliche Welt, nicht Corona, nicht der Klimawandel.

Im letzten Kapitel, »Schleichwege zum Chaos«, nimmt Wagener die kleine Vorgängerin des *besten Deutschlands ever* in den Blick, die auch bereits eine »Zwangsnation« gewesen sei, kein deutscher, sondern ein »sozialistischer Staat der Arbeiter und Bauern«, der die Deutschen innerhalb seiner Grenzen zu »Bürgern der DDR« umgeschult hatte bzw. umzuerziehen im Begriffe stand (in der Zone galt das Wort »deutsch« offiziell als pfui). Damals wie heute sei es das staatliche Ziel gewesen, die deutsche Kulturnation abzuschaffen und eine neue sozialistische Nation zu kreieren. Die Bundesregierung stehe inzwischen vor demselben Problem wie weiland die DDR-Regierung: Mehrheiten für ein solches Projekt gebe es nicht, aber »die offiziell angestrebte neue Identität kann erst möglich werden, wenn die alte beseitigt ist«. Deshalb wird heute der Migrationshebel angesetzt, deshalb nimmt der Druck auf den störrischen Teil der Herkunfts- und Biodeutschen, ob nun durch Propaganda, die

Staatsorgane oder die gesteuerte sogenannte Zivilgesellschaft, täglich zu. Weitere DDR-Vergleiche seien der Fantasie der Lesenden anheimgestellt.

Schlusswort des Autors: »Wer die Bundesrepublik der 1990er-Jahre erlebt hat, dürfte das eigene Land mehr als 30 Jahre nach der Wiedervereinigung kaum wiedererkennen. Um es in ein Bild zu fassen: Der über Jahrhunderte gewachsene deutsche Wald wird nicht nur abgeholzt, sondern so stark vernachlässigt, dass sein geschwächtes Wurzelwerk den Stürmen der Zeit bald nicht mehr trotzen kann. Für die Waldwächter ist dies kein Problem. Sie haben längst mit der Neupflanzung begonnen.«

Vorhang.

***

Noch zum Vorigen.

Wagener rechnet: Im Jahr 2005 hatten 15,3 Millionen Deutschlandbewohner einen Migrationshintergrund (18,6 Prozent), darunter 7,32 Millionen Ausländer (8,9 Prozent). 2019 waren es 21,246 Millionen (25,6 Prozent), davon 10,12 Millionen Ausländer (12,2 Prozent). Bei den Kindern im Alter von null bis fünf Jahren hatten 40,4 Prozent einen Migrationshintergrund (in Frankfurt/M. übrigens 71,4 Prozent). Der Anteil von Menschen mit dem Hintergrund aller Hintergründe betrug 2019 in Berlin 36,2 Prozent, in München 45,1 Prozent, in Frankfurt 53,7 Prozent, in Offenbach 63,9 Prozent. Der Bevölkerungsaustausch ist eine Lüge der Rechten.

In Deutschland leben inzwischen offiziell zwischen 5,3 und 5,6 Millionen Moslems, die Zahl der Moscheen wird auf 2 500 bis 2 800 geschätzt. Verglichen mit dem Zustand vor 30, ja 50 Jahren kann also unmöglich von einer Islamisierung gesprochen werden.

Eine Umfrage im Spätsommer 2020 unter Moslems in Deutschland ergab: 40 Prozent stellen ihre religiösen Ansichten über staatlich garantierte Rechte (bei Jugendlichen unter 25 waren es 74 Prozent; in puncto Verstand können die Freitagsbeter mit den Freitagshüpfern mithalten).

Der Posten »Arbeit und Soziales« des Bundeshaushaltes umfasste 2019 143 Milliarden Euro oder 40,12 Prozent des Gesamthaushaltes, die gesamten Sozialausgaben des Bundeshaushaltes lagen bei 177,13 Milliarden (oder 49,6 Prozent). Beim ALG II (Hartz IV) lag der Migrantenanteil bei 55 Prozent (Sozialhilfe: 59 Prozent).

Rechnet man jetzt die Kosten der Einwanderung – von Januar 2015 bis Dezember 2020 stellten 1 769 607 Menschen in 'schland einen Erstantrag auf Asyl –, die Kriminalitätsbilanz der Schutzsuchenden bzw. -flehenden, ihren Bildungsstand etc. dazu, ferner Petitessen wie die 192 801 offenen Haftbefehle (Stand 31. März 2020), das Altern derjenigen Deutschen, die für das Funktionieren der Technosphäre maßgeblich zuständig sind, die drohenden Kollateralschäden der Energiewende und der Dekarbonisierung der deutschen Tätervolkswirtschaft – eine Willensnation »ist ökonomisch geradezu zum Erfolg verdammt«, schreibt Wagener; ja, und eine Zwangsnation erst! –, und vergisst man überdies nicht die Dauerdrohung durch islamische Terroristen (und deren harrende Sympathisanten) sowie durch einsame identitäre Wölfe vor dem Hintergrund der empirisch x-fach belegten Tatsache, dass segregierte, multikulturelle Gesellschaften in Mangel- und Krisenfällen entlang der erwartbaren Bruchlinien gewaltsame Konflikte um sich verknappende Ressourcen austragen – »Die Geschichte hat gezeigt, dass künstlich erzeugte Nationen ohne kulturellen Tiefenbezug nach einer bestimmten Zeit vergehen. (...) Den

Preis zahlt immer die letzte Generation« –, dann wird sich niemand Wageners Schlussfolgerung verschließen: »Das Eis ist durchaus dünn, auf dem sich die Bundesregierung bewegt.«

23. Dezember

Groß und gewaltig
Betrat Corona die Erde
Und nahm den Menschen für eine Zeit
Die Angst
Vor dem entsetzlichen Wandel des Klimas
Und der Gattungsgeißel Rassismus.

* * *

»Stralsund: Polizei führt gegen Corona protestierenden ›Weihnachtsmann‹ ab«, informiert das RND die wartenden Kinder. Die Presse gab wenig später Entwarnung: Es war gar nicht der Weihnachtsmann. Der Fake-Santa-Claus hatte noch großes Glück, dass er gleich auf Anruf spurte und vor der Polizei in die Knie ging wie ein braver Fußball-Millionär vor dem Anpfiff auf dem Rasen. Wenn es nach einer Bundestagsabgeordneten der Neosozialistischen Dingensländischen Alimentiertenpartei (NSDAP) namens Saskia Weishaupt ginge, hätten die All-Cops-Are-Bastards ihm gleich ordentlich eins übergebraten. »Die Taktik der Querdenker:innen ist es, sich Stück für Stück die Straße zu erkämpfen. Polizei muss handeln und im Zweifelsfall Pfefferspray und Schlagstöcke einsetzen. Wir dürfen ihnen keinen Millimeter überlassen!«, twitterte sie gestern.

Die Generation Schneeflöckchen entdeckt den inneren Fascho, wie niedlich. (Wer mag, kann ja zur Konterkarierung ein paar grüne Statements zum G20-Gipfel in Hamburg herauskramen.)

»Es ist unfassbar, was für eine Gesellschaftsschicht da in den Bundestag gespült wurde«, notiert Danisch. »Die Frau ist 28, hat (ohne Wehrdienst) nicht mehr zustande bekommen als einen Bachelor in einem lächerlichen Faselfach, anscheinend noch nie etwas gearbeitet, hat einen Sprach- und Schreibstil, mit dem sich eine 15-Jährige blamieren würde, und sitzt nun mit einem sechsstelligen Gehalt im Bundestag, vermutlich über Liste, also nicht mal ein Wahlkreis, für den sie verantwortlich ist oder in dem sie sich blicken lassen müsste, schwätzt dummes, junggrünes Zeug, will auf Demonstranten mit Pfefferspray und Polizeigewalt losgehen, um den ›Rechtsstaat‹ durchzusetzen und soll nun als Gesetzgeber tätig werden.

Das ist kein Bundestag, das ist eine Versagerkolonie.«

* * *

Die Säuberungen gehen derweil munter weiter.

YouTube hat den offiziellen Kanal der *Achse des Guten* (achgut.pogo) komplett gelöscht, inclusive sämtlicher Videos von Henryk M. Broder und der Reihe *Indubio* (also u. a. auch mich).

Der Journalist Boris Reitschuster, der die Regierungsvertreter und ihre Sprechpuppen sowie alle Wahrheits- und Qualitätsjournalisten mit seinen penetranten und auch peinlichen Fragen zum Sinn der staatlichen Corona-Eindämmungsmaßnahmen nervte, ist von der Bundespressekonferenz ausgeschlossen worden.

Der Virologe Alexander Kekulé, in Sachen Corona auch nicht immer auf Regierungslinie, darf nicht mehr an der Universität Halle lehren; »vorläufige Dienstenthebung« lautet der Beschluss der Alma Mater, wobei das »vorläufig« gewiss nur vorläufig ist und irgendwann wegfällt.

Am Niedersächsischen Oberverwaltungsgericht (OVG) in Lüneburg wurde derweil ein neuer 14. Senat geschaffen, der ab 1. Januar 2022 gesundheitsrechtliche Verfahren – also vor allem Corona-Sachen – bearbeiten soll. Bislang tat dies der 13. Senat, der durch einige spektakuläre Entscheidungen gegen die Corona-Politik aufgefallen war; er hatte zum Beispiel am 16. Dezember die sogenannte 2G-Regel für den Einzelhandel aufgehoben.

* * *

Mit den geflügelten Worten »Selbstbestimmung gilt nicht absolut« empfiehlt der Ethikrat eine »allgemeine Impfpflicht«. Da will die Ethische Kirche Deutschlands (EKD) sich nicht lumpen lassen. Eine Impfstatus-Prüfung im Gottesdienst sei »nötig«, sagt die EKD-Chefin Annette Kurschus. Man werde zu Weihnachten zwar auch für Ungeimpfte »Angebote« im staatsklerikalen Portfolio haben, aber sich nicht gegen Corona impfen zu lassen könne heißen, »Gott herauszufordern«.

»Der Liebhaber des Lächerlichen wird vom fortschrittlichen Klerus nie enttäuscht.« – Don Nicolás

Um das zu verstehen, müssen Sie sich in das Gottesbild einer protestantischen Pfäffin – also einer zerknirschten, kompensationsbedürftigen Ungläubigen – versetzen, die, da ihr sämtliche Wege über die Dächer versperrt sind, in staatlichen Verliesen und zivilgesellschaftlichen Latrinen nach transzendenten Begründungen ihrer Existenz sucht.

* * *

Im Sommer 1989 berichteten die Ostberliner Staatsfunker von einem DDR-Bürger, den irgendwelche Finsterlinge mit K.-o.-

Tropfen zur Republikflucht gefügig gemacht hatten und der nun in sein sozialistisches Vaterland zurückzukehren begehre; heute meldet *MDR aktuell*: »Manche Menschen trauen sich nicht, sich impfen zu lassen. Sie haben Angst davor, von ihrem sozialen, tendenziell ungeimpften Umfeld ausgegrenzt zu werden. Eine allgemeine Impfpflicht könnte Abhilfe schaffen.« Ungefähr wie 1989 die Schließung sämtlicher DDR-Außengrenzen.

* * *

»Kennen Sie«, fragt Leser ***, »schon die neue Bedeutung von ›Nazi‹? Dahinter steckt jetzt nicht mehr nur

N icht
A n
Z uwanderung
I nteressiert
sondern auch
N icht
A n
Z wangsimpfungen
I nteressiert.

Was braucht man ein Grundgesetz, wenn man einen Ethikrat hat?«

* * *

Das Virus mag vielen Unglücklichen das Leben nehmen, doch nach der Pfeife von autoritären Charakteren wie Söder oder Witzfiguren wie Lauterbach tanzen zu müssen nimmt einem ganzen Land den Stolz.

(Ich weiß, der ist so gut wie unauffindbar, aber die *Würde* haben sie ja längst zum Ramschartikel gemacht, der jedem offiziell nachgeworfen wird, und die *Ehre* ist voll Nazi oder wenigstens Clan.)

***

Auf einem Instagram(!)-Kanal fand ich eine Statistik über die US-amerikanische Binnenwanderung vom Juli 2020 zum Juli dieses Jahres. Die Hauptzielstaaten Florida (+264 000 Einwohner), Texas (+211 000) und Arizona (+120 000) werden von Republikanern regiert und sind bekannt für ihre konziliante Corona-Politik; für die Bundesstaaten, aus denen die meisten Menschen wegziehen, Kalifornien (−429 000), New York (−406 000) und Illinois (−152 000), gilt das Gegenteil (sie befinden sich in den Händen der Demokraten). Warum ziehen die Leute dahin, wo man kaum etwas gegen das lebensgefährliche Virus tut, statt zu bleiben, wo man es mit dem Segen jener nicht exkommunizierten Experten, die offiziell unter »Die Wissenschaft« firmieren, schonungslos bekämpft?

30. Dezember

Wieder einmal neigt sich ein Jahr seinem verdienten Ende entgegen. Was hat es uns gelehrt? Zum Beispiel, dass Heraklit völlig richtig lag, als er konstatierte: πάντα ῥεῖ.

Erinnern wir uns, was vor Jahresfrist noch unmöglich schien, ja unter verschwörungstheoretisches Geschwurbel fiel – »*Schwurbeln* ist das neue *Jüdeln*« (Leser ***) –, etwa: Geimpfte können Covid-19 verbreiten, sie sind anfällig für neue Virenvarianten, die Impfungen können erhebliche Nebenwirkungen zeitigen und bis zum Tod führen, um als vollständig geimpft zu gelten, werden ständige Auffrischungsimpfungen nötig sein, es müssen auch Kinder und sogar Babys geimpft werden, Ungeimpfte werden isoliert, von der Arbeit ausgeschlossen und mancherorts in Lager gesperrt etc. pp.

Außerdem haben wir gelernt, dass unsere Genossen Medienschaffenden die Freiheitsrechte gründlich satt haben und zumindest moralisch »zu jedwedem Ende« (Théoden von Rohan) gerüstet sind. Ich kann mir wie immer nur Beispiele herausgreifen. »FDP bestimmt den Corona-Kurs: Falsches Freiheits-Verständnis führt Ampel in die Irre«, kommentierte n-tv am 22. Dezember. (Eine in die Irre geführte Ampel ist, beiseite gesprochen, etwas grundlegend anderes als eine in die Irre führende. Es handelt sich sozusagen um eine herumirrende Ampel, ein Irrlicht, auch: Irrampel.) *Die Zeit* weitete die Perspektive aus der pandemischen Enge ins Offene des Weltklimas: »Klimaschutz gelingt nur mit sehr viel weniger tierischen Produkten. Dafür brauchen wir radikale Lösungen. Bevormundend ist das nicht – es schützt unsere Freiheit.«

Von hier ist nur noch ein kleiner Schritt zur Erkenntnis, dass Freiheit »Einsicht in die Not(!)wendigkeit« bedeute, wie die marxistische Klippschule lehrte, das heißt, zur endgültigen Formulierung der (von Orwell vergessenen vierten) Maxime: *Bevormundung ist Freiheit.*

* * *

Noch ist nicht deutlich erkennbar, ob 2021 das Vorläuferjahr von 1961 2.0 oder 1989 2.0 wird. Die Videomitschnitte von Polizisten, die auf querdenkerische Demonstranten einprügeln müssen (oder dürfen), und die ihnen folgenden Medienberichte über asoziale staatsfeindliche Randalierer erinnern an 1989. Etwa die Blitzverurteilungen von Staatsfeinden, die sich zu Schweinfurt zusammengerottet hatten. »Huch, Schnellgerichte in Deutschland?«, twitterte eine Maid namens Julia. »Wegen Gruppenvergewaltigungen, Messermorden oder illegalen Aufenthalten? Nein, wegen unpassenden Demonstrationen!«

***

Man muss säuberlich unterscheiden zwischen dem medizinischen und dem politischen Aspekt der Seuchenbekämpfung. Exemplarisch formuliert: Eine auf Freiwilligkeit gestellte Impfung ist eine medizinische, eine Pflichtimpfung eine politische Maßnahme.

Bekanntlich macht Gelegenheit Diebe. Corona hat der Klasse der »Anywheres«, vertreten durch das kälteste aller kalten Ungeheuer und seine »zivilgesellschaftliche« Clique, eine günstige Gelegenheit zur Durchsetzung der globalistischen Agenda eröffnet. Ich predige seit Monaten, auch an die Adresse all jener Ärzte, die mir geschrieben haben, ich möge aufhören, das Virus zu verharmlosen – was ich meines Wissens nie getan habe; ich würde sagen, ich habe es als exakt so schlimm dargestellt, wie es ist (und ich hatte es immerhin selbst zu Gast) –, ich predige also, dass das Virus weniger gefährlich ist als die Ermächtigung, die Staaten überall auf der Welt aus seiner Existenz saugen. Verglichen mit den Coronokraten sind die Covidioten eher harmlos.

Erstere argumentieren, wenn Staaten unterschiedlichster Artung, demokratische wie autoritäre, zu ähnlichen Maßnahmen greifen, um die Pandemie zu stoppen, zeige das doch deren objektive Gefährlichkeit. Ja – der Staaten. Es geht den Regierungen und Apparaten keineswegs nur um Pandemiebekämpfung, sondern um die Erweiterung ihrer Macht und die Durchsetzung von Gehorsam. Der direkte und indirekte Impfzwang, der nun auch auf Kinder und Kleinkinder ausgedehnt wird, obwohl sie samt und sonders durch das SARS-CoV-2 nicht gefährdet sind, ist eine Unterwerfungs-, Disziplinierungs- und Stolzbrechmaßnahme. Zu welchem Zweck?

Ich habe (in der Online-Version) am 15. März 2020 hier eine sehr hellsichtige Montage eingerückt, die das Trojanische Pferd zeigt (mit der Aufschrift: »Coronavirus«) und in dessen Bauch »the fucking New World Order«. Die globalistische Klasse und ihre nationalstaatlichen Landpfleger streben nach der Kontrolle des Bevölkerungsverhaltens – möglichst weltweit. Das ist ein gewaltiges, aber dank des technischen Fortschritts erreichbares Ziel. Die Kontrolle gründet auf einer immer perfekteren elektronischen Überwachung sowie der bewährten Disziplinierung durch Angst. Als verlässliche massenpsychologische Hebel wirken die medial verstärkte Pandemie und das regierungsoffizielle Versprechen, deren Ursache zu beseitigen; ein Teil der Bevölkerung als Sündenbock für nicht eintreffende Erfolge ward auch rasch gefunden und an den Pranger der gelenkten Medien gestellt. Gefügigkeit und Gehorsam aus Einsicht in die Notwendigkeit des Verlustes seiner Grundrechte – in der Geschichte der BRD gab es nie zuvor dergleichen – sind der geringe Preis, den der deutsche Michel für seine Gesundheit zu zahlen hat. Und ist er erst einmal darauf konditioniert, für hohe gesamtgesellschaftliche bzw. -menschheitliche Ziele in seiner privaten Freiheitsanmaßung zurückzustecken, können ihm die nächsten Gattungsaufgaben in Aussicht gestellt werden.

»Kann ich mich schon gegen Klimawandel impfen lassen, oder frage ich zu früh?« (Netzfund)

Das Virus war die Gelegenheit, die im größtmöglichen Stile politische Diebe machte; deswegen wird es auch kein Zurück, keine Entwarnung, keine Entschuldigung geben. Damit die aus den Maßnahmen resultierenden Insolvenzen möglichst lange verschleppt werden, druckt die EZB das dafür nötige Papiergeld. Die Menschheit ist alles, du bist nichts, heißt die Parole der Globalisten. Sie unterscheiden sich von ihren sozialistischen Vorgängern unter anderem dadurch, dass sie sämtliche Exilmöglichkeiten abschaffen wollen. Niemand soll mehr in ein Amerika der Freiheit des Auf-sich-selbst-gestellt-Seins fliehen können. Die Davos-Welt ist klein geworden. In den Clubs und Etablissements ihrer Anführer verkehren auch Politiker und Wirtschaftsbosse aus autoritären Staaten. Man kennt sich, man arrangiert sich. Es ist für eine gute Sache. Alle Regierungen der Welt, mit Ausnahme vielleicht jener von Ländern wie Kuba und Nordkorea, stehen unter dem Einfluss der Globalisten, ihrer Ideen, Versprechungen, politischen Beteiligungen und Finanzofferten.

Niemand soll freilich glauben, es ginge der globalen Klasse um Mitbestimmung, Demokratie, Bürger- oder Menschenrechte und wie dergleichen fromme Illusionen noch heißen (ihre Vertreter führen lediglich die Menschenrechte im Mund, um die Bürgerrechte zu demolieren). Der freie Mensch ist für die Davos-Welt ein Störenfried mit einem übergroßen ökologischen Fußabdruck, eine Umweltsau, die der Weltklimarettung im Wege steht und, wie die Covidioten, diszipliniert, erzogen, bekehrt werden muss. Man darf unterstellen, dass es einer Merkel, die »Transformationen von gigantischem, historischem Ausmaß« ankündigte (»Diese Transformation bedeutet im Grunde, die gesamte Art des Wirtschaftens und des Lebens, wie wir es uns im Industriezeitalter angewöhnt haben, in den nächsten 30 Jahren zu verlassen«), ebenso ernst ist wie Gevatter Schwab mit seinem »Großen Neustart«.

»Nichts wird je wieder zu dem kaputten Gefühl von Normalität zurückkehren, das vor der Krise geherrscht hat, weil die Coronavirus-Pandemie einen fundamentalen Wendepunkt in unserer globalen Entwicklung markiert«, schreiben Schwab und sein Co-Autor Thierry Malleret im Buch »Covid-19: Der große Umbruch«. »Im Kern läuft es darauf hinaus, dass es die Welt, wie wir sie in den ersten Monaten von 2020 kannten, nicht mehr gibt. Sie hat sich im Kontext der Pandemie aufgelöst.«

Und weiter: »Es ist unsere Aufgabe, den Stier bei den Hörnern zu packen. Die Pandemie gibt uns die Chance: Sie stellt eine seltene und eng befristete Gelegenheit dar, über unsere Welt nachzudenken, sie uns neu vorzustellen und einen Neustart zu wagen.«

Ähnlich äußerte sich Wolfgang Schäuble (CDU) im Sommer 2020. Der Bundestagspräsident »sieht in der Corona-Krise eine Chance für mehr Zusammenhalt und für Reformen in Europa«, meldete epd am 20. August (unter Berufung auf ein bei der *Neuen Westfälischen* bezahlschrankenblockiertes Interview). Die Corona-Krise sei eine große Chance, weil der Widerstand gegen Veränderungen in der Krise geringer werde. »Wir können die Wirtschafts- und Finanzunion, die wir politisch bisher nicht zustande gebracht haben, jetzt hinbekommen«, erklärte Schäuble.

Diese Leute wollen das Beste, für Sie, für Europa, für den Planeten – sogar für sich selbst. Sie wollen eine gute Weltregierung (oder Gute-Welt-Regierung, wie Frau Giffey griffig formulieren würde), die für alle Menschen der Erde sorgt – und für die Erde selbst. Für den Frieden und die Nachhaltigkeit. Die Menschen sind zu dumm dafür, sie müssen geführt werden. Es sind ihrer auch zu viele geworden, als dass man sie ohne zentrale Lenkung gewähren lassen dürfte. Wenn es nicht unter Rassismus fiele, würden die Globalisten die Bevölkerungsexplosion in Afrika bekämpfen; so konzentrieren sie sich auf die Weißen, die ohnehin pro Kopf deutlich mehr Ressourcen verbrauchen und mehr teuflisches CO_2 produzieren als ihre schwarzen Menschenschwestern. Die Regierung, geneigter Leser, wird mit Ihnen als kleinem schmutzigen egoistischen Endverbraucher aufräumen. Sie wird unsere Art des Lebens und Wirtschaftens auf eine völlig neue Grundlage stellen. Dazu dürfen Sie in Ihren Entscheidungen und Gewohnheiten nicht mehr frei sein. Das müssen Sie verstehen, es ist zu Ihrem Besten! Der große Thetan Schwab verkündet die ideale Welt der Besitzlosigkeit durch das Teilen von allem zwischen allen, bis hin zu Wohnung, Wäsche, Wagen und womöglich Weib, die alte kommunistische Verheißung, diesmal nur – Erfahrung macht nicht klug, aber klüger – gesponsert von planetarisch agierenden Milliardärssozialisten. »If socialism doesn't work, why are all my socialist friends in DC multi-millionaires?«, fragt Alexandria Ocasio-Cortez in einer Fotomontage, die wahrscheinlich ein arger Rechtspopulist in hetzerischer Absicht ins Netz gestellt hat.

Der herkunfts- und traditionslose, bedürfnisgenormte, geschlechtsneutrale, bargeldlose, waffenlose, kinderarme, rundum sozial- und gesundheitskontrollierte, keine falschen Sachen mehr lesende, keine falschen Gedanken mehr denkende, weitgehend immobile, Insekten fressende globale Einheitsmensch ist nur zu erzeugen, indem überall auf der Erde ähnliche Verhältnisse hergestellt werden. Das funktioniert nach dem Schleusenprinzip: Auf der einen Seite wird der Wohlstand gesenkt, auf der anderen erhöht. Den einen muss es schlechter gehen, damit es den anderen besser geht. Dann hören irgendwann auch die Geburtenexplosion und die Völkerwanderung auf. Dann lebt die Menschheit in der Brave New World des homöostatischen globalen Öko-Sozialismus unter weiser Lenkung einiger etwas Gleicherer.

Daneben wirkt das unfrohe Reich des Islam auf mich nahezu anziehend.

* * *

»München: 17-Jähriger stirbt nach Stichen. Polizei sucht Verdächtigen« (*t-online*): Solange unsere Medienschaffenden und Content-Kulis sauber zwischen »Pieks« und »Stich« differenzieren, ist nichts verloren.

31. Dezember

Die letzte Meldung für dieses Jahr (und für die gedruckte Version der *Acta diurna*) muss lange vorhalten. *Zeit online* twittert: »Sie ist momentan wohl die präsenteste Figur des öffentlichen Raumes: die Lastenradmutter.«

Denn wird es wohl auch eine Lastenradschraube geben? Lastenradschreckschraube?

Vorschlag zur Güte: Lastenradrabenmutter.

Ansonsten:

Impfen, o Freunde, ich sag's euch, bleibet die einzige Rettung, auch im Nachen des Charon gilt unumstößlich 2G!

Happy new fear!

PERSONENREGISTER

Edition Sonderwege
© Manuscriptum Verlagsbuchhandlung Thomas Hoof
Neuruppin 2022

Für die Drucklegung durchgesehen von Marc Dassen

Dieses Werk ist urheberrechtlich geschützt.
Jede Verwertung außerhalb der engen Grenzen des Urheberrechtsgesetzes ohne Zustimmung des Verlags ist strafbar. Das gilt insbesondere für Vervielfältigungen, Übersetzungen, Mikroverfilmungen und die digitale Einspeicherung und Verarbeitung in elektronischen Systemen.

ISBN 978-3-948075-40-8
www.manuscriptum.de